세계화와 변화하는 자본주의

세계화와 변화하는 자본주의

황준성 · 강달원 지음

Σ 시그마프레스

세계화와 변화하는 자본주의

발행일 | 2011년 6월 15일 1쇄 발행

저자 | 황준성, 강달원
발행인 | 강학경
발행처 | (주)시그마프레스
편집 | 이미수
교정 · 교열 | 김성남

등록번호 | 제10-2642호
주소 | 서울특별시 마포구 성산동 210-13 한성빌딩 5층
전자우편 | sigma@spress.co.kr
홈페이지 | http://www.sigmapress.co.kr
전화 | (02)323-4845~7(영업부), (02)323-0658~9(편집부)
팩스 | (02)323-4197

ISBN | 978-89-5832-970-1

머리말

20세기 말 들어 나타난 세계경제의 특징 중 하나는 세계화가 전 지구적으로 확대되고 있다는 것이다. 그리고 세계화의 범위와 속도가 매우 넓고 빠르게 진행되고 있다는 것이다. 다른 한편, 20세기 냉전구조의 핵심이었던 미국중심의 자본주의시스템과 구소련중심의 사회주의시스템 간의 시스템 경쟁은 1989년 동서독의 장벽이 무너지고 1990년 자본주의국가인 서독이 사회주의국가인 동독을 흡수하는 형태로 통일이 이루어지면서 자본주의시스템의 승리로 끝이 났다는 것이다. 이는 지난 60여 년간 진행되어 온 구소련을 중심으로 한 사회주의시스템의 역사적 붕괴를 의미하며, 또 다른 관점에서 자유주의의 승리를 의미한다. 선진 자본주의시스템의 체제적 비교우위는 그동안 진행되고 있는 세계화를 더욱 심화시키는 계기가 되었다.

그러나 문제는 사회주의체제에 비해 자본주의체제가 역사적 경험 속에서 비교우위가 있는 경제시스템임을 증명했음에도 불구하고, 자본주의국가들 간에도 다양한 형태의 자본주의시스템이 존재하고 있으며, 그리고 국가별로 어떠한 자본주의시스템을 운영하는가에 따라 경제적 성과도 다르게 나타나고 있다는 사실이다.

1760년대 영국의 산업혁명을 기점으로 출발한 자본주의는 정부의 경제에 대한 규제와 개입을 특징으로 하던 당시의 중상주의적 자본주의의 반작용으로 태동되었고,

따라서 경제문제에 관한 한 정부의 개입은 최소화하고, 경제의 모든 문제를 시장에 의해 해결하고자 하는 자유방임형 시장경제시스템이라는 특징을 가지고 있었다. 그러나 1930년대 발생한 대공황은 자유방임형 자본주의 시스템에도 문제가 있다는 점을 보여 주는 계기가 되었고, 이에 따라 정부의 적절한 시장개입을 전제로 하는 혼합형 자본주의체제가 등장하게 되었다. 이러한 혼합형 자본주의는 1960년대 자본주의의 황금기를 거치고, 1980년대 초 스태그플레이션이 발생하기 전까지 거의 모든 선진 자본주의국가의 경제체제로 확산되었다.

그러나 1980년대 발생한 세계경제의 스태그플레이션 현상은 정부의 역할을 강조하던 혼합형 자본주의에도 한계가 있음을 보여 주는 사례로 지적되면서 다시금 세계 자본주의는 신자유주의라는 이데올로기를 배경으로 자유로운 시장중심의 자본주의 시스템으로 재편되고 있는 추세이다.

그러나 2007년 말 발생한 글로벌 금융위기는 다시금 신자유주의에 기초한 시장만능주의적 자본주의시스템에 새로운 패러다임의 필요성을 제기하고 있다.

본 저술의 목적은 세계화 속에 전 지구적으로 확대되고 있는 자본주의시스템이 역사적으로 어떻게 형성되고, 발전하여 왔는지를 살펴보는 데 있다.

약 250여 년의 역사를 가진 자본주의가 그 발전과정 속에서 어떠한 특징을 가지게 되었으며, 자본주의의 각 발전 단계마다 어떤 유형의 자본주의가 형성되었는지를 살펴보고, 각 유형별 자본주의의 특징은 무엇이며, 각각의 유형에 따라 경제적 성과는 어떻게 나타나고 있는지를 분석함으로써 21세기 바람직한 한국의 자본주의 모델을 정립하는 데 있다.

이러한 목적을 갖고 저술된 본 저서의 특징적인 면을 정리하면 다음과 같다.

첫째, 매 장마다 '학습목표'와 '학습내용'을 제시함으로써 독자들로 하여금 각 장에서 배워야 할 목표와 핵심내용을 사전에 숙지하도록 하였다.

둘째, 매 장마다 소개되고 있는 주요한 경제용어들에 대해서는 해설을 덧붙임으로써 경제용어에 대한 이해를 돕도록 하였다.

셋째, 매 장마다 전개되고 있는 내용과 관련성이 있는 글들을 장 끝부분에 '읽을거리' 형태로 제시함으로써 배운 내용에 대한 현실경제의 이해의 폭을 넓히도록 하였고, 또한 '토론하기' 섹션을 두어 각 장의 주제와 관련된 자신의 생각을 갖게 하고,

학습자의 논리를 키우는 데 도움을 주고자 하였다.

넷째, 매 장마다 '평가하기'에서 간단한 퀴즈문제를 출제하여 스스로 학습한 내용에 대한 테스트가 가능하도록 준비하였다.

마지막으로, 매 장마다 '정리하기' 코너를 두어 배운 내용을 다시 한 번 요약적으로 피드백할 수 있도록 구성하였다.

본 저서는 세계화와 자본주의를 이해하는 교양도서의 성격뿐만 아니라, 대학에서 일반 교양과목으로 '자본주의 이해하기', '세계화', '복지국가의 이해' 등의 주제에 적합한 교재로 활용할 수 있다. 또한 전공과목으로서 〈비교경제제도론〉, 〈복지국가론〉, 〈경제체제론〉 등의 과목의 교재 또는 참고도서로서의 역할을 할 수 있을 것이다. '즐기는 사람을 이길 수 없다'는 생각으로 독자로 하여금 가능한 한 본 저서를 즐기며, 읽고 학습할 수 있도록 그림, 표 및 사진 등을 많이 포함시켜 저술하려고 노력하였다.

본 저서는 시간적인 제약으로 인해 짧은 기간에 저술을 마치려고 하였기 때문에 완성도가 떨어진 미흡한 부분이 많다. 이는 전적으로 저자의 책임으로 송구스러움을 느끼며 빠른 시일 내에 이 부분에 대한 보완을 마쳐 보다 더 질 높은 완벽한 책이 다시 제공될 수 있도록 노력할 계획이다.

아무쪼록 본 저서가 책 제목과 관련된 지식을 필요로 하는 독자들에게 조금이라도 도움을 줄 수 있는 유익한 저서가 되기를 기대하여 본다.

마지막으로 이 책을 준비하는 모든 과정에서 흔쾌히 출판을 맡아 주신 (주)시그마프레스의 강학경 사장님과 꼼꼼하고 치밀하게 원고를 정리해 주신 편집부의 김성남 대리에게 깊은 감사의 마음을 전한다.

2011년 6월

상도동 연구실에서 저자

차 례

제1장 경제와 경제시스템 1

제1절 경제와 경제문제 2

1. 경제란 무엇인가? 2
2. 희소성과 경제원칙 3

제2절 국민경제의 기본과제와 경제시스템 5

1. 국민경제의 기본과제 5
2. 국민경제의 기본과제 해결과 경제시스템 9

제3절 자본주의와 사회주의 11

1. 자본주의와 사회주의의 특징 12

제4절 경제시스템의 역사적 변천 18

1. 원시 공산체제 18

2. 고대 노예체제 18
3. 중세 봉건체제 18
4. 근대 자본주의체제 19
5. 사회주의 경제체제 19
6. 혼합경제체제 20

제2장 세계화의 특징과 자본주의 29

제1절 세계화와 신자유주의 30
1. 세계화란 무엇인가? 30
2. 신자유주의 33
3. 세계화의 변천 35

제2절 세계화의 경제적 특징 39
1. 상품시장의 자유화 39
2. 금융자본의 초국가적 이동 43
3. 초국적 기업의 경제력 지배 44

제3절 세계화의 긍정적 효과와 부정적 효과 46
1. 긍정적 효과 46
2. 부정적 효과 48

제4절 맺음말 60

제3장 경제체제와 거시경제적 성과 비교 I 71

제1절 경제체제와 거시경제적 성과 비교 72
제2절 경제적 풍요 73
제3절 경제성장 84
제4절 효율성 87

제4장 경제체제와 거시경제적 성과 비교 II 101

제1절 소득분배 102
제2절 경제적 안정 109
제3절 경제적 자유 116
제4절 맺음말 120

제5장 자본주의의 역사 125

제1절 중상주의적 자본주의 126
제2절 산업자본주의 130
제3절 대공황 이후의 자본주의(1929년~1980년대 초) 136
제4절 신자유주의적 자본주의(1980년대 이후~현재) 138

제6장 시장과 정부 145

제1절 시장의 역할 146
제2절 시장 실패의 원인 149
1. 규모의 경제 149
2. 소득분배의 불평등 150
3. 독과점의 존재 150
4. 공공재의 존재 156
5. 외부효과 158

제3절 정부개입의 이론적 근거 159
1. 구세기금 160
2. 소득보전 160
3. 누진적 조세 160
4. 가격통제 161
5. 규제 161

제4절 정부의 실패 161

1. 파생적 외부성 161
2. 분배적 불평등성 162
3. 정부의 부정확한 수요예측 162

제5절 정부와 시장의 바람직한 역할 163

제7장 자본주의의 네 가지 모델 167

제1절 들어가는 말 168

제2절 자본주의의 네 가지 유형 168

1. 앵글로색슨형 자본주의 177
2. 북유럽 자본주의 181
3. 대륙식 자본주의 186
4. 지중해식 자본주의 188

제3절 맺음말 191

제8장 글로벌 금융위기와 자본주의 197

제1절 금융자본주의와 세계경제의 위기 198

제2절 미국의 부채경제와 세계적 불균형의 위험성 199

제3절 서브프라임 모기지 202

제4절 폭탄 돌리기 게임 205

제5절 경기순응적 레버리지 행위 211

제6절 세계화가 초래한 금융위기의 재평가 214

1. 서브프라임 사태로 인한 세계 금융기관의 손실 214
2. 세계 금융시장의 위기 전염 메커니즘 215
3. 국제 금융자본의 이동과 금융위기 219
4. 세계교역규모의 급격한 감소 220

제7절 금융위기와 신자유주의 221

1. 국제금융시스템 개혁의 필요성 222
2. 외환시장에서의 규제 : 토빈세의 도입 223
3. 금융기관의 경기순응성에 대한 규제의 필요성 223

제8절 맺음말 225

제9장 영국 시장경제 231

제1절 들어가기 232
제2절 영국의 변화의 길 232
1. 1970년대의 영국 경제 232
2. 영국의 복지병 237
3. 대처정부의 선택 240

제3절 대처리즘의 의의 248

제10장 독일의 사회적 시장경제 253

제1절 독일 사회적 시장경제의 경제질서와 질서정책 254
제2절 독일 사회적 시장경제의 기본원칙 255
1. 구성적 원칙 257
2. 규제적 원칙 261

제3절 사회적 시장경제하에서 정부의 역할 262
1. 질서정책(Ordnungspolitik) 264
2. 과정정책 269

제4절 한국 시장경제에 주는 시사점 270

제11장 일본의 관료자본주의 : 일본의 '잃어버린 10년' 275

제1절 들어가기 276

제2절 일본의 경기변동 276
1. 전후 부흥기(1945~1955년) 277
2. 이와토(岩戶)경기 및 올림픽경기기(1958~1962년) 281
3. 고도성장기[이자나기경기, 열도개조붐(1965~1975년)] 281
4. 안정성장기(1975~1991년) 282
5. 제로 성장기(1991~1999년) 283

제3절 시장의 변화를 과소평가한 관료들의 경제정책 283
1. 관료자본주의와 일본의 고도성장 284
2. 관료형 개발정책의 한계 285

제4절 무너지는 버블과 경제적 파급(1990년대 붕괴하기 시작한 거품) 288
1. 저금리정책 292
2. 재정적자의 누적 292
3. 경제침체와 높은 실업률 294
4. 초고령화 사회와 사회보장금 296

제5절 '잃어버린 10년' 298

제12장 스웨덴 시장경제 305

제1절 들어가기 306
제2절 사회민주주의의 이념적 배경 307
1. 스웨덴 사민주의의 전개과정 309
2. 정부재정의 재분배 정책 313
3. 사민당의 성공적인 계급동맹 315
4. 적극적인 노동시장 정책 : 완전고용의 실현 318

제3절 스웨덴 사민주의의 전개과정과 복지프로그램 309
제4절 스웨덴의 복지프로그램 318
1. 스웨덴 복지프로그램의 연혁 318
2. 스웨덴의 복지프로그램 321

제5절 스웨덴 사민주의의 성과 323

1. 적극적인 재분배정책을 통한 형평성 제고 323
2. 연대의식적 임금정책(solidarity wage policy)을 통한 노사화합 325
3. 임금소득자기금(wage earner funds) 328

제6절 스웨덴 사민주의의 문제점 330
1. 경제침체 331
2. 재정적자의 심화 333
3. 공공부문의 비대화 334
4. 높은 조세부담과 근로의욕감퇴 334

제7절 맺음말 335

제13장 창조적 자본주의 341

제1절 들어가는 말 342
제2절 창조적 자본주의란? 342
제3절 세계는 발전하고 있는가? 344
1. 기업의 성장과 사회적 공헌 345
2. 기업의 발전과 부의 분배 346
3. 재산축적과 사회로의 환원 347
4. 기업윤리와 도덕성 349
5. 주주의 이익과 사회적 가치 349
6. 기업의 이익과 사회의 공헌 350
7. 기업과 사회적 책임 351
8. 기업의 활동과 공익적 감시 351
9. '5% 클럽'과 사회적 책임 352
10. 미소금융 352
11. 자유의 여신상과 공익마케팅 352
12. 로빈 훗 헤지 펀드 353

제4절 기업의 발전과 사회적 혜택 353
제5절 기업의 창조적 활동을 위한 인센티브는 무엇이 있을까? 356
제6절 최근 기업의 사회적 기여 357
제7절 맺음말 358

제14장 바람직한 한국경제 시스템 361

제1절 들어가는 말 362

제2절 한국의 경제발전과 경제이념의 변화 363

1. 성장제일주의 : 박정희 패러다임 363
2. 경제 민주화와 분배의 형평성 제기 366
3. 효율성 제고를 위한 자유주의 369
4. 외환위기와 신자유주의 372
5. 참여정부의 사회민주주의 실험과 이념적 혼란 374

제3절 21세기 한국의 바람직한 경제이념 : '인본적 자유주의' 379

1. '인본적 자유주의'는 효율과 형평을 동일한 가치로 평가한다 381
2. '인본적 자유주의'는 사회정책을 필요로 한다 381
3. '인본적 자유주의'는 사회적 자본을 필요로 한다 382
4. '인본적 자유주의'는 공동체 자본주의를 전제로 한다 383

제4절 맺음말 384

찾아보기 393

제 1 장

경제와 경제시스템

학습목표

1_ 본 장에서는 한 국가 내에 경제문제가 왜 발생하는지를 분석하는 것을 목표로 한다.

2_ 또한 경제문제를 거시적으로 해결하는 과정에서 형성되는 다양한 경제시스템을 분석하는 것을 목표로 한다.

3_ 본 장에서는 경제시스템의 대표적 유형인 자본주의와 사회주의 체제의 특징과 장단점을 비교 · 분석하는 것을 목표로 한다.

학습내용

1_ 경제란 무엇이며, 경제문제는 왜 발생하는지를 살펴본다.

2_ 특별히 거시적으로 국민경제의 3대 기본과제와 경제시스템이 형성되는 이론적 배경을 살펴본다.

3_ 자본주의와 사회주의의 특징과 장단점을 살펴본다.

4_ 역사적으로 경제시스템이 어떻게 변화되어 왔는지를 요약적으로 고찰한다.

키워드_ 희소성, 경제원칙, 기회비용, 효율성, 형평성, 자본주의, 사회주의, 시장경제, 계획경제, 기여의 원칙, 필요의 원칙, X-비효율성, 혼합경제체제

제 1 절 경제와 경제문제

1. 경제란 무엇인가?

대부분의 사람은 태어나서 죽을 때까지 의식주 문제로부터 자유롭지 못하다. 일생 동안 사람들은 **재화**와 **용역**을 생산하고, 소비하는 일련의 과정을 경험하게 된다. 이러한 과정에서 그 대가를 지불해야 하는데, 이러한 필요한 재화를 만들기 위해 자원을 채취하고, 만들어진 재화를 유통하고 그리고 소비를 하게 되는데 이러한 일련의 행위를 **경제행위**라고 한다.

동양에서 **경제**는 경세제민(經世濟民)으로 세상을 다스리고 백성을 구제한다는 의미를 담고 있다. 서양에서 **경제**(economy)의 의미는 동양과 차이가 있다. 그 유래는 고대 그리스어 Oikonomos(Oeconomus, *oikovóμoç*)에서 유래한다. 어원으로 *Oiko*는 '집'을 의미하며, *Nomos*는 '규칙, 법'을 의미하며, 고대 그리스어는 '관리자' 또는 '집을 관리하는 사람'을 의미한다. 비잔틴 시대에는 '조직의 재물을 관리하는 사람'을 의미하기도 하였다. 1983년에 이르러 가톨릭의 교회법(Code of Canon Law)에 의하면, Oeconomus는 '교구의 재무담당관'을 의미하고 있다.

사람들은 자신의 욕구를 충족하기 위하여 끊임없이 많은 것을 소유하려고 한다. 될 수 있으면 좋은 것을, 될 수 있으면 많이 소유하려고 한다. 이러한 인간의 욕망을 충족시키기 위한 일련의 유형의 재화와 무형의 서비스를 생산하고 교환하고 이를 사회구성원 간에 분배하며 최종으로 소비하는 일련의 과정을 **현대적 의미에 있어서 경제**라 한다.

이러한 의미에서 살펴보면, 최소한 경제단위이라고 할 수 있는 가정에 있어서도 누가 돈을 벌어 오고, 누가 빨래를 하고, 누가 식사준비를 해야 할지를 결정하고, 벌어 온 소득으로 어떤 가족구성원을 위해서 어느 정도 사용해야 할지를 결정해야 한다.

사회에서도 그와 같은 유사한 문제가 발생하는데, 누가 어떠한 방식으로 무엇을 생산하고 그 생산된 재화를 어떤 사람이 소비해야 할지 결정해야 한다. 이러한 과정에서 해결해야 할 과제를 **경제문제**라고 한다. 구체적으로 경제문제가 발생하는 원인과 이를 해결하기 위한 방법에 대하여 살펴보도록 한다.

2. 희소성과 경제원칙

인간의 삶에서 경제행위란 필요로 하는 재화 및 용역을 생산하고, 운반하여 소비하는 일련의 과정이다. **재화**(예 : 자동차, 피아노)라는 것은 인간의 삶을 풍부하게 하는 소비할 수 있는 만질 수 있는 것이며, **용역**(예 : 운전, 음악연주)은 동일한 기능을 하지만 만질 수 없는 것을 의미한다. 그러나 인간의 삶에 필요한 재화를 만들기 위한 자원은 한정되어 있다. 물론 용역의 생산에 있어서도 시간 및 공간의 제약이 있다.

용어 간단한 예로 재화와 용역을 살펴보면, 우리는 자동차를 구매할 때 자동차는 눈에 보이는 것으로 **재화**(財貨)라고 한다. 그런데 지역 간 이동을 하거나, 물건을 특정 장소에서 다른 장소로 이동시킬 때 자동차를 활용한다. 이때 화물을 자동차로 이동시키는 사람의 노동을 **서비스**[Service, 용역(用役)]라고 한다. 이와 같은 예로 우리가 구매하는 피아노는 **재화**이지만, 피아노를 연주하는 음악가의 노동은 **용역**이라고 한다.

그렇다면 우리는 한정된 자원을 선택하고, 조합하여 필요로 하는 재화를 생산하는 과정에서 **선택**(選擇)과 **포기**(抛棄)라는 문제에 도달하게 된다. 어떤 것을 선택한다는 것은 다른 그 무엇인가를 포기해야 한다는 것을 의미하기 때문에 선택의 어려움이 발생한다. 한정된 자원을 활용하여 생산할 수 있는 재화가 탱크(국방서비스)와 자동차(이동수단) 두 재화만 있다고 하자. 이 경우 탱크의 생산량을 늘리려고 하면, 자동차의 생산을 포기해야 한다. 또한 자동차의 생산을 늘리기 위해서는 탱크의 생산을 포기해야 한다. 조금 더 확장해 보면, 아무런 대가를 지불하지 않는 재화, 즉 공짜라고 하는 것도 그 무엇인가를 포기해야 한다는 것을 의미한다. 길거리에서 무료로 경품을 나누어 주는 행사를 할 때에도, 그 경품을 받기 위해 기다려야 한다면 기다리는 시간도 역시 비용이라고 할 수 있다. 그 시간에 노동을 했다면 소득으로 이어질 것을 경품행사에 기다렸기 때문에 그 소득을 포기한 것과 같다. 이와 같이 어떠한 선택을 함으로써 포기하는 그 무엇인가의 가치를 **기회비용**(opportunity cost)이라고 한다.

한정된 자원을 선택하여 인간의 삶에 필요한 어떠한 재화를 생산한다고 할지라도 기회비용을 발생시킬 것이기 때문에, 최선의 선택은 기회비용을 고려한 **비용을 최소화**하면서 **만족을 극대화**하는 것이다. 그리고 선택은 인간의 삶을 풍부하게 하는 것이 되어야 할 것이다.

그렇다면 선택은 누가(개인 또는 집단이) 어디에서 해야 하는가? 우리는 필요한 물건이 있으면 자신의 주머니 사정을 생각하며 자연스럽게 시장에서 구매할 것을 생각한다. 이것은 개인이 필요로 하는 물건을 스스로 구매하여 사용하는 **개별적 소비**이다. 모두 그런 것은 아니다. 필요한 책이 있어 구매하러 서점에 가기도 하지만 공공도서관에서 빌려 보기도 한다. 그렇다면 그 과정에서의 선택은 경제시스템 내에서 이루어지는 것으로 전자는 경제문제를 시장을 통해서 해결하는 **개별적 소비**의 모습이고, 후자는 여러 사람이 필요로 하는 재화를 공동으로 구매하고 필요로 하는 사람이 활용하는 **집합적 소비**에 해당한다고 할 수 있다.

용어 며칠 동안 굶은 사람이 있다. 이때 시장에 잘 익은 사과가 한 개 있다고 하자. 이 사과를 한 사람이 사과 값을 지불하고 소유한다면, 다른 사람은 소유할 수 없다. 우리는 이러한 경제적 현상을 **배제성**(排除性)이라고 한다. 그리고 이 사람이 사과 한 입을 베어 물었다고 한다면, 다른 사람은 그 사과를 소비할 기회를 잃게 되는데 이러한 경제적 현상을 **경합성**(競合性)이라고 한다. 그 경합성으로 인해 사람들은 서로 그 재화를 소유하려고 경쟁을 하게 된다. 이러한 두 가지 경합적 성격과 배제적 성격을 갖고 있는 재화를 소비하기 위하여 개개인이 시장에서 재화를 소유하려고 노력한다.

또한 질병에 걸린 사람이 병원에 갈 때 본인의 주머니 사정상 병원비를 걱정하며 병원에 가는 경우도 있지만, 사회보험을 통해 의료비 보조를 받으며 병원에 가는 경우도 있으며, 국가에서 세금으로 재원을 조달하여 의료비용에 대한 걱정 없이 병원에 가는 경우도 있다. 이것은 사회적 합의에 의해 결정되며, 우리에게 익숙하고 은연중에 따르고 있는 이러한 사회적 협의의 결정체가 **경제체제**(economic system)이다. 이러한 경제체제는 우리에게 친숙한 시장을 중심으로 한 대한민국과 같은 **자본주의**, 북한과 같은 계획을 중심으로 한 **계획형 사회주의**, 중국과 같은 시장경제를 수용하고 있는 **시장기능을 수용한 사회주의** 등 여러 형태로 나누어 볼 수 있다. 이러한 경제체제는 이후에 구체적으로 그 형태 및 특성들을 살펴볼 것이다.

인간의 무한한 욕망에 비하여 이를 충족시킬 자원의 양이 한정되어 있는 현실을 희소성이라고 한다. 근본적으로 재화를 생산함에서 있어서 최소한의 비용으로 최대한의 재화를 생산하는 **최소비용극대산출량**의 원칙과, 생산할 재화의 양이 있다면 가능하면 최소한의 비용으로 생산하는 **최대산출극소비용**의 원칙이 있다. 이를 **경제원칙**이라고 하며, 이것은 또한 생산에 있어서 최고의 효과를 달성하고자 하는 **경제적 효율성**에 관한 문제이다. 그리고 생산한 재화의 분배에 있어서 사회구성원에게 공정하게 나누어지고 있는가 하는 분배에 관한 **형평성**의 문제가 남는다. 효율성과 형평성의 문제는 상호 간에 보완관계라기보다는 상충관계(trade-off)로 나타나는 것이 일반적이다. 인간의 오랜 역사에 있어서 형평성과 효율성 가운데 어느 것을 중시하느냐는 커다란 문제라고 할 수 있으며, 어느 것을 우선적으로 해결해야 하느냐, 아니면 어느 쪽이 중요하느냐에 관하여 사회구성원 간에 시각적 차이가 존재해 왔다. 효율성과 형평성에 관한 문제도 **경제체제의 형태**에 따라 해결방식에 차이를 보이고 있다. 이러한 희소성으로 인하여 어떠한 경제문제가 발생하고 있는지를 다음 절에서 살펴보자.

용어

경제적 효율(economic efficiency)은 일정한 생산량을 최소비용으로 생산하는 것 또는 일정한 비용으로 최대의 산출을 달성하는 것을 의미한다. 참고로 기술적 효율은 생산비를 고려하지 않고 최소한의 생산요소의 투입으로 최대의 산출량을 달성하는 것을 의미한다.

제 2 절 국민경제의 기본과제와 경제시스템

1. 국민경제의 기본과제

2010년 현재 세계은행이 발표한 통계에 의하면 지구상에는 약 229개의 국가가 존재하며, 전체 인구는 약 68억 명으로 나타나 있다. 지구상에 존재하는 229개의 국가들은 국민경제(national economy)적 관점에서 보면 어느 나라도 예외 없이 다음과 같은 세 가지의 문제를 국가별로 해결하면서 경제를 운용하고 있다고 볼 수 있는데, 이 세 종류의 문제는 다음과 같다.

① 무엇을 얼마만큼 생산할 것인가?
② 어떻게 생산할 것인가?
③ 누구를 위해 생산할 것인가?

1.1 무엇을 얼마만큼 생산할 것인가?

한 나라의 경제는 수없이 많은 재화(goods)와 용역(services)을 생산하면서 운용되고 있다. 이렇게 생산되는 재화와 용역 중에서는 먹고, 마시고, 보고 즐기는 데 필요한 소비재가 생산되는가 하면, 동시에 기계, 설비 등의 자본재도 생산되고 있다. 또한 같은 소비재라고 하더라도 값이 싼 소비재가 생산되는가 하면, 동시에 값이 비싼 소비재가 생산되는 등 다양한 소비재가 생산되고 있다. 이러한 경제현상은 결국 한 나라의 경제가 '무엇을 얼마만큼 생산할 것인가'에 대한 문제를 해결하는 과정에서 나타난 자연스런 결과이다. 이 문제는 개별 국가가 가지고 있는 제한된 자원을 어떻게 사용하는 것이 가장 효율적인지의 문제를 해결하는 과정에서 나타난 경제적 결과라고 볼 수 있으며, 한마디로 자원배분의 문제를 해결하는 과정이라고 볼 수 있다.

1.2 어떻게 생산할 것인가?

어떤 상품을 생산하는 데는 여러 가지 방법이 있을 수 있다. 예를 들어 봉제공장에서 양복을 만드는 경우, 공장을 완전 자동화하여 자본집약적인 방법으로 양복을 생산할 수도 있고, 기계의 대수는 일정하게 유지하더라도 노동자를 2교대로 할 것인가, 3교대로 할 것인가 등 다양한 생산 방법이 존재한다. 즉, 양복을 생산하는 데 있어 인력(노동)과 기계(자본)를 어떤 비율로 조합할 것인가를 결정하는 과정에서의 해결방법이다. 이러한 문제를 좀 더 확대해 보면, 공장과 기업의 규모는 어느 정도로 하는 것이 가장 바람직할 것인가의 문제이기도 하다. 또 다른 예를 들면 자동차를 생산하는 데 생산하는 기업의 수는 어느 정도가 적당할 것인가의 문제이기도 하다.

더 나아가 이러한 자본과 노동 등의 생산수단이 국가나 공공단체가 소유하는 형태로 생산되기도 하고, 개인이 소유한 형태로 생산되기도 한다.

이러한 문제들은 어떻게 생산할 것인가의 문제로서 '최소의 비용으로 최대의 효과를 얻는 문제' 또는 '일정한 효과를 최소의 비용으로 달성하려는 문제'로 표현되는 경제적 효율성의 문제라고 할 수 있다.

1.3 누구를 위해 생산할 것인가?

한 나라가 해결해야 하는 마지막 세 번째 과제는 누구를 위해 생산할 것인가의 문제, 즉 생산한 결과의 몫을 누가 얼마만큼 차지하느냐의 문제이다. 예를 들면, 왜 변호사나 의사의 소득은 높은 반면에, 봉제공장에서 일하는 기능공의 임금은 상대적으로 적은가? 또한 재산의 소유형태에 따른 분배, 즉 토지에는 지대, 건물에는 임대료, 주식에는 배당, 금융자산에는 이자 등의 소득이 발생하게 되는데, 이들은 각각 어떻게 결정되는가? 그리고 각 소득에는 왜 차이가 발생하는가? 이러한 문제들은 결국 한 나라의 경제에서 생산의 혜택이 누구에게 얼마만큼 나누어지는가의 문제로서 결과적으로 소득분배의 문제라고 볼 수 있다. 결론적으로 첫 번째의 무엇을 얼마만큼 생산할 것인가와 두 번째의 어떻게 생산할 것인가가 한 나라 경제에서의 **효율성**(efficiency)에 관한 문제라면, 세 번째 누구를 위해 생산할 것인가의 문제는 **형평성**(equity)에 관한 문제라고 볼 수 있다.

이러한 경제적 문제를 해결하는 방식은 시장경제체제를 통한 방법(그림 1.1)과 계

그림 1.1 시장경제체제하에서 경제문제 해결

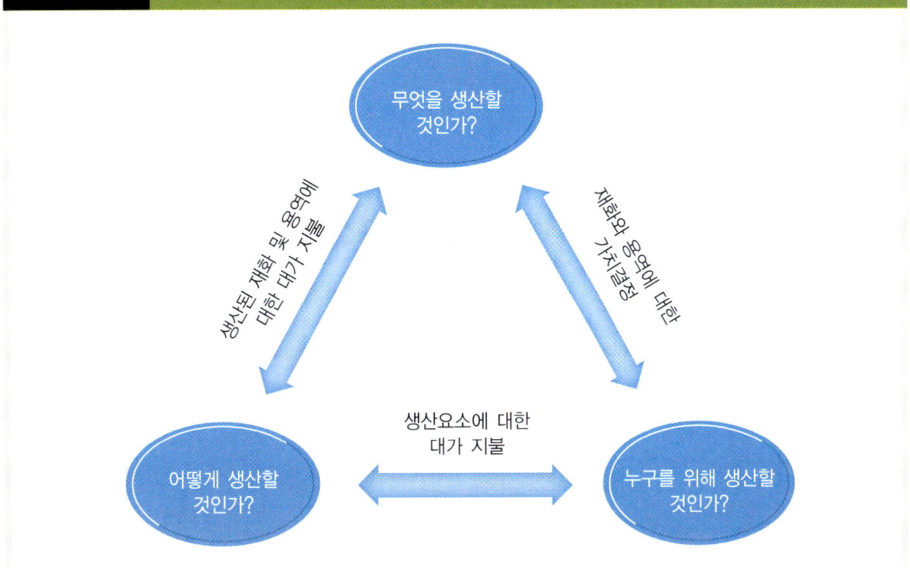

획경제를 통한 방법(그림 1.2)으로 분류할 수 있다. 시장경제를 통한 방법에서 무엇을 생산할 것인가는 시장에서 자유로운 방식으로 공급자와 수요자 간의 거래를 통해서 이루어진다. 공급자는 생산하고자 하는 재화를 본인이 가장 효율적으로 생산할 수 있으며, 생산된 재화를 시장에 판매하여 적정한 이윤이 보장될 때, 즉 재화 한 개의 시장가격이 재화를 생산하는 데 드는 재화당 평균생산비용보다 클 때 재화를 생산하여 시장에 판매할 것이다. 예로 목재를 구입한 가구생산업자는 생산할 수 있는 재화로 책상, 의자, 옷장, 탁자 등이 있을 수 있다. 가구생산업자는 이 중에서 제품을 만들어 시장에 판매할 때 잘 팔리며, 가장 많은 이윤을 낼 수 있는 재화를 생산하여 공급할 것이다. 이때 시장에서 형성된 시장가격은 생산자를 움직이게 하며, 이 시장에서 형성된 가격은 생산자가 이익과 손실을 판단할 수 있는 지표가 된다.

시장경제체제하에서 어떠한 방법으로 생산할 것인가도 생산비용과 연계되어 있다. 생산자가 생산하는 방식은 크게 노동, 자본, 기술이라는 요소로 나누어 볼 수 있다. 생산자는 사람들을 많이 고용하여 생산할 것인가, 아니면 대량생산을 할 수 있는 기계를 구매하여 생산현장에 투입할 것인가, 생산기술은 낙후되었지만 상대적으로 싼 기술을 적용할 것인가 아니면 비싸지만 생산성이 높은 기술을 적용할 것인가를 선택해야 한다. 생산자는 이러한 여러 요소를 고려하여 시장에서 형성된 임금, 기계값, 기술사용료 등을 고려하여 생산방식을 결정할 것이다. 즉 시장에서 형성된 생산에 필요한 생산요소(노동, 자본, 기술)의 가격을 고려하여 생산자는 생산방식을 결정하게 된다.

또한 누구를 위해 생산할 것인가라는 문제를 살펴보자. 가구생산업자의 경우를 보면, 원자재인 목재를 사용하여 책상을 만들면 학생들이 열심히 책상에서 공부할 것을 생각하며 만들까? 그렇게 생산자가 보람찬 학생들의 모습을 그리고 생산을 한다고 해서 학생에게 책상이 팔리게 될까? 그 책상의 주인은 시장에서 대가를 지불하고 재화를 구매할 수 있는 사람이며 동시에 필요로 하는 사람이 될 것이다. 생산된 재화는 시장에서의 수요와 공급에 의해서 결정된다. 즉, 생산된 재화 및 용역은 시장을 통해서 배분된다.

중앙집권적 경제체제하에서 경제문제 해결방식(그림 1.2)을 살펴보도록 하자. 이 체제하에서 세 가지 경제문제의 해결방식은 시장경제체제하의 방식과 전혀 다르다. 순수한 중앙집권적 경제체제하에서는 '무엇을', '누구를 위하여', '어떻게' 생산할지를

그림 1.2 중앙집권적 경제체제하에서 경제문제 해결

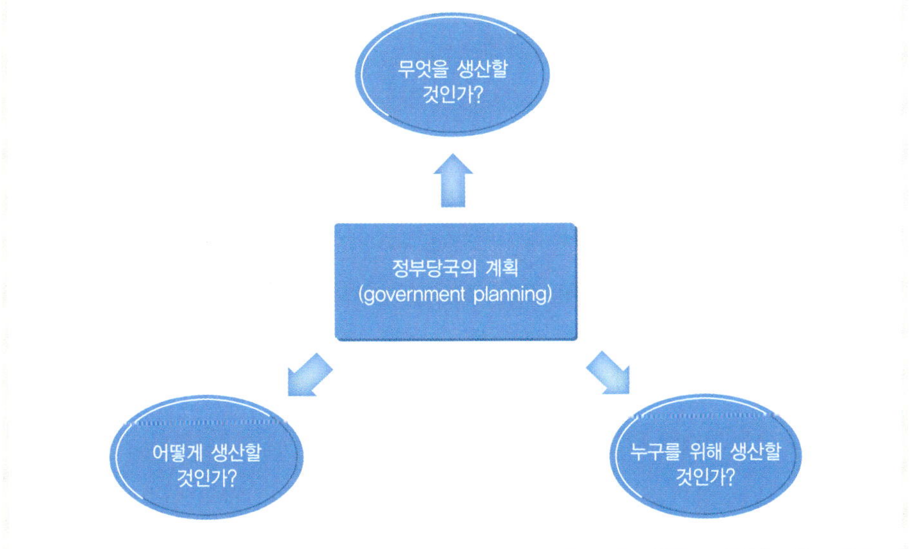

결정하는 것은 정부당국[예로 구소련에서는 고스플란(Gosplan)이라고 하였다]이다.

그림 1.2에서 보는 바와 같이 중앙당국이 세 가지 경제문제를 해결하기 위한 방안을 제시하는 **유도계획**(誘導計劃, indicative planning)과 일방적으로 명령(命令)하는 방식으로 나누어 볼 수 있다. 이미 이러한 경제시스템을 택한 소련, 헝가리, 체코 등과 같은 국가는 시장경제시스템으로 전환하였으며, 현재 중국의 경우도 이러한 방식의 비효율성을 경험하고 시장경제체제의 요소를 적극적으로 수용하고 있는 추세이다.

2. 국민경제의 기본과제 해결과 경제시스템

제1절에서 살펴본 바와 같이, 지구상의 모든 국가는 예외 없이 각 국가별로 이러한 국민경제의 3대 기본과제를 나름대로의 방식에 따라 해결하고 있으며, 해결하는 과정에서 국가별로 다양하게 고유의 경제시스템이 형성되게 되는데, 이것이 바로 그 국가의 **경제체제**(economic system)라고 볼 수 있다.

이렇게 형성되는 경제체제는 이론적으로 크게 다음과 같은 두 가지의 중요한 기준

(criteria)에 따라 분류하게 된다.

2.1 희소한 자원의 소유형태

일반적으로 자원의 소유형태는 크게 국가가 소유하는 국유(공유)형태와 개인이 소유하는 사유의 두 가지 형태로 나누어 볼 수 있다. 이 경우 자원의 사적인 소유를 허용하지 않고, 모든 자원을 국가가 소유하는 경제시스템을 **사회주의**(socialism)라고 부르며, 자원의 개인적인 사유화가 가능한 경제체제를 **자본주의**(capitalism)라고 규정한다. 따라서 경제시스템을 자본주의와 사회주의로 구분하는 이론적 근거는 자원(재산권 포함)의 소유형태가 사유냐 혹은 국유(공유)냐에 달려 있다.

2.2 희소한 자원의 배분 방식

앞서 살펴보았듯이 무엇을 얼마만큼 생산할 것인가의 희소한 자원배분의 문제를 해결하는 데는 크게 두 가지 방식이 있을 수 있다.

첫째로, 희소한 자원배분을 분권적 조정인 **시장기구**(market mechanism)에 의해 배분하는 방법과 둘째로 국가가 직접 개입하여 **계획하고 통제하는 방식**(plan-or control mechanism)에 의해 배분하는 방법이 있다. 시장기구에 의해 희소한 자원을 배분하는 경제시스템을 **시장경제**(market economy)체제라고 하며, 통제 또는 계획에 의해 자원을 배분하는 경제시스템을 **계획 또는 통제경제**(plan-or control economy)체제라고 규정한다. 따라서 경제시스템을 시장경제와 **계획경제**(통제경제)로 구분하는 이론적 근거는 희소한 자원의 배분방식을 시장에 의존하느냐 혹은 계획에 의존하느냐에 달려 있다.

현실적으로 각 국가의 경제시스템은 앞서 기술한 이론에 기초한 전형적인 모델이 변형된 다양한 형태로 운영되고 있음은 말할 필요가 없다. 더욱이 최근에는 경제시스템을 다차원적이고 복합적인 개념으로 파악하여 분류하고 있는 경향도 있어 종래의 전통적 방법론에 의한 체제분류는 한계성을 가지고 있다. 그러나 경제체제를 이론적으로 위와 같은 기준으로 구분해 볼 때, 경제시스템은 크게 네 가지 유형의 경제체제로 나누어 볼 수 있는데, 이를 정리해 보면 표 1.1과 같다.

거시적 국민경제의 문제를 해결하는 데 있어서 중요한 또 하나의 기준인 소득분배의 문제에 있어서도 자본주의와 사회주의는 상당한 차이를 보이고 있다. 먼저 자본

표 1.1 경제시스템의 네 가지 이론적 모델

체제유형 \ 주요특징	자원소유의 형태	자원배분의 방식	소득분배	대표적 국가
자본주의 시장경제	사유	시장기구	기여의 원칙 (효율성)	서방선진국
자본주의 계획경제	사유	계획기구	기여의 원칙 (효율성)	• 나치즘下의 독일경제 • 전시下의 일본경제
사회주의 시장경제	국유 (공유)	시장기구	필요의 원칙 (형평성)	중국/베트남
사회주의 계획경제	국유 (공유)	계획기구	필요의 원칙 (형평성)	북한/쿠바

주의경제시스템에서는 소득이나 부(富)의 분배를 거의 전적으로 시장을 통해 해결하고 있는데, 이를 소위 **기여의 원칙**에 의한 소득분배라고 한다. 다시 말하면 자본주의 경제체제에서 소득의 분배는 시장이라는 메커니즘을 통해 생산요소가 생산과정에 기여한 바대로의 정당한 분배를 보장한다고 볼 수 있다. 반면, 사회주의 경제체제는 소득분배를 **필요의 원칙**에 따라 생산과정의 기여도에 관계없이 모든 사람에게 동등하게 분배하는 특징을 가지고 있다.

용어 경제행위의 주체를 **경제주체**라 한다. 경제주체는 공통된 성격에 따라 가계, 기업, 정부, 해외로 구성되는데, 이때 가계, 기업 그리고 정부로 구성된 것이 **국민경제**이다.

이상 살펴본 바와 같이 경제시스템은 기본적으로 한 국가가 당면해 있는 기본적인 경제문제를 어떻게 해결하느냐에 따라 다양하게 유형화할 수 있음을 알 수 있다.

제 3 절 자본주의와 사회주의

사회주의는 70여 년에 걸친 실험의 결과 많은 문제점을 가지고 있는 것으로 나타났다. 사회주의 국가의 대표적인 소련의 붕괴와 중국의 시장중심의 경제개혁이 이를 뒷받침하고 있다. 특히 중국의 경우 사회주의 경제가 갖고 있는 비효율성 문제를 극복하기 위하여 사유화와 시장의 역할을 강조하고 있다.

1. 자본주의와 사회주의의 특징

1.1 자본주의의 특징

현재 우리가 살고 있는 경제시스템은 자본주의이다. 자본주의의 특징은 물적 자원 및 이윤의 사적 소유가 인정된다는 것이다. 이는 자본주의를 역동적으로 움직이게 하는 원천이기도 하다. 경제주체들은 그들의 경제행위로 인한 이득(利得)이 자신에게 귀속된다는 사실을 알고 있기 때문에 보다 더 효율적인 생산과 보다 더 적극적인 경제행위를 하고 있다.

아담 스미스가 언급한 바와 같이, 개개인의 자신을 위한 행동이 보이지 않는 손(invisible hand)에 의해서, 의도하지 않았지만 전체의 궁극적인 목표를 달성할 수 있도록 한다('읽을거리 1' 참조). 즉, 기업인들은 자기의 이득을 위하여 최소비용으로 소비자의 요구를 충족시키려고 노력하고 경쟁하는 과정에서 효율적 생산이 이루어지고, 이러한 과정에서 각 기업인은 이윤을 극대화하기 위하여 자원은 효율적으로 활용되고, 이러한 경제행위는 축적되어 각 기업인이 일부러 의도하지 않았지만 사회 전체적으

읽을거리 1

사적 이익 추구와 사회적 효율

By preferring the support of domestic to that of foreign industry, he intends only his own security; and by directing that industry in such a manner as its produce may be of the greatest value, he intends only his own gain; and he is in this, as in many other cases, led by an invisible hand to promote an end which was no part of his intention. Nor is it always the worse for the society that it was no part of it. By pursuing his own interest, he frequently promotes that of the society more effectually than when he really intends to promote it.

출처 : An Inquiry into the Nature and Causes of the Wealth of Nations, p. 456, 4th ed., 1784.

로도 효율성을 증진시키는 결과를 가져온다. 즉, 자본주의 사회에서는 사적 소유가 보장되기 때문에, 재화를 만들고 공급하는 사람들은 보다 많은 이윤을 얻기 위하여 보다 적은 비용으로 생산한 재화를 공급하려고 하는 각 개인들이 시장에서 경쟁하는 과정에서 생산성과 효율이 높아짐에 따라 개개인의 자신을 위한 경제행위가 사회전체의 효율을 높인다.

자본주의 사회에서는 시장을 통한 **자원배분**이 이루어진다. 시장에서 공급되는 재화 또는 자원은 시장에서 형성된 가격을 지불할 수 있으며, 구매하고자 하는 사람(필요한 사람)에게 판매된다. 이러한 과정에서 시장에서의 교환을 통해 자원배분이 이루어진다. 그리고 시장에서 형성된 가격수준에 물건을 만들어 이윤을 남길 수 있는 사람들이 재화를 공급하게 될 것이다. 시장에서의 가격은 마치 교통신호등과 같이 생산자에게는 재화를 공급할 유인이 생기게 하며, 소비자에게는 어느 정도의 재화를 구매할지를 결정하는 신호의 역할을 한다. 자원 및 재화의 분배가 시장을 통해서 이루어진다.

1.2 사회주의의 특징

사회주의의 경우는 사적 소유를 인정하지 않고 국가가 생산수단을 소유하며 주로 명령중심으로 계획가들에 의해 중앙집권적인 의사결정과 생산도 세부적인 지시에 의하여 수행된다. 중앙정부에 의하여 산업부문, 무역, 수송, 통신, 은행, 금융, 그리고 대부분의 유통이 이루어진다. 이러한 경제를 **명령경제**(command economy)라고 한다. 구체적 예로 구소련의 예가 있다. 구소련의 중앙계획기관인 고스플랜(Gosplan)에 의하여 장기계획이 5년 단위로 세워지고, 이러한 정책목표에 따라 각 기업이 무엇을 얼마만큼 생산할지가 결정되고, 이에 따라 한정된 자원이 할당된다. 이와 같이 중앙집권적으로 할당되어 재화의 수요와 공급이 균형을 이루는데 이를 '**물질적 균형방식**(mathod of material balance)' 이라고 한다. 이 경우 재화의 투입과 산출이 일관되게 이루어질 경우 문제가 없지만, 일련의 생산과정에서 어느 특정 기업이 생산의 차질이 생기거나 목표달성을 하지 못하면, 연쇄적으로 연계된 다른 기업이 적절한 투입물을 공급받지 못하여 생산에 차질이 생기는 **도미노 효과**(domino effect)가 발생한다.

재화 및 자원에 대한 사용권이 특정인에게 귀속되지 않고 모두에게 허용되며, 이

표 1.2 자본주의와 사회주의의 주요 특징

구분	자본주의	사회주의
재산권	물적 자원의 사적 소유	물적 자원의 국가소유
고용	자기고용의 자영업자이거나 사기업(私企業)의 피고용인	국가 또는 국가통제기업의 피고용인
투자	높은 이윤과 소득을 추구하는 개인에 의해서 수행	중앙정부의 목표에 따라 수행
재화와 자원의 배분	시장의 역할	중앙계획에 의해서 결정
소득분배	경제적 자원의 소유와 생산성을 반영하여 시장에 의해 결정	평등과 소득분배형평성을 추구하는 중앙계획가에 의해 결정

출처 : Gwartney, J. D. and Stroup, R., Macroeconomics: Private and Public Choice(New York: Academic Press), 1980, p. 438.

러한 권리는 국가를 포함하여 어느 누구도 뺏을 수 없도록 하는 **공유권**(公有權, communal right)으로서 사회주의체제의 재산권의 토대가 되고 있다. 이러한 요인으로 인하여 **공유지의 비극**(the Tragedy of Commons)[1]이 나타난다. 예로서 목축업자가 목초지를 공유자원으로 사용할 경우, 개인의 이득만을 생각하여 방목하면 초기에는 목축업이 잘되겠지만, 장기적으로는 목초지를 같이 쓰는 모든 목축업자에 의해 초지가 황폐해지고 결국 생산성이 떨어져 가축의 수가 감소하게 된다. 결과적으로 공유하는 자원은 남용(濫用) 혹은 과용(過用)이 발생한다.

용어

공유지의 비극은 공원, 지하자원, 공기, 호수, 초원과 같은 모든 사람들이 사용하는 공유자원을 시장의 기능에 맡겨 두면, 자원이 남용되어 고갈될 위험이 있다는 것이다. 휴일 직후 공원의 모습과 치어(穉魚, 어린 물고기)에 대한 보호법안이 없으면 남획하여 어족자원이 고갈되는 현상에서 이러한 '공유지의 비극'을 경험할 수 있다.

1.3 자본주의와 사회주의의 장단점

자본주의와 사회주의 장단점을 **형평성 측면**과 **효율성 측면**에서 살펴볼 수 있다. 여기

1) Hardin, Garrett, "The Tragedy of Commons," *Science*, pp. 1243~1248, 1968. 12. 13.

서는 효율성 측면에서 살펴보도록 하자. 효율성의 측면도 미시적 관점에서, 그리고 거시적 관점에서 분석할 수 있다. 여기서 자본주의와 사회주의의 장단점을 효율성을 기준으로 세 가지 미시적 측면에서 살펴볼 것이다(표 1.3 참조).

배분적 효율(allocative efficiency)은 일정한 수준의 **총편익**(總便益)을 획득하는 데 있어 비용을 더 이상 줄일 수 없는 상태로, 일정한 비용으로 총편익을 획득할 수 없는 정도를 의미한다. 그리고 **동태적 효율성**은 생산과정에서 나타나는 신기술의 증진이나 생산방식에 있어서 새로운 생산방식으로 대체함으로써 비용을 낮추는 것을 의미한다. 또한 **X-효율성**은 동일한 생산방식 및 여건이라 하더라도 광범위한 기업의 의사결정을 개선함으로써 나타나는 추가적인 효율로서 생산성의 향상 또는 비용의 감소를 의미한다.

첫째, 사회주의체제에서는 논리적으로 자유시장이 없기 때문에, 가격기구의 역할이 존재하지 않고 이로 인하여 경제적 성과의 측정이 제대로 이루어질 수 없으며,[2] 이윤동기와 자본시장이 존재하지 않기 때문에 계획가가 생산 자체를 계획하고 평가하기 어렵다. 그러나 사회주의체제하에서 계획가들은 여러 가격수준을 예상할 수 있기 때문에 더 빨리 경제안정을 찾을 수 있다는 견해[3]도 있지만, 시장을 통한 개개인의 최선의 선택이 가능한 자본주의체제에 비하여 사회주의체제는 배분적 비효율성이 나타난다. 또한 통제가격체제와 시장가격체제의 차이를 오직 사령부의 명령에 의해서만 움직이는 병사와 스스로 자신의 판단에 의해 움직이는 병사와의 차이로 비유하기도 한다.[4] 따라서 이러한 측면에서 고찰해도 사회주의체제는 자본주의체제에 비하여 배분적 효율성이 낮다. 예로서 구소련에서 생산된 판유리의 무게로 관리자에게 보상을 하였더니, 대부분의 유리공장은 두꺼워서 잘 보이지 않는 유리를 만들었고, 규정을 바꾸어 면적을 기준으로 보상하니 대부분의 유리공장은 너무 얇아 쉽게 깨지는 유리를 만들었다고 한다.[5] 이러한 예는 사회주의체제 내의 생산에 있어서 배분적 비효율성을 보여 주는 한 예이다.

---

2) Von Mises, L., *Economic Policy*, Chicago: Regentry Gateway, Inc, 1979.

3) Lange, Oskar R., "The Stability of Economic Equilibrium", *Econometrica*, 1942.

4) Hayek, F.A., *The road to Serfom,* University of Chicago, 1944.

5) Gwartney and Stroup, *Macroeconomics: Private and Public Choice,* New York: Academic Press, pp. 439~440, 1980.

둘째, 사회주의체제에서 사회적 책임을 지고 있는 계획가들은 새로운 발명을 하려는 능력이 결여되어 있어, 혁신(innovation)의 의지가 낮고 결과적으로 자본주의체제하의 경제활동에 비하여 동태적 비효율이 존재한다.[6]

셋째, 사회주의는 사적 소유를 부정하기 때문에 생산활동에 참여하는 구성원들은 열심히 일을 하려는 동기가 부족하다. 자본주의체제하에서는 조직의 일상활동을 수행하기 위하여 명시적인 기준이 있으며, 이러한 기준에 의거하여 직원을 평가하거나 임금인상 또는 승진을 결정하거나 조직 내 단위조직을 비교하기 위한 내적 기준(基準)인 내생성(內生性, internalities)[7]이 있다. 이러한 내적 기준은 자본주의하에서 시장을 통해서 평가받고 있기 때문에, 조직의 구성원들은 조직의 목표를 달성하기 위하여 끊임없이 노력을 하는 과정에서 X－효율을 달성한다.

그러나 사회주의체제하에서는 생산담당자가 기업관리자이기 때문에 유인구조인 당근과 채찍이 훈장, 표창장, 영웅칭호와 강등 및 문책이기 때문에 열심히 일을 하려는 유인이 부족하여 자본주의체제에 비하여 오히려 X－비(非)효율성이 나타난다. 그러나 자본주의시스템에서도 지속적으로 독점력을 유지할 수 있는 독점기업의 경우

표 1.3 미시적 효율성

효율성의 종류	의 미
배분적(配分的) 효율성	비용을 최소화하면서 동시에 경제단위의 편익(선호)을 얼마나 잘 달성할 수 있는지로 효율성을 판단
동태적(動態的) 효율성	① 비용을 줄이거나, 제품의 질을 향상시키거나, 새롭게 판매가능한 제품을 창조하는 신기술의 증진(Josep Schumpeter), ② 다른 대체적인 방법에 비해 더 낮은 비용으로 효율성을 증진(Wolf)[8]시키는 정도로 효율성 판단
X－효율성[9]	조직개선, 근로자와 관리자의 동기화, 채용과 해고, 승진, 임금과 보너스, 공간 · 가구 · 전화 · 시설배치를 포함한 광범위한 기업결정의 개선을 자극함으로써 주어진 기술로 생산성을 높이고, 비용을 낮추는 노력[10]으로 달성한 추가적 효율

6) J. A. Schumpeter, *Capitalism, Socialism, and Democracy*, Harper & Row, 1966.
7) Wolf, C. Jr., Market of Governmet, MIT press, pp. 66-77, 1998.
8) Wolf, C. Jr., Market of Governmet, MIT press, p. 18, 1998.
9) Harvey Leibenstein, "Allocative Efficiency vs. 'X－Efficiency'," *American Economic Review* 56, (June), pp. 392-415, 1966.
10) 신고전학파 생산함수는 기업의 관리자들이 최적투입결정을 하고 있다고 전제하고 있다.

표 1.4 자본주의와 사회주의의 장단점

	자본주의	사회주의
장점	시장 내에서 가격의 변동을 통해서 효율적인 자원배분과 기술진보가 이루어진다.	부(富)와 소득의 분배가 공평하다.
	시장기구 내에서 수요와 공급이 불일치하더라도 가격의 변화를 통해 유연하게 조정된다.	경기변동의 완화와 경제안정이 가능하다.
	예산이라는 제약조건하에서 사회구성원은 자신의 책임하에 경영과 효율성을 추구한다.	개인의 이익과 공공의 이익이 일치할 경우 효율적이다.
	수요공급에 의하여 기회비용을 반영한 가격이 결정된다.	자연환경이 보존될 수 있다
	개인의 자유와 정치적 민주주의가 동시에 실현되고 있다.	국가개입으로 전략적으로 특정 산업을 육성할 수 있다.
단점	부(富)와 소득(所得)의 분배가 불공평하다.	개별 소비자 각각의 욕구가 무시되고, 비효율적 자원배분과 생산이 이루어진다.
	실업과 인플레이션의 변동이 주기적으로 나타난다.	경제계획이 지니는 신축성 결여로 인하여 발생하는 경제문제를 자동적으로 수정할 장치가 없다.
	개인의 이익과 공공의 이익이 불일치할 수 있다	소유권의 모호성으로 인하여 적자기업도 지원하여 효율성이 떨어진다.
	개별 기업의 과다한 이윤추구로 인하여 자연환경 파괴와 인간소외현상이 나타난다.	시장가격보다 낮은 인위적인 가격책정으로 인하여 만성적인 물자부족현상이 발생한다.
	국가개입에 의한 선택적인 전략산업의 육성이 어렵다.	이념이 경제를 지배하여 개인의 정치적 · 경제적 자유가 제약되고 독재정권이 나타난다.

경쟁할 필요가 거의 없기 때문에 종업원 및 관리자가 추가적으로 노력하지 않아도 독점이윤(獨占利潤)을 획득할 수 있기 때문에 X-비효율성이 나타나기도 한다.

종합하여 살펴보면 자본주의와 사회주의의 장단점은 표 1.4와 같이 나타낼 수 있다. 자본주의는 시장을 통한 효율성을 중심으로, 사회주의는 국가통제를 통한 형평성을 중심으로 발전하여 온 것이 가장 큰 특징이라고 할 수 있다.

제 4 절 경제시스템의 역사적 변천

고대부터 현대에 이르기까지 앞에서 살펴본 3대 경제문제를 해결하기 위한 사회적 제도 및 양식은 계속 변화하면서 발전해 왔다. 이러한 제도를 경제시스템이라고 하는데, 여기서는 시대의 흐름에 따른 경제시스템의 변화를 간략히 알아보도록 하자.

1. 원시 공산체제(primitive community)

원시공동사회에서 공동으로 생산하고 소비하는 원시사회로서 사유재산의 개념이 없었으며, 무엇을 얼마나 생산할 것인가는 씨족의 원로, 촌락집회 그리고 전반적인 관습(慣習)에 의해서 결정되었다. 이 원시공동사회는 어떤 이데올로기에 의해서가 아니라 자연발생적인 것으로 개인적이면서 동시에 집단주의적인 소규모 자급자족의 단체였다. 어떻게 누구를 위하여 생산할 것인가 하는 문제는 공동으로 생산에 참여하고 공동으로 소비하는 원시적인 경제체제를 갖추고 있었다.

2. 고대 노예체제(colonialism)

노예를 생산기반으로 한 고대사회의 경제시스템으로서 물적 자산의 사적 소유가 가능한 사회로 노예를 소유하고, 신분관계가 발생하고 소득계층의 분류가 생겼다.

무엇을 어떠한 방식으로 누구를 위해 생산할 것인가는 노예소유주에 의하여 결정되었으며, 생산물의 대부분은 노예소유주에게 귀속되었으며, 노예에게 귀속되는 몫은 노예의 노동을 유지할 정도의 최소한의 것이었다.

3. 중세 봉건체제(feudalism)

영주가 특정 영역을 관장하는 것으로 영주가 소유하는 장원을 기반으로 생산이 이루어졌으며, 생산의 대부분을 담당하는 주체는 농노(農奴)들이었다.

무엇을 얼마나 어떠한 방식으로 생산할 것인가는 주로 농노들에 의하여 결정되었지만, 누구를 위하여 생산할 것인가는 영주가 자신에게 유리하도록 결정하였다. 따라서 대다수 농노들의 생활은 궁핍하고 겨우 생존을 유지할 수준이었다.

4. 근대 자본주의체제(capitalism)

사유재산제도가 확립되는 시기로 개인들은 자유롭게 사적 이익을 추구하며 이 과정에서 경제문제가 해결되는 방식이었다.

근대 자본주의는 15세기 중엽부터 18세기 중엽까지 유럽에서 형성된 상업주의로부터 발달하였으며, 국부의 원천이 유통과정에서 창출된다는 중상주의가 이 시대에 사조를 이루었다.

그러나 18세기에 들어와 영국에서는 산업혁명이 일어났으며, 이러한 산업혁명은 국부의 원천이 유통과정이 아니라 생산과정이라는 것을 보여 주었다. 이로 인하여 자본축적과 경제발전의 원동력을 상업이 아닌 공업으로 보는 산업자본주의가 등장하였다.

영국의 농촌에서는 생산성이 높아지고 토지개혁이 이루어지면서 농민들의 상당수가 농업노동자로 전락하고 일부는 산업의 저임금 노동자로 이어지면서 공업부문의 발전에 근간이 되었으며, 국가의 공업육성정책을 위한 조세완화 조치와 더불어 경제성장이 지속되었다. 동시에 상인들의 경제력 증가로 인하여 권익을 확대하고자 하는 시민혁명의 성공을 통해 민주주의와 사유재산제도 그리고 자유기업주의로 인하여 산업자본주의가 형성되어 갔다.

5. 사회주의 경제체제(socialism)

서구 산업혁명의 진행과 더불어 자본가계급과 노동자계급 간의 소득과 부의 격차는 확대되었으며, 1810년부터 시작된 주기적 경기변동은 자본주의체제에 대한 불신을 낳게 되었다. 이때 마르크스(Karl Marx)는 자본가에 의하여 노동자가 착취당하는 이유가 사유재산제도를 허용하기 때문이라고 보아 생산수단의 국유화 · 공유화를 기반으로 한 사회주의 건설을 주장하였다.

그는 자본주의도 이전의 사회경제시스템처럼 필연적으로 내적 모순으로 인하여 소멸할 것으로 보았으며, 자본주의가 봉건주의를 대체한 것처럼 사회주의가 자본주의를 대체하여 무정부, 계급이 없는 사회인 순수공산주의에 도달할 것으로 믿었다. 이후 1917년 러시아에서 노동자 농민혁명이 일어나 사회주의체제가 처음 등장한 이후 중국, 베트남, 북한, 쿠바 등이 사회주의를 채택하였으며, 1980년대까지 전 세계 인구의 1/3이 사회주의체제에서 생활하였다.

이러한 사회주의체제하에서도 리베르만(Evsei Liberman)과 랑게(Oskar R. Lange), 러너(Abba P. Lerner), 바넥(Jaroslav Vanek) 등은 사회주의에 시장경제 체제의 일부를 포함하는 혼합경제를 주장하였다.

리베르만은 사회주의의 생산성 저하를 막고 개인의 창의성을 높이기 위해서는 이윤동기가 주어져야 한다고 주장하였으며, 랑게와 러너, 바넥은 생산수단을 공유화하되, 시장이 자원배분을 담당하는 시장사회주의를 제안하였다. 구소련은 이러한 사회주의 문제점을 보완하며 1986년 개혁과 개방의 길을 택하였으나, 1991년 12월 25일 붕괴하였다.

용어 구소련 하리코프대학(University of Kharkov) 교수인 경제학자 **리베르만**은 1962년 9월 9일 자에 "계획, 이윤, 장려금(Plan, benefit and prisms)"이라는 제목의 논문에서 기업에게 품목별 생산과 납기에 관한 계획만을 부여하고 기업의 활동성과 성과에 따라 종업원에게 **보너스**를 지급하는 것을 제안하였다. 이는 **1965년 소련개혁**의 기초가 되었다.

6. 혼합경제체제(mixed economic system)

자본주의경제와 사회주의경제의 요소를 혼합한 경제체제를 혼합경제라 한다. 1929년 미국의 대공황(Great Depression) 이후로 자본주의국가라고 할 수 있는 미국 및 서유럽국가들은 정부의 개입을 부분적으로 채택하고 있으며, 일부 기간산업을 국유화하고 적극적인 공공정책을 실시함으로써 분배의 형평성과 경제적 안정을 도모하고 있다.

용어

미국의 대공황(大恐慌)은 1929년 10월 24일 뉴욕주식거래소에서 주식의 대폭락으로부터 시작된 미국 사상최대의 경기침체를 의미한다. 이 기간에 미국의 공업생산은 공황 이전에 비하여 44%까지 하락하였으며, 1933년 전 근로자의 30%인 1,500만 명이 실업자가 되었으며, 이는 1933년 말까지 지속되었다. 아래의 그림과 같이 1928년 10월 24일 주가의 수준을 나타내는 다우존스지수가 258.04포인트에서 1932년 12월 28일에는 57.6포인트로 약 22.3% 떨어져, 경제침체의 수준을 가늠할 수 있다.

1929~1936년 다우존스지수(자료 : www.yahoo.com)

1978년 12월 덩샤오핑의 개혁 · 개방 선언 이후로 사회주의 국가인 중국의 경우도 사유재산제도와 경제적 자유를 허용하는 **혼합경제체제**를 채택하고 있다. 사회주의 국가들은 사유재산권을 부분적으로 인정함으로써 자본주의의 사적 소유로 인한 효율성을 수용하려고 하고 있으며, 소련의 붕괴로 인한 동유럽국가인 체코, 폴란드 등은 자본주의체제로 시스템을 전환하였다.

용어

덩샤오핑(鄧小平)은 1979년 중국공산당 제11기 중앙위원회 제3차 전체회의에서 중국의 개혁개방을 선포하였다. 당시 덩샤오핑은 “검은 고양이든 흰 고양이든 쥐만 잘 잡으면 된다”는 그 유명한 ‘흑묘백묘(黑描白描)’ 사상으로 실용주의노선을 나타냈고, 1981년 8월에 열린 제5기 인민대표회의 15차 상임위원회에서 심천, 주해, 산두, 하문 등 4개 도시를 경제특구로 지정하여 시장개발을 시작하였으며, 개혁개방 30여 년 만인 2009년 국내총생산이 4조 9,092억 달러에 도달하였다.

읽을거리 2

왜 자유시장경제체제인가?

Now that the free market has failed… what do you think is the proper role for the state in the economy? – China's Vice Foreign Minister He Yafei at a meeting with economists in Manhattan, May, 2009.

일찍이 미국 시카고대의 로버트 루카스(Robert Emerson Lucas) 교수는 "한번 경제성장에 대해 생각하기 시작하면 다른 것은 생각할 수 없다"고 갈파한 바 있다. 경제성장은 소득을 증대시키고 삶의 질을 개선시켜 사회구성원 전체의 보다 큰 행복을 달성하는, 경험적으로 증명된 유일한 길이다.* 우리의 행복이 경제성장과 직결되어 있다 보니 이에 대한 관심도 타의추종을 불허한다. 경제성장의 동인을 찾기 위해 수많은 노력들이 이루어져 왔고 지금도 많은 경제학자들이 그 비밀을 알아내기 위해 밤을 지새우고 있다.

그럼에도 불구하고 아직 우리는 경제성장에 대해 제대로 이해하지 못하고 있는 것처럼 보인다. 예를 들어 많은 이들은 경제성장의 필수적인 요소로 투자 확대를 꼽는다. 그러나 투자는 경제성장의 필수조건도 충분조건도 아니라는 강력한 실증적 증거가 존재한다(Easterly, 2002).**

우선 투자가 경제성장의 충분조건이 아니라는 사실은 제2차 세계대전 이후 선진국들의 엄청난 원조와 투자에도 불구하고 여전히 빈곤에 시달리고 있는 저개발국들이 여실히 증명하고 있다. 이스털리(William Easterly)는 여기서 더 나아가 투자가 경제성장에 필수적인지 검증해 보았다. 그의 방법론은 매우 간단했는데, 4년간 7%의 고도성장을 지속한 나라들에서 그에 상응하는 투자 확대가 그 전에 일어났는지를 살펴본 것이다. 이스털리는 한 걸음 더 나아가 전 세계 137개국의 발전 경험을 살펴봄으로써 투자가 경제성장의 필수조건이라는 가설을 기각했다. 고도성장을 지속적으로 이룩한 나라들에서 경제성장률에 대응하는 수준의 투자가 선제적으로 일어난 경우가 거의 관찰되지 않았기 때문이다.

우리의 직관과 실증적 경험이 배치되는 것은 비단 투자뿐만이 아니다. 인적자본이나 자원 등 통상적으로 경제성장에 중요하다고 생각되는 것들이 실제로는 그렇지 않은 경우가 많다. 이러한 사실을 가장 극명하게 보여 주는 예로 한국과 가나를 들 수 있다. 1957년 영국의 식민지배로부터 독립한 가나는 당시 서구

* 프랑스를 위시한 일부 선진국에서 경제성장이 최선이 아니라는 취지로 최근 그린 GDP 등 각종 대안들을 내놓고 있다. 그러나 정작 개발도상국들이나 최빈국들이 이런 움직임에 적극적으로 동참하고 있다는 소식은 아직 듣지 못했다.

** Easterly, William, "The Elusive Quest for Growth," The MIT Press, 2002.

선진국들, 특히 식민통치에 대한 원죄에 시달리던 영국으로부터 열렬한 지지와 지원을 받았다. 가나는 당시 아프리카의 그 어느 나라보다 높은 수준의 인적자본을 보유하고 있었고, 풍부한 지하자원도 있었다. 루이스(William Arthur Lewis)나 칼도어(Nicholas Kaldor)를 위시한 당시 경제발전론의 권위자들은 생산설비와 인프라 구축을 위한 투자만 있으면 가나 경제는 폭발적인 성장을 할 것이라고 기대했다. 이에 비해 한국은 전혀 반대의 입장에 있었다. 1950년 6 · 25 전쟁으로 한국의 모든 생산시설은 완전히 파괴되었고, 기니치럼 기댈 수 있는 천연자원도 전혀 없었다. 가나가 새로운 유망주로 촉망받을 때, 세계는 한국에 대한 희망을 버렸으며 한국인들은 영원히 삼류국가의 위치를 벗어나지 못할 것으로 생각했다. 그러나 반세기가 지난 지금 가나와 한국의 경제는 당시 경제학자들이 기대하던 것과 정반대의 길을 걷고 있다. 한국이 고도성장을 거듭하던 1970년대에 가나는 기아를 경험했고, 한국이 세계를 향해 문을 열기 시작하던 1980년대에 가나의 1인당 소득은 식민지배에서 해방되던 1957년보다 낮았다. 2008년을 기준으로 가나의 1인당 GDP는 1,351달러로 한국의 5.3%에 지나지 않으며, 한국이 G20 의장국으로 세계에서 두각을 나타내고 있는 요즘 가나가 주목을 받는 것은 월드컵이 열리고 있을 때뿐이다.*

한국의 어떤 면이 가나가 지녔던 다른 모든 장점들을 압도했을까? 두 나라는 흥미롭게도 군사 쿠데타와 군사정부의 장기독재라는 유일한 공통점을 갖고 있다. 그러나 두 정부가 택했던 경제체제는 크게 달랐다. 초기 가나의 느크루마 정부는 사회주의 실험을 했다. 정부의 지출을 크게 늘렸고 해외에서 들어온 원조금들은 생산적인 곳에 쓰이지 못하고 가나 국민의 소비를 보조하는 데 탕진되었다. 가나 경제는 파탄에 이르렀고, 그 결과 대중의 지지를 받는 군사정부가 들어섰다. 그러나 이후 사정은 더욱 악화되었다. 군사정부는 자신들의 몫만을 챙기느라 여념이 없었고, 해방기에 건설된 산업설비와 인프라는 활용되지 않고 그대로 방치되었다. 배고픈 국민들의 몫만은 원조금으로 일시적이나마 잠재우는 데 급급했다. 반면, 한국은 건국 초기부터 자본주의 체제를 선택했다. 이후 들어선 군사정부들도 모두 자본주의 체제를 인정했고 개인의 사유권을 보장했다. 사유권 보장은 한국인들로 하여금 일할 동기를 부여했고, 이를 통해 세계에서 보기 드문 경제발전을 이룩해 낼 수 있었다. 자본주의, 즉 자유시장경제체제의 채택이 지속적 경제성장에 결정적 역할을 한다는 사실은 제2차 세계대전 이후 신생국 가운데 한국이 거의 유일하게 성공적인 경제발전을 이룩할 수 있었다는 것에서 더욱 극명하게 드러난다. 즉, 1950년대 한국을 다른 신생국들과 차별화한 것은 자원이나 투자 등 경제학에서 강조하는 변수들이 아니라 자유시장경제의 도입이었다. 올바른 체제의 선택은 다른 모든 불리함을 극복할 수 있는 도구가 된다.

경제발전 과정에서 자유시장경제체제가 지니는 중요성에 비해 이에 대한 학계의 관심은

* 세계은행, World Development Indicators online.

상대적으로 적었다. 이론적인 정형화가 어렵고 객관적 통계자료가 존재하지 않았기 때문이다. 그러나 한 사회의 경제체제에 대한 고려 없이는 투자, 인적자본 축적, 시장개방(이들은 모두 경제성장에 중요하다고 생각되는 것들이다)이 일어나는 근본적인 이유를 설명할 수 없다. 경제발전의 '어떻게'는 설명할 수 있으나 '왜?'라는 질문에는 대답할 수 없는 것이다. 이러한 인식하에 최근 경제체제와 경제성장의 관계에 대한 많은 실증분석이 이루어지고 있다. 이와 병행하여 경제체제와 그 특성에 대한 다양한 통계자료가 수집되고 있고, 경제체제의 복잡한 구조를 반영하기 위한 광범위한 시도도 이루어지고 있다.* 자유시장경제체제가 경제발전에 결정적 역할을 한다는 증거가 속속들이 나오고 있고, 국제기관들은 정부 간섭 배제의 중요성에 대해 강조하기 시작했다.** 실제로 세계은행의 2002년 World Development Report는 "시장을 위한 제도 구축(Building Institutions for Markets)"이라는 제호의 보고서를 발간하였다. 세계은행은 이 보고서를 통해 자유시장제도를 통한 정보의 효율적 전달, 사유권 및 계약의 보장, 경쟁의 확보를 강조하였다.

자유시장경제가 우리의 편익을 증진시킨다는 압도적인 증거가 존재하지만, 적지 않은 이들이(혹은 국가들이) 사회주의에 대한 일종의 향수병을 지니고 있는 듯하다. 실제로 "능력에 따라 일하고 필요에 따라 분배한다"라는 사회주의의 모토는 단순하면서도 우리의 정서에 강력히 호소한다. 그러나 생산 과정에서 능력과 보상을 분리시키고 분배 과정에서 인간욕구의 무한함을 부정함으로써 사회주의는 스스로 과학이 아닌 종교가 되어 버렸다. 실제로 칼 마르크스(Karl Heinrich Marx)는 프롤레타리아들의 소득이 많아지자 혁명의 정신을 상실하고 부르주아가 되어 간다고 한탄했다고 한다.*** 문명의 최첨단을 달리는 21세기에도 사이비종교가 출몰하여 어려움에 처한 사람들을 현혹시키듯이 '사회주의'라는 사이비종교도 계속 우리 곁을 맴돌며 유혹할 것이다. 아! 이를 어찌할 것인가?

김필헌(한국경제연구원 연구위원, phkim@keri.org)

* 가장 대표적인 예로 프레이저연구소(Fraser Institute)와 헤리티지재단이 발행하고 있는 '경제자유도' 통계를 들 수 있다.

** Brunetti(1997), "Political Variables in Cross-Country Growth Analysis," Journal of Economic Surveys Vol.11, No.2.; De Haan et al.(2006), "Market Oriented Institutions and Policies and Economic Growth: A Critical Survey," Journal of Economic Surveys Vol.20, No.2.

*** Heilbroner(1999), "The Worldly Philosophers: The Lives, Times And Ideas Of The Great Economic Thinkers," 7th Edition, Touchstone Press.

출처 : An Inquiry into the Nature and Causes of the Wealth of Nations, p. 456, 4th ed., 1784.

토론하기

- 우리는 아침부터 저녁까지, 그리고 탄생부터 죽음까지 이루어지는 일련의 경제문제에서 벗어나지 못하고 있다. 현재 우리의 경제시스템에서는 이러한 경제문제를 어떻게 해결해 가고 있으며, 또 어떻게 해결하는 것이 바람직한지를 생각해 보자.
- 우리 주변에서 발생하고 있는 경제적 문제(실업, 빈곤, 경기침체, 보건, 고령화 문제)를 어떻게 해결하고 있는지 살펴보도록 하자.
- 【읽을거리 1】 왜 개개인의 이기적인 행동이 사회 전체의 이득을 높이는 걸까?
- 【읽을거리 2】 경제시스템 중 자유경쟁시장이 우월한가? 그리고 어떠한 문제점이 있는가?
- 앞의 세 가지 효율성을 평가하는 기준으로 현재 우리의 경제시스템은 과연 효율적인지를 토론해 보자.

평가하기

퀴즈 1〉 다음의 경제시스템 중에서 1980년 이후 '중국'이 속하는 체제유형은 무엇인가?

① 자본주의 시장경제　② 자본주의 계획경제
③ 사회주의 시장경제　④ 사회주의 계획경제

힌트 덩샤오핑은 1979년 이후 "검은 고양이든 흰 고양이든 쥐만 잘 잡으면 된다"는 논리로 실용주의 노선과 경제특구를 지정하며 사회주의체제에 시장경제를 도입한다.

퀴즈 2〉 자본주의 경제시스템의 장점이라고 보기 어려운 것은 무엇인가?

① 시장 내에서 가격변동을 통해 자원배분과 기술진보가 이루어진다.
② 사회구성원은 사적 소유가 보장되기 때문에 자신의 책임하에 경영과 효율성을 추구한다.
③ 개개인의 생각이 사회전체로 확장되어 자연환경이 잘 보존된다.
④ 개인의 자유와 정치적 민주주의가 동시에 실현될 수 있다.

힌트 개개인의 이익과 사회적 이익이 항상 일치하지 않기 때문에, 개개인의 사적 이득과 반(反)하는 환경보호가 이루어지기 어렵다.

퀴즈 3〉 경제시스템 내에서 생산과정에서 나타나는 신기술의 증진이나 생산방식의 개선으로 인하여 생산비용을 절감함으로써 나타나는 효율성은 무엇인가?

① 배분적 효율성 ② 분배적 효율성
③ 동태적 효율성 ④ X-효율성

힌트 생산과정에서 나타나는 생산방식의 개선 및 생산비용의 감소로 인한 효율성의 증가는 동태적 효율성이며, 적극적인 기업활동으로 인한 효율성 증가라고 할 수 있다.

정리하기

- 1760년대 산업혁명 이후부터 1930년대까지 자유방임적 경제시스템
- 현대적 의미에 있어서 경제 : 인간의 욕망을 충족시키기 위한 일련의 유형의 재화와 무형의 서비스를 생산하고 교환하고 이를 사회구성원 간 분배하며 최종으로 소비하는 일련의 과정
- 중상주의(重商主義, mercantilism)는 15세기부터 18세기 서유럽에서 채택한 경제정책으로 초기 산업자본을 위해 관세로 자국시장을 보호하고, 해외시장으로 진출하고자 할 때는 완제품을 수출하는 정책이 주를 이루고 있으며, 이러한 무역(상업)을 통해 부(富)를 축적하려는 정책
- 국민경제의 3대 문제
  ① 무엇을 얼마만큼 생산할 것인가?
  ② 어떻게 생산할 것인가?
  ③ 누구를 위해 생산할 것인가?
- 기여의 원칙 : 생산과정에서 기여도에 따른 소득의 분배
- 필요의 원칙 : 생산과정에서 기여도에 관계없이 필요에 따른 소득의 분배
- 물질적 균형방식 : 중앙집권적으로 할당되어 재화의 수요와 공급이 균형

■ 자본주의 & 사회주의 특징

구분	자본주의	사회주의
재산권	물적 자원의 사적 소유	물적 자원의 국가소유
고용	자기고용의 자영업자이거나 사기업(私企業)의 피고용인	국가 또는 국가통제기업의 피고용인
투자	높은 이윤과 소득을 추구하는 개인에 의해서 수행	중앙정부의 목표에 따라 수행
재화와 자원의 배분	시장의 역할	중앙계획에 의해서 결정
소득분배	경제적 자원의 소유와 생산성을 반영하여 시장에 의해 결정	평등과 소득분배형평성을 추구하는 중앙계획가에 의해 결정

■ 효율성의 측정기준

효율성의 종류	의미
배분적(配分的) 효율성	비용을 최소화하면서 동시에 경제단위의 편익(선호)을 얼마나 잘 달성할 수 있는지로 효율성을 판단
동태적(動態的) 효율성	① 비용을 줄이거나, 제품의 질을 향상시키거나, 새롭게 판매가능한 제품을 창조하는 신기술의 증진(Josep Schumpeter), ② 다른 대체적인 방법에 비해 더 낮은 비용으로 효율성을 증진(Wolf)시키는 정도로 효율성 판단
X-효율성	조직개선, 근로자와 관리자의 동기화, 채용과 해고, 승진, 임금과 보너스, 공간 · 가구 · 전화 · 시설배치를 포함한 광범위한 기업결정의 개선을 자극함으로써 주어진 기술로 생산성을 높이고, 비용을 낮추는 노력으로 달성한 추가적 효율

■ 자본주의와 사회주의의 장단점

	자본주의	사회주의
장점	시장 내에서 가격의 변동을 통해서 효율적인 자원배분과 기술진보가 이루어진다.	부(富)와 소득의 분배가 공평하다.
	시장기구 내에서 수요와 공급이 불일치하더라도 가격의 변화를 통해 유연하게 조정된다.	경기변동의 완화와 경제안정이 가능하다.
	예산이라는 제약조건하에서 사회구성원은 자신의 책임하에 경영과 효율성을 추구한다.	개인의 이익과 공공의 이익이 일치할 경우 효율적이다.
	수요공급에 의하여 기회비용을 반영한 가격이 결정된다.	자연환경이 보존될 수 있다
	개인의 자유와 정치적 민주주의가 동시에 실현되고 있다.	국가개입으로 전략적으로 특정 산업을 육성할 수 있다.
단점	부(富)와 소득(所得)의 분배가 불공평하다.	개별 소비자 각각의 욕구가 무시되고, 비효율적 자원배분과 생산이 이루어진다.
	실업과 인플레이션의 변동이 주기적으로 나타난다.	경제계획이 지니는 신축성 결여로 인하여 발생하는 경제문제를 자동적으로 수정할 장치가 없다.
	개인의 이익과 공공의 이익이 불일치할 수 있다.	소유권의 모호성으로 인하여 적자기업도 지원하여 효율성이 떨어진다.
	개별 기업의 과다한 이윤추구로 인하여 자연환경 파괴와 인간소외현상이 나타난다.	시장가격보다 낮은 인위적인 가격책정으로 인하여 만성적인 물자부족현상이 발생한다.
	국가개입에 의한 선택적인 전략산업의 육성이 어렵다.	이념이 경제를 지배하여 개인의 정치적 · 경제적 자유가 제약되고 독재정권이 나타난다.

제 2 장

세계화의 특징과 자본주의

학습목표

1_ 각 국가 단위로 운영되는 자본주의 경제시스템은 현재 '세계화'라는 틀 속에서 지구촌 경제의 특징을 띠고 있다. 따라서 자본주의에 대한 올바른 분석은 세계화를 이해하지 않고는 어렵다고 본다. 따라서 본 장에서는 세계화에 대한 개념과 특징을 학습하는 것을 목표로 한다.

2_ 또한 세계화는 개별 국가의 경제적 상황에 따라 긍정적 효과와 부정적 효과를 동반하고 있는데, 이는 세계화를 이해하는 데 매우 중요한 과제로서 세계화에 대한 긍정적 효과와 부정적 효과를 학습하는 것을 주요 목표로 한다.

학습내용

1_ 세계화의 개념은 무엇이며, 세계화를 촉진하는 이념적 틀로서 신자유주의의 특징과 세계화의 변천을 간략히 고찰한다.

2_ 세계화의 경제적 특징을 세 가지로 규정하고 각각의 특징을 분석한다.

3_ 세계화의 긍정적 측면(효과)과 부정적 측면(효과)을 비교, 설명한다.

키워드_ 세계화, 신자유주의, 상품시장의 자유화, 금융자본의 초국가적 이동, 초국적 기업의 경제력 지배

제 1 절 세계화와 신자유주의

각 국가 단위로 형성된 경제시스템이 전 세계라는 하나의 경제권으로 묶여 가고 있고 이러한 현상은 세계화의 현상으로 나타나고 있다. 본 장에서는 세계화란 무엇이며, 세계화를 촉진한 이념적인 틀과, 세계화의 근세사, 세계화 과정에서 나타난 경제적 특징을 살펴보고, 세계화가 가져온 긍정적 효과와 부정적 효과를 살펴볼 것이다.

1. 세계화란 무엇인가?

문헌에 의하면, 세계화라는 용어는 1897년 기업가에서 기독교 복음목사가 된 찰스 타즈 럿셀(Charles Taze Russell)이 처음으로 기술하였다. 1960년대까지 경제학자와 사회학자도 많이 사용하지 않은 용어였다. 이 용어는 1980년대 중반 이후에 광범위하게 사용되기 시작하였고, 사람들은 '치열한 경쟁'으로 받아들이기 시작하였다.

레바논 베이루트에 본부를 두고 있는 ESCWA(United Nations Economic and Social Commission for Western Asia)는 "세계화는 여러 형태로 정의되고, 광범위하게 사용되고 있다. 경제적 맥락에서 살펴보면, 그 '세계화'에 대한 범위를 축소할 수 있다. 국경 사이의 무역장벽을 제거함으로써 상품 및 자본의 흐름을 용이하게 하는 것으로 노동의 이동은 쉽지 않지만, 세계화는 새로운 현상은 아니다. 이러한 현상은 19세기에 시작되었지만, 제1차 세계대전과 제2차 세계대전을 거치면서 각국이 자국의 산업을 보호하기 위하여 산업보호정책을 실시함으로써 주춤하였으나, 1980년 중반부터 이러한 현상은 감소하며 세계화가 진행되었다"고 기술하고 있다.

미국 워싱턴에 위치한 자유주의자들의 싱크탱크인 Cato Institute의 톰 팔머(Tom J. Palmer)는 세계화를 '각국에서 행해진 무역을 제한하려는 국가의 제재가 사라지고, 결과적으로 나타나는 복잡하고 전 세계적인 교역제도'의 등장이라고 정의하고 있다. 또한 ≪뉴욕타임즈≫ 기자이자 퓰리처 상 수상자인 토마스 프리드먼(Thomas L. Friedman)은 '세계적인 무역, 아웃소싱, 공급체인관리와 정치력이 지속적으로 세계를 바꾸고 있으며, 긍정적인 면과 부정적인 면을 가져오지만 기업조직과 기업의 활동에 세계화의 발걸음을 재촉'하고 있다고 주장하고 있다.

그리스 태기스 포토풀로(Takis Fotopoulos)는 세계화는 초국가 기업의 급속한 팽창을 가져오고 시장중심 경제의 '성장 아니면 사멸(grow-or-die)'을 강조하는 제도변화의 결과물이라고 주장하고 있다. 이와 유사하게 토마스 프리드먼은 그의 책 『렉서스와 올리브 나무』에서 냉전체제의 경제는 스모 레슬링에, 세계화체제의 경제는 100미터달리기에 비유하고 있다. 우리 측면에서 재조명하여 세계화 이전과 세계화 이후의 변화를 운동에 비유하면 씨름경기와 반복되는 100미터달리기 경주라고 할 수 있다. 씨름경기의 경우는 씨름 선수 두 명이 씨름판 원 안에서 대부분의 시간은 샅바를 잡고 상대선수에 대한 탐색시간을 보내고, 승부는 몇 초 만에 이루어지며 승자가 상금과 상장을 받게 된다. 그러나 세계화된 시장은 끊임없는 100미터달리기 경주와 같이 한 번의 승자는 영원한 승자가 될 수 없다. 언제든지 새로운 경쟁자가 나타날 수 있으며, 한 게임이 종료된 후 또 다시 새로운 100미터달리기 경주가 시작되기 때문이다.

그러나 세계화의 현상은 지역적인 이득을 얻기 위한 무역동맹 또는 정치활동으로 축소되지 않을 것으로 보인다. 세계화는 상품, 자본 그리고 노동에 대한 규제를 완화하고 상품시장, 자본시장 그리고 노동시장을 개방하는 경제적 세계화와 모든 각국들의 통제에서 벗어난 초국가적인 엘리트 정치인들에 의한 정치적 세계화, 전 세계적인 문화적 동질성이 커지는 문화적 세계화, 이데올로기의 세계화, 기술의 세계화 등으로 구분할 수 있을 것이다. 보르도(Bordo, 2003)는 세계화란 상품, 자본 및 노동이 국제적으로 동화되어 가는 것이라고 정의하고 있다.

한국에 있어서 세계화는 1993년 '문민정부'가 수립되면서 국제화, 국가경쟁력 강화 같은 정책을 중심으로 '세계화'라는 말이 회자되었다. 세계화는 '국제화'의 개념과 차이가 있다. 노암 촘스키(Noam Chomsky)는 세계화를 이념적인 측면에서 경제적 세계화는 자유주의의 다른 모습이라고 기술하고 있으며, 메릴랜드대학의 환경학 교수인 허먼 데일(Herman E. Daly)은 때때로 '국제화(internationalization)'와 '세계화(globalization)'가 혼용되고 있지만, '국제화'는 각 국가의 노동과 자본의 이동의 불완전성을 전제로 국제무역, 국제관계, 국제조약의 중요성을 강조하고 있다고 정의한다. 즉, 국제화의 경우는 기업이 국가 간 국경이라는 개념을 인정하고, 자국 내의 산업을 기반으로 다른 나라와의 관계하에서 경영활동을 확대해 나가는 개념이다. 그렇지만 '세계화'의 개념은 국가 간의 국경과 나라 간의 한계를 넘어서 전 세계를 경영의 단위로 보며, 각 기업이 경영전략을 수립하고 경영활동의 영역을 넓혀 가는 것이라고 할 수 있다.

세계화는 지역경제, 지역사회, 지역문화에 의하여 형성되고 운영되는 일련의 과정이 교역량의 증가, 통신기술의 발달, 전 세계적 무역 네트워크의 형성으로 인하여 전 세계적으로 통합되고 전 세계적인 수준에서 결정되는 것이라고 할 수 있다. 특히 세계화에 관하여 말을 할 때, 우리는 경제적 세계화를 의미하고 있다. 한 민족국가의 경제가 국제무역의 증가, 외국직접투자의 증가, 그리고 자유로운 자본의 이동, 기술의 파급 등으로 인하여 국제경제조직으로 통합되어 발전한 것이다.

종합하면, 세계화는 경제적으로 세계가 하나의 단일화된 지구촌 경제를 만들어 가는 과정으로 볼 수 있으며 세계경제가 하나의 형태로 이루어지고 있음을 의미하고, 민족중심의 국가경제가 허물어지고 '세계자본주의' 라는 하나의 경제체제로 형성되어 가며 경제시스템과 관계없이 하나로 형성되어 상호의존성이 커 가는 과정으로 정의할 수 있다. 이러한 세계화는 각국이 시장개방을 가속화하면서 빠르게 진행되고 있다. 상품뿐만 아니라 지식, 기술, 자본, 노동까지 국경을 넘어 교류하면서 세계경제가 하나로 통합되어 가는 과정으로 정의할 수 있다.

표 2.1 세계화의 개념과 주요 요소

분류	주요 요소
1. 금융 및 자본 소유의 세계화	• 금융시장에 대한 규제 완화, 유통자금의 국제적 이동, 인수·합병의 증가, 주주권 확대
2. 시장 전략의 세계화	• 기업활동의 통합, 국제부문의 통합 운영 조직 설립, 전략적 제휴 추진
3. 기술·연구·개발 및 지식의 세계화	• 기술지식과 정보통신의 발달로 같은 기업 또는 다른 기업 간에 세계적인 네트워크 형성
4. 생활 및 소비 패턴, 문화의 세계화	• 한 국가의 지배적인 생활방식이 다른 곳으로 이전되고 수용
5. 행정능력의 세계화	• 민족국가의 정부 및 의회의 역할을 강조 • 지구촌 차원의 지배를 위한 새로운 국제기구의 창설
6. 지구촌으로서의 정치통합 능력의 세계화	• 국가가 중심이 된 세계사회를 단일한 권력에 의해 범지구적 정치·경제 체제로 통합
7. 인식과 의식화의 세계화	• 하나의 지구, 지구인 운동, 범지구촌 문명에 초점을 둔 사회

출처 : 리스본 그룹 보고서, 경쟁의 한계, 바다출판사, 2000, p. 46.

2. 신자유주의(neo-liberalism)

위와 같은 세계화를 지속시키는 동인(動因)이 무엇일까? 각 국가가 무역의 장벽을 낮추고 세계를 향해 자국시장을 개방할까? 각국 제품뿐만 아니라, 인력 교류, 지식 교류, 자본유치 등 국경을 넘어 세계경제를 향하고 있다. 전 세계 경제를 개방하고 하나의 커다란 경제권으로 묶어 가는 세계화는 교역국가 상호 간에 이득이 된다고 생각하기 때문이다.

여기에는 신자유주의의 역할이 크게 작용하고 있다. '신자유주의'란 한 국가의 정치 · 경제문제의 우선순위를 결정하는 데 있어서 개별 경제주체의 역할을 극대화하고자 하는 **신고전학파 이론**(neo-classical)에 근거를 두고 시장의 역할을 중심으로 경제정책과 사회정책을 접근하는 것이다.

'신자유주의'란 용어는 1970년대 라틴 아메리카의 경제학자들이 경제문제를 시장을 중심으로 해결하는 것을 지칭하여 사용하기 시작하였으며, 1990년대에는 고전적 자유주의와 구분한 밀턴 프리드먼(Milton Friedman)과 프리드리히 폰 하이에크(Friedrich von Hayek)의 이상(理想)을 보여 주는 단어가 되었다. 이들은 경제문제를 어떠한 인위적 규제가 없는 자연발생적으로 형성된 시장에서 해결해야 한다고 주장하였다. 그러면 고전적 자유주의의 출발점을 살펴보도록 하자.

고전적 경제자유주의는 1770년대 영국 스코틀랜드의 도덕철학자이자 정치경제학자인 아담 스미스(Adam Smith)에서 찾아볼 수 있다. 그는 경제문제의 해결방법을 시장에서 찾고 있다. 그의 저서인 『**국부론**(Inquiry into the Nature and Causes of the Wealth of Nations)』(1776)에서 아담 스미스는 시장에서 개개인이 자기의 이익을 얻기 위해서 하는 행동이 '**보이지 않는 손**(invisible hand)'에 의하여 사회전체에 이득이 된다고 주장하였다. 상품을 판매하는 사람은 상품의 가격을 인상하면 팔리지 않게 되기 때문에 낮은 가격으로 판매하기 위하여 경쟁을 하고 이러한 과정에서 생산원자재를 효율적으로 사용하게 되고, 상품을 구매하고자 하는 사람끼리 경쟁을 하는 과정에서 가격을 높게 제시한 사람이 상품을 소유하고 소비할 수 있기 때문에 상품의 분배가 자연스럽게 이루어진다. 사적 이득(self-interest)의 추구행위가 시장에서 '경쟁'이라는 모습으로 나타나고, 어떠한 제약이 없는 경쟁은 결국은 시장의 효율성을 높이게 되는 것이다.

이러한 경쟁이라는 규칙을 형성하는 데 중요한 역할을 하는 것은 어떤 누구로부터의 규제 또는 조정이 없는 **자유방임**(laissez-faire)을 전제로 하고 있다. 자유방임의 경제사조를 고전적 자유주의라고 한다. 이러한 사조(思潮)는 1929년 미국의 대공황이 나타나기 이전까지의 주류 경제학의 규범이 되어 왔다.

제1 · 2차 세계대전과 **세계대공황**(Great Depression)을 겪으면서 정부의 시장개입을 통한 경제회복을 경험하였다. 특히 1929년부터 시작된 세계대공황 시기에 항만 등과 같은 산업인프라(infrastructure)를 구축함으로써, 노동자에게 일자리를 마련하고 이들이 소득과 소비 증가를 유도함으로써 경제회복의 기틀을 마련하였다. 이러한 루즈벨트 대통령의 정부개입에 의한 뉴딜정책으로 경제회복의 길을 열게 되면서 고전적 자유주의는 사라지는 것처럼 보였다.

경제문제에 정부가 개입하여 해결하려는 경제개입주의(케인즈주의)가 주를 이루게 되었다. 정부가 직접 댐, 도로와 항만을 건설함으로써 수요를 창출하여 경기회복을 하려는 정책에 의하여 고전적 자유주의는 힘을 잃는 것처럼 보였다.

세계경제는 1970년대 두 차례에 걸친 유가폭등이라는 오일쇼크를 경험하는 과정에서, 큰 정부를 가진 국가에서 개인의 기본권 침해, 자원배분의 비효율성이 나타날 수 있다는 것을 보여 주었다. 일련의 물가상승과 경기침체라는 **스태그플레이션**(stagflation)은 하이에크를 중심으로 한 소위 신자유주의자들의 이론을 등장시켰다.

하이에크는 인간의 이성과 지식이 불완전하기 때문에 이들로 구성된 정부도 역시 불완전하다고 보았다. 시행착오를 통해 형성된 자생적이고 점진적인 진화만이 사회, 지식 등을 발전시키기 때문에 정부의 규모를 줄이고 시장의 역할을 다시 강조하게 되었고 이것이 신자유주의의 시작이라고 할 수 있다.

이러한 신자유주의 사조는 법인세 인하 정책, 정부의 규제완화 정책, 경쟁을 강조

표 2.2	신자유주의의 정책적 특징
	① 법인세와 소득세의 세율을 낮추는 감세정책의 실시 ② 정부에 의한 특정 산업에 대한 규제 및 통제정책의 완화 ③ 각국의 규제를 약화시키고 국경 없는 경쟁력 확대 ④ 복지를 공적 복지부문에서 사적 부문(민간부문)으로 이전 ⑤ 노동시장의 유연성 확대 ⑥ 근로 유인형 복지정책

하는 시장중심경제 등을 특징으로 하고 있다.

신자유주의는 정책적으로 표 2.2와 같은 특징이 있다. 법인세 인하 및 규제 완화는 기업의 활동을 적극적으로 확대해 나갈 수 있도록 한다. 그리고 정부부문에서 담당했던 복지 및 의료보험과 같은 사회보장을 민간부문으로 이전함으로써 시장논리로 개개인이 필요로 할 경우 각자가 사(私)보험을 들도록 유도하고 있다.

3. 세계화의 변천

세계화는 시대의 흐름에 따라 변화가 있어 왔다. 1944년에 시작된 브레튼우즈체제(Bretton Woods system)는 제2차 세계대전 이후에 국제금융질서를 확립하였다. 대공황 이후에 경제적 안정성의 필요에 의하여 국가 간 협력을 하는 차원에서 결성되었고, 주요결정사항은 완전변동환율제도와 고정환율제도의 중간적인 성격으로 주요통화에 연동시켜 **고정하는 환율**(pegged exchange rate)제도를 유지하였다. 그리고 냉전체제로서 소련연방과 공산국가 간의 경제협력을 위한 CMEA에 대비된 1947년 **관세 및 무역에 관한 일반협정**(General Agreement on Tariffs and Trade : GATT)을 통해서 국제무역조직을 만들었다. 이 조직은 1949년에 구체적으로 모습을 드러내고 1993년까지 지속되었다.

1950년대는 주로 유럽의 공동시장 형성을 위한 움직임이 있었다. 로마조약을 통해서 유럽공동체가 형성되었으며, 유럽 내 국가 간에 관세를 폐지하는 성과를 내며 국가 간 교역량이 증가하기 시작하였다.

1960년대는 원유수출국들의 이익을 위한 OPEC(석유수출국기구, Organization of Petroleum Exporting Countries)이 형성되면서, 원유수출국이 수출을 통해 확보한 달러를 유로시장에 공급함으로써 국제 간에 필요로 하는 달러유동성이 증가하기 시작하였으며, 동아시아지역의 **수출주도정책**에 힘입어 국제교역량이 증가하기 시작하였다.

1970년대는 금융시장에 커다란 변화가 있었다. 미국이 월남전을 수행하면서 재정지출이 커짐에 따라 달러의 역할이 약화되는 상황이 벌어져 미달러를 금으로 바꾸어 주는 **태환(兌換)정책**을 포기하기에 이르렀으며, 달러가 세계시장에서 담당하던 주도적인 무역결제통화로서의 역할이 점차 줄어들기 시작하여 영국 파운드화, 프랑스의

그림 2.1 유럽의 단일화

프랑화, 일본의 엔화가 새로운 국제무역결제통화로서 등장하기 시작하였다. 그리고 제1차 및 제2차 오일쇼크를 경험하면서 세계 무역 규모의 증가추세는 주춤하였다. 이는 세계경제가 연동되고 있음을 보여 주는 계기가 되었다.

1980년대에는 세계적인 **자본자유화**의 물결 속에 개발도상국인 페루, 멕시코, 인도네시아, 대만, 한국 등이 외환위기를 경험하게 되었다. 금융자유화로 인하여 세계의 금융자본이 빠르고 쉽게 이동하면서 남미국가를 시작으로 해서 태평양을 끼고 인도네시아, 태국, 그리고 한국의 IMF라는 **외환위기**를 경험하게 되었다. 1980년대는 자본이동의 자유를 보장하는 자본자유화로 인하여 금융시장의 역량이 부족한 국가들이 금융시장의 세계화 과정에서 국가적 고통을 경험한 시기라고 할 수 있다.

표 2.3 경제적 세계화

기간	경제적 세계화
1940년대	• 브레튼우드 체제의 확립, 새로운 IMF(International Monetary Fund)시스템을 확립(1944~1971) • 1947년 GATT가 설립되고 1948년부터 활동을 시작 • 소련 연방은 공산국가들 간의 경제적 협력을 위한 CMEA(Council for Mutual Economic Assistance)를 설립
1950년대	• 로마조약(Treaty of Rome)에 의하여 유럽공동체(European Community)가 1957년에 설립되고, 유럽공동체와 유럽자유무역협정(European Free Trade Association)이 유럽통합을 위하여 설립 • 주요통화 간 상호환전되기 시작(1958~1964)
1960년대	• OPEC(Organization of Petroleum Exporting Countries, 석유수출국기구)가 1960년에 설립 • 국제통화유동성을 확보하기 위하여 유로통화시장이 영국 런던에서 개원 • GATT의 6차 케네디 라운드가 진행됨(1964~1969) • 동아시아의 무역정책이 수출활성화와 수입대체정책으로 실시됨
1970년대	• 미국 닉슨 행정부의 미달러 금 태환 포기(1971) • 도쿄 라운드(1973~1979) • 오일쇼크(1973~1974와 1979) 이후 실질 유가는 하락 • 아시아 신흥개도국의 등장 • 1978년 중국 개혁개방의 출발
1980년대	• 미국의 볼커(Volcker) 연방준비제도이사회 의장이 미국의 인플레이션을 해결 • 개도국의 외환위기가 시작됨 • 멕시코 시장개혁을 하면서 1986년 GATT에 가입 • 1987년 루브르 협약(Louvre Accord)에 의해 환율이 안정화됨
1990년대	• 1991년 인도의 개혁이 시작됨 • 1994년 북미자유무역협정(North American Free Trade Agreement : NAFTA)이 발효 • 1997년 아시아지역 금융위기가 시작됨 • 1986년에서 1994년의 우루과이 라운드(Urguay Round) 이후 1995년 WTO의 설립 • 1999년 11개 유럽국가가 유로(Euro)화를 채택
2000년대	• 2001년 DotCom 위기 • 2001년 중국의 WTO 가입 • 다자간 섬유협정(Multi Fibre Arrangement : MFA)은 직물 및 의류에 관한 협정으로 1974년에서 2004년까지 선진국에 수출할 개발도상국의 쿼터제(할당량)를 제한하는 것을 2005년 1월에 폐지

출처 : World Trade Report 2008, pp. 21~22.

참고

브레튼우즈 협정기간 동안 주요 선진국의 환율

국가	환율*
캐나다	1962년 5월 2일까지 변동환율제를 유지하였으나 그 후 Can$1.081 = $1로 페그시켰다. 1970년 6월 1일 다시 변동환율제를 채택하였다.
프랑스	(실제 환율이 FF350 = $1 근처에서 변화하였던)1948년 이후 환율이 FF493.7 = $1(구프랑화)로 고정되었던 1958년 12월 29일까지 공식적인 IMF 등가치는 존재하지 않았다. 1년 후 신프랑화(1신프랑화는 100구프랑화와 같다)가 도입되어 환율은 FF4.937 = $1가 되었다. 1969년 8월 10일 FF5.554 = $1로 평가절하되었다.
독일	1961년 3월 6일 DM4.20 = $1에서 DM4.0 = $1로 재평가되고 1969년 10월 26일 DM3.66 =$1로 다시 재평가되었다.
이탈리아	1960년 3월 30일부터 1971년 8월까지 Lira625 = $1로 페그되었다.
일본	1971년까지 ¥360 = $1로 페그되었다.
네덜란드	F13.62 = $1로 재평가된 1961년 3월 7일까지 F13.80 = $1로 페그되었다.
영국	1967년 11월 11일 $2.80 = £1에서 £2.40 = £1로 평가절하되었다.

* 미국 달러화에 대한 환율

1990년대는 캐나다와 미국 간의 북미자유무역협정이 발효된 시기로 국가 간 자유무역의 기틀을 열어 놓았고, 1995년 세계 국가 간 무역에 관한 업무 및 분쟁을 처리하는 WTO(World Trade Organization)가 GATT의 역할을 대체하게 되었다. 더욱이 1999년에는 유럽의 11개 국가들이 자국의 통화를 포기하고 단일통화인 '유로' 화를 채택하기에 이르렀다.

2000년대에 들어와 IT기업들인 DotCom(.com) 기업들의 버블이 무너지면서 경제적 어려움을 경험하게 되고, 2007년 미국의 모기지론 리스크의 영향으로 모든 국가들이 금융위기에서 시작된 위기를 '실물경제' 에서 고통으로 경험하고 있으며, 2009년에 PIIGS 국가들의 재정위기로 인하여 세계경제가 고용, 무역, 물가 등에 있어서 어려움을 경험하고 있다.

제 2 절 세계화의 경제적 특징

1. 상품시장의 자유화

한 국가에서 생산한 상품을 외국에 판매하는 것을 '수출'이라고 하고, 외국에서 생산한 상품을 구매하여 자국 내로 들여오는 것을 '수입'이라고 한다. 자국의 상품이 해외로 나가는 수출은 자국에서 쓸 상품이 해외로 나가기 때문에 손해처럼 보이지만, 이윤을 붙여 수출하기 때문에 자국에는 이득이 된다. 이렇게 수출하여 받은 '수출대금'을 통해 해외에서 상품을 사 올 자금을 마련할 수 있게 되기 때문이다.

해외에 상품을 판매하여 '외국통화'가 생기지 않으면 외국에서 상품을 사올 때 지불한 외국돈이 부족하여 외국의 상품을 수입할 수 없게 되어 상품교역을 할 수 없다. 우리는 수입대금을 '원화'로 결제할 수 없다. 대금결제를 할 때 주로 사용되는 화폐를 '기축통화(基軸通貨)'라고 하는데, 한국의 원화는 아직 기축통화로서의 지위를 갖지 못하고 있다. 따라서 한국에서 수출이 자국의 경제에 미치는 영향력은 매우 크다.

> **용어** **기축통화**(key currency)는 미국 예일대학교 교수인 트리핀(Robert Triffin)이 사용한 단어로, 국제금융거래나 수출 · 수입 대금으로 주로 사용되는 특정 통화를 지칭하며, 주로 미국의 달러를 의미한다.

이제 시야를 넓혀 보도록 하자. 19세기 중반부터 제1차 세계대전 종전기간 무역증가율은 3.8%였지만, 1950년에서 1973년까지는 실질무역증가율이 8.2% 이상으로 증가하였다. 그 이후 두 차례에 걸친 오일쇼크와 통화확대정책으로 인한 물가상승으로 세계무역은 연평균 증가율이 5.0%로서 증가추세가 둔화되었다. 1990년대 무역규모는 다시 증가하기 시작하였는데 이것은 IT(information technology)에 기인한 혁신의 결과라고 할 수 있다. 2001년 DOTCOM 산업의 위기에 무역증가율이 주춤하였지만, 무역상품교역은 2000년에서 2007년까지 지속적으로 증가하였다. 1850년에서 1919년까지 기간을 1차 세계화 기간이라고 본다면, 이후 1950년에서 2007년까지 전 세계 무역의 연평균 증가율은 6.2%까지 증가하였다. 제1차 세계대전 이전과 비교하여 제2차 세계대전 이후의 미국의 달러가치가 상승하여 제1차 세계대전 이전보다 규모는 더 빠르게 증가하여 제1차 세계대전 이전에는 연평균 증가율이 3.8%에 그쳤지만, 제2차 세계대전 이후에는 연평균 9.8% 증가하였다.

1950년에서 1973년까지 가장 활발한 무역을 한 국가는 유럽 내 국가들과 일본이었다. 이러한 이유는 제2차 세계대전 재건사업과 한국전쟁으로 인하여 1950년대 초에 일본과 유럽의 교역이 지속적으로 증가하였기 때문이다. 그 이후 유럽통합과정에서 유럽지역 내의 무역이 지속적으로 증가하였다. 서유럽 내에서 교역이 세계교역에서 차지하는 비중이 1953년에는 18.3%에서 1973년에는 31.2%로 증가하였지만, 다른 지역과의 교역은 점차 감소하였다. 반면에 미국은 이 기간 동안 일본의 가장 큰 수출시장이었으며, 서유럽과 NIEs에 대한 일본의 수출량은 빠르게 증가하였다. 1960년에 NIEs국가는 수출지향적 정책으로 수출량이 지속적으로 증가하여 1963년 이후 20년 동안 아시아가 차지하는 무역의 규모는 2.4%에서 9.4%로 전 수출액에서 차지하는 비중이 증가하였다. 이 국가들의 초기 수출 상품은 주로 직물종류였지만, 현재는 전자제품 및 IT관련 상품이 주를 이루고 있다.

용어 NIEs은 신흥공업국가들로 중국, 태국, 홍콩, 대만, 한국, 말레이시아, 싱가포르를 의미한다.

그림 2.2에서 보는 바와 같이 1970년대 두 차례의 오일쇼크는 전년대비 전 세계의 무역규모를 축소시켰으며, 1980년대 남아메리카 지역의 외환위기, 1997년에 아시아의 금융위기, 2007년의 미국발 모기지론 리스크는 전 세계의 교역규모를 축소시키고 있어, 전 세계의 절대적 무역규모는 증가하지만(그림 2.3 참조), 국가 간 상호연계성이 세계화와 더불어 커지고 있음을 알 수 있다.

2007년 미국으로부터 시작된 경제위기가 세계의 경제에 미치는 영향을 살펴보면, 세계경제가 시장의 확대와 더불어 위기도 같이 나타나는 것을 알 수 있다. 미국은 주택을 구매할 때 한국처럼 일시불로 사거나 금융기관에 보증인을 세우거나, 담보를 제공하고 대출을 받아 구매하는 것과는 대조적으로 주로 금융기관으로부터 구매할 주택을 담보로 해서 금융기관으로부터 여신(신용)을 받아 구매하는 것이 일반적이다. 이를 모기지론(mortgage loan)이라고 한다. 이것은 우리나라에서 집을 담보로 제공하고 자금을 대출받는 것과 유사하다. 주택을 담보로 잡고 대출을 하였기 때문에 금융기관으로서는 자금조달의 여력, 즉 돈줄이 막히는 것과 같다. 그래서 미국에서는 하나의 자금을 마련하는 방법으로 주택담보물을 기초로 하여 만들어진 금융상품을 만들었다. 이것이 파생상품으로 몇 개로 쪼개어져 '이자를 제공하는 하나의 금융상품(파생상물)' 을 만들어 '파생상품 금융시장' 에 매각을 하고 자금을 조달하였다. 금융기관은 주택을 담보로 돈을 빌려 주어 발생했던 '돈 가뭄' 문제를 해결할 수 있었으며 이러한 파생상품을 구매한 사람은 적정이자를 받거나, 이 파생상품의 매각을 통해 이득을 얻을 수 있어 서로 간에 이득이 되는 것으로 보였다.

그러나 부동산가격 하락으로 인한 '주택담보물' 의 가격 하락은 파생상품의 가격 하락으로 이어져 파생상품을 구매한 일련의 사람 및 기업들이 부실로 치닫게 되었다. 이는 금융기관의 부실로 이어지고, 서민들은 주택가격의 하락으로 자금조달이 어려워지고, 소비는 위축하여 연이은 실업의 증가로 인하여 소비는 더욱 위축되어, 관련기업의 연이은 도산으로 경제가 위기를 맞게 되었다. 미국의 소비감소는 미국의 수입을 감소시킴으로써 미국에 수출을 하는 세계의 여러 기업들은 수출의 길을 잃게 되고 연속적으로 세계무역의 규모를 축소시키는 결과를 초래하였다. 그림 2.2에서 보는 바와 같이 전 세계의 무역규모 증가율은 2007년 이후에 감소하고 있으며, 그림 2.3에서 보는 바와 같이 절대적인 규모도 줄어들고 있다.

그리고 2010년에 들어 발생한 EU 회원국의 일부인 PIIGS(포르투갈, 이탈리아,

그림 2.2 세계 무역의 변화율(전년대비 증가율)

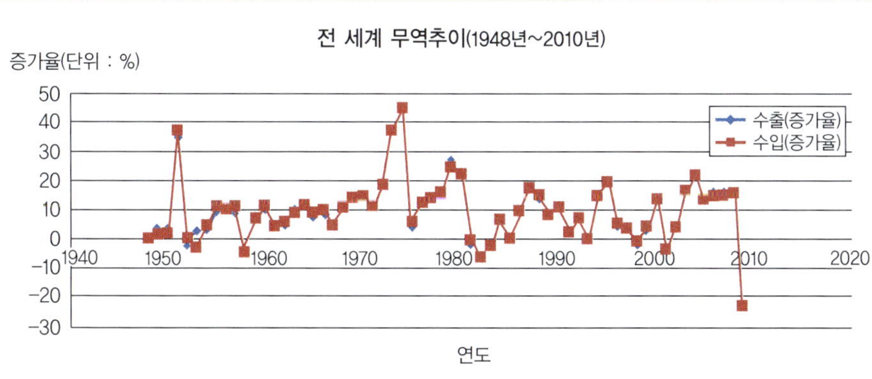

그림 2.3 전 세계의 교역규모

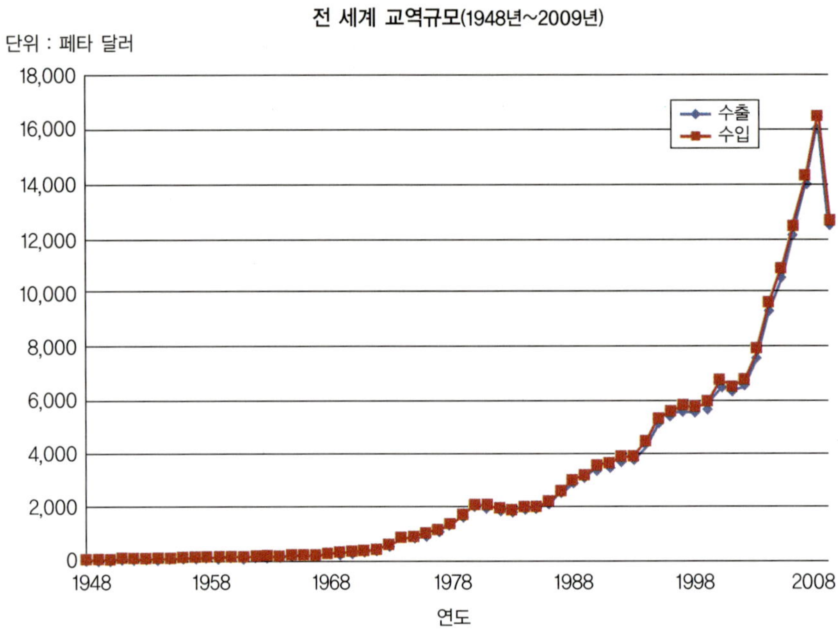

참고

관세에 관한 협정 주요내용

연도	개최지	주요내용	참여국가 수
1947	Geneva	Tariffs	23
1949	Annecy	Tariffs	13
1951	Torquay	Tariffs	38
1956	Geneva	Tariffs	26
1960~1961	Geneva, Dillon Round	Tariffs	26
1964~1967	Geneva, Kennedy Round	Tariffs and anti-dumping measures	62
1973~1979	Geneva, Tokyo Round	Tariffs, non-tariff measures, "framework" agreements	102
1986~1994	Geneva, Uruguay Round	Tariffs, non-tariff measures, rules, services, intellectual property, dispute settlement, textiles, agriculture, creation of WTO, etc	123

아일랜드, 그리스, 스페인)의 국가재정위기로 세계경제는 위기에 처하게 되었다. 2010년 각국이 이들 국가에 지원책을 마련함으로써 위기의 불씨는 꺼져 가고 있다. 세계화는 무역의 절대적 규모를 증가시키는 측면이 있지만, 경제위기 시 다른 국가에도 부정적인 영향을 미치는 상호연계성의 정도를 증대시키는 측면도 있다.

2. 금융자본의 초국가적 이동

지난 60년간 자본의 국제 간 이동 규모와 구조는 상당히 변화하였다. 제2차 세계대전 이후 유럽경제와 일본경제가 무역적자로 허덕이고 있는 상황에서 각국은 저축할 여력이 없었다. 그러나 마샬플랜(Marshall plan)과 미국의 대규모 직접투자는 국제교역을 촉진시키는 데 달러를 공급하였다.

제2차 세계대전 이후 미국이 경상수지적자에 직면하자 전 세계는 달러부족현상을 경험하게 되었다. 많은 국가들이 외국에서 벌어 온 달러는 영국 런던의 국제은행에 예치하고, 미국 이외의 지역에서 달러 부족 문제를 해결하기 시작했다. 이것이 유러-달러 시장의 시작이다. 1973년부터 1974년까지 1차 원유가격이 상승한 1차 오일쇼크와 1979년에서 1981년까지 원유가격이 상승한 2차 오일쇼크로 인하여 원유수입국은 유가상승으로 인한 국내물가상승이라는 경제적 어려움에 봉착하게 되었지만, 원유수출국은 수출대금수입의 일부를 이자수익이 있는 국제은행에 예치하기 시작하여 국제적으로 달러를 공급하여 달러가 국제시장에서 순환되도록 하였다. 무역흑자국에서 무역적자국으로 외환이 공급됨으로써 자금이 순환되기는 하였지만, 1980년대 개발도상국가들에서는 달러의 이자율 상승과 수출품의 가격하락으로 경제적 문제가 발생하기 시작하였다. 또한 미국에서는 금융긴축정책을 실시하였고, 이것은 전 세계 개도국에 충격을 주었다. 대표적으로 1992년 영국의 파운드화 위기, 1994년 멕시코 페소화의 폭락 사태, 1997년 아시아 외환위기의 문제가 그것이다. 이러한 문제의 해결책은 개발도상국 내부에서의 경제개혁이었고, 부분적으로 국가부채를 감면해 주는 것이었다. 이러한 새로운 개혁은 자본시장의 부분적인 자유화였고, 각 국가들은 외국자본의 직접투자를 환영하는 정책을 추진하였다. 이러한 자본자유화 정책의 결과로 1980년대 중반부터 선진국과 개발도상국의 외국직접투자액이 급격히 증가하였다.

직접투자는 1980년대에는 연평균 약 14% 정도 증가하였고, 1990년대에는 그보다

표 2.4 전 세계 직접투자 비중의 변화

주요특징 / 직접투자비중	1982	2006
전 세계 GDP 대비 직접투자비중(%)	5.2	25.3

출처 : World Report 2008, p. 15

높은 연 20%가 증가하여, 2000년에는 미달러 기준으로 1조 4천억 달러에 이르렀다. 2001년 IT 기업들의 위기로 인하여, 즉 인터넷 산업의 버블이 꺼지면서 직접투자는 급속히 떨어지기 시작하였다. 이러한 흐름은 2004년에서야 회복하기 시작하였고 2007년에는 이전보다 많은 직접투자의 증가를 보였다. 전 세계 GDP 대비 세계 직접투자 주식의 시가비중은 2006년에 25%를 넘어섰다. 그 규모는 25년 전에 비하여 5배 정도 크게 증가한 것이다(표 2.4 참조). 그러나 미국의 지속적인 경상수지 적자와 달러가격의 변동성 증가는 서유럽국가의 경제통합을 촉진하였다. 가장 가시적인 결과로 나타난 것이 유로화(Euro)의 등장이었다. EU 내 15개 국가가 택한 공동통화이기도 하면서, 동시에 3억 인구의 유럽인이 사용하는 단일통화가 되었다.

세계화의 과정에서 각국은 자본자유화를 각 국가의 경제위기를 타개하려는 방편으로 실시하였고, 이러한 결과로 세계적인 직접투자의 규모 및 증가율은 빠르게 증가하였다.

3. 초국적 기업의 경제력 지배

세계화로 인하여 기업들의 생산에 변화가 나타났다. 기업들이 자국 내에서 생산하던 방식에서 전 세계로 생산기지를 이전하였고, 이러한 생산의 세계화를 주도하는 기업으로 초국적 기업이 탄생한 것이다. UN에 따르면 **초국적 기업**(transnational corporation)은 두 개 이상의 국가에서 공장, 광산, 판매사무소와 같은 자산을 통제하는 기업을 의미하고, **다국적 기업**(multinational corporation)은 통제력과 소유권이 다수의 국가에 비교적 평등하게 배분되어 있는 기업을 의미한다. 또한 ILO(국제노동기구, International Labour Organization)의 경우, 다국적 기업을 경영하는 본사는 한 국가에 있지만, 주된 역할을 하는 국가가 여러 나라인 경우를 다국적 기업으로 정의하고 있다. 그 의미는 차이가 있지만 세계화의 진전에 따라 기업들은 다국적 기업

표 2.5 세계 주요 다국적 기업(2008년) (단위 : 백만 달러)

순위	회사명	국가	외국 자산	총자산
1	General Electric	미국	401,290	797,769
2	Royal Dutch Shell	영국	222,324	282,401
3	Vodafone Group	영국	201,570	218,955
4	BP	영국	188,969	228,238
5	Toyota Motor	일본	169,569	296,249
6	ExxonMobil	미국	161,245	228,052
7	Total	프랑스	141,442	164,662
8	E.On	독일	141,168	218,573
9	Électricité de France	프랑스	133,698	278,759
10	ArcelorMittal	룩셈부르크	127,127	133,088

에서 초국적 기업으로 이전되고 있다. 초국적 기업은 국경과 국적을 초월하여 세계 여러 국가에 자회사를 설립하고, 현지 국가의 국민들을 경영에 참여시켜 생산, 판매, 무역, 서비스, 연구 · 개발 등 경제활동을 추진하는 경제조직[1]이다.

초국적 기업이 주도하는 세계화의 경향은 주요 초국적 기업의 실태를 살펴보면 알 수 있다. 1970년대 7,000개 정도의 초국적 기업의 수가 1990년대 초반에는 35,000개, 2000년에는 45,000개로 증가하였다. 현재 초국적 기업은 전 세계에 약 280,000여 개의 자사망을 가지고 국제생산체제(International Production System)를 구축하고 있으며, 초국적 기업의 1%가 전체 해외자산의 절반을 차지하고 있다(D. N. Balaam, 2001).

현재 다국적 기업은 일반적으로 많은 기업이 주요사업본부로서 경영사무실, 지점 그리고 공장들을 여러 나라에 위치시키고 있다. 다국적 기업은 매우 크고 그 예산이 한 국가의 GDP를 넘어서기도 한다. 따라서 다국적 기업(초국적 기업)은 국제관계와 세계화에 중요한 역할을 담당하고 있다.

1) Balaam, D.N., Introduction to International Political Economy, New Jersey, 2001.

제 3 절 세계화의 긍정적 효과와 부정적 효과

1. 긍정적 효과

1.1 효율성 제고(提高)와 혁신

세계화의 논리는 신자유주의를 이론적 기반으로 하며 시장경제를 통한 자원의 효율적 배분을 통해 전 세계의 경제성장이 가능하다는 데 있다. 시장을 통한 배분은 경제주체들의 시장기구 내에서의 자유로운 경쟁을 통해 정부 또는 인위적인 통제로 인한 자원배분의 왜곡현상을 완화시켰다. 이러한 시장을 통한 효율성을 달성하기 위하여 규제를 완화하고, 기업 간 경쟁을 촉진하고, 권력은 분권화하고, 성과급체제의 임금제도를 도입함으로써 기업들이 시장 경쟁에서 우위를 점하기 위한 과정에서 기업의 저생산비용의 추구는 전 세계적인 자원활용의 효율성을 증대시킨다.

신자유주의적인 시각에서 세계화의 진전은 국내기업들을 자국 내부시장에서의 경쟁이 아니라 전 세계적인 시장에서의 경쟁으로 내몰았다. 이러한 과정에서 각 기업들은 자국시장에서 경쟁이 아니라 세계시장에서 경쟁을 하게 됨으로써 세계화 이전과는 다른 치열한 경쟁에서 살아남기 위해서 전 세계적인 연구인프라를 구축하고, 기술개발에 많은 투자를 하게 되고, 기업들은 이를 바탕으로 동일한 투자를 하더라도 보다 많은 성과를 내기 위한 혁신(innovation)을 하게 되었다.

이러한 혁신의 결과는 한 국가에 국한되는 것이 아니라 전 세계적인 파급효과를 가져오며, 이러한 기업의 치열한 자기혁신과정이 세계경제의 파이를 키우는 데 도움이 된다. 지구 반대편에서 벌어지고 있는 경제적 상황을 세계화되는 과정에서 보다 빠르게 알고, 대응을 하기 때문에 혁신의 과정은 보다 빠르게 진행되고 있다.

1.2 권위주의적 경제운용구조 해체

1980년대 후반 이후 사회주의와 군부 권위주의의 몰락으로 현재 권위주의적 정권은 몰락하고, 민주주의가 새롭게 등장하는 데 역할을 하였다. 세계화의 진전은 교역의 확대와 정보의 공유로 이어졌다. 정보통제 및 무역장벽으로 인하여 인적 · 물적 교류가 어려웠던 상황이 개선되면서 동독과 서독의 통일이 일부분 긍정적인 역할을 하였으며, 경제적 어려움에 봉착한 구소련이 글라스노스트, 페레스트로이카와 같은 시장 개방으로 인하여 자본주의 물결이 소련의 문을 열게 되면서, 빠르게 구소련의 통제 체제의 막을 내리게 하였다.

용어 **페레스트로이카**(Перестройка, Perestroika)는 1987년 6월, 구소련의 지도자인 미하일 고르바초프(Mikhail Gorbachev)의 경제개혁정책의 슬로건으로 '재건'을 의미한다. 글라스토스트(**Гласность**, Openness, glasnost)는 '개방' 정책을 의미한다.

1.3 민주주의의 발전

세계화로 인하여 의사결정이 국가주도적으로 결정되기보다 시장논리로 이루어지면서 각 기업은 자신에게 가장 적절한 방법으로 생산을 하는 과정에서, 지역 내 주민들이 스스로 자기 지역의 문제를 해결하기 위한 의사결정을 하는 분권주의적 민주주의의 토대를 마련하였고, 각 지방도시도 넓은 세계적 교류의 기회를 마련하였다. 또한 정보의 흐름이 빨라지고 국가나 거대기업에 의한 정보독점 현상이 줄어들면서 대중의 정보에의 접근도 용이해졌다. 이러한 변화는 '완전민주주의(full democracy)'라는 입장에서 보면, 하나의 커다란 진전이라고 볼 수 있으며 자율적이고 민주적인 의사결정과정을 파급하는 역할을 하였다.

1.4 시장의 확대

세계화는 기업에게 국내시장보다 세계시장이라는 보다 더 큰 시장을 내다볼 수 있는 기회를 제공하는 계기가 되었다. 이러한 기회를 갖는 국가와 가격경쟁력이나 기술력을 갖는 기업들은 '세계화'로 인하여 보다 큰 시장에서 기업활동을 할 수 있게 되었다. 이러한 현상의 실제 예가 되는 국가들로는 중국, 인도, 싱가포르, 한국과 같은 신흥개도국들이다. 이 국가들은 대외의존도가 높은 국가들로서 개방된 시장에서 새로운 시장에 접근하기가 용이하게 되었고, 실용주의 노선을 걷는 중국에게는 시장개방 초기에 저임금을 기반으로 한 빠른 경제성장의 발판을 마련하는 기회가 되었다.

1.5 소비자 후생의 증가

세계화의 진행은 국가 간 교역을 증가시켰다. 교역 품목 및 교역량의 증가로 인하여 각국의 물건 가격은 안정적이 되었다. 한국의 경우도 중국으로 인하여 물가안정을 도모(圖謀)하고 있다. 한국은 중국으로부터 국내상품의 가격보다 싸게 상품을 수입하여 국내물가를 안정시키는 데 큰 역할을 하고 있다.

2. 부정적 효과

2.1 사회적 불평등의 심화

이론에 의하면 일정한 조건하에서 자유로운 국제무역은 개발도상국들의 소득불평등을 감소시키고, 선진국에 있어서도 소득불평등 증대를 억제하는 역할을 한다. 이 논리는 이론적으로는 타당하지만, 현실은 자유무역이 이론처럼 긍정적으로 소득분배에 미치는 직접적인 영향에 대한 실증적인 증거가 매우 미미하다는 것이다.[2] ILO 자료에 의하면 자유무역을 통해 선진국뿐만 아니라 개발도상국에서 소득분배의 불평등이 심화되고 있으며 신흥시장과 개발도상국에서 자유무역이 소득분배를 악화시키고 있음을 알 수 있다.

소득의 불평등도를 나타내는 지표 중 대표적인 지표로 지니계수(Gini index)를 들 수 있다. 이 지니계수는 임금의 분배 정도, 일반적으로 소득의 분배 정도를 하나의 수치로 나타낸다. 지니계수의 값은 0부터 1까지의 값을 갖는데, 0에 가까우면 소득불평등도가 낮고, 즉 경제구성원 간에 소득형평성이 높으며, 1에 가까울수록 소득불평등도가 높다.

표 2.6에서 보는 바와 같이 방글라데시의 경우, 자유화 이전인 1988~1989년에 지니계수가 0.28에서 자유화 이후인 1995~1996년에는 0.31로 증가함으로써 소득분배의 불평등이 증가한 것으로 나타났다. 오분위 분배율도 7.0에서 8.8로 증가함으로써 빈부의 격차가 더 확대되고 있음을 알 수 있다. 칠레의 경우도 소득분배율이 더욱 악화되고 있는 것으로 나타났다.

지니계수로 주요국가의 소득분배를 살펴보면, 멕시코와 불가리아를 제외하고 대

---

2) Torress, R., Country studies on the social dimensions of globalization, Geneva, ILO, 2001.

표 2.6 무역자유화 전(前)과 후(後)에 있어서 국가별 가계소득 분배

국가(연도)	지니계수		오분위 분배율	
	자유화 이전	자유화 이후	자유화 이전	자유화 이후
방글라데시(1988~1989, 1995~1996)	0.28	0.31	7.0	8.8
칠레(자유화 1단계 : 1970~1980)	0.43	0.47	9.1	10.6
칠레(자유화 2단계 : 1987~1996)	–	–	13.3	13.8
한국(1985~1997)	0.35	0.29	–	–
모리셔스(1986~1987, 1996~1997)	0.40	0.39	7.8	7.6

주 : 오분위 분배율 – 최상위 소득계층 20%의 소득과 최하위 소득계층 20%의 소득을 비교
출처 : ILO, Task Force, National Household Survey.

그림 2.4 제2차 세계대전 이후 주요국가의 소득평등도

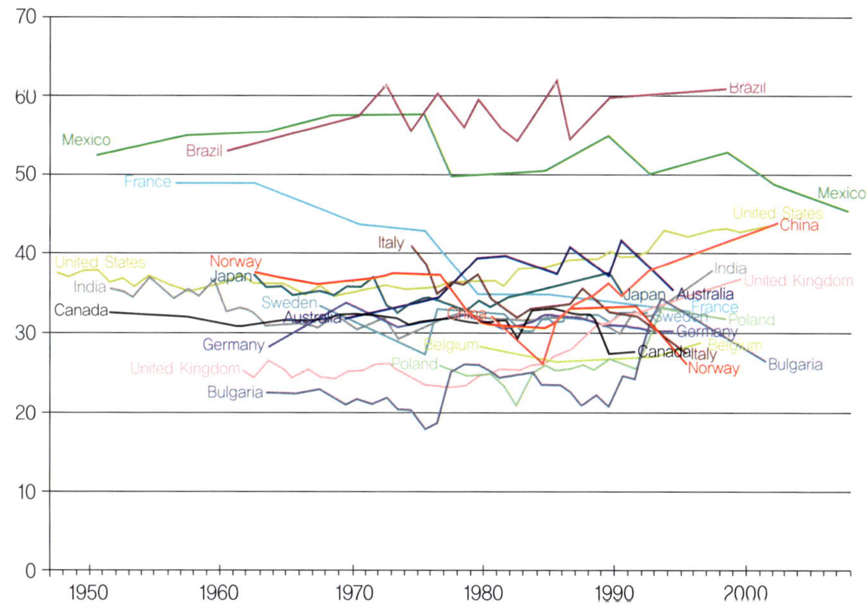

출처 : www.wikipedia.org

표 2.7 EU지역의 지니계수 (단위 : %)

국가 \ 연도	1995	1996	1997	1998	1999	2000	2001	2002	2003	2004	2005
오스트리아	27	26	25	24	26	24	24		27	26	26
벨기에	29	28	27	27	29	30	28		28	26	28
불가리아				26	26	25	26	26	24	26	
크로아티아									29		
사이프러스			29						27		29
체첸공화국		24				25					26
덴마크	22	22	20	21	22	21	22		25	24	24
에스토니아		37	38	37	37	36	35	35	34	37	34
핀란드		22	22	22	24	24	24	26	26	25	26
프랑스	29	29	29	28	29	28	27	27	27	28	28
독일	29	27	25	25	25	25	25				28
그리스	35	34	35	35	34	33	33		35	33	33
헝가리						23	23	24	27		28
아일랜드	33	33	33	34	32	30	29		31	32	32
이탈리아	33	32	31	31	30	29	29			33	33
라트비아		31	30	30	31		32				36
리투아니아					31						36
룩셈부르크	29	28	25	26	27	26	27		28	26	26
말타						30					28
네덜란드	29	29	26	25	26	25	26	27	27		27
폴란드					28	30	30				36
포르투갈	37	36	36	37	36	36	37			38	41
루마니아				28	29		30	30	30	31	31
슬로바키아											26
슬로베니아					22	22		22	22		
스페인	34	34	35	34	33	32	33	31	31	31	32
스웨덴			22	24	23	24	24	23		23	23
터키								46	45		
영국	32	32	30	32	32	32	31	35	34		
EU-15									30	30	30
EU-25									29	30	31

출처 : Eurostat, 2008. 8. 21.

부분의 국가들이 지니계수가 상승하는 모습을 보이고 있어 전반적으로 소득분배의 형평성이 떨어지고 있는 모습을 보이고 있다. 특히, 중국의 경우 형평성을 강조하는 사회주의 체제임에도 불구하고 개혁개방의 경제로 들어간 1980년대 이후 급속하게 형평성이 떨어지고 있다. 그리고 NIEs 중 한 국가인 인도의 경우도 경제규모가 커지고 있음에도 불구하고, 소득불평등도는 갈수록 증가하고 있다.

표 2.7은 EU지역의 소득불평등도를 보여 주고 있다. EU지역 내 각 국가의 소득불평등도는 크게 변화를 보이고 있지는 않지만, 그중에 포르투갈은 2000년 36%에서 2005년 41%로 증가하고 있어 빠르게 소득형평성이 악화되고 있음을 알 수 있다. 폴란드의 경우도 경제시스템이 사회주의에서 자본주의로 전환된 이후에 지속적으로 소득형평성이 낮아지고 있다.

2003년 세계개발 보고서에 의하면 세계 상위 20개 부국과 하위 20개 빈국들 간의 평균격차는 37배로서 지난 40년 소득격차가 2배 증가하였으며, 이는 저소득국가,

그림 2.5 주요국가의 지니계수 추이

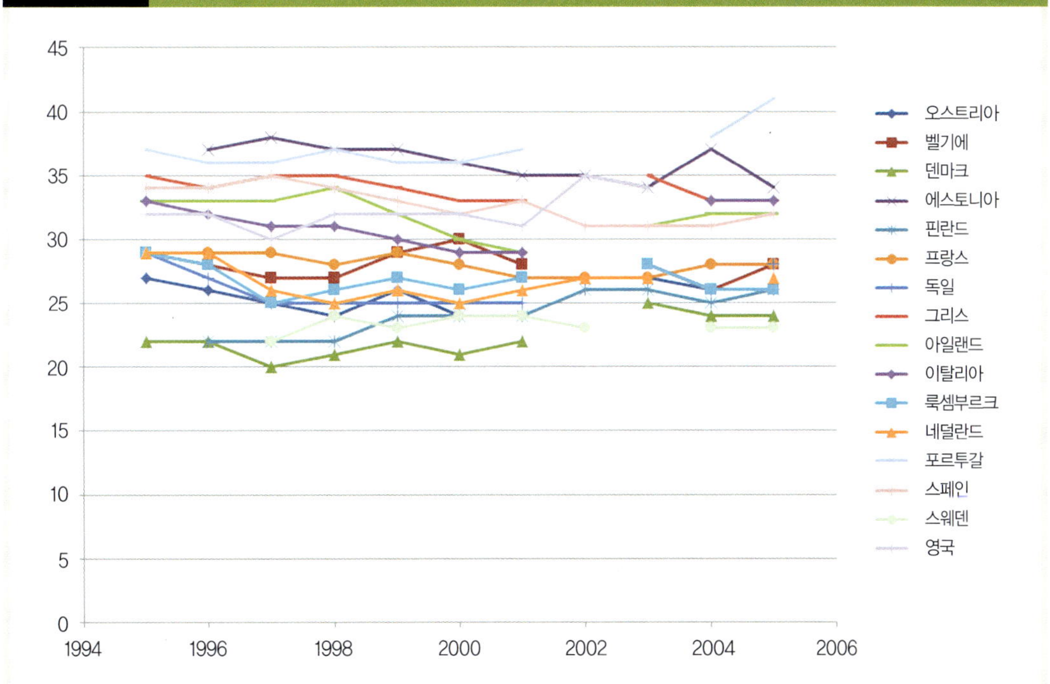

출처 : 통계청.

저개발국가와 부유한 국가 간의 '부익부 빈익빈 현상'이 심하게 나타나고 있음을 보여 주고 있다. 2004년 UN에 따르면, 소득기준으로 선진국에 사는 국민이 후진국의 국민보다 평균적으로 20배 잘사는 것으로 나타났다. 소득형평성의 악화는 각 국가 내에서도 나타나지만, 선진국과 후진국 간의 문제로 나타나고 있다.

소득분배에 관한 자료들은 세계화가 '20대 80의 사회'로 재편되고 있는 현상으로 평가되기도 한다. 이는 지구촌 인구 중 20%만이 좋은 일자리를 가지고 안정된 생활을 하고 있는 반면, 나머지 80%는 실업자 또는 불완전한 고용상태에서 생활을 하고 있다는 비판적 입장에서의 평가이다.[3)]

2.2 고용의 불안정성 및 실업의 증가

세계화는 소득불평등을 심화시키는 것과 같이 고용시장에도 부정적인 영향을 주었다. 고용시장에서 불안요소는 한편으로는 실업의 증가, 다른 한편으로는 노동시장의 유연성을 제고한다는 측면에서 임시직의 증가가 그것이다. 세계시장에서 경쟁력 있는 상품과 무역장벽이 허물어짐으로써 나타난 외국상품의 빠른 수입, 노동절약적 기술 도입, 그리고 해외로의 직접투자로 인한 자본유출 등으로 인하여 자국 내의 일자리가 없어지고, 고용이 감소할 수 있다. 2010년 현재 한국에 있어서도 고용이 문제가 되고 있으며, 경제가 성장하고 있음에도 불구하고 고용성과는 미미한 '고용 없는 성장'이 화두가 되고 있다.

그림 2.6에서 주요 국가들의 파트타임 비중을 보면 한국의 경우, 지속적으로 증가하는 모습을 보여 주고 있다. 한국의 경우, 1989년 5.2%에서 1997년에는 5.0%, 1998년 6.7%, 1999년 7.7%, 2004년에는 8.4%, 2005년 9.0%, 2009년에는 8.7% 수준을 유지하고 있어 파트타임으로 빠르게 노동력이 흡수되고 있으며, 대부분의 국가에서 시간이 흐름에 따라 파트타임이 증가하고 있으며, 특히 덴마크의 경우 36.1%로 매우 높은 수준을 유지하고 있다.

일본의 경우 1999년 14.1%, 2001년에는 24.9%를 정점으로 감소하다가 다시 2007년에 18.9%로 증가하고 있다. 전반적으로 세계화의 진전과 더불어 고용은 안정적이지 못한 파트타임직이 증가하는 모습을 보이고 있어, 한국의 경우도 노동시장의

3) 한스 피터 마르틴 & 하랄드 슈만(강수돌 역), 「세계화의 덫」, 영림카디널, 1998.

그림 2.6 주요국가의 파트타임 고용비율

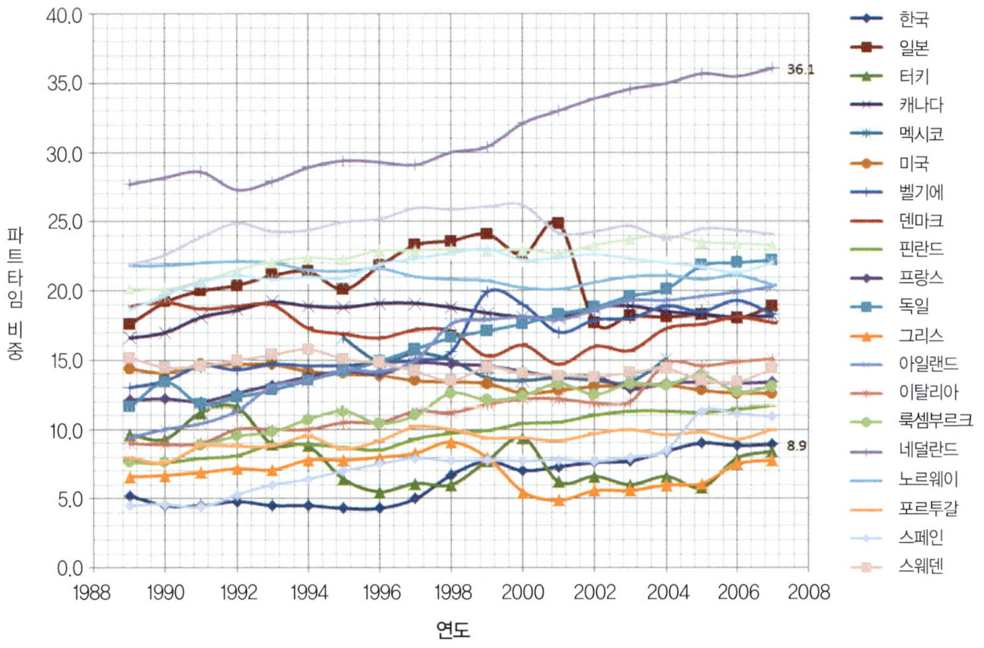

출처 : 통계청.

유연성이 주요이슈가 되고 있다.

그림 2.7은 2009년도에 나타난 노동시장의 변화이다. 이 그림은 2009년 2분기를 기준으로 전년대비 파트타임직 증가율을 보여 준다. 자료에서 재정위기를 겪은 아이슬란드, 아일랜드, 미국, 터키를 중심으로 파트타임의 비중이 매우 빠르게 증가하고 있음을 알 수 있다.

2.3 자본이동의 증가와 국제투기자본의 무제한적 이동

세계화로 인한 자본의 자유로운 이동에 대한 평가는 긍정론과 부정론으로 나누어지고 있다. 긍정론의 입장에서는 자본이 부족한 국가에 외국자본의 유입으로 자국 내 생산활동이 활발하게 됨에 따라 고용이 증가하고 일자리가 창출된다고 볼 수 있다. 자본의 성격과 그 역할에 따라 산업에 영향을 미치는 자본을 **산업자본**, 금융시장에 영향을 미치는 자본을 **금융자본**으로 나누어 볼 수 있다.

그림 2.7 주요국의 정규직 대비 파트타임직 변화율* (단위 : %포인트)

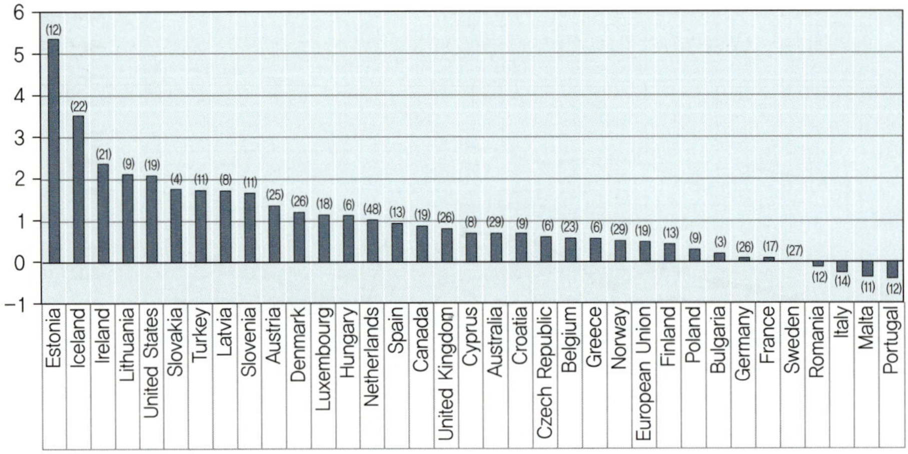

* 2008년 2분기 대비 2009년 2분기 고용률의 변화율
출처 : The Global Jobs Crisis and Beyond, World of Work Report 2009.

외국의 산업자본 유입으로 인한 일자리 창출의 예로는, 한국의 경우 GM대우자동차와 르노삼성자동차 등을 들 수 있다. 이 경우 외국인 직접투자로 인하여 산업활동이 이루어지고 한국 내 일자리가 창출된다. 반대로 외국으로 자본이 유출되는 예로는 현대자동차를 들 수 있다. 이 경우 2002년 4월 미국 앨라배마 주 몽고메리 시의 210만 평(약 1,744에이커)에 현대미국자동차 생산공장을 건설하기 시작하였다. 이 공장은 조립생산라인만 있는 것이 아니라 엔진, 프레스, 차체, 도장, 의장공장 등 자동차 제작 및 조립의 전 과정과 각종 테스트를 할 수 있는 설비를 갖추게 되었다. 미국법인의 매출액에 따라 기업의 수입은 증가하지만, 한국 내 작업장의 일자리는 장기적으로 줄 수밖에 없다. 이와 같이 해외직접투자는 긍정적으로 자국기업의 수입이 증대되는 긍정적 효과가 있지만, 부정적인 측면에서는 자국 내 일자리가 감소하는 문제도 발생한다.

용어

산업자본(industrial capital)은 생산과정에서 자본으로 바뀐 화폐를 말한다.
금융자본(financial capital)은 대부됨으로써 이자를 낳는 금융활동을 매개로 하는 자본을 말한다.

금융자본의 이동도 긍정적인 측면과 부정적인 측면이 동시에 나타나고 있다. 긍정적인 측면은 자본의 자유로운 이동은 국가 간 저축으로 축적된 자본이 보다 효율적인 결과를 가져온다는 것이다. 저축이 부족하여 만성적으로 자금이 부족한 개발도상국에 있어서는 자본자유화가 가져다주는 이득이 매우 크다. 1980년대 이후 개발도상국가들이 자본유입을 통해서 경제발전에 필요한 자금을 조달한 것이 그 예가 될 수 있다. 한국의 경우도 경제발전에 부족한 재원을 해외에서 조달하여 수입에 필요한 재원으로 삼았다.

저수지에 물의 파동은 인접하지 않은 저수지의 물에 영향을 주지 않는다. 그러나 넓은 바다의 경우, 한쪽에서의 영향은 다른 지역에 시차를 두고 영향을 미치는데 대표적으로 쓰나미가 그 한 예로서 한 지역의 급격한 지리적인 큰 변화로 인해 발생한 파도가 시차를 두고 다른 지역의 파도에 영향을 준다. 이러한 파도 영향이 응축되고 증폭하여 해안가에 엄청난 피해를 주었다. 시장이 열려 있는 금융시장, 즉 규제가 거의 없어진 금융시장에서의 변화는 바다의 파도 영향과 같이 전 세계에 영향을 주는 '파급효과(spill-over effect)' 가 있다. 자본시장에서 규제가 완화된 상황에서 외부적인 변화로 인해 자국 내에 미치는 영향을 막기 위한 수단이 없어졌기 때문이다.

자본의 급격한 이동은 한 국가의 외국화폐와의 교환비율인 환율에 영향을 미치게 되고, 환율의 변화는 국가 간 교역량뿐만 아니라 생산과 고용, 그리고 그 국가의 신용도에도 큰 영향을 준다. 일반적으로 어떤 변수 간의 관계가 어떠한지를 살펴보는 것으로 상관계수가 있다. 상관계수는 두 변수 간의 관계를 보여 주는 것으로 −1부터 1까지의 값을 갖는다. −1에 가까울수록 두 변수는 음(陰)의 관계가 큰 것으로 한 변수와 다른 한 변수는 반대방향으로 움직이며, 1에 가까울수록 두 변수는 정(正)의 관계가 큰 것으로 한 변수와 다른 변수가 동일한 방향으로 움직이는 것을 나타낸다. 그리고 우리가 은행에서 외국화폐를 사거나 팔 때, 즉 원화로 교환할 때 적용되는 교환비율을 명목환율이라고 한다. 이 명목환율은 그때의 상황, 즉 시세를 반영하지만 국가 간의 물가수준의 차이를 반영하지 못하고 있다. 따라서 교역량의 수준을 고려하여 만든 화폐 간의 교환비율이 실효환율이다.

세계화가 진행되어 환율에 영향을 미치게 되었다면 상관계수의 값이 0보다 클 것이고 영향이 반대라고 한다면 0보다 작을 것이다. 그리고 세계화로 인한 영향력이 커졌다면 상관계수의 값이 증가할 것이다. 이와 같은 변화를 표 2.8에서 살펴보면, 세

표 2.8 주요국가의 자본이동과 실효환율 간의 관계

국가명	자본이동과 실효환율 간의 관계	
	1981년~1989년	1990년~1998년
인도	0	0.3
인도네시아	−0.1	0.6
한국	−0.3	0.5
멕시코	−0.2	0.1
필리핀	−0.1	0.3
남아프리카	−0.3	0.0
태국	0	0.2

출처 : ILO, Task Force estimate, based on IMF.

계화가 심화되기 시작한 1990년대부터 자본이동과 실효환율 간의 상관관계가 분석 대상 7개 국가 중 남아프리카를 제외한 국가에서 상대적으로 높은 것으로 나타나 있다. 반면, 세계화가 심화되기 전인 1980년대에는 자본이동과 실효환율 간의 상관관계가 작거나 없는 것으로 나타났다. 즉 1980년대 어느 특정 분기에 있어서 순수한 민간자본 흐름과 다음 분기에서 실질환율 간에는 인과관계가 없지만, 1990년대에는 상관관계가 높거나 대부분의 국가에서 유사한 경향을 보이고 있다.

따라서 단기금융자본의 이동은 환율에 영향을 미치며, 금융시장을 불안하게 하는 요인으로 작용하고 있다. 특히 단기간의 자본이동을 통해 경제적 이득을 추구하는 핫머니(hot money)의 유입이 경제적 위협으로 화두가 되고 있고, 2010년에는 이러한 핫머니와 자본이동을 통해서 이득을 얻는 세력을 규제하고자 자본이득세를 도입하려는 움직임이 있다.

2.4 환경오염의 심화

세계화로 인하여 각국은 이윤을 우선시하고 있다. '값싼' 에너지를 사용한 무한 경쟁은 방사능 쓰레기 배출 증가와 공기오염의 증가로 생태계를 위협하고 있다.[4] 환경오

4) 제프리 케이츠, 김용범 외 6인 역, 「오너십 솔루션」, 푸른길, 2000.

그림 2.8 이타이 이타이 병

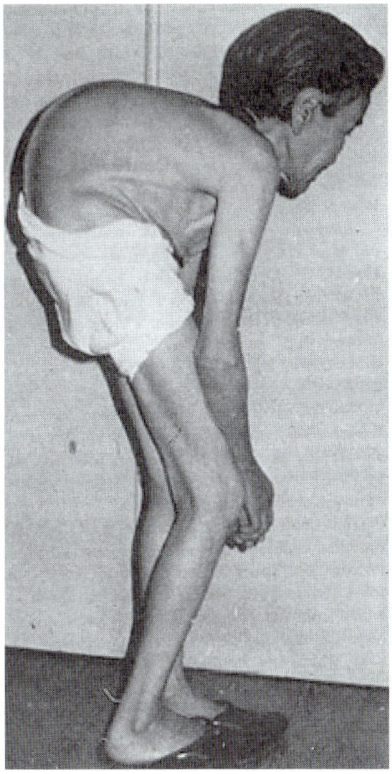

출처 : http://www.physiology.be/onderzoek/Onderzoek_ZM/SandyThijssen.asp

염은 공기오염, 소리오염, 토양오염, 해양오염, 방사능 오염, 도시지역의 열섬효과 등 다양한 형태로 나타나고 있다. 1874년 일본 미쯔이(三井) 그룹은 후지야마 현에 있는 카미오카 광산(Kamioka mine)을 매입하여, 일본의 도마야 현에 있는 납과 아연의 제련공장에서 버린 폐수 속에는 많은 카드뮴이 들어 있었고, 이 카드뮴은 그 지역의 강을 오염시켰으며, 이 강 속에 사는 물고기는 카드뮴으로 오염되었고, 이 물고기를 먹은 사람과 카드뮴이 포함된 물을 식수로 사용한 사람들에게 이상한 '골연화증'의 증세가 나타났다. 그로부터 수년이 지난 후 1968년에 문부성 연구진에 의하여 원인이 카드뮴에 의한 질병으로 나타났고, '이타이 이타이'라는 병명을 얻는 질병이 생겼다. 이 질병은 우리말로 '아프다 아프다(イタイイタイ)'라는 의미를 갖고 있으며, 주로 아기를 많이 낳은 갱년기 여성에게서 나타났으며, 요통이나 하지 근육통에서 시작하여 몇 년 후에는 보행도 불가능하고, 조금만 움직이거나 기침을 해도 뼈가 부

그림 2.9 경남 고성지역의 광산

러지거나 했다. 한국에서도 2004년 6월 경남 고성지역의 폐광 인근에 사는 주민들에게서 유사한 형태의 질병이 나타나기도 하였다. 한국의 경우는 1995년에 토양환경보전법이 제정되었다. 그리고 폐기물 매립지역 주변에 토양오염 가능성이 높을 경우 국가가 이를 조사해야 하는 의무조항을 두고 있다.

세계화를 통한 초국적 기업의 활동은 개별 국가의 환경정책에 악영향을 미치고 있다. 초국적 기업은 환경기준이 높은 모기업이 있는 선진국을 피하여 환경문제에 대한 인식이 부족하거나, 환경기준이 낮은 국가로 생산기지를 이전하고 있다. 특히, 후진국들은 외국의 기업을 유치하기 위하여 환경보호기준과 정책을 완화할 가능성이

그림 2.10 이타이 이타이 병의 병리현상

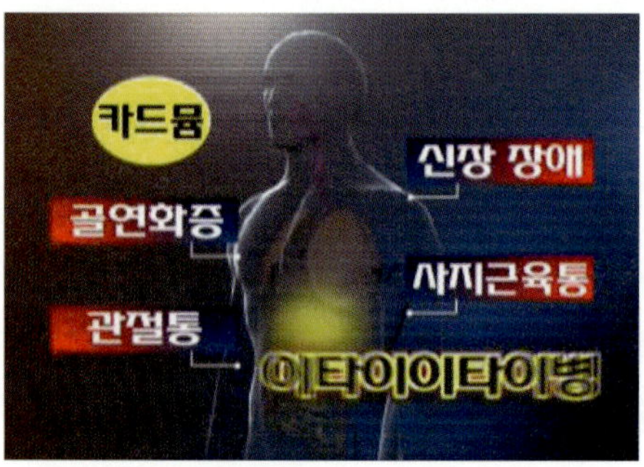

그림 2.11 환경오염의 예

매우 높기 때문이다. 생산의 증대는 필연적으로 환경오염 심화, 식수부족과 같은 문제를 야기한다. 1992년 리우회의 이후 지구환경이 오히려 악화되었다는 것은 시사하는 바가 크다. 1992년 이후 지구 온난화를 일으키는 이산화탄소의 배출은 세계적으로 2% 증가하였으며, 세계의 산림지역은 지속적으로 파괴되고 있다.

그림 2.12에서 보는 바와 같이 탄소이산화물(carbon dioxide) 배출은 지속적으로 증가할 것으로 예상되고 특히 중국이 급속하게 탄소배출을 증가시킬 것으로 보여 인근국가인 한국에도 봄에는 황사와 함께 오염물질이 황해를 넘어 한반도로 유입되면서 한국의 전자반도체 산업과 국민들의 건강에도 직접적으로 영향을 미치고 있다. 한국의 경우도 경제개발과정에서 중화학공업을 중심으로 발전해 왔다. 주로 한국의 경우도 이산화탄소 배출량이 지속적으로 증가할 것으로 예상되어 전 세계의 환경오염에 대한 우려와 탄소배출권에 대한 시장이 형성되는 상황에서 적극적으로 기업은 탄소이산화물을 줄이기 위한 생산공정의 개선이 필요하고, 정부는 환경오염을 줄이는 적극적인 대비가 필요하다.

그림 2.12 주요국의 탄소배출량(1990년~2025년)

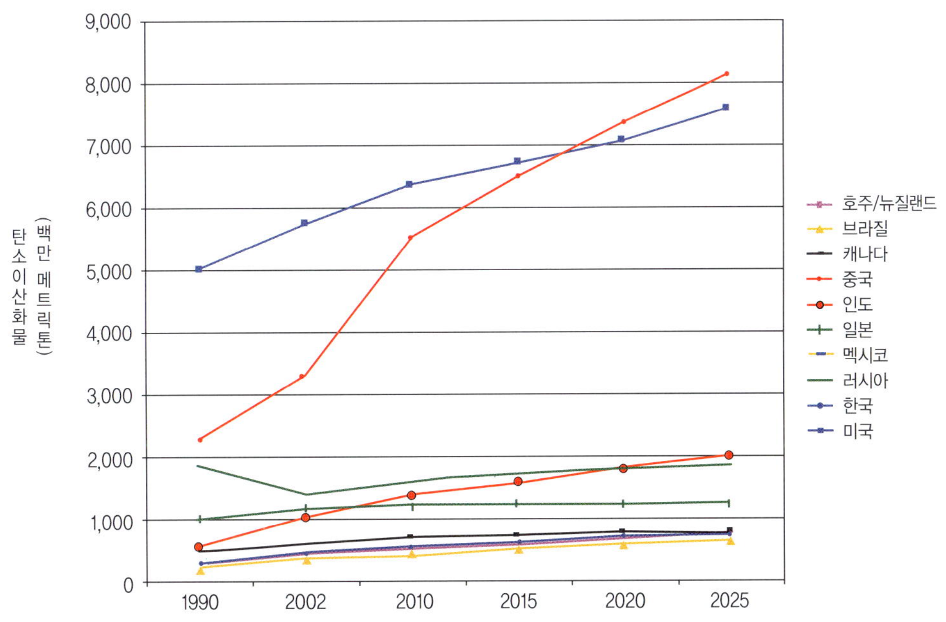

출처 : Energy Information Administration

2.5 국민국가의 후퇴와 정부 역할의 축소

세계화는 전통적 개별 민족국가의 성격과 개념을 변화시키고 정부의 역할과 기능을 축소시키는 방향으로 진행하고 있다. 자본주의 성립 이후, 경제에서 바람직한 정부의 역할에 관한 이론으로서는 아담 스미스의 '야경국가론(Night-Watch State)' 과 통화의 역할을 강조하는 통화주의자들의 '최소국가론(Minimal State)', 그리고 정부개입을 통한 경제에의 순기능을 강조하는 케인즈주의에 기초한 '복지국가론(Welfare State)' 까지 다양하다.

이러한 다양한 국가론은 정책적으로 정부의 역할에 대하여 회의적인 '정부의 실패' 를 강조하는 이론과, 시장의 역할에 대하여 회의적인 '시장의 실패' 를 강조하는 인식의 차이가 존재하였다. 그러나 세계화의 진행에 따라 초국적 기업이 출현하고, 경제에 미치는 역할이 증대되어 왔다. 더욱이 인위적인 정부의 정책은 외국자본의 이탈을 초래한다. 다른 국가들은 이자를 인상하고 있는데 자국이 이자율을 낮추면, 자본은 자국으로부터 이탈하여 다른 국가로 쉽게 이동할 것이다. 자국 내 이자율을 낮춰 자국 내 기업의 금융조달비용을 낮추어 주고자 하는 정책이 자본이탈을 초래할 수 있다. 따라서 자본자유화로 인해 쉽게 자본이 이동하는 경제구조 속에서 정부의 역할은 작아질 수밖에 없다.

오마에 겐이치는 세계화 시대에 정부는 할 일이 없는 쓸모없는 존재라고 단정하고 있다. 세계화와 정부의 규제완화정책으로 인해 정부가 실제로 소득재분배에서 하는 역할도 제한되고 있다. 세계화의 진행에 따라 정부는 대외적으로 기업의 경쟁력을 제고(提高)하기 위하여 기업에 부담을 주는 방향의 정책을 실행하기 어려워지는 상황에 와 있다. 그러나 정부는 시장이 대체할 수 없는 주요기능뿐만 아니라, 국가의 이익을 극대화하기 위하여 적극적인 노력이 필요하다.[5)]

제 4 절 맺음말

냉전체제에서 사람들의 공포는 보이는 적에 의하여 멸종되는 것이라면, 세계화 체제

5) Gidins, A., *Runaway World : How Globalization is Reshaping Our Lives*, London, 1990.

에서 사람들의 공포는 보이지 않고, 만질 수 없으며, 느낄 수 없는 적들의 급속한 변화이다. 세계화는 긍정적이든 부정적이든 거스를 수 없는 대세이다. 우리의 과제는 세계화의 부정적 요소를 극소화하고 긍정적 요소를 극대화하는 것이다. 세계화가 초래하는 환경오염, 노동의 소외, 자본이동에 따른 시장의 불안정 등 적절한 규제와 대안이 필요하다. 이러한 대응방법은 세계화된 시장을 견제하고 효율적으로 통제할 수 있는 최소한의 메커니즘을 전제로 한다.

현재 세계화는 장기적으로 모든 국가들이 전 지구적으로 통용되는 신자유주의적 규범, 관행, 형태를 따르게 하고 있다. 그런데 이러한 규범체계가 주로 서구 선진국의 글로벌 헤게모니를 추구하는 이데올로기 내지는 선진국의 경제 · 사회적 이해관계와 밀접한 관계가 있다. 그 예루 미국 통계국 예측에 의하면 2009년 1월 세계 인구는 약 60억 명이고, 이 중에 10억 인구가 하루 1달러 이하로 생활을 하고 있다. 2009년 세계경제포럼, '수자원 이니셔티브 보고서' 에 의하면 세계인구 증가와 산업 발달로 물에 대한 수요는 증가하고 있지만, 25억 명의 인구가 비위생적인 환경에 놓여 있으며, 500만 명이 수인성 질병으로 사망하고 있다. 또한 급속한 산업화루 인하여 환경오염과 생태계도 파괴되고 있다.

세계화에 대한 극단의 부정적 시나리오는 '실패할 수밖에 없는 세계화' 로 규정되고 있다. 이러한 부정적 시나리오에 대해서도 심도 있게 이해할 필요가 있으며, 동시에 세계화가 가져오는 긍정적인 부문도 극대화할 필요가 있다. 세계화는 결과적으로 국제경쟁을 심화시키고, 이로 인하여 생산구조가 왜곡되고, 자유로운 자본이동으로 인하여 국가 간 상대적 빈곤이 더욱 심화될 수 있다. 따라서 세계화로 인하여 손실을 보고 있는 후진국과 개발도상국은 노동, 상품 자본이동에 대하여 민족적 성향을 강하게 보일 수 있다. 따라서 우리는 세계화가 가져올 수 있는 부정적 요소를 비판적으로 고찰하고 최소화하며, 긍정적 요소를 극대화하여 정의, 자유, 사회적 안전과 평등 그리고 더 나아가 공동체 평화라는 사회경제적 목표를 실현하는 방향으로 세계화를 진전시켜야 할 것이다.

읽을거리 1

세계화에 대한 재미있는 표현

『렉서스와 올리브나무』에서 토마스 프리드먼은 세계화와 냉전 체제를 재미있는 표현으로 비교하고 있다.

1) 냉전 체제의 상징이 장벽이라면, 세계화 체제의 상징은 www이다.

2) 냉전 체제의 대표적 공식이 아인슈타인의 질량과 에너지 등식 $E = mc^2$ 라면, 세계화 체제의 대표적 공식은 무어의 법칙이다.

* 무어의 법칙 : 인텔의 공동설립자인 무어(Gorden Earle Moore)는 1965년에 컴퓨터의 성능이 24개월마다 2배씩 늘어날 것이라 예측.

3) 냉전 체제에서 가장 흔한 질문이 "당신의 미사일은 얼마나 무거우냐?" 라면, 세계화 체제에서 가장 흔한 질문은 "당신의 모뎀은 얼마나 빠르냐?" 이다.

4) 냉전 체제에서 핵심적인 경제학자가 막스와 케인즈라면, 세계화 체제의 핵심적인 경제학자는 슘페터와 엔디 글로브(전 인텔 사장)이다.

* 막스가 자본주의 종말을 예언한 학자라면 케인즈는 자본주의의 문제점을 극복하고 자본주의를 되살린 학자라 할 수 있다. 슘페터는 경제발전에서 기술혁신의 역할을 강조한 학자이다.

5) 냉전 체제를 운동에 비유하자면 스모 레슬링이다. 세계화 체제를 운동에 비유하면 100미터달리기이다.

* 스모 레슬링의 경우 거구 두 명이 씨름판의 원 안에서 온갖 몸짓과 각종 의식을 행하지만, 이들이 실제 맞부딪치는 것은 승부를 가름하는 최후의 몇 초일 뿐이며, 이때 패자는 원 밖으로 밀려난다. 하지만 여기서 죽거나 치명상을 입는 사람은 아무도 없다. 반면 세계화는 끊임없이 반복되는 100미터달리기다. 그동안 몇 번을 이겼든 상관없이 그다음 날도 여지없이 또 경주에 나서야 하는 게임이다. 게다가 100분의 1초만 뒤져도 한 시간 뒤진 것처럼 느껴진다.

6) 냉전 체제가 '친구' 와 '적' 의 세계라면, 세계화 체제는 친구와 적이 모두 '경쟁자' 로 바뀌는 세상이다.

7) 냉전 체제에서 정부공직자 중 가장 중요한 인물이 군비통제협정을 이끌어 내는 협상가라면, 세계화 체제에서 가장 중요한 공직자는 무역 협상에 나서는 협상가이다.

8) 냉전 체제에서 대표적인 공포는 당신이 잘 알고 있는 적에 의해 멸종되는 것이다. 세계화 체제에서 대표적인 공포는 당신이 보거나, 만지거나, 느낄 수 없는 적의 급속한 변화이다.

출처 : 토마스 프리드먼, 렉서스와 올리브 나무

읽을거리 2

경제 국수주의의 부활

세계경제가 기로에 섰다. 지난해 전 세계를 강타한 미국발 금융위기 때문이 아니다. 그 위기를 극복한다며 등장한 각국의 경제 국수주의(Economic Nationalism)가 세계경제를 사지로 내몰고 있는 것이다. 위기 극복의 수단이 오히려 더 큰 위기를 부르는 꼴이다. 영국의 ≪이코노미스트≫지는 최근 경제 국수주의의 망령이 되살아나고 있다는 내용의 특집기사를 실었다. 다 죽은 줄 알았던 경제적 국수주의의 음습한 기운이 경제위기를 틈타 스멀스멀 다시 피어오르고 있다는 것이다.

경제 국수주의는 금융과 실물 양쪽에서 동시에 나타나고 있다. 금융에서는 자국 금융회사 살리기에 급급한 금융 중상주의의 모습으로 되살아났고, 실물 쪽에선 자국 상품과 산업을 편파적으로 지원하는 보호무역주의의 외피를 둘렀다. 어느 것이나 국경의 담장을 높이고 외국인을 차별하는 구시대의 유물이기는 마찬가지다.

저 혼자 살겠다는 이기심

국수주의는 위기의 진원지인 금융 쪽에서 먼저 시작됐다. 미국발 서브프라임 모기지(비우량 주택 담보대출) 부실의 여파로 세계의 거의 모든 금융기관이 타격을 받았다. 전 세계 금융권에 돈줄이 막히면서 금융회사들은 살아남기 위해 필사적으로 돈을 빨아들였다. 더러는 정부로부터 긴급 수혈을 받아 국유화의 길을 걷기도 했다.

금융의 국수주의는 정부의 개입이 시작되면서 적나라한 모습을 드러낸다. 아무리 국제적인 금융기관이라도 국민의 세금으로 마련된 공적 자금이 들어가는 순간 확실한 국적이 찍힌다. 정부 돈으로 살아난 은행은 더 이상 정부로부터 자유로울 수 없다. 각국 정부는 자금 지원을 받은 금융회사에 자국 기업에 돈을 대주라고 눈을 부라린다. 직접 돈을 대 주지 않고 예금 보호나 보증을 서도 마찬가지다. 세계 금융시장은 위기 직후부터 철저히 국가 단위로 움직여 왔다. 금융회사들은 해외 자산을 처분해서라도 돈을 국내로 끌어와야 했다. 세계적인 금융경색 속에 치열한 현금 쟁탈전이 벌어졌다. 국제금융시장은 금이나 은의 보유량을 국부의 척도로 삼았던 중상주의 시절로 되돌아가고 말았다.

실물 쪽의 국수주의는 각국이 경제침체를 벗어나기 위해 다투어 경기부양책을 쓰면서 본격화됐다. 미국이 자국산 제품 구매(Buy American)조항을 포함한 경기부양법안을 통과시킨 게 대표적이다. 버락 오바마 미국 대통령은 과도한 보호주의에 우려를 표명했지만 끝내 거부권을 행사하지 않았다. 영국과 독일 · 프랑스 · 중국 등 대규모 경기부양책을 동원한 나라들도 정도는 다르지만 모두 보호주의 대열에 섰다. 이들은 자유무역의 원칙에 위배되는 줄 알면서도 자국의 주요 산업에 대한 노골적인 지원을 마다하지 않았다. 세계무역기구(WTO) 규정을 지키라는 파스칼 라미 WTO 사무총장의 경고에도 아랑곳없다. 그러면서 "(보호주의는)경제의 아편"이라거나 "세계경제를 죽이는 독약"이라는 험한 표현까지 써 가면서 서로 상대방의 보호주의 정책을 비난한다. 이제 세계 경제는 똥 묻은 개와 겨 묻은 개를 가리기 어려운 자국 이기주의의 진흙탕이 돼 버렸다.

다 함께 죽는 길로 이끌어

경제적 국수주의의 귀결은 뻔하다. 경기침체는 더 깊고 길어질 것이며, 금융시장의 정상화는 더 멀어질 것이다. 세계 경제가 국수주의의 수렁에서 빠져나오지 못하면 적어도 한 세대 이전으로 퇴보하게 될 것이다.

경제적 국수주의는 대표적인 '합성의 오류'다. 각자가 저만 살아 보겠다고 택한 해법이 합쳐져 결국 전체를 공도동망(共倒同亡)의 길로 이끌고 마는 것이다. 세계를 이 논리의 함정에서 벗어나도록 이끄는 것이 진정한 국제 리더십이다. 19세기엔 영국이, 제2차 세계대전 이후엔 미국이 그 역할을 해냈다. 지금 그 리더십을 발휘할 수 있는 유일한 나라 역시 미국이다. 그런데 그 역할을 해야 할 미국 스스로가 국수주의에 앞장서고 있으니 그저 딱할 뿐이다.

이제 그나마 희망을 걸 수 있는 곳이라곤 주요 20개국(G20) 정상회담밖에 없지만 그 많은 나라의 정상들이 모여 과연 국수주의의 타파에 한목소리를 낼 수 있을지 의문이다.

출처 : 중앙일보, 2009. 2. 18.

읽을거리 3

세계 2% 부자가 전체 부 절반

전 세계 부의 분포

(단위 : %)

북미	34
유럽	30
아시아 · 태평양(부자 국가)	24
중국	3
아시아 · 태평양(기타 국가)	3
인도	1
남미 · 카리브해	4
아프리카	1

출처 : 유엔대학 세계개발경제연구소(UNU-WIDER)

전 세계 상위 2%에 속하는 부자들이 전 세계 부(富)의 절반 이상을 차지하고 있는 반면 하위 50%가 차지하고 있는 부는 전체 중 1%에 불과하는 등 부의 편중현상이 심각한 것으로 나타났다.

또 상위 10%가 전 세계 부의 85%를 보유하고 있으며 여기에 속한 한국 부자 숫자도 상위 10%를 백분율로 환산했을 때 2% 정도인 것으로 나타났다.

유엔대학 세계개발경제연구소(UNU-

WIDER)가 6일 런던과 뉴욕 유엔본부에서 동시에 발표한 '가계자산 국제 분포' 보고서에 따르면 2000년 기준 전 세계 가계자산은 총 125조 달러(약 12경 원), 이는 전 세계 국내총생산(GDP) 대비 3배다.

이번 UNU-WIDER 조사는 2000년을 기준으로 가계자산을 구성하는 금융자산과 부채, 토지와 건물, 기타 유형자산을 포함하며 북한을 제외한 모든 국가를 대상으로 세계 최초로 실시됐다.

보고서가 제시한 상위 1%는 50만 달러(약 5억 원), 상위 10%는 6만 1,000달러(약 6,000만 원) 이상의 자산을 보유하고 있음을 뜻하며 하위 50%는 자산 2,200달러(약 220만 원) 미만으로 규정됐다.

이번 조사에서 2000년 현재 상위 1%에 속한 부자는 3,700만 명이었으며 이 가운데 억만장자는 499명, 백만장자는 1,300만 명이었다.

조사 결과 상위 1%가 전 세계 부의 40%를, 2%가 절반 이상을, 10%가 85%를 보유하고 있는 반면 하위 50%가 보유하고 있는 부의 비율은 전체 중 1%에 불과했다.

상위 10% 가운데에서는 미국이 25%를 차지해 가장 많았으며 일본이 20%로 뒤를 이었다. 한국은 2%로 캐나다, 호주, 대만, 네덜란드와 함께 세계에서 여덟 번째로 부자가 많은 것으로 나타났다.

그러나 상위 1%에서는 미국(37%)과 일본(27%)에 절반 이상 몰려 있는 가운데 한국은 1% 이상 국가에 이름을 올리지 못했다.

출처 : 매일경제, 2006. 12. 7.

평가하기

퀴즈 1〉 다음의 기술 중 가장 적절하지 못한 것은 무엇인가?

① 세계화의 진행과정에서 전 세계의 교역규모는 증가하였다.
② 1980년대와 1990년대에 세계화의 진행은 중국의 형평성을 개선시켰다.
③ 1990년대에 세계화의 진행과정에서 전 세계 국가 간 형평은 악화되었다.
④ 세계화의 진행으로 인하여 국가 간 상호영향력은 증가하였다.

힌트 1980년대와 1990년대에 있어서 중국은 자본주의경제시스템의 도입으로 인하여 지니계수로 살펴본 형평성은 악화되었다.

퀴즈 2〉 신자유주의의 정책적 특징이라고 보기 어려운 것은 무엇인가?

① 법인세와 소득세율을 낮추는 감세정책을 실시하였다.
② 정부에 의한 특정 산업에 대한 규제를 완화하였다.
③ 규제를 완화하여 국경 없는 경쟁을 유도하였다.
④ 노동시장의 유연성을 높이기는 하되, 복지부문은 국가가 담당한다.

힌트 국가가 복지부문도 담당하기보다는 사적 시장으로 돌리고 있다. 즉 공적 보험을 사적 보험으로 이전 하고 있다.

퀴즈 3〉 세계화로 인하여 나타난 긍정적인 효과로 보기 어려운 것은 무엇인가?

① 기업은 여러 국가에서 생산하여 생산의 효율성을 높였다.
② 각 기업은 한 국가 내에서 경쟁이 아니라 전 세계에서 경쟁을 하기 때문에 기업을 중심으로 한 끊임없는 '혁신'이 요구되고 있다.
③ 권위적이고 인위적인 통치가 세계화의 진전으로 어려워졌다.
④ 개발도상국은 교역량이 증가하기 때문에 수출 기회가 많이 생기며 외국의 자본유입으로 경제안정이 보장된다.

힌트 세계화의 과정 속에서 자본이동이 용이하게 됨에 따라 외국자본의 유출입이 용이하게 되어 빠른 자본유출로 인하여 경제위기에 쉽게 노출될 수 있다. 예로 페루, 아르헨티나, 멕시코, 인도네시아, 태국, 한국 등을 들 수 있다.

정리하기

■ 세계화의 다양한 정의

경제적 세계화는 전 지구화(全地球化)라고 하고 있으며 세계경제가 하나의 형태로 이루어지고 있음을 의미하고, 민족중심의 국가경제가 허물어지고 '세계' 라는 하나의 경제체제로 형성되어 가며 경제시스템과 관계없이 하나로 형성되어 상호의존성이 커 가는 과정으로 정의. 이러한 세계화는 각국이 시장개방을 가속화하면서 빠르게 지속. 상품뿐만 아니라 지식, 기술, 자본, 노동까지 국경을 넘어 교류하면서, 세계경제가 하나로 통합되어 가는 과정으로 정의.

■ 세계화의 주요 요소

분류	주요 요소
1. 금융 및 자본 소유의 세계화	• 금융시장에 대한 규제 완화, 유통자금의 국제적 이동, 인수 · 합병의 증가, 주주권 확대
2. 시장 전략의 세계화	• 기업활동의 통합, 국제부문의 통합 운영 조직 설립, 전략적 제휴 추진
3. 기술 · 연구 · 개발 및 지식의 세계화	• 기술지식과 정보통신의 발달로 같은 기업 또는 다른 기업 간에 세계적인 네트워크 형성
4. 생활 및 소비 패턴, 문화의 세계화	• 한 국가의 지배적인 생활방식이 다른 곳으로 이전되고 수용
5. 행정능력의 세계화	• 민족국가의 정부 및 의회의 역할을 강조 • 지구촌 차원의 지배를 위한 새로운 국제기구의 창설
6. 지구촌으로서의 정치통합 능력의 세계화	• 국가가 중심이 된 세계사회를 단일한 권력에 의해 범지구적 정치 · 경제 체제로 통합
7. 인식과 의식화의 세계화	• 하나의 지구, 지구인 운동, 범지구촌 문명에 초점을 둔 사회

■ 신자유주의

신자유주의(neoliberalism)란 한 국가의 정치 · 경제문제의 우선순위를 결정하는 데 있어서 개별 경제주체의 역할을 극대화하고자 하는 신고전학파 이론(neo-classical)에 근거를 두고 시장의 역할을 중심으로 한 경제정책과 사회정책의 사상.

■ 세계화의 변천

기간	경제적 세계화	주요결과
1940년대	• 브레튼우드 체제의 확립, 새로운 IMF(international monetary system을 확립(1944~1971) • 1947년 GATT가 설립되고 1948년부터 활동을 시작 • 소련 연방은 공산국가들간의 경제적 협력을 위한 CMEA(council for mutual economic assistance)를 설립	• 세계화의 기틀 마련 • 세계적인 금융기구 설립 • 관세에 관한 일반협정 조인
1950년대	• 로마조약(Treaty of Rome)에 의하여 유럽공동체(European community)가 1957년에 설립되고, 유럽공동체와 유럽자유무역 협정 (European Free Trade Association)이 유럽통합을 위하여 설립 • 주요통화간 상호환전되기 시작(1958~1964)	• 유럽공동체, 즉 유럽통합의 초석을 마련 • 유럽역내 자유무역 협정
1960년대	• OPEC(Organization of Petroleum Exporting Countries : 석유 수출국 기구)가 1960년에 설립 • 국제통화유동성을 확보하기 위하여 유로통화시장이 영국 런던에서 개원 • GATT의 6차 케네디 라운드가 진행됨(1964~1969) • 동아시아의 무역정책이 수출활성화와 수입대체정책으로 실시됨	• 유로통화시장을 통해 국제적 유동성 확보 • 동아시아의 수출액 증가

(계속)

기간	경제적 세계화	주요결과
1970년대	• 미국 닉슨 행정부의 미달러 금태환 포기(1971) • 도쿄 라운드(1973~1979) • 오일쇼크(1973~1974와 1979) 이후 실질 유가는 하락 • 아시아의 신흥개도국의 등장 • 1978년 중국의 개혁개방의 출발	• 금태환 정책의 포기 • 신흥개도국 등장 • 국제시장에 중국의 등장
1980년대	• 미국의 볼커(Volcker) 연방준비제도이사회 의장이 미국의 인플레이션을 해결 • 개도국의 외환위기가 시작됨 • 멕시코 시장개혁을 하면서 1986년 GATT에 가입 • 1987년 루브르 협약(Louvre Accord)에 의해 환율이 안정화됨	• 미국의 인플레이션의 안정화
1990년대	• 1991년 인도의 개혁이 시작됨 • 1994년 북미자유무역협정(NAFTA : North American Free Trade Agreement)이 발효 • 1997년 아시아지역 금융위기가 시작됨 • 1986년에서 1994년의 우루과이 라운드(Urguay Round) 이후 1995년 WTO의 설립 • 1999년 11개 유럽국가가 유로(Euro)화를 채택	• 인도의 개혁 • 북아메리카지역 무관세 지역 탄생 • 준비되지 않은 자본시장 개방으로 개도국의 연이은 외환위기 봉착
2000년대	• 2001년 DotCom 위기 • 2001년 중국의 WTO에 가입 • 다자간 섬유협정(MFA: Multi Fibre Arrangement)는 직물 및 의류에 관한 협정으로 1974년에 2004년까지 선진국에 수출할 개발도상국의 쿼터제(할당량)를 제한하는 것을 2005년 1월에 폐지하였다	• 활발한 전세계의 교역의 증가 • 국가간 경제 상호파급 효과 증가

■ 세계화의 경제적 특징

- 상품시장의 자유화 → 국제교역량 증가
- 금융자본의 초국가적 이동 → 자본자유화로 인하여 전 세계 내에서 자본 교류
- 초국적 기업의 경제력 지배 → 기업의 영업영역이 한 국가에 국한된 것이 아니라 모든 국가가 생산공장이자 소비시장

■ 세계화의 긍정적 효과와 부정적 효과

■ 긍정적 효과

- 효율성 제고(提高)와 혁신 → 경쟁심화로 기업의 혁신과 효율성 제고
- 권위주의적 경제운용구조 해체 → 세계적인 경제환경하에 개별 국가의 독단적인 경제운용이 불가
- 민주주의 발전 → 세계화로 인하여 정보통제가 어렵고, 의사결정이 개별 경제주체 단위로 이루어지면서 민주주의가 확대
- 시장의 확대 → 기업의 판매영역이 한 국가 내에서 전 세계로 확대

- 소비자 선택영역의 증가 → 개개인의 후생이 증가

■ 부정적 효과

- 사회적 불평등의 심화 → 부의 쏠림현상으로 부익부 빈익빈 현상 심화
- 고용의 불안정성 및 실업의 증가 → 경쟁이란 시장경제의 논리로, 그리고 노동시장의 유연성 증대 및 기업의 경쟁력 강화라는 논리로 비정규직이 증가, 생산성이 떨어지는 노동자는 노동시장에서 배제
- 자본이동의 증가와 국제투기자본의 무제한적 이동 → 자본이동의 자유화로 인하여 대규모 자금이 국가 간에 쉽게 이동함에 따라 한 국가의 경제적 안정성이 취약
- 환경오염의 심화 → 저비용 · 고효율이라는 기업논리와 이윤추구로 산림 · 토지 · 공기 오염이 심화
- 국민국가의 후퇴와 정부 역할의 축소 → 민족국가 또는 국민국가로서의 개별 국가의 정책적 개입의 여지 축소

제 3 장

경제체제와 거시경제적 성과 비교 I

학습목표

1_ 경제체제의 우월성 또는 비교우위를 평가하는 것은 매우 어려운 일이다. 그럼에도 불구하고 경제체제의 우월성을 비교하는 객관적인 기준은 어떠한 것이 가능한가를 살펴보는 것을 목표로 한다.

2_ 본 장에서는 경제체제의 성과를 평가하는 객관적 기준으로서 어떠한 지표들이 있는지를 살펴보고, 거시경제적 관점에서 이러한 지표들의 비교가 국가별로 다양하게 운영되는 경제체제의 우월성을 평가하는 데 어떠한 의미가 있는지를 분석하는 것을 목표로 한다.

학습내용

1_ 거시경제적 성과지표로서 6개의 지표(경제적 풍요도, 경제성장, 효율성, 소득분배, 경제적 안정성, 경제적 자유)를 설정하고, 이에 대한 내용을 고찰한다.

2_ 이러한 거시경제적 지표의 성과와 국민들이 느끼는 행복도와는 어떤 관계가 있는지를 다양한 지표들을 통해 설명한다.

키워드_ 1인당 국민소득(GNI), 경제성장률, 효율성, 지니계수, 필립스 곡선, 인플레이션율, 실업률, 경제적 자유, 행복지구지수

제 1 절 경제체제와 거시경제적 성과 비교

경제체제의 우월성을 평가하는 것은 합리적이고 객관적인 기준뿐만 아니라 주관적인 기준을 포함하고 있기 때문에 경제체제의 운용상 나타나는 거시경제적 성과를 비교하고 판단하는 것은 쉬운 일이 아니다.

그러나 일반적으로 표 3.1과 같은 성과평가기준(performance criteria)이 경제시스템의 성과를 비교하는 데 사용되고 있다.

국민생활의 질적 수준, 사회적 가치의 실현 등 삶의 질을 반영하는 복지지표를 논의할 수 있지만 이 지표들은 수치로 평가하기 곤란하다는 문제가 있다. 뿐만 아니라 각 국가에 있어서 거시경제적 성과는 각국이 보유하고 있는 천연자원의 양과 국민들 개개인의 능력, 정치적 여건, 사회 · 문화적 요소에 의하여 영향을 받기 때문에 경제체제의 영향력만을 따로 분리하여 평가하기도 어렵다. 그러므로 하나의 경제적 성과를 판단하는 데 있어서 작용하고 있는 많은 외부적 요소를 동시에 고려해야 한다. 따라서 이러한 경제적 성과에 대한 체제의 효율성을 비교하는 데 '다른 사정이 일정하다는 가정(ceteris paribus assumption)'을 전제로 하고 있다.

각국은 경제체제의 상이성에도 불구하고 각 국가가 우선적으로 추구하는 목표는 경제적 풍요이며, 이는 제 구성원 모두에게도 공통된 가치라고 볼 수 있다.

표 3.1	경제시스템의 성과평가기준

- 경제적 풍요도(economic plenty)
- 경제성장(economic growth)
- 효율성(efficiency)
- 소득분배(income distribution)
- 경제적 안정성(economic stability)
- 경제적 자유(economic freedom)

제 2 절 경제적 풍요

경제시스템의 차이가 있음에도 불구하고 각 경제가 추구하는 공통적인 기본목표이며, 경제체제 구성원 모두가 바라는 중요한 가치는 경제적 풍요이다.

경제적 풍요(economic plenty)는 각국의 재화와 용역의 생산량, 즉 국민총생산의 가치로 평가한다. 이 개념에는 두 가지 대표적인 개념이 있다. 그 하나는 GNP(Gross National Product)라는 개념으로 일정 기간(주로 매년 1월 1일부터 그해 말 12월 31일까지) 자국민이 생산한 최종생산물의 시장가치를 의미한다. 자국민이라는 것은 자국의 국적(國籍)을 가진 사람, 즉 대한민국의 경우는 한국인, 일본의 경우는 일본인, 미국의 경우는 미국인을 의미한다. 그래서 GNP는 자국민의 잠재된 역량을 중심으로 국력을 평가하는 데 활용된다. 그리고 최종생산물이라는 것은 마지막으로 만들어진 재화로 더 이상 다른 형태로 변화가 없는 재화를 의미한다. 즉 자국의 국민들이 1년 동안 새롭게 만든 재화의 가치를 의미한다. 예로 새롭게 만들어진 재화는 올해 출시된 자동차, 올해 생산된 에어콘, 올해 출간된 신간 책자 등을 의미한다. 국가의 역량을 평가하는 지표로 생산량(生産量)으로 측정하는 것이 바람직하지만, 각 재화의 단위는 상이하여 자동차는 몇 '대', 에어콘은 몇 '대', 신간 몇 '권' 등 차이가 있다. 그래서 다양한 재화를 화폐(돈)로 평가하여 비교하는 방법으로 각 재화를 시장의 거래가격으로 평가한다. 그렇게 함으로써 단위의 문제를 해결한다. 각국의 GNP는 각 국가의 역량을 물질적 가치, 즉 일 년 동안 자국민이 생산한 각종 최종생산물을 시장가치로 평가함으로써 각국의 역량 및 경제적 풍요도를 평가한다.

그렇지만 경제규모도 커지고 자국민들도 해외에서 경제활동을 하고, 외국인들도 자국 내에서 경제활동을 많이 하기 때문에, 자국민이 세계 각국에 거주하게 되면서 GNP로 경제적 풍요도(豊饒度)를 평가하는 데는 한계가 있다. 우리나라 사람이 쿠웨이트나 이라크에서 도로 및 건물 등을 건설하고, 바닷물을 담수로 만드는 담수플랜트를 공사하면서 그 지역에 머물게 되면서 주택을 임대하여 그 나라의 주택임대업자에게 임대료를 지불할 것이다. 또한 필요한 물건도 그곳에서 구입할 것이다. 따라서 이국에서 오랜 생활을 하는 한국의 기업인 또는 노동자가 지출한 돈은 그 나라에 귀속된다. 이러한 경우, 자국이 아닌 외국에서 소비함으로써 자국에 미치는 영향은 상대적으로 적어진다. 반대의 논리로 외국에서 한국으로 온 외국기업인 또는 노동자들은 한국에 거주하면서 한국의 물건을 소비하여 외국인들이 한국경제에 영향을 미치게 된다. 그래서 세계화와 개방화된 경제에서는 새로운 지표가 필요하며 이렇게 해서 만들어진 개념이 GDP(Gross Domestic Product)이다. 이 개념은 일정 기간 동안 자국 내에서 생산한 최종생산물의 시장가치이다. 자국 내에서 외국인들이 재화를 생산하는 과정에서 자국민들에게 일자리가 생기며 소득이 창출되고 그리고 외국인들이 생산 및 소비를 하는 과정에서 자국민들에게 경제적 영향을 미치기 때문에 개방화된 국가에서는 GDP 개념이 국민소득을 평가하는 지표로 적절하다.

이러한 지표는 UN이 정한 국민소득계정체제(System of National Accounts : SNA)로 산출한다. 각 국가의 경제적 풍요도를 측정하는 방법으로 GNP 또는 GDP를 각국 인구수로 나누어 1인당 GNP 또는 GDP로 평가하는 방법으로 각 경제시스템에 따른 각국 국민들의 경제적 풍요도를 측정할 수 있다. 그러나 이러한 지표로 경제시스템의 경제적 풍요도를 측정하는 데 몇 가지를 주의해야 한다. 첫째, GNP 및 GDP는 시장에서 거래되는 경제행위만 포함되므로 복지향상에 도움이 되거나 해(害)가 되는 현상이 있을 수 있으나, 이 지표에는 반영되지 않는다. 예로 전업주부의 가사노동은 시장에서 거래되지 않으므로 포함되지 않는다. 아침에 식사를 하지 못하는 사람과 식사를 하는 사람을 비교할 수 있을 것이다. 어떤 사람의 행복 정도가 높을까? 둘째, GNP와 GDP는 각국 국민들이 느끼는 여가(餘暇)에 대한 가치가 포함되어 있지 않다. 운동을 좋아하는 사람들로서 수영을 좋아하는 사람, 테니스를 좋아하는 사람, 축구를 좋아하는 사람, 골프를 좋아하는 사람 등의 만족도의 경우, 수영장 입장료, 테니스장 사용료, 축구장 사용료, 골프장 사용료 속에는 그들의 경제활동을 통해 누리는 만족(滿足)이라는 주관적 가치가 포함되지 않는다. 셋째, 이 지표는 물질적 생산물로 경제규모를 평가하지만, 생산과정에서 나타나는 공기오염, 수질오염, 토양오염 등을 포함하고 있지 않다. 물질적 풍요와 더불어 삶의 질 또한 중요하다. 이러한 산업화로 발생하는 오염물질로 인하여 이해당사자가 아닌 제3자에게 불이익을 주는 외부불경제(external diseconomy)를 감안하지 못하는 점이 있다. 넷째, 이 지표들은 사채, 부동산투기, 밀수, 마약, 탈세 등 소위 시장경제 밖에서 발생하는 지하경제(underground economy)의 규모를 파악하고 있지 못하고 있다. 마지막으로 서로 다른 국가의 복지 상태를 비교할 때, GNP와 GDP는 각국의 역사적 · 문화적 배경을 반

표 3.2 ISEW의 정의

ISEW = 개인소비액(personal consumption) + 국방비를 제외한 공공부문지출(public non-defensive expenditures) − 개별적인 국방비지출(private defensive expenditures) + 자본형성(capital formation) + 자국노동에 의한 서비스(services from domestic labour) − 환경파괴비용(costs of environmental degradation) − 자연자본의 감소(depreciation of natural capital)

영하지 못하고 있다는 점이 있다.

GNP와 GDP의 한계를 보완하고 진정한 의미에서의 경제적 후생을 측정하기 위하여 미국의 경제학자 토빈(J. Tobin)과 노드하우스(W. Nordhaus)는 경제후생지표(Measure of Economic Welfare : MEW)라는 개념을 만들어 내기도 하였다.

그리고 사무엘슨(Paul A. Samuelson)은 GNP에 가정주부의 서비스와 여가의 가치를 더하고 공해비용을 뺀 개념으로 후생을 평가하는 순경제후생(Net Economic Welfare : NEW)이라는 개념을 만들었다. MEW와 NEW가 GNP보다 경제체제의 거시경제적 성과를 비교하는 데 보다 나은 지표이지만, 지표를 객관적으로 수량화하기 어렵다는 문제가 있다. 이 외에도 ISEW(Index of Sustainable Economic Welfare)라는 지표를 들 수 있다. ISEW는 스톡홀름 환경연구소와 뉴 이코노믹스 재단 등이 공동으로 개발한 일종의 지속가능한 경제복지 지표로 사회적, 생태적, 경제적 복지와 관련된 총 24개 항목을 고려한 수치다.

ISEW는 GDP를 보완해 국민생활의 질적 수준과 후생복지 등을 반영하는 지표로 개발됐다. ISEW는 일단 GDP 자료에 공공부문에서 국민의 삶의 질과 후생복지를 향상시키기 위해 지출한 금액을 더하고, 반대로 삶의 질을 악화시키는 요소를 차감하는 방식으로 계산된다. 우선 지속가능한 복지와 후생에 기여하는 보건, 교육부문의 공공지출을 GDP에 추가한다. 반대로 삶의 질을 떨어뜨리는 환경오염, 소득분배 악화, 사교육비 등을 GDP에서 차감한다. 이런 방식으로 계산하면 삶의 질이 떨어지는 국가에서는 GDP보다 ISEW가 더 낮게 나타난다.

용어 1989년 허먼 데일(Herman Daly)과 존 콥(John B. Cobb)은 경제후생지표에 몇 가지 '비용'을 첨부하여 ISEW라는 신개념을 만들었다.

최근 한국보건사회연구원이 발표한 자료에 따르면 우리나라의 ISEW는 GDP보다 훨씬 낮은 수준인 것으로 나타났다. 1인당 GDP는 2010년 2만 달러를 넘었지만, ISEW에 나타난 복지 GDP는 아직 1만 달러를 조금 넘는 수준이라고 한다. GDP에 대한 ISEW의 비율로 2007년 겨우 57.8%에 불과한 것으로 나타났다. 다시 말하면 복지 GDP는 일반적인 GDP의 57.8% 수준이라는 것이다.

GNP 또는 GDP로 거시경제적 성과를 비교하는 데 있어 더 큰 문제는 경제체제가 다른, 즉 경제적 시스템이 다른 국가를 단순하게 비교한다는 데 있다. 경제시스템이 다른 국가들을 단순하게 비교하는 것은 경제시스템 내에서 제공하는 일련의 편익을 살펴보지 못하는 문제점을 갖고 있다.

사회주의 국가의 국민계정체제는 기본적으로 물적 생산체계인 MPS(Material Product System)로 자본주의 국가의 국민계정체계인 SNA(System of National Accounts)와는 차이가 있다.

그러므로 실질적으로 국민들에게 귀속되는 소득으로 경제체제를 비교하는 것이 적절할 것이다. 이러한 의미에서 GNI(Gross National Income)로 국민에게 귀속되는 소득을 평가하는 것이 적절할 것이다. GNI는 한 나라의 국민이 일정한 기간(주로 1년)에 생산활동에 참여한 대가로 받은 소득의 합계로서 교역조건을 반영한 소득지표이다. 여기서 교역조건은 한 나라와 다른 나라와의 상품교환비율을 의미하며, 교역조건이 개선된다는 것은 자국의 물건을 해외에 수출하여 더 많은 재화를 수입할 수 있다는 것을 의미한다.

표 3.3은 아틀라스 방법을 이용한 GNI를 인구수로 나눈 1인당 GNI이다. 미국은 5년 전과 비교하여 1980년대 연평균 10.2%, 1985년 8.9%, 1990년 4.8% 증가하였으나 2005년부터 전년대비 3.4%, 2.3%, 3.3%로 성장세가 낮아졌다. 그러나 사회주의 시스템을 유지하고 있는 중국의 경우에는 개방초기인 1980년에는 전년대비 2.2%의 증가율을 보였으나 1985년에는 8.8%, 그리고 1990년에는 1.3%로 감소하다가 2000년에는 11.9%, 2005년에는 11.3%로 크게 증가하는 모습을 보이고 있다.

대표적인 자본주의 경제시스템인 미국의 경우, 1980년대 IT산업의 발달과 더불어 높은 경제성장이 있었지만, 2007년 모기지론 리스크로 인하여 성장이 둔화되고 있다. 반면에 사회주의 경제시스템에서 자본주의 경제시스템으로 체제가 전환되어 가

표 3.3 아틀라스(Atlas method)의 1인당 GNI (단위 : 명목 미달러)

국가 \ 연도	1965	1970	1975	1980	1985	1990	1995	2000	2005	2006	2007	2008
자본주의경제												
미국	3,670	–	6,840	11,140	17,070	22,080	27,910	34,410	43,870	45,370	46,400	47,930
독일	–	–	5,440	10,800	9,560	19,500	28,630	25,500	35,110	37,170	39,260	42,710
일본	890	–	4,100	8,920	10,900	25,300	40,350	34,620	38,950	38,590	37,780	38,130
프랑스	2,050	–	5,560	11,040	9,640	19,130	25,190	24,450	34,940	36,790	38,910	42,000
영국	–	–	3,600	7,180	8,190	15,690	19,620	25,910	38,800	41,040	44,070	46,040
스페인	730	–	2,640	5,160	4,460	11,210	14,550	15,420	25,450	27,430	29,330	31,930
그리스	890	–	2,790	5,350	4,830	8,170	11,850	12,560	21,780	23,650	25,550	28,400
한국	130	260	530	1,560	2,340	5,660	10,770	9,910	16,900	18,950	21,210	21,530
사회주의경제												
중국	100	120	170	190	290	310	530	930	1,740	2,010	2,410	2,940
러시아	–	–	–	–	–	–	2,650	1,710	4,460	5,810	7,550	9,660
체코	–	–	–	–	–	–	4,470	5,800	11,330	12,890	14,380	16,650
폴란드	–	–	–	–	–	–	2,970	4,590	7,270	8,340	9,800	11,730
헝가리	–	520	960	1,770	1,880	2,720	4,110	4,660	10,260	11,020	11,670	12,810
불가리아	–	–	–	–	1,990	2,140	1,360	1,600	3,490	3,900	4,460	5,490

출처 : Wold Bank Database, GNI per capita, Atlas method (current US$).

는 중국의 경우 1980년 초 낮은 1인당 GNI의 증가율에서 1990년대 매우 높은 1인당 GNI의 성장이 있게 되는데, 이것은 사적 이윤 추구가 가능하도록 함으로써 경제주체들의 경제행위의 유인체계가 강력한 자본주의 시스템이 작동하고 있다는 것을 보여준 것으로 평가할 수 있다.

표 3.4는 각 국가의 구매력 지수(Purchasing Power Parity)로 평가한 1인당 국민소득(GNI)이다. 앞서 표 3.2와 차이를 보이고 있지만, 미국의 경우 1975년부터 2005년까지 연평균 10.2%, 8.9%, 5.3%, 4.8%, 5.0%로 1인당 GNI가 증가한 반면, 중국의 경우 빠르게 2.2%, 8.8%로 증가하였고, 1995년, 2000년, 2005년에는 각각 연평균 11.3%, 11.9%, 13.3%로 증가하고 있다. 다른 요소들도 살펴보아야 하겠지만, 중국은 개방실용주의 노선으로 자본주의적 사적 이윤 추구를 보장하고 시장을 중심으

표 3.4 PPP*기준 1인당 GNI (경상 $)

국가 \ 연도	1980	1985	1990	1995	2000	2005	2006	2007	2008
자본주의경제									
미국	12,150	17,640	22,940	27,330	35,190	42,390	44,770	46,220	46,790
독일	9,830	13,730	18,590	22,330	25,700	31,760	33,430	35,200	35,950
일본	8,890	12,960	18,840	22,610	25,950	31,030	32,850	34,760	35,190
프랑스	9,560	12,880	17,320	20,260	25,680	30,000	31,200	32,810	33,280
영국	8,280	11,760	16,040	19,560	26,020	33,240	34,200	35,450	36,240
스페인	6,780	9,110	13,210	15,890	21,140	26,990	29,060	30,640	30,830
그리스	8,550	10,560	13,050	15,040	18,460	24,540	26,150	27,210	28,300
한국	2,590	4,510	8,180	12,750	17,130	22,760	24,700	26,620	27,840
사회주의경제									
러시아	–	–	9,100	6,340	7,420	11,570	12,850	14,390	15,460
체코	–	–	–	12,790	14,650	19,450	20,740	22,290	22,890
폴란드	–	–	5,150	7,320	10,470	13,480	14,300	15,690	16,710
헝가리	4,930	6,850	8,380	8,480	11,740	16,060	16,900	17,480	18,210
불가리아	2,770	4,220	5,050	5,450	6,180	8,690	9,300	10,090	11,370
중국	250	500	800	1,480	2,330	4,100	4,700	5,430	6,010

출처 : World Development Indicators
* US 1달러로 구매할 수 있는 재화나 용역을 비교국가에서 구입하는 데 필요한 화폐단위의 수로 지수화한 것.

로 경제체제가 전환됨에 따라 빠르게 1인당 GNI가 증가하고 있어 PPP를 중심으로 살펴본 경우도 표 3.2와 유사하게 나타나고 있다.

> **용어** **구매력 지수**(Purchasing Power Parity)는 자국통화로 표시된 타국통화의 가격으로 양국의 물가 수준을 고려하는 경우를 절대적 구매력 지수, 그렇지 않는 경우를 상대적 구매력 지수라고 한다.

경제성장이 풍요로움을 보장하는 것이라는 믿음을 반세기 동안 갖고 있었다. 그러나 지속적인 경제위기, 환경파괴, 자원고갈 등과 같은 문제로 인하여 GDP의 크기로 삶의 질을 평가하는 것은 점차 한계가 있고 새로운 삶의 평가지표가 필요하게 되었다. 경제성장이라는 것은 잘사는 것의 일부에 불과한 것이다. 그리고 인간의 경제활동과정에서 소비하는 에너지, 그리고 식량, 주택, 도로 등을 만들기 위해 자원을 생산하고, 폐기물을 처리하는 데 드는 비용을 초래하고 있다. 이러한 환경적 영향을 고려하여 발생하는 비용을 토지의 크기로 환산한 것이 '생태발자국(ecological footprint)'이다.

잠시 우리가 살아가는 과정에서 발생하는 환경적인 파괴를 '생태발자국지수'로 구해 보자. 다음 사이트에서 현재 생활을 유지하기 위하여 어느 정도의 토지가 필요한지를 걸어간 발자국의 수로 평가해 보자. 다음 사이트를 방문하면 본인의 원하는 '아바타'를 만들고, 음식(식습관), 운송거리, 쓰레기 배출규모, 주거환경, 전기공급 여부, 주거인 수, 주택의 크기, 매주 여행거리, 자동차 효율, 나홀로 운전인지 여부, 공공운송시설(기차, 버스) 사용거리, 항공기 탑승시간으로 일상생활에 필요한 토지의 크기를 계산할 수 있다.

다음 "http://www.footprintnetwork.org/en/index.php/GFN/page/calculators/" 사이트를 찾아가면, 그림 3.1과 같이 살고 있는 지역을 선정하고 일련의 삶의 일부를 선택하면 그림 3.2와 같이 발생한 비용을 토지의 크기로 환산하여 볼 수 있다.

그림 3.1 생태발자국

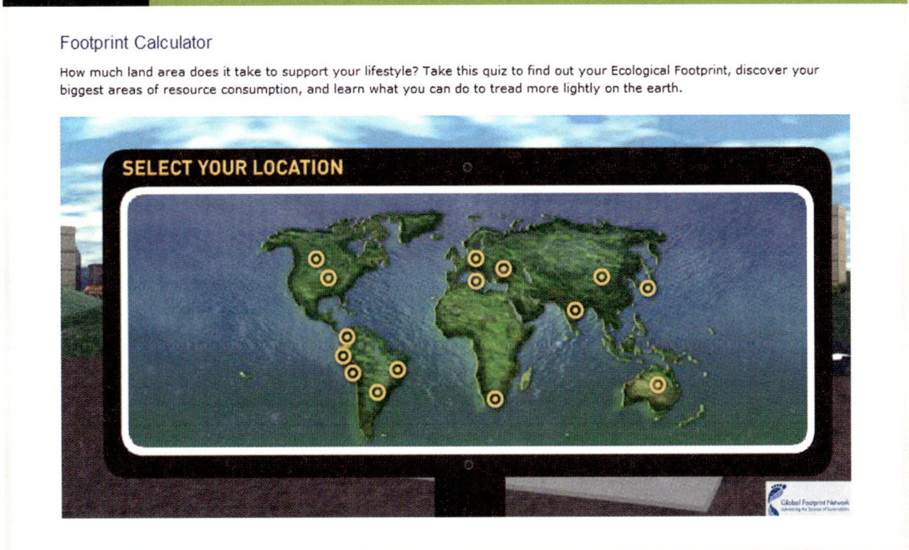

출처 : www.footprintnetwork.org/en/index.php/GFN/page/calculators/

그림 3.2 생태학적으로 필요한 토지

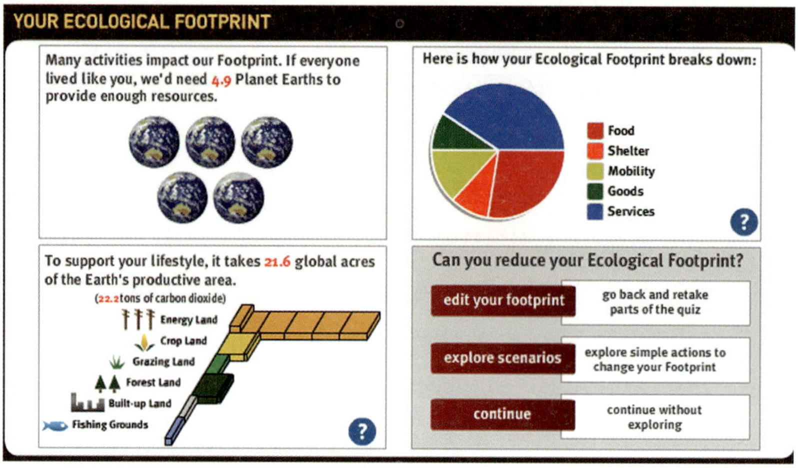

사람들의 삶의 목표가 물질적 풍요로움도 있지만, 궁극적인 목표는 장수, 행복한 삶(표 3.5 참조)의 추구라고 볼 수 있다. 그러나 이러한 과정 속에서는 지역사회, 사회의 기술수준, 건강, 경제력, 가치관, 사람들 간의 관계 등이 그러한 목표의 질(質)을 결정한다.

이러한 환경을 고려하여 만든 지표가 '행복지구지수(Happy Planet Index)' 이다. 이 '행복지구지수(HPI)'는 효율성을 측정하는 지수와 같이 환경적인 충격 1단위가

표 3.5 투입요소, 수단 그리고 사회

투입요소		수단		궁극적인 목표
지구의 자원	➡	지역사회 기술 건강 경제 가치관 가족과 친구관계 교육 정치 · 통치시스템 고용 소비 여가시간	➡	장수 행복 충만한 삶

있을 때 '생애행복기간(happy life years)'을 나눈 것이다. 통계적인 조정은 필요하지만, 대략 수치는 1부터 100까지의 범위를 가진다.

$$HPI(Happy\ Planet\ Index) = \frac{Happy\ Life\ Years}{Ecological\ Footprint} \tag{1}$$

여기서 생애행복기간(happy life years : HLY)은 삶의 만족도와 예상수명을 곱하여 계산한다.

주요국 38개 국가를 1990년, 2000년과 2005년 3년간 시점을 달리하여 삶의 만족도를 동일한 질문으로 어떻게 평가하는지를 조사하였다. 첫째, 시간의 흐름에 따른 변화를 비교하기 위하여 차이는 HPI를 통해 비교·분석하고 둘째, 1961년부터 OECD 국가 25개국을 비교하였다. 그림 3.3에서 보는 바와 같이, 미국은 많은 비용(생태발자국지수)을 지불하고 높은 행복을 추구하지만, 상대적으로 낮은 환경적 비용을 지불하고 높은 비슷한 수준을 누리는 나라들로 서유럽국가들이 있는 것을 볼 수 있으며 시간의 흐름에 따라 서유럽국가는 환경저 비용을 줄여 가는 것을 볼 수 있다. 중국의 경우는 1990년대에는 환경적 비용을 많이 초래하며 HPI가 증가하였지만,

그림 3.3 행복지구지수와 생태발자국지수

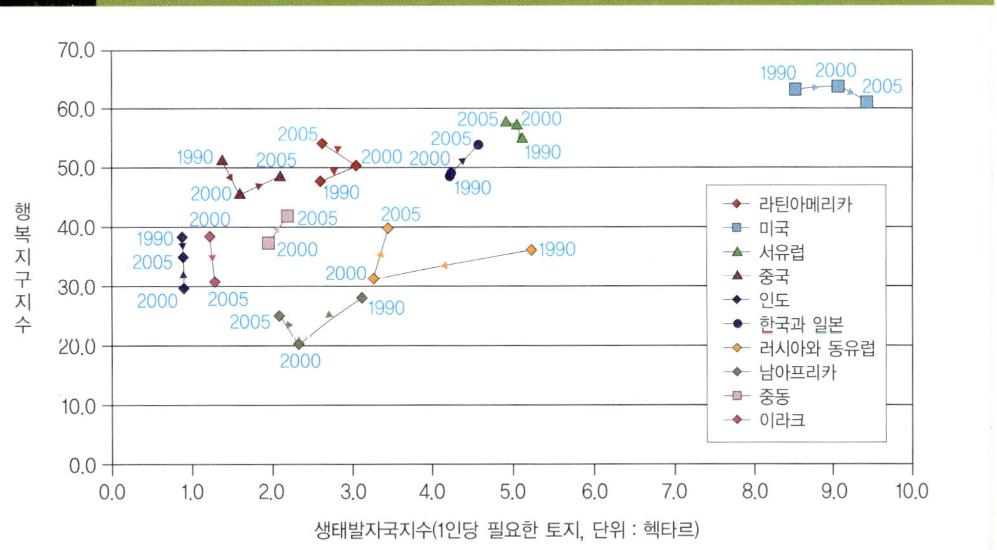

2005년에는 환경적 비용을 줄여 가며 HPI를 높이는 것을 볼 수 있다.

표 3.6에서 보는 바와 같이, HPI가 대부분의 국가에서 증가하고 있다. 그러나 주

표 3.6 국가 또는 지역의 연도별 HPI

국가 또는 지역 \ 연도	1980	2000	2005
라틴아메리카	51.6	51.6	58.3
미국	34.2	33.0	30.7
서유럽	42.1	44.4	45.3
중국	68.8	59.1	57.1
인도	58.1	44.7	53.0
한국과 일본	41.9	41.7	43.6
러시아와 동유럽	27.3	30.7	37.7
남아프리카	28.0	23.1	29.7
중동지역	46.1	46.1	49.3
이라크	53.9	53.9	42.6

출처 : The Happy Planet Index 2.0, p. 35.

그림 3.4 행복지구지수와 1인당 GDP

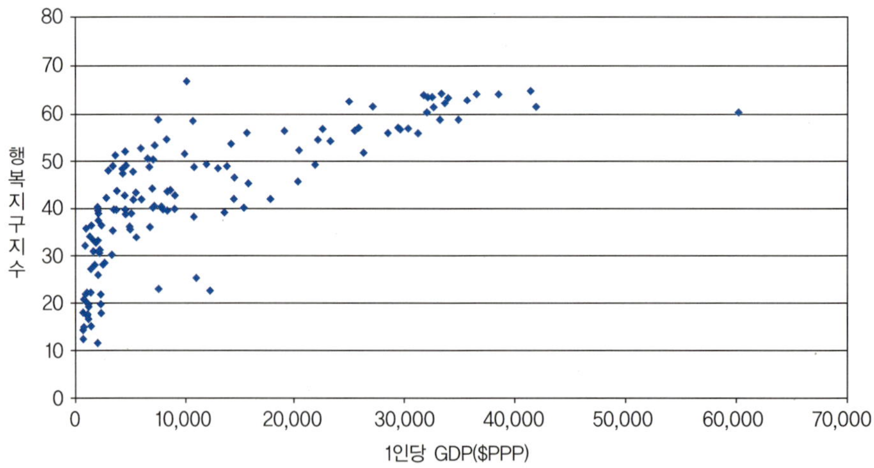

출처 : The Happy Planet Index 2.0, 2007. 5

목할 만한 것은 표 3.4와 비교하여 살펴보면, 지속적으로 1인당 GNI가 증가하고 있는 미국의 경우, HPI는 지속적으로 줄어들고 있어 경제적 풍요가 국민의 삶의 질을 높이는 것은 아니라는 것을 알 수 있다.

또한 그림 3.4를 보면, 국가별 1인당 GDP와 행복생애지수를 나타낸 것으로 1만 달러를 넘어서면 1인당 GDP와 같은 방향으로 편차를 보이지만 행복생애지수가 큰 변화를 보이고 있지 않다. 이는 1인당 GDP보다 다른 요인들로 인하여 인간의 행복이 영향을 받고 있는 것으로 이해할 수 있다.

더욱이 국가별 HPI 순위로 2006년과 2009년의 복지(well-being)를 비교하여 보면, 1위에서 5위까지는 2006년에서 2009년으로 옮겨 가면서 위치가 다 바뀌었지만, 7위까지를 살펴보면 쿠바가 여전히 높은 수준을 유지하고 있다. 그리고 2009년 주목할 국가는 코스타리카로 1위를 차지하고 있다. 이는 높은 소득이 복지를 좌우하

그림 3.5 2006년과 2009년 HPI 국가순위

2006 Happy Planet Index

Rank	Country	HPI
1	Vanuatu	68.21
2	Colombia	67.24
3	Costa Rica	66.00
4	Dominica	64.55
5	Panama	63.54
6	Cuba	61.86
7	Honduras	61.75
8	Guatemala	61.69
9	El Salvador	61.66
10	Saint Vincent and the Grenadines	61.37
11	Saint Lucia	61.31
12	Vietnam	61.23
13	Bhutan	61.08
14	Samoa	60.98
15	Sri Lanka	60.31
16	Antigua and Barbuda	59.23
17	Philippines	59.17

2009 Happy Planet Index

Rank	Country	HPI
1	Costa Rica	76.1
2	Dominican Republic	71.8
3	Jamaica	70.1
4	Guatemala	68.4
5	Vietnam	66.5
6	Colombia	66.1
7	Cuba	65.7
8	El Salvador	61.5
9	Brazil	61.0
10	Honduras	61.0
11	Nicaragua	60.5
12	Egypt	60.3
13	Saudi Arabia	59.7
14	Philippines	59.0
15	Argentina	59.0
16	Indonesia	58.9
17	Bhutan	58.5

출처 : Marks, N., Abdallah, S., Simms, A., Thompson, S. et al.(2006). The Happy Planet Index 1.0
Abdallah, S., Thompson, S., Michaelson, J., Marks, N., Steuer, N.(2009). The Happy Planet Index 2.

지 않는다는 것을 보여 준다. 2009년도에 보면 베트남, 쿠바와 같은 사회주의 국가가 각각 5위, 7위에 올라와 있으며 베트남은 12위에서 5위로 높은 상승을 보이고 있다. 이는 국가의 이념은 사회주의이지만, 시장의 개방을 통해서 경제성장률이 높아져 가는 것이 베트남의 경우에 영향을 준 것으로 추측된다. HPI는 한국의 경우, 2006년에는 102위에서 2009년에는 68위로 상당히 상승하였지만, 여전히 낮은 수치이다.

제 3 절 경제성장

경제성장(economic growth)은 경제시스템과 경제성과를 평가하는 중요한 기준이다. 경제성장(經濟成長)이란 일정 기간 동안 한 경제가 만든 경제성과의 증가율을 의미한다. 한 경제가 거둔 GDP의 동태적인 변화를 반영하는 지표라고 볼 수 있다. 이것은 모든 경제체제가 중요하게 다루고 있는 성과기준이며, 경제체제의 경쟁이 심화됨에 따라 그 중요도가 높이 평가되며, 경제체제의 성공지표가 되고 있다. 왜냐하면 GDP로 나타나는 물질적 풍요는 환경적 요인에 의해 큰 영향을 받는 데 비해, 같은 시점에서 출발한 경제성장의 성과를 단순히 환경적 요인으로만 돌릴 수 없기 때문이다.

앞에서 GDP의 증가가 반드시 후생을 비례적으로 증대시킬 수 없음을 지적하였지만, 국가구성원의 후생증대는 경제성장을 통해서 가장 효과적으로 이루어질 수 있다. 경제가 성장하면 그만큼 경제를 구성하고 있는 사람이 사용할 수 있는 재화와 용역의 종류가 다양하게 되고, 품질도 향상되므로 경제성장은 단순히 총가용자원(總可用資源)을 늘려 줄 뿐만 아니라, 생활의 질도 향상시키는 결과를 가져온다. 또한 모든 경제가 빈곤의 퇴치, 고용기회의 확대 및 기타 거시경제적 과제를 가지는데, 경제가 지속적으로 성장하는 사회에서 보다 효과적으로 이러한 문제가 해결된다고 볼 수 있다. 비록 경제성장이 분배구조의 왜곡, 환경의 파괴, 미풍양속의 단절과 같은 문제를 야기할 가능성도 있지만, 경제성장 자체는 체제구성원의 후생 증대를 가져오고, 사회의 안정에 기여하는 경제체제의 중요한 성과 중의 하나이다.

자본주의국가와 사회주의국가의 경제성장률을 비교하면 표 3.7과 같다.

표 3.7 경제체제별 주요국가의 경제성장률

(단위 : %)

국가 \ 연도	1961~1965	1966~1970	1971~1975	1976~1980	1981~1985	1986~1990	1991~1995	1996~2000	2001	2002	2003	2004	2005	2006	2007	2008
자본주의 경제																
미국	5.1	2.4	2.7	3.3	3.4	3.2	3.2	4.2	0.8	1.6	2.5	3.6	2.9	2.8	2.0	0.4
독일			2.2	3.0	1.6	3.6	1.5	2.3	1.2	0.0	−0.2	1.2	0.8	3.0	2.5	1.3
일본	8.7	11.8	4.5	4.5	3.1	5.3	1.1	0.5	0.2	0.3	1.4	2.7	1.9	2.0	2.4	−0.7
프랑스	5.8	5.4	3.6	3.2	1.7	3.5	1.2	3.2	1.9	1.0	1.1	2.5	1.9	2.2	2.3	0.4
영국	3.3	2.7	2.1	1.5	3.0	3.1	2.4	3.6	2.5	2.1	2.8	2.8	2.1	2.8	3.0	0.7
스페인	7.8	6.0	5.5	1.6	1.8	4.8	1.2	4.5	3.6	2.7	3.1	3.3	3.6	3.9	3.7	1.2
그리스	7.3	7.5	4.3	3.5	0.6	1.4	0.8	3.7	4.2	3.4	5.6	4.9	2.9	4.5	4.0	2.9
한국	7.3	10.0	7.4	6.0	8.2	9.4	7.4	3.7	4.0	7.2	2.8	4.6	4.0	5.2	5.1	2.2
사회주의 경제																
러시아							−10.1	3.0	5.1	4.7	7.3	7.1	6.4	7.7	8.1	5.6
체코							1.9	0.9	2.5	1.9	3.6	4.5	6.3	6.8	6.1	2.5
폴란드							4.6	5.2	1.2	1.4	3.9	5.3	3.6	6.2	6.8	4.9
헝가리	4.4	6.0	6.3	3.7	1.5	0.3	0.2	4.7	4.1	4.4	4.3	4.7	3.9	4.0	1.2	0.6
불가리아					3.0	0.8	−1.1	1.4	4.1	4.5	5.0	6.6	6.2	6.7	6.2	6.0
베트남						5.3	8.8	6.4	6.9	7.1	7.3	7.8	8.4	8.2	8.5	6.2
중국	8.7	6.0	5.6	8.7	12.2	7.6	13.0	8.3	8.3	9.1	10.0	10.1	10.4	11.6	13.0	9.0

참조 : 1) 미 달러는 2000년도를 기준연도로 평가한 실질 달러가치로 성장률을 측정
2) 기간별 성장률은 연평균성장률임

출처 : World Development Indicators, World Bank.

사회주의 경제체제의 대표적 국가인 중국은 1961년에서 1965년까지 8.7%의 성장으로 일본의 8.7%와 동일한 수준으로 성장하였지만, 1966년부터 1975년까지 연평균 6.0%, 5.6%의 성장률을 보여 주고 있다. 그러나 1986년부터 1990년까지 13%의 고도경제성장을 한 이후에 지속적으로 높은 경제성장을 보이고 있는 것을 알 수 있다. 더욱이 중국은 2007년 미국발 모기지론 리스크에도 불구하고 13%의 경제성장을 하고 있다. 중국에서 등소평의 시장개방과 이윤추구가 가능한 시장경제의 도입은 세계화와 자본주의 경제시스템의 시험무대라고 할 수 있다. 사회주의의 계획경제가 가지고 있는 비효율성이 자본주의 시장중심 경제시스템의 도입을 통해서 경제가 역동적이고 효율적으로 움직이는 모습을 보여 주고 있다. 또한 중국과 같이 시장개방과 시장경제제도를 도입한 베트남의 경우도 1996년 이후에 연 7% 이상의 경제성장을 달성하고 있다. 이러한 배경에는 개방정책과 물질적 인센티브가 제공되는 자본주의 시장경제중심 시스템이 높은 경제성장을 가져왔다고 볼 수 있다.

앞서 지적한 바와 같이 경제체제의 거시경제적 성과기준으로서 경제성장이 내포하는 문제점도 있다.

첫째, 경제적 풍요에 비하여 그 영향은 작지만, 경제성장의 상당한 부분은 환경이나 정책적 요인의 결과이다. 따라서 체제의 충격이 경제성장에 얼마나 영향을 주는지 정확히 알 수가 없다.

둘째, 경제성장은 '일정한 기간 중'의 1인당 GNI의 증가율로 측정되기 때문에 어느 경제나 그 측정기간과 기준연도에 따라 성장률은 매우 다르게 나타난다. 경제발전의 초기에 단기간 매우 높은 경제성장률을 보이다가 성장속도가 급격히 완화되는 반면, 어떤 경제는 장기적으로 완만하게 경제성장이 지속되기도 한다(표 3.7과 표 3.4 참조).

셋째, 경제성장이 그 나라 국민들에게 후생을 증대시킨다는 측면에서 분석하고 있지만, 반드시 이러한 현상이 나타나는 것은 아니다. 경제성장을 위해서는 생산에 필요한 기계설비, 공장과 같은 자본의 형성이 필요하다. 이러한 자본스톡(capital stock)이 축적되기 위해서는 현세대가 절제된 저축을 해야 한다. 따라서 현세대에 의한 저축은 자본스톡을 형성함으로써 실제로 다음 세대의 후생을 증대시킬 수 있으며, 과도하게 강제저축이 강요될 경우 GNP(GDP)는 증가할 수 있지만 인구의 후생, 즉 현대의 소비에 의한 만족이 감소할 가능성이 있다.

이러한 문제점이 있음에도 불구하고 경제성장률은 경제체제의 거시경제적 성과를 반영하는 중요한 지표로 많이 활용되고 있다.

제 4 절 효율성

경제적 효율성(efficiency)은 노동력, 원자재, 생산기계, 지식 등과 같이 가용(可用)자원을 활용함에 있어 발휘할 수 있는 효과성을 의미한다. 즉, 최소한의 비용으로 최대의 효과를 달성하는 것을 의미한다. 따라서 투입요소를 최소화하고 생산성을 극대화하는 것이 효율성을 극대화하는 방법이다. 자원의 효율적 배분은 사회적 비용(사회가 부담해야 하는 비용)을 최소화하면서 산출량을 극대화하는 것을 의미한다. 이러한 관점에서 효율성은 보다 체제적인 요인에 의해서 영향을 받고 그 효과를 상대적으로 분명히 측정할 수 있다는 점에서 경제체제의 거시경제적 성과를 평가하는 중요한 기준이 된다. 경제체제의 효율성은 두 가지 관점에서 평가할 수 있다. 첫째, 한 체제의 가용자원이 일정한 시점에 가장 적절하게 배분되었는지를 평가하는 정태적 효율(static efficiency)과 둘째, 경제성장 또는 기술진보 등과 관련하여 가용자원이 가장 효과적으로 배분되는지를 살펴보는 동태적 효율(dynamic efficiency)로 구별할 수 있다.

정태적 효율과 동태적 효율은 그림 3.6을 통하여 보다 자세히 설명하면 다음과 같다.

그림 3.6은 생산가능곡선(production possibility curve)을 나타낸다. 생산가능곡선은 한 국가가 자국의 가용자원을 가장 효율적으로 활용하여 생산가능한 재화의 조합을 연결한 선이다. 여기서는 많은 재화를 한 면에 나타낼 수 없기 때문에 그림 3.6에서는 두 재화(X재, Y재)를 생산하는 경우를 가정한다. 그래서 생산가능곡선 위의 모든 점은 한 국가 또는 경제 내에서 사용할 수 있는 모든 자원을 가장 효율적으로 활용하여 생산할 수 있는 점이기에 모든 점이 효율적인 생산점이라고 할 수 있으며, 생산가능곡선 상의 모든 점은 내부의 점보다 생산에 있어서 효율적인 점이다.

예로서 선분 X_0Y_0의 선은 한 경제가 주어진 한정된 자원으로 생산가능한 한 국가의 최대생산능력을 의미한다. 한정된 자원을 가지고 P_1 또는 P_2에 머물러 있다는 것

그림 3.6 정태적 효율과 동태적 효율

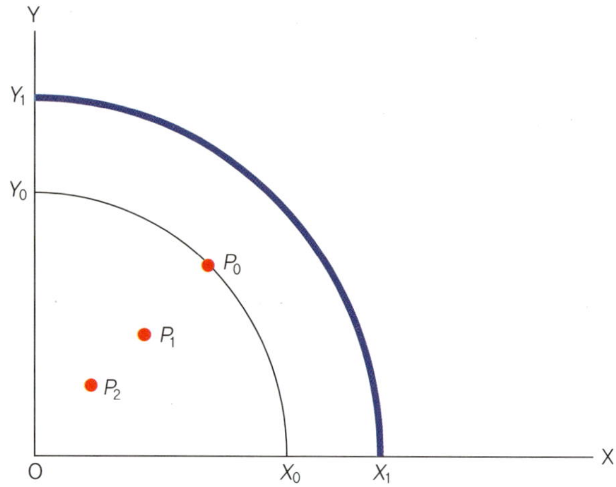

은 "정태적 비(非)효율성을 갖고 있다"는 것을 의미하며, 이는 자원이 낭비되고 있다는 것을 뜻한다. 간단하게 그 이유를 알아보기 위하여 점 P_2의 경우를 살펴보자. 점 P_2에서 수평선과 수직선을 긋고 살펴보면, P_2에서 X축과 평행하게 수평선을 그리고 보면, Y재는 그대로 생산하며 X재를 더 생산할 수 있는데 점 P_2에 머물러 있는 것은 비효율적이다. 그리고 P_2에서 Y축과 평행하게 수직선을 그려 보면, X재를 일정량 생산하며, Y재를 더 생산할 수 있음에도 P_2에서 생산하고 있으면 비효율적 생산이 있게 된다. 따라서 점 P_2보다는 점 P_1이, 점 P_1보다는 점 P_0이 효율적인 생산을 할 수 있어 특정 기간 동안 투입된 생산요소를 조절함으로써 높은 효율, 즉 정태적 효율이 달성된다.

그림 3.7의 효율적인 점에서 보는 바와 같이 점 P_2에서 보면, 빗금 친 영역이 보다 효율적인 생산점이 된다.

이제 동태적 효율을 그림 3.6을 통해 살펴보자. 어느 특정한 시점(t기)에 검은 실선 X_0Y_0는 생산가능곡선이다. 시간의 흐름에 따라 한 국가의 가능한 생산량이 X_0Y_0에 머물러 있지는 않다. 기술이 진보하고, 생산과정에서 혁신이 있거나, 생산현장에서 일하게 되는 사람들의 능력이 향상되는 경우, 동일한 생산요소를 가지고 생산할지라도 생산가능영역은 넓어진다. 이와 같은 이유로 시간의 흐름에 따라 생산가능영역이

그림 3.7 정태적 효율점

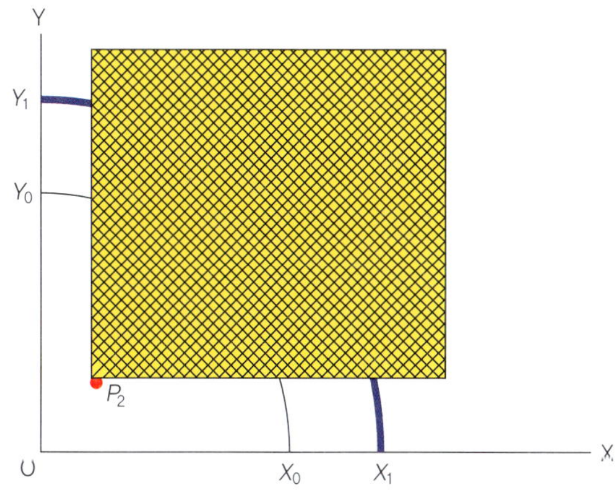

검은 선 X_0Y_0에서 파란 선 X_1Y_1(t+1기)로 넓어지는 것을 '동태적 효율성의 달성'이라고 한다.

여기에서 주의할 것은 경제성장이 반드시 동태적 효율을 동반하지는 않는다는 것이다. 예로 생산량의 증가, 즉 경제성장이 기술진보, 교육투자 등의 주어진 자원으로 동태적 효율을 증대시킬 수 있지만, 동태적 효율 없이도 노동시간의 연장이나 자원투입의 증대를 통해서 달성될 수 있기 때문이다.

사회주의 경제이론에서는 계획기구에 의한 자원배분이 시장기구에서와 같은 효율성을 달성할 수 있고, 오히려 투자와 성장 등 국민경제적 목표달성에 우위가 있다고 주장한다. 그러나 현실적으로 중앙계획에 의한 자원배분은 의사결정의 집중과 정보유통의 비효율성과 물질적 인센티브의 결여로 인하여 오히려 비효율적인 성과를 가져왔다.

정태적 효율은 기본적으로 자원배분기구로서 가격의 기능에 의존하기 때문에 이론적으로 완전경쟁시장에서만 달성할 수 있는 성과이다. 물론 앞서 언급한 바와 같이 사회주의계획경제에도 가격기구를 대신하여 자원의 최적배분을 달성할 수 있는 완전한 계획기구가 존재할 수도 있다. 그러나 중앙계획이 경쟁시장보다 자원배분을 효율적으로 할 수 없는 두 가지 중요한 이유가 있다.

첫째, 자본주의경제체제에서는 균형(equilibrium)에 도달하는 데 필요한 정보를 의사결정단위인 각 경제주체가 소유하는 데 비해, 사회주의경제체제에서 중앙계획은 시간이 경과한 집계된 정보에 의하여 의사결정을 한다. 경제주체들이 필요로 하는 정보를 활용하는 데 있어 사회주의는 자본주의보다 시차가 존재하여 효율적이지 못하다.

둘째, 사회주의계획경제에서 자원배분에 이용되는 가격은 경제시스템 내에서 상대적 중요도와 상대적 희소성을 반영하는 가격이 아니라, 중앙계획에 의해 단지 회계(會計)적 목적으로 사용되는 통제(관리)가격이다. 자본주의 사회에서 시장에서 거래되는 재화의 가격은 재화를 구매하려는 사람들과 재화를 공급하는 사람들 간의 관계 속에서 가격이 결정된다. 그래서 자본주의 사회에서는 시장에서의 거래를 통해 자원이 필요한 사람에게 공급되고 적어도 기업의 이윤이 어느 정도 보장될 경우에 공급되어 자원의 수급이 이루어진다. 그렇지만 사회주의에서는 자원배분의 계획수립에 있어서 자원배분에 활용할 상대적 중요성을 평가하기 어려워 효율적이지 못하다.

그러나 완전경쟁이 보장되는 경우에도 체제의 효율을 저해하는 '시장의 실패(market failure)'가 존재한다. 여기서 시장의 실패란 경제활동을 시장경제에 맡길 경우에 효율적인 자원배분 및 균등한 소득분배를 실현하지 못하는 시장의 기능을 상실한 경우를 의미한다.

시장실패의 원인은 크게 세 가지 형태로 구분할 수 있다. 첫째는 시장의 기능장애로서 시장의 구조적 전제(前提)가 파괴되는 경우인데 독과점 기업의 출현과 같은 불완전경쟁의 경우가 이에 해당한다. 둘째는 시장의 내재적 결함으로 시장이 효율적으로 작동할 수 있도록 보장하는 여러 가지 기본조건들이 무너지게 되는 경우이다. 여기에는 **규모의 경제**(economy of scale), **외부효과**(external effect)와 **공공재**(public goods) 등이 해당된다. 셋째는 시장의 외재적 결함으로 시장이 이상적으로 작동한다고 하더라도 해결할 수 없는 문제가 발생하는 경우이다. 소득분배의 불평등 현상이 이에 해당한다.

용어

규모의 경제는 투입물의 규모가 커질수록, 장기적으로 평균비용이 줄어드는 현상을 말한다.
시장실패란 일반적으로 시장기구의 기능적 결함과 내재적 결함을 의미한다.
외부효과란 한 사람의 경제행위가 제삼자의 경제적 후생에 영향을 주고 있지만, 그에 대한 적절한 보상이 이루어지지 않는 경우에 발생한다.
공공재는 사회구성원 모두에게 혜택이 돌아가는 재화나 서비스를 의미한다.

완전경쟁시장은 현실적으로 거의 존재하지 않는 추상적 모형에 불과하고 대부분이 불완전경쟁시장이다. 따라서 자본주의 시장경제체제가 경쟁을 기본이념으로 한다고 할지라도 앞에서 정의한 정태적 효율을 달성하기란 불가능하다. 그러나 경제구조가 복잡해질수록 중앙계획에 의한 자원배분보다 가격이라는 '보이지 않는 손'에 의한 자원배분이 보다 효율적이라는 사실이 최근 사회주의계획경제의 자본주의시장경제로의 체제전환이라는 역사적 사실에서 확인할 수 있다.

> **용어** **완전경쟁시장**은 경쟁이 매우 심한 시장경제로 시장참여자들이 생산방식 및 시장에 관한 완전한 정보를 가지고 있으며, 생산된 재화는 동질상품이며, 시장에 참여자가 다수이고, 생산에 새롭게 침여하거나 나가는 데 어떠힌 징애요인이 없는 경우에 나타닌다.

자본주의와 사회주의 양(兩) 체제 간 동태적 효율성을 노동과 자본이라는 생산요소의 투입증가율과 총산출량의 증가 및 요소생산성을 비교하여 분석할 수 있다.

Gregory와 Stuart(1985)의 분석에 의하면 1960~1980년 기간 중 냉전체제하에서 생산투입요소인 자본의 증가율과 노동의 증가율은 거의 동일한 수준을 유지하였다. 따라서 계획경제체제에서 노동과 자본의 투입증가율이 시장경제체제보다 높게 된다는 이론적 설명은 실증적으로 증명되지는 않았다. Gregory와 Stuart[1]의 분석에 의하면 노동생산성은 자본주의와 사회주의 양 체제에서 모두 3.2% 내외의 증가를 보였으나, 자본생산성은 석유파동 이후 경기침체로 사회주의체제에서는 1.5%로 감소한 반면, 자본주의체제에서는 0.7%만 감소하였다.

한편 사회주의체제에서는 1961~1981년 기간 중 연평균 1.5%의 요소생산성 증가를 기록하고 3.7%의 GNP성장률을 시현함으로써, 생산성증가에 의한 효율성이 경제성장에 약 41%(1.5/3.7) 기여하고 투입량의 증가가 나머지 59% 성장에 기여하였다. 반면 자본주의체제에서는 동(同) 기간 중 효율증대에 의한 성장기여도가 54%에 달했다. 이와 같은 분석을 통해 Gregory와 Stuart는 사회주의계획경제에서 생산성의 증가가 우월하게 나타난다는 설명의 실증적 근거를 찾을 수 없다고 결론짓고 있

1) Gregory and Stuart(1985), pp.490~493.

다. 오히려 1970년대 이후 사회주의체제의 생산성 증가가 자본주의체제보다 현저하게 침체되었음을 알 수 있다. 특히 동태적 효율성을 반영하는 기술진보에 있어서도 사회주의경제체제는 물질적 인센티브의 결여와 경제조직의 경직성 등으로 인하여 자본주의경제체제보다 현저하게 낙후되는 경향을 나타냈다.

읽을거리 1

가장 행복한 나라 코스타리카

영국 신경제재단(New Economics Foundation : NEF)이 전 세계 인구의 99%를 차지하는 143개국을 대상으로 한 각국 행복지수(Happy Planet Index : HPI) 조사 결과를 발표했다. 이에 따르면 세계에서 가장 행복한 나라는 코스타리카다.

특히 이번 조사에서는 행복지수가 높은 상위 10개국 중 베트남을 제외한 9개국이 모두 남미 국가에서 나왔다는 점이 특징이다. 반면 미국, 일본 등 선진국들은 50위 밖에 머물렀다. NEF는 OECD 국가의 HPI는 오히려 60년과 70년 사이에 가장 높았다고 보고했는데 60년대보다 삶의 질도 전체적으로 15% 이상 향상됐지만 행복지수는 오히려 낮아졌다고 했다.

한편 한국의 행복지수는 68위를 기록했다.

출처 : 매경이코노미 제1515호(2009.7.22일 자)에서 발췌

읽을거리 2

유엔 "印 빈곤, 아프리카보다 심각"

비하르 등 인도 8개 주의 빈민들이 아프리카의 26개 최빈국 빈민들을 모두 합친 것보다 많은 4억 2,100만 명에 이른다는 유엔의 새로운 통계수치가 13일 공개됐다.

유엔개발기구(UNDP)가 최근 영국 옥스퍼드대학과 공동 개발한 복합빈곤지수(MPI)에 따르면 전 세계 MPI 빈곤층의 절반가량이 남아시아 지역에 몰려 살고 있는 것으로 나타났다.

MPI는 단순 소득보다는 가계 차원의 보다 넓은 개념의 빈곤을 의미하는 새로운 빈곤지수로, 빈민층 지원을 위한 개발 자원 배분에 효과적으로 활용될 수 있을 것으로 기대되고 있다.

특히 비하르와 마드야 프라데시, 차티스가르, 오릿사, 라자스탄, 우타르 프라데시, 웨스트 벵갈 등 인도 8개 주에만 모두 4억 2,100만 명의 MPI 빈민들이 집중 거주하고 있는 것으

로 파악됐다.

이는 아프리카의 최빈국으로 평가되는 26개국의 빈민을 모두 합친 4억 1천만 명보다 많은 수치로 기존의 방법으로 파악된 통계수치를 뒤엎는 것이어서 주목된다.

연구진은 이와 관련해 인도의 빈곤 정도가 명확한 수치보다는 국가 전체에서의 빈민 비중을 단순 비교하는 통계수치 때문에 간과되는 사례가 많았기 때문이라고 설명했다.

관련지수에 따르면 사하라 이남 지역의 경우, 전체 인구의 64.5%가 MPI 빈민으로 파악됐으며, 남아시아는 55%에 이르는 것으로 나타났다.

사비나 알키레 UNDP 국장은 "이번 통계수치는 가장 취약한 가구와 단체들을 확인한 것으로, 우리는 이를 통해 어떤 빈곤요소가 그들의 삶에 영향을 주는지 정확히 이해할 수 있게 됐다"고 평가했다.

알키레 국장은 특히 "MPI 통계는 특정 지역 빈민들을 보다 효과적으로 지원하는 방안을 모색하고 있는 정부 및 개발기구들에 도움을 줄 수 있을 것"이라고 의미를 부여했다

출처 : http://news.mk.co.kr/newsRead.php?year=2010&no=370666

읽을거리 3

美 와튼스쿨이 전하는 "행복과 돈의 관계"

"돈으로 행복을 살 수 없다." "돈이 있어야 행복할 가능성이 더 크다." "행복과 소득은 어느 정도 연관성이 있다."

돈과 행복에 대한 전문가들의 견해가 미묘하게 갈리고 있다. 누구의 주장에 손을 들어줘야 할까. 『행복의 경제학』 저자인 쓰지 신이치 메이지가쿠인대 국제학부 교수는 "돈과 행복 사이에는 등호가 성립하지 않는다"며 "인간의 영혼이 행복해지기 위해서는 물질적 풍요만 추구해서는 안 된다"고 말했다.

하지만 자본주의 시대를 살아가는 현대인에게 돈의 위력은 참으로 강하다. 물질 만능주의가 팽배하면서 돈만 있으면 모든 게 해결될 수 있다고 생각하는 사람들도 많아지고 있다. 좋은 집에 살고, 좋은 차를 타고, 값비싼 옷에 명품 가방을 걸쳐야 행복해질 수 있다고 생각하는 사람들이다. 특히 돈이 없어 비참한 지경에 처해 봤던 사람이라면 더더욱 돈의 힘을 신봉할 수도 있을 것이다. 결혼을 앞둔 자녀가 있는 부모들이 기왕이면 좋은 조건을 가진 사람과 결혼해야 고생하지 않고 행복해질 수 있다고 생각하는 것도 자신도 모르게 돈의 힘을 의식하고 있기 때문.

대부분의 경제학자들도 소득이 행복의 필요조건이라는 데에는 동의하고 있다. 소득이 높을수록 효용이 증가하면서 행복해지는 것 아니겠느냐는 것이 경제학자들의 입장.

최근 와튼스쿨의 웹진 'Knowlegde@Wharton'에서는 이 문제에 대해 다각적인 분석을 하며 행복과 돈의 관계에 대한 학계의 입

장을 보여 주고 있다. 우선 웹진에서는 경제학자에서 사회학자, 심리학자에 이르기까지 대부분의 학자들이 일국의 경제 발전과 개인의 행복 사이에 강한 연관성이 있음을 인정하고 있다고 전한다.

와튼스쿨의 베시 스티븐슨, 저스틴 울퍼스 교수는 "주관적 웰빙(행복), 소득, 경제 발전과 성장"이란 논문을 통해 경제 발전과 행복 사이에는 밀접한 연관관계가 있음을 밝혀냈다고 주장했다. 울퍼스 교수는 "한 국가 내에서 보다 부유한 사람이 행복하고, 부유한 나라의 국민이 가난한 나라의 국민보다 더 행복하다는 사실을 입증했다"며 "미국과 같은 부국의 높은 생산성이 국민들의 소비 선택 범위를 넓혀 주기 때문에 행복감을 더 느낄 수밖에 없다"고 설명했다. 이는 기존 '국민소득이 늘어난다고 해서 행복한 사람의 비율이 늘어나지는 않는다'는 내용의 '이스털린의 역설(Easterlin's paradox)'이 실제 사실에 근거하지 않고 있다고 주장한 것. 리처드 이스털린 서던캘리포니아대 교수는 70년대 중반 방글라데시, 부탄과 같은 빈곤국가 국민들의 행복지수는 높은 반면 미국, 프랑스 등 선진국은 행복도가 낮다는 연구 결과를 내놓은 바 있다.

상대적인 박탈감에서 벗어나야 행복하다

최근 이스털린 교수는 자신의 견해를 입증하기 위해 새로운 논문을 발표하면서 "한국, 중국, 칠레의 경우를 보면 지난 20년간 1인당 국민소득이 2배 늘어났음에도 삶의 만족도는 떨어지고 있다"며 "장기적으로 행복의 수준이 소득 수준과 함께 높아지지 않는다"고 설명했다. 이는 로널드 잉글하트 미시간대 교수의 견해와도 일정 부분 맥을 같이한다. 잉글하트 교수는 "일정 수준까지는 소득이 높아짐에 따라 행복지수가 높아지는 정(+)의 관계가 성립하지만, 1인당 국민소득이 1만 5,000달러 수준에 이르면 소득이 행복지수에 미치는 영향은 미미해진다"고 주장했다. 실제로 지난 1945년부터 2000년까지 미국의 1인당 국민소득이 3배 늘었음에도 행복지수는 제자리에 머물렀다.

물론 가난이 생존 자체를 위협하는 국가에서는 부가 행복을 가져다줄 수 있다. 긍정심리학의 대가인 마틴 셀리그먼 펜실베이니아대 교수도 이를 부정하지는 않았다. 기본적인 삶의 조건들이 갖춰져 있지 않은 상황에서 행복을 논한다는 것 자체가 사치일 수 있기 때문이다. 다만 셀리그먼 교수는 잉글하트 교수의 견해처럼 일정 수준의 경제력이 뒷받침된 국가, 이를테면 한국과 같은 상황에서는 소득이 많고 적음이 행복으로 이어지지 않음을 분명히 했다.

지난해 미국 심리학협회에서는 행복은 소득과 어느 정도 연관성이 있지만, 국민소득이 높은 나라에 산다고 해서 국민이 행복감을 느끼는 건 아니라는 조사 결과를 발표했다. 조사에 참여한 에드 디너 일리노이대 심리학과 교수는 "비교적 소득 수준이 높은 한국 국민은 기대했던 것보다 이하로 조사됐다"며 "한국은 국민소득에 비해 사회 · 심리적 필요 충족도가 떨어지는 대표적인 국가"로 꼽았다.

그렇다면 왜 국민소득이 늘어나는데 행복지수는 제자리에 머물러 있거나 감소하는 것

삶의 만족도와 1인당 국민소득의 관계

(단위 : 만족도지수, 달러)

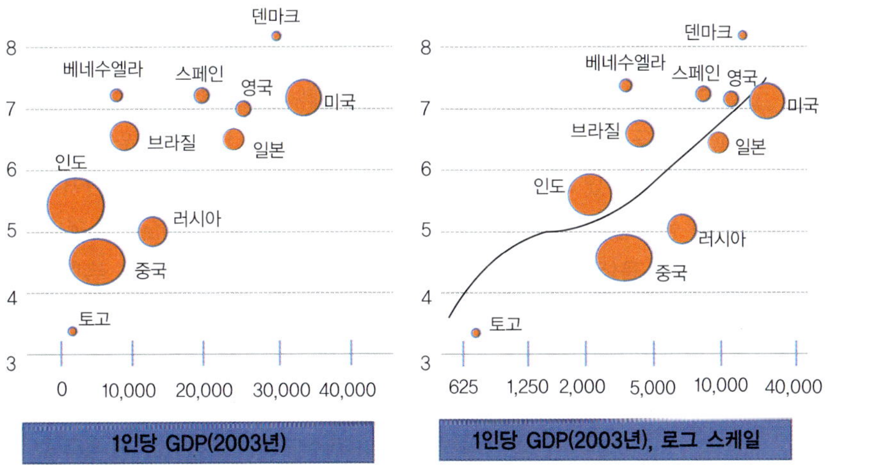

주 : 1인당 국민소득은 구매력평가지수로 측정한 것임.
출처 : The economist online

일까. 이는 돈과 행복의 관계에 있어서 '얼마나 많은 돈을 벌고 있는가' 이 문제가 아닌 '타인과 비교했을 때 적정 수준의 돈을 벌고 있는지' 가 개인의 행복감을 결정짓기 때문이다.

미 캘리포니아대 리버사이드캠퍼스(UCR)의 소냐 류보미르스키 교수는 "연구 결과, 개인의 연봉이 삭감되거나 실직하게 되면 상당한 실망감을 느끼지만 모든 사람이 다 같이 겪을 경우 삶의 만족도는 줄어들지 않는다"며 "사람들은 은행 계좌에 돈이 얼마나 들어 있는지, 절대적인 평판이 어떤지보다는 사회에서의 위상, 서열 등에 더 많은 관심을 갖는다. 이는 인간 본연의 특성에 기인한다"고 지적했다. 잉글하트 교수도 "사회 전반적으로 경쟁을 부추기는 환경 속에서 타인과의 비교가 훨씬 중요해지고 있다"며 "사회의 유형에 따라 국민의 행복과 웰빙 수준이 크게 높아질 수 있다"고 설명한다.

이와 함께 웹진에서는 에드 디너 교수의 말을 인용해 "돈과 행복의 관계는 한마디로 정의할 수 없을 정도로 복잡하다"며 "돈이 많을수록 행복해진다는 결론에 이르기 위해서는 경제적으로 풍요로운 국가에 살고 있는지, 어떻게 돈을 지출하는지, 자신의 부를 타인의 부와 어떻게 비교하는지, 시간에 대해 어느 정도 가치를 부여하고 있는지도 고려할 필요가 있다"고 설명했다.

순간순간의 행복은 얼마를 버는지와 무관하다

웹진은 갤럽에서 전 세계 개인들의 행복도 조사를 실시한 결과, 일상적인 삶의 만족도는 소득과 밀접한 상관관계를 보이지만, 개인들이 순간순간 느끼는 감정은 그들이 벌어들이는 소득보다는 다른 요인에 의한 영향을 많이 받고 있다고 전했다. 다시 말해 개인들은 자신이 직장을 갖고 있거나 결혼을 했거나 또는 건강이 좋다면 행복하다고 답하기 때문에 이 경우 개인소득, 국민소득과 행복 간에는 전 세계적으로 강한 상관관계가 있다는 것이다. 하지만 현재 직장 생활이 즐거운지, 새로운 것을 배우고 있는지, 친구들을 만나 시간을 보내는지 등 순간순간 삶에서 행복감을 느끼고 있는지에 대한 질문을 할 경우 얼마만큼의 돈을 벌고 있는지는 답변에 큰 영향을 끼치지 못한다는 설명이다.

또한 웹진은 돈을 어떻게 벌고 있는지 그리고 그 돈을 어떻게 쓰고 있고, 시간을 어떻게 활용하는지도 행복을 측정하는 데 중요하다고 지적했다. 대기업에 근무하면서 연봉을 많이 받더라도 자신의 행복을 증진하는 데 투자하기보다 대부분의 돈을 자신의 품위 유지나 가정부 월급으로 써 버린다면 연봉을 많이 받는 게 의미가 없을 수도 있다는 것. 게다가 대부분의 시간을 일하고 출퇴근하는 데 사용하고 업무 외에 다른 일에는 시간을 쓰지 못한다면 결코 행복한 삶을 누리지 못하고 있다고 설명한다. 따라서 차라리 돈이 많고 적음을 떠나서 갖고 있는 돈을 어떻게 지출할 것인지를 고민하는 게 행복감을 더하는 데 도움이 될 것이라고 웹진은 설명한다. 웹진은 류보미르스키 교수의 말을 인용해 "얼마나 많은 돈을 갖고 있는지와 관계없이 그 돈을 어떻게 쓸 것인지 전략을 잘 짠다면 개인의 행복을 극대화할 수 있을 것"이라고 조언했다.

예를 들어 자신을 위해 물질을 사용하기보다는 자선사업에 동참하거나 친구에게 식사를 대접할 때 행복감은 배가될 수 있다는 것. 이는 브리티시컬럼비아대 연구 결과와도 일치한다. 브리티시컬럼비아대 연구팀이 자원자들에게 돈을 나눠 주고 일부는 자기 자신을 위해 돈을 쓰게 하고, 다른 일부는 타인을 위해 돈을 사용하도록 실험을 했는데, 실험 결과 후자의 경우가 행복감이 훨씬 높게 나왔다.

류보미르스키 교수는 굳이 타인을 위해 돈을 쓰지 않더라도 개인적인 발전을 위해 돈을 지출한다든지, 특별한 여행을 다녀온다든지 할 경우에도 행복감은 지속될 수 있다고 설명한다.

특히 신혼여행과 같이 개인적인 특별한 경험은 기억에도 오래 남을 뿐 아니라 타인과도 비교할 수 없기 때문에 행복감은 오래 유지될 수 있다. 행복감이 일시적인 기분에 취하는 쾌락과 달리 지속적인 상태를 의미하는 것과도 일맥상통한다.

김헌주 기자(dongan@mk.co.kr)

토론하기

- GDP 세계 12위인 인도 그러나 최대 빈민국가, 그러나 HPI는 68위. 일본 GDP 세계 3위 그러나 HPI는 세계 75위. 경제규모와 국민들이 생각하는 행복에는 차이가 있을까? 차이가 있다면 왜 이러한 현상이 생기는 것일까?
- 각 국가들을 보면 행복은 연 1만 달러 이상의 소득이 있을 경우, 행복의 정도가 소득과 비례하지 않는 모습을 보이고 있다. 그 이유는 무엇이라고 생각하는가? 그리고 한국이 보다 행복한 나라가 되기 위해서는 어떠한 부문에 개선이 필요하다고 생각하는가?

평가하기

퀴즈 1〉 경제적 풍요를 측정하는 지표로 환경적 부문을 고려한 가장 적절한 것은 무엇인가?

① GDP ② GNP
③ MEW ④ HPI

힌트 행복지구지수는 환경적인 요인을 고려하여 측정한 것이다.

$$\text{HPI(Happy Planet Index)} = \frac{\text{Happy Life Years}}{\text{Ecological Footprint}}$$

퀴즈 2〉 다음의 기술 중 가장 적절하지 못한 것은 무엇인가?

① 사회주의 국가인 중국은 시장개방으로 인하여 경제성장률이 매우 높아졌다.
② 사람의 행복수준 결정에 있어서 연 1만 달러 이상의 소득수준에서는 경제 외적인 요인도 중요하다.
③ 사회주의 국가인 베트남은 경제성장률은 높게 나타나지만 분배의 형평성 문제로 인해 국민들의 행복지구지수는 매우 낮다.
④ 국민소득이 높아지면, 이와 비례해서 국민들의 행복도도 증가한다.

힌트 국민소득이 증가한다고 해서 거기에 비례하여 국민들의 행복이 증가하지 않는다는 많은 실증 연구가 있다.

퀴즈 3〉 다음을 효율성지표로 평가할 때, 효율성이 가장 높은 점은 무엇인가?

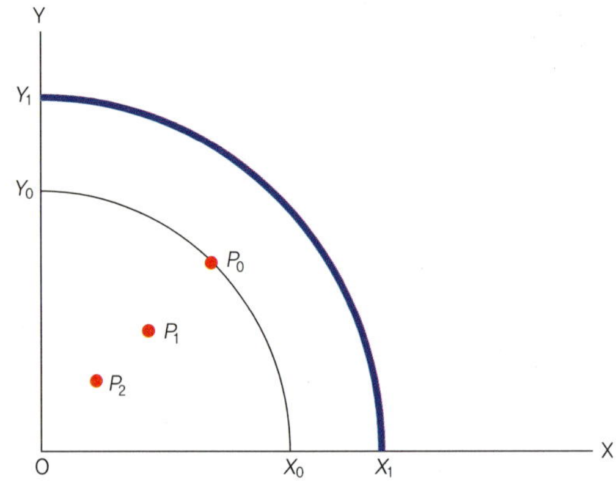

① 원점 0 ② P_0

③ P_1 ④ P_2

힌트 한정된 자원으로 보다 많은 재화(X,Y)를 생산할 수 있다.

정리하기

- 경제시스템의 성과를 측정하는 객관적인 경제지표
  - 경제적 풍요도(economic plenty)
  - 경제성장(economic growth)
  - 효율성(efficiency)
  - 소득분배(income distribution)
  - 경제적 안정성(economic stability)
  - 경제적 자유(economic freedom)
- 경제적 풍요

  경제적 풍요를 측정하는 지표로 GDP, GNP, GNI가 있으며, 국민들에게 귀속되는 소득지표로 GNI 사용. 그리고 환경적인 요인을 고려하여 최근에는 HPI 활용. 국민들의 행복수준을 결정하는 것으로 국민소득도 중요하지만, 경제 외적 요인의 고려 필요. 개인의 경우와 유사하게 국가전체로 보아도 경제적 풍요가 행복의 필요조건이 될 수 있으나 충분조건은 아님

■ 경제성장

- 경제성장은 경제시스템과 경제성과를 평가하는 중요한 기준. 경제성장(經濟成長)이란 일정 기간 동안 한 경제가 만든 경제성과의 증가율을 의미. 한 경제가 거둔 GDP의 동태적인 변화를 반영하는 지표
- 첫째, 경제적 풍요에 비하여 그 영향은 작지만, 경제성장의 상당한 부분은 환경이나 정책적 요인의 결과
- 둘째, 경제성장은 '측정기간과 기준연도에 따라 성장률에 차이 발생
- 경제발전의 초기단계에서는 단기간 매우 높은 경제성장률을 보이다가 성장속도가 급격히 완화되는 반면, 어떤 경제는 장기적으로 완만하게 지속. 따라서 장기적 분석이 필요
- 셋째, 경제성장을 그 나라 국민들에게 후생을 증대시킨다는 측면에서 분석하고 있지만, 반드시 이러한 현상이 나타나는 것은 아님. 경제성장을 위해서는 생산에 필요한 기계설비, 공장과 같은 자본의 형성이 필요

■ 효율성

- 경제적 효율성은 노동력, 원자재, 생산기계, 지식 등과 같이 가용(可用)자원을 활용함에 있어 발휘할 수 있는 효과성을 의미
- 효율성은 정태적 효율성과 동태적 효율성으로 분류
- 첫째, 한 체제의 가용자원이 일정한 시점에 가장 적절하게 배분되었는지를 평가하는 정태적 효율(Static efficiency)
- 둘째, 경제성장 또는 기술진보 등과 관련하여 가용자원이 가장 효과적으로 배분되는지를 살펴보는 동태적 효율(dynamic efficiency)로 구별
- 정태적 효율과 동태적 효율은 그림 3.6을 통하여 보다 자세히 설명 가능
- 그림 3.6은 생산가능곡선(Production possibility curve)을 나타냄
- 생산가능곡선은 한 국가가 자국의 가용자원을 가장 효율적으로 활용하여 생산가능한 재화의 조합을 연결한 선
- 여기서는 많은 재화를 한 면에 나타낼 수 없기 때문에, 그림 3.6에서는 두 재화(X재, Y재)를 생산하는 경우를 가정
- 생산가능곡선 위의 모든 점은 한 국가 또는 경제 내에서 사용할 수 있는 모든 재화를 가장 효율적으로 활용하여 생산할 수 있는 점이기에 모든 점이 효율적인 생산점
- 생산가능곡선 상의 모든 점은 내부의 점보다 생산에 있어서 효율적인 점

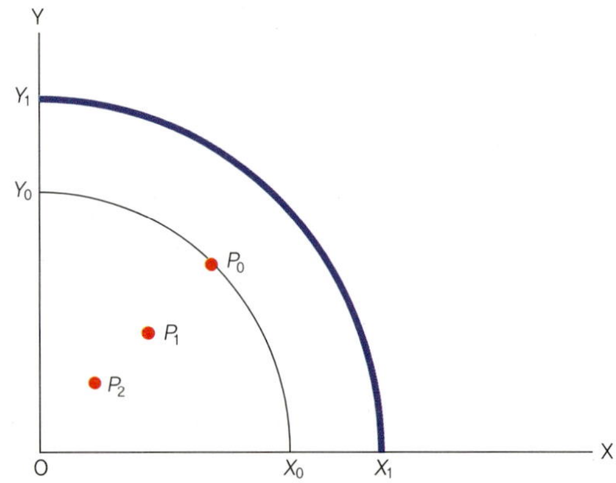

〈그림 3.6〉 정태적 효율과 동태적 효율

- 예로서 선분 X_0Y_0의 선은 한 경제가 주어진 한정된 자원으로 생산가능한 한 국가의 최대생산능력을 의미
- 한정된 자원을 가지고 P_1 또는 P_2에 머물러 있다는 것은 “정태적 비(非)효율성을 갖고 있다”는 것을 뜻하며, 이는 자원이 낭비되고 있음을 의미
- 점 P_2에서 수평선과 수직선을 긋고 살펴보면, P_2에서 수평선을 그리고 보면, Y재는 그대로 생산하며 X재를 더 생산할 수 있는데 점 P_2에 머물러 있는 것은 비효율적
- P_2에서 수직선을 그려 보면, X재를 일정량 생산하며, Y재를 더 생산할 수 있음에도 P_2에서 생산하고 있으면 비효율적 생산
- 따라서 점 P_2보다는 점 P_1이, 점 P_1보다는 점 P_0이 효율적인 생산을 할 수 있어 특정 기간 동안 투입된 생산요소를 조절함으로써 높은 효율, 즉 정태적 효율을 달성

제 4 장

경제체제와 거시경제적 성과 비교 II

학습목표

1_ 경제체제의 우월성 또는 비교우위를 평가하는 것은 매우 어려운 일이다. 그럼에도 불구하고 경제체제의 우월성을 비교하는 객관적인 기준들은 어떠한 것이 가능한가를 살펴보는 것을 목표로 한다.

2_ 본 장에서는 경제체제의 성과를 평가하는 객관적 기준으로서 어떠한 지표들이 있는지를 살펴보고, 거시경제적 관점에서 이러한 지표들의 비교가 국가별로 다양하게 운영되는 경제체제의 우월성을 평가하는 데 어떠한 의미가 있는지를 분석하는 것을 목표로 한다.

학습내용

1_ 거시경제적 성과지표로서 6개의 지표(경제적 풍요도, 경제성장, 효율성, 소득분배, 경제적 안정성, 경제적 자유)를 설정하고, 이에 대한 내용을 고찰한다.

2_ 이러한 거시경제적 지표의 성과와 국민들이 느끼는 행복도와는 어떤 관계가 있는지를 다양한 지표들을 통해 설명한다.

키워드_ 소득분배, 공정한 분배, 필립스 곡선, 로렌츠 곡선, 인플레이션, 실업, 경제적 자유

제 1 절 소득분배

경제체제의 거시경제적 성과를 평가할 수 있는 또 하나의 기준은 **소득분배**(income distribution)의 형평성(equity)이다. 특히 부, 소득, 권력, 기회의 분배는 모든 사람이 민감하게 반응하는 가치이며 경제체제의 중요한 성과기준이 되고 있다. 분배의 형평성 문제는 결국 국민소득(GNP 또는 GDP) 중에서 누가 얼마만큼 더 차지하고 또 누가 얼마만큼 덜 차지해야 하는가를 판단하는 윤리적인 가치판단의 문제이기 때문에 어느 것이 더 바람직한 것인지에 대한 일치된 결론을 얻기가 힘들다. 그럼에도 불구하고 어느 경제체제이든 개인이나 사회가 바라는 분배는 다음의 세 가지 기준이 중요하다.

첫째, **공정한 분배**(fair distribution)의 기준이다. 이것은 각자가 소유한 생산수단의 예로 들 수 있는 노동, 자본, 자연 등이 생산과정에서 생산에 기여한 정도에 따라 분배하는, 소위 기여의 원칙에 의한 분배를 의미한다. 여기에서 말하는 '생산에 기여한 정도'란 시장에서 결정된 생산성, 더 정확하게 말하면 한계생산성을 의미한다. 따라서 공정한 분배란 생산요소시장의 균형이 이루어졌을 때, 각 생산요소는 그것이 고용되어 있는 기업의 수입을 증가시켜 주는 부분만큼을 그 보수로 받게 되는 것을 의미한다. 이러한 가치기준의 배경에는 체제를 구성하고 있는 각 경제주체의 최적화 행위(最適化行爲)가 작용하고 있다. 편의상 한 체제의 생산요소를 노동(L)과 자본(K), 둘뿐이라고 가정하고, 이 생산요소와 총생산물의 관계를 맺어 주는 총생산함수를 추상적인 함수의 형태로 $Q = F(L, K)$라고 하고, 노동과 자본의 한계생산을 각각 MP_L과 MP_K라 할 때, 노동과 자본의 가격(노동과 자본에 대한 보수)은 각각 다음과 같이 결정된다.

$$w = MP_L \times P = VMP_L \qquad (1)$$

$$r = MP_K \times P = VMP_K \qquad (2)$$

여기에서 w는 노동에 귀속되는 소득으로 임금을 의미하며, r은 자본에 귀속되는 소득으로 이자율을 의미한다. VMP_L, VMP_K는 각각 노동의 한계생산물가치(Value of marginal product of L)와 자본의 한계생산물가치(Value of marginal product of K)를 의미한다. 각 생산요소가 이렇게 결정된 가격으로 팔리게 되면 그 체제에 있어서 노동의 소득인 임금 총액은 w(1인당 임금률)×L(노동자의 수 또는 노동시간)이 된다. 그리고 자본에 귀속되는 소득은 r(이자율)×K(자본의 총량)이 된다.

$$w \cdot L = VMP_L \cdot L \tag{3}$$

$$r \cdot K = VMP_K \cdot K \tag{4}$$

위에서 본 바와 같이 공정한 분배는 자원의 효율적 이용을 가능하게 한다. 즉, 생산에 기여한 정도에 따라 대가를 지불하지 않는다면, 아무도 열심히 생산에 기여하려고 하지 않고 최선을 다하려 하지도 않을 것이다. 따라서 공정한 분배가 이루어지지 않으면 자원이 효율적으로 이용될 수 없을 것이다. 생산에 참여한 각자에게 생산에 기여한 정도에 따라 정당한 보수를 지불할 때, 개인 및 사회의 능률 · 생산성 · 성장 등이 촉진되어 사회전체의 후생은 증대하게 될 것이다. 그러나 이와 같은 분배 시스템에서는 능력이 있고 열심히 일하는 사람은 그렇지 않은 사람에 비해 더 많은 보수를 받게 되어 빈부(貧富)의 격차가 벌어지게 된다. 따라서 공정한 분배에 따라 소득의 1차적 분배가 이루어지는 체제에서는 소득분배의 불평등이라는 문제가 야기된다.

둘째, **균등한 분배**(equal distribution)의 기준이다. 이는 생산요소의 생산과정에의 기여도에 관계없이 모든 사람에게 동등한 분배의 권리를 부여하는 것을 의미한다. 이 기준에 의하여 경제체제가 발생시키는 분배의 성과는 가장 이상적이라고 볼 수 있다. 그러나 이와 같이 분배가 결정될 때, 각 개인의 능력과 기여도가 전혀 반영되지 않아 체제 내에 생산성(生産性)과 효율(效率)이 크게 저하되는 부작용을 일으킨다. 경제체제가 균등한 분배를 체제의 거시경제적 성과의 하나로 설정할 때, 이에 의한 효율과 성장의 저해는 사회의 후생(厚生)을 감소시킨다.

셋째, **기회 균등**(equality of opportunity)의 기준이다. 이는 모든 사람들이 경제적 영역에서 그들의 능력을 발휘할 수 있도록 동등한 기회를 부여하는 것을 의미한다. 이것은 사회의 모든 구성원에게 경제활동을 제약하는 차별이 없음을 뜻한다. 그러나 개인의 능력과 동기가 다르고 체제의 보상(補償)구조가 개인의 성과에 따라 차별되는 한, 기회의 균등은 극히 객관적으로만 균등한 분배에 기여할 수 있다.

또한 소득분배의 형평성을 측정하는 지표로 사회구성원이 어느 정도의 소득을 가져가는가를 활용할 수 있다. 이렇게 소득의 분배 정도를 누진적(累進的)으로 평가하는 방법이 로렌츠 곡선(Lorenz Curve)이다. 로렌츠 곡선은 총인구 중에 누적된 사람들의 비율이 전체소득에서 차지하는 소득의 비율을 그림으로 나타낸 것이다. 즉, 누적된 사람들의 비중이 전체소득 중에 어느 정도의 소득을 가져가는지로 소득의 형평성을 평가한다. 간단한 예로 10명의 사람으로 구성된 사회에서 총소득이 10만 원이라고 가정하자. 각 사람들을 소득이 낮은 순서부터 높은 순서로 세운 후에 그들이 어느 정도 소득을 가지고 가는지를 살펴본다. 아주 간단한 형태로 모든 사람이 동일하게 소득을 나눠 갖는다고 한다면, 모든 사람이 동일하게 1만 원의 소득이 생길 것이다. 이를 처음 1명이 가져간 소득을 조금 확대하면 10%의 사람이(전체 10명 중 1명의 비율) 전체소득의 10%(전체 소득 10만 원 중 1만 원의 비율)를 가져간다는 것을 의미한다. 이제 두 번째 사람까지 고려하면 20%의 사람(전체 10명 중 2명의 비율)이 전체소득의 20%(전체소득 10만 원 중 하위 2명의 소득을 합한 2만 원의 비율)를 가져간다. 이를 점차 확대해 가서 열 번째 사람까지 고려하면 100%의 사람이 100%의 소득을 가져가게 된다. 그림 4.1을 참조해 보면 모든 사람이 동일한 소득을 갖게 될 때, 사

그림 4.1 로렌츠 곡선

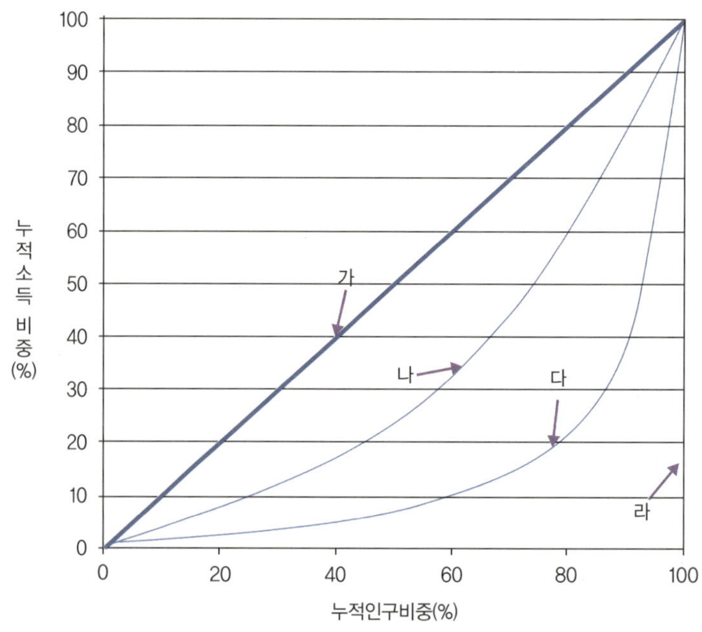

선 (가)로 소득분배가 나타난다. 이와 같이 각각의 사회구성원이 동일한 소득을 가져가는 사회의 모습은 선분 (가)와 같이 나타나며, 이를 **완전평등선**이라고 한다. 로렌츠 곡선은 원점과 우측 상단을 통과한다. 그 이유는 논리적으로 0%의 사람은 0%의 소득을 가져가며, 100%의 사람은 100%의 소득을 모두 가져가기 때문이다.

그러나 가장 바람직하지 못한 경우의 예를 들면 9명의 소득은 전혀 없고 마지막 10번째 사람이 모든 소득 10만 원을 전부 차지하는 경우, 즉 전체소득 100%를 한 사람이 다 갖는 경우를 상정하며, 이 로렌츠 곡선은 원점에서 시작하여 수평을 따라 움직이다, 우측 Y축을 타고 올라가는 선분 (라)와 같은 모습이 될 것이다. 선분 (라)와 같이 소득이 한 사람에게 집중되는 것을 **완전불평등선**이라고 한다.

따라서 소득형평성이 높은 곳에서 낮은 곳으로 나열하면 선분 (가)→(나)→(다)→(라)로 나타낼 수 있고, 가장 바람직하지 못한 소득분배 상황은 선분 (라)가 될 것이다.

이를 구성원 10명인 사회에서 한 국가로 확대하여 나가면, 로렌츠 곡선이 (가)와 같은 국가는 한 국가의 모든 국민이 소득이 동일한 **완전평등한 사회**가 될 것이고, 반대로 완전히 불평등한 국가는 로렌츠 곡선이 (라)와 같은 모습으로 소수의 사람이 국가의 부(富)를 차지하는 **완전한 불평등한 사회**가 될 것이다.

예로서 (나)에 해당하는 나라가 스웨덴이라면, (다)에 해당하는 나라는 미국이라고 할 수 있다.

또 다른 하나로 소득분배에 대한 비교에 사용되는 지표로서 1912년 이탈리아 통계학자 이름을 딴 **지니계수**(Gini ratio, Gini index)를 들 수 있다. 지니계수는 앞서 본 사선 (가)를 중심으로 판단한다. 뒤의 그림 4.2에서 본 삼각형 △abc 면적이 차지하는 비중으로 형평성을 측정한다. 앞서 살펴본 로렌츠 곡선을 비교하여 보면, 완전평등한 국가의 경우 노란색의 면적이 0이 될 것이고, 이에 따라 지니계수의 값은 0이 될 것이다. 또한 완전불평등한 경우 노란색의 면적이 삼각형 △abc의 면적과 동일하여 1이 될 것이다.

용어

지니계수는 로렌츠 곡선에 의한 소득분배의 불평등도를 지수화한 것이다. 따라서 지니계수의 범위는 0과 1 사이가 되며, 지니계수가 커진다고 하는 것은 소득분배가 더 불평등해진다는 것을 의미하며, 반대로 지니계수가 작아진다는 것은 소득분배가 더 평등해지는 것을 의미한다.

그림 4.2 로렌츠 곡선과 지니계수

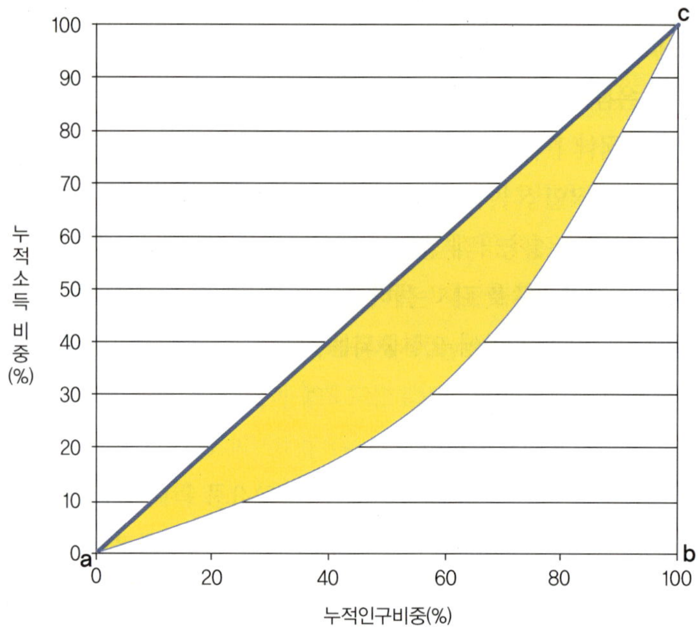

지금까지 논의한 지니계수에 관한 것을 정리하면 지니계수의 값은 0부터 1까지의 값을 가지며, 0에 가까울수록 형평성이 높고 1에 가까울수록 형평성이 떨어지는 국가라고 할 수 있다.

체제의 성과논쟁이 고조되었던 1970년대의 자본주의체제와 사회주의체제의 주요 국가별 소득분배구조를 비교해 보면 표 4.1과 같다. 표 4.1에서 사회주의국가들은 가구소득을 기준으로 한 지니계수가 0.235(루마니아)에서 0.354(유고슬라비아)를 보이고 있고, 자본주의체제에서는 지니계수가 0.225(덴마크)에서 0.377(미국)로 나타나 있다. 따라서 표 4.1에 의하면 사회주의경제체제의 장점으로 지적되던 소득분배의 형평성도 자본주의경제체제보다 우월하다는 증거를 제시하지 못하고 있다. 특히 소수 특권층 — 러시아의 경우 노멘클라투라 — 의 비(非)화폐소득을 포함할 경우 사회주의국가의 소득분배 구조는 자본주의국가보다 더 왜곡될 가능성이 있다. 또한 자본주의경제체제에서도 소득재분배정책을 강력히 실시하지 않고 있는 미국과 같은 나라에서는 소득분배의 불평등이 사회주의국가보다 상대적으로 심화되고

용어 **노멘클라투라**(nomenklatura)는 스탈린의 집권 이후 · 이전의 권력층이었던 직업적 혁명가 집단을 대신하여 체제를 유지한 특권적 지배계층으로 혁명이 아닌 현상유지, 즉 권력의 유지와 입신출세를 지향하는 보수 체질의 직업적 관리층이며 체제파 엘리트들이다.

있지만, 적절한 재분배정책이 강력히 시행되고 있는 유럽 — 특히 스웨덴, 덴마크, 노르웨이 — 경제에서는 오히려 사회주의국가 이상의 형평성을 달성하고 있는 것이 사실이다.

무엇보다 주목할 만한 것은 자본주의 길을 걷는 구(舊)사회주의국가와 중국을 보면 형평성이 지속적으로 악화되고 있으며, 사회적 통합에 어려움이 있다는 중국은 지니계수 값이 2000년부터 0.4 이상을 넘어서고 있어 사회주의국가로 남은 중국이 자본주의시장경제를 도입하면서, 소득의 형평성은 크게 악화되어 가고 있음을 알 수 있다.

표 4.1 자본주의경제와 사회주의경제의 소득분배 비교

국가	연도	지니계수*
	자본주의경제	
미국	1970	0.364
	1976	0.377
	2007	0.450**
영국	1978	0.296
	2005	0.340**
덴마크	1963	0.225
	2007	0.290**
스웨덴	1970	0.2961
	사회주의경제	
러시아	1975	0.299
	2002	0.423**
구동독	1972	0.237

(계속)

표 4.1 자본주의경제와 사회주의경제의 소득분배 비교(계속)

국가	연도	지니계수*
헝가리	1977	0.292
	2005	0.028**
폴란드	1975	0.293
	2005	0.349**
루마니아	1970	0.235
	2003	0.288**
	2008	0.320**
불가리아	1970	0.267
	2001	0.264**
	2008	0.298
유고	1975	0.354
중국***	1980	0.3144
	1985	0.2927
	1990	0.3319
	1995	0.3935
	2000	0.4099
	2005	0.4397

* Christian Morrison, "Income Distribution in East European and Western Countries," *Journal of Comparative Economics*, June, 1984.

** Central Intelligence Agency' s The World Fact book

*** 중국 자료는 "The trend of the Gini coefficient of China, p. 20, 2010.1, BWPI Working Paper 109"을 참조

세계 각국의 소득형평성을 세계지도를 통해서 살펴볼 수 있다. 그림 4.3에서 보는 바와 같이, 소득형평성이 높은 나라는 지니계수가 25 미만인 국가로 노르웨이와 핀란드로 형평성이 높으며, 주로 북유럽 국가가 소득분배의 형평성이 높은 것을 알 수 있다. 그러나 60 이상으로 매우 높은 국가는 남아프리카지역으로 남아프리카 공화국을 중심으로 나미비아, 보츠와나로 소득분배의 형평성이 매우 낮다.

그림 4.3 지니계수로 살펴본 세계 각국의 소득형평성

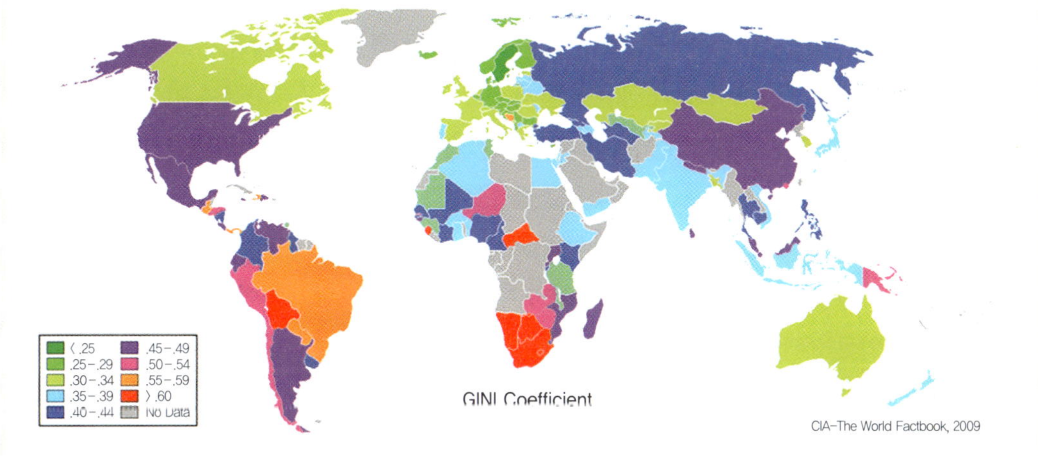

출처 : www.cia.gov/library/publications/the-world-factbook/fields/2172.html

제 2 절 경제적 안정

경제체제의 거시경제적 성과로서 경제성장 못지않게 중요한 지표가 **경제적 안정**(economic stability)이다. 일반적으로 경제적 안정이란 심각한 경기변동이 없는 경제성장률, 고용 및 물가의 안정, 국제수지의 안정 등을 의미한다.

경제적 안정은 일반적으로 중앙집중적 의사결정구조를 가지는 사회주의계획경제의 주요한 성과로 보였다.

자본주의경제체제를 채택하고 있는 나라에서는 일반적으로 시장경제에 의존하기 때문에 경제가 일정한 주기로 호황과 불황을 반복하는 소위 경기변동(business fluctuations)의 현상이 나타난다. 즉, 자본주의경제에서 경기가 호황과 불황을 반복한다는 것은 경제가 대체로 불안정할 수 있음을 의미한다. 반면에 사회주의체제에서는 계획경제에 의존하기 때문에 원칙적으로 자본주의체제와 같은 경기변동은 존재하지 않는다. 따라서 이론적으로 사회주의경제는 자본주의경제보다 경제가 더 안정적이라고 할 수 있다.

경제적 불안정의 첫 번째 형태는 인플레이션이라고 볼 수 있다. 인플레이션이란 물가가 지속적으로 상승하는 현상을 말하는데, 각 경제체제에서 물가가 어떻게 결정되는가를 이해하면 경제체제 내에서 인플레이션의 발생 여부를 알 수 있다.

자본주의시장경제에서 물가는 시장에서 재화와 용역에 대한 수요와 공급에 의해 결정되기 때문에 수요와 공급이 일치하지 않을 경우 인플레이션이 발생한다. 반면에 사회주의계획경제에서 물가는 중앙계획 당국에서 인위적으로 결정하기 때문에 자본주의시장경제와 같은 형태의 인플레이션은 나타나지 않는다. 그러나 사회주의계획경제에서도 물자부족현상, 재화와 용역구입을 위한 줄 서기 등의 억압된 형태로의 인플레이션(repressed inflation)이 발생할 수 있다. 어떠한 현상으로 발생하든 인플레이션은 가격기능을 교란시켜 자원배분의 비효율성을 낳고 분배구조를 왜곡시킨다는 점에서 그 자체가 바람직하지 못한 현상이다.

대표적인 경제적 불안정의 두 번째 형태는 실업이다. 실업은 실직자에게 소득과 인격의 상실, 심리적 불안 등 개인적인 고통을 줄 뿐만 아니라 체제 내의 자원을 완전고용(完全雇用) 수준 이하로 활용하고 있다는 점에서도 바람직하지 않은 현상이다. 대체로 자본주의시장경제에서는 실업이 흔히 발생할 수 있는 현상이다. 이는 자본주의시장경제가 노동이라는 자원배분을 시장기능에 맡기고 있기 때문이다. 결국 자원의 효율적 배분을 위해 실업이라는 경제적 문제를 야기하게 된다. 반면, 사회주의계획경제에서는 중앙계획 당국에 의해 인위적으로 일자리를 배정하기 때문에 형식상의 실업은 존재하지 않아 실업률은 0%라고 생각할 수 있다. 그러나 실업의 종류가 다양하고 경제체제 간에 통계의 기준이 일치하지 않기 때문에 이를 실증적으로 입증하기는 어렵다.

사회주의계획경제에서 이러한 강제적인 일자리 배치는 일반적으로 '과고용(overemployment)' 이라는 특징이 있다. 이것은 5명이 할 수 있는 일에 실업의 문제를 회피하기 위해서 10명을 고용하는 것과 같은 것으로, 외견상으로는 모든 경제활

용어

수요견인인플레이션(demand-pull inflation)은 인플레이션을 수요와 공급 두 요인 중 어느 요인에 의한 것인가로 구분하여 설명할 때 이 중 수요증가로 말미암아 발생하는 인플레이션을 말한다.

공급인플레이션(supply inflation)은 원자재의 가격 또는 인건비 상승, 농수산물의 경우 기후악화 등과 같이 공급측면에서의 변화로 인한 총공급의 감소로써 발생하는 인플레이션을 말한다.

동인구를 고용하고 있으나 실제로는 개인의 능력을 효과적으로 활용한다는 점에서는 정상적 수준에 못 미치는 고용을 의미한다. 사회주의경제에서 흔히 볼 수 있는 과고용은 명백하게 실업의 형태를 나타내지 않을 뿐, 자원의 활용이라는 관점에서는 실업과 다를 바가 없다.

경제적 안정의 거시적 지표로서 인플레이션과 실업은 서로 역(逆)의 관계(trade-off)가 있음이 경험적으로 입증된 경제이론이다. 따라서 실업과 인플레이션을 동시에 감소시키면서 경제의 안정을 유지한다는 것은 현실적으로 존재하기 어렵다.

이러한 거시경제적 불안정에 직접적으로 기인하는 것은 아니지만, 개인은 또한 질병 · 불구 · 사망 등의 위험으로부터 안전할 수 없다. 따라서 개인의 경제적 안전(economic security)도 넓은 의미의 경제적 안정에 포함시켜야 한다.

개인의 안전은 소극적으로는 앞서 지적한 바와 같이 경제적 불안정이 없음을 의미하나 적극적으로는 모든 개인의 생존권과 인간다운 생활을 영위할 수 있는 권리를 체제가 유지해 줌을 의미한다.

자본주의시장경제체제에서는 정부가 각종 **사회보험**(social insurances), 복지서비스(welfare services) 및 최저임금제 등의 복지프로그램을 주도하고 있다. 반면, 사회주의경제체제에서는 경제의 불안정을 최소화하는, 즉 소극적 의미의 개인의 안전(安全)이라는 성과(成果)에 유리하다고 볼 수 있다.

그림 4.4는 인플레이션과 실업의 부(負)의 상관관계를 보여 준다. 필립스는 1861년에서 1957년까지 전년대비 명목임금변화율과 실업률의 관계를 조사하여, 전년대비 명목임금(물가수준을 고려하지 않은 당해 연도의 임금)이 상승하면 사람들은 임

용어

필립스곡선은 윌리엄 필립스(William Phillips)라는 뉴질랜드의 경제학자가 1958년 실업과 명목임금의 변화율과의 관계(The Relationship between Unemployment and the Rate of Change of Money Wages in the United Kingdom, 1861~1957)를 영국의 1861년에 1957년까지의 자료를 통해서 반비례 관계가 존재하는 것을 밝힌 것이다. 즉, 인플레이션과 실업의 부(負)의 관계를 보여 주는 곡선이 필립스곡선(Phillips curve)이다.

사회민주주의 복지국가는 사회적 보장제도가 확립된 국가를 '복지국가(welfare state)'라 칭하는데 이는 개인의 안전을 사회적 책임으로 받아들여 정부가 주도한다. 대표적 국가로 스웨덴, 노르웨이, 덴마크 등의 북유럽국가를 들 수 있으며, 복지지향적인 변형된 자본주의경제체제를 '사회민주주의' 체제로 칭하기도 한다.

그림 4.4 인플레이션과 실업

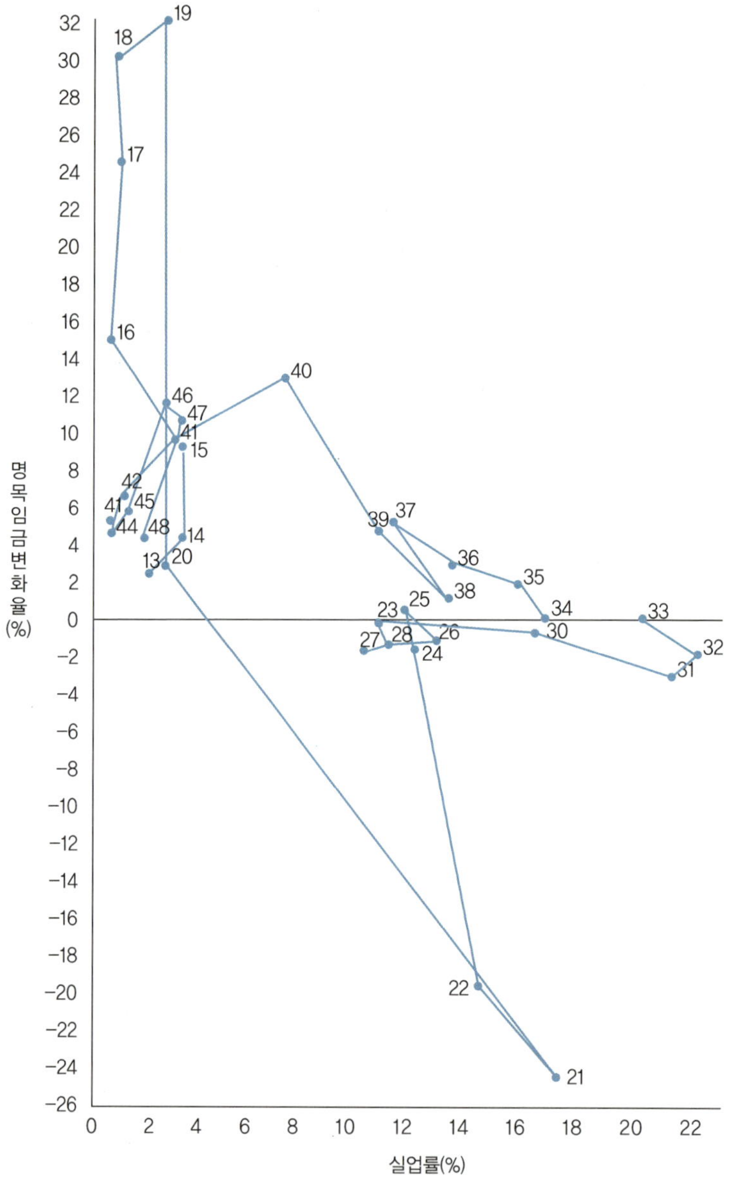

주 : 1861년에서 1957년까지 명목임금변화율과 실업률 간의 관계(The Relation between Unemployment and the Rate of Change of Money Wage Rates in the United Kingdom, 1861~1957, A. W. Phillips)

금이 상승한 것으로 생각하여 노동공급량을 늘리고 이러한 과정에서 취업자가 증가하고 실업자가 감소하는 현상을 밝혔다. 단기적으로 노동자는 자신의 명목임금이 상승하면 노동의 공급량을 증가시키는 경향이 있다는 것을 보여 준다.

이제 각 국가들의 경제적 안정을 전년대비 물가상승률로 살펴보면 표 4.2와 같다. 자본주의 시스템의 대표적 국가인 미국의 물가상승률(인플레이션)은 1975년, 1980년에 각각 9.4%, 9.1%로 높은 수준으로 상승하였지만, 1985년부터 물가상승률은 3.0% 수준 이하로 안정적인 수준을 유지하고 있다. 독일의 경우도 물가상승률이 1995년 이후 2%대 미만으로 안정적인 수준을 유지하고 있어 경제적 안정을 유지하고 있다. 프랑스와 영국도 안정적인 수준으로 물가수준을 유지하고 있다. 일본은 1995년 이후 물가수준이 지속적으로 떨어지는 디플레이션현상이 발생하고 있다. 한국의 경우는 1970년대 18% 수준으로 높은 물가상승이 발생하였고, 따라서 경제적 안정성이 떨어지고 있다. 한국의 경우 부동산 투기, 1차 · 2차 오일쇼크로 인한 원자재 가격상승으로 인하여 인플레이션이 발생한 것이다. 대외경제적 충격으로 일본은 1990년대에 지속적인 자국 내 부동산가격의 하락으로 발생한 물가수준의 하락을 경험하였다. 그리고 유가상승으로 인한 생산비용의 증가로 발생한 비용인상 인플레이션이 영국, 스페인, 그리스, 한국과 같이 외부적 경제충격이 큰 국가의 물가수준을 인상시키는 결과를 초래하여 경제적 안정성이 떨어지고 있음을 확인할 수 있다.

반면에 사회주의 국가인 중국의 경우에, 개혁개방이 있기 전인 1980년까지 물가수준이 안정적이었지만, 개방 이후 1995년은 물가수준이 13.7%로 상당히 높은 수준으로 증가하고 있으며 2006년 이후에 7% 이상의 높은 물가상승을 경험하고 있다. 러시아의 경우도 자본주의 시스템으로 체제가 전환된 이후에는 높은 물가상승을 기록하고 있어, 사회주의 시스템에서 국가에 의하여 억압되고, 통제되고 있던 물가수준이 개혁 · 개방으로 인하여 지속적인 물가상승으로 표출되고 있다고 할 수 있다.

또 다른 거시경제적 안정성 지표로 실업률을 살펴볼 수 있다. 실업률은 경제활동인구 중에서 실업자가 차지하는 비율을 나타낸다. 실업률이 높다는 것은 개인의 경우 경제적 불안정성이 존재하고 있다는 것을 의미한다. 미국의 경우, 물가상승률 수준은 2~3% 수준을 유지하면서 실업률은 높은 4~5% 수준을 유지하고 있다. 독일은

표 4.2 주요국의 전년대비 물가상승률(명목 GDP deflator 기준) (%)

국가＼연도	1965	1970	1975	1980	1985	1990	1995	2000	2001	2002	2003	2004	2005	2006	2007	2008
자본주의경제																
미국			9.4	9.1	3.1	3.9	2.0	2.2	2.4	1.8	2.1	2.9	3.3	3.2	2.7	2.2
독일			5.7	5.5	2.1	3.4	1.9	−0.7	1.2	1.4	1.2	1.0	0.7	0.5	1.9	1.5
일본			7.2	5.4	2.3	2.4	−0.5	−1.7	−1.2	−1.5	−1.6	−1.1	−1.2	−0.9	−0.7	−0.9
프랑스			13.6	11.3	5.5	2.6	1.3	1.4	2.0	2.4	1.9	1.6	2.0	2.4	2.5	2.5
영국			27.0	19.4	5.8	7.7	2.7	1.2	2.1	3.1	3.1	2.5	2.2	2.6	2.8	2.3
스페인			16.8	13.4	8.6	7.3	4.9	3.5	4.2	4.3	4.1	4.0	4.3	4.0	3.2	3.0
그리스			13.1	19.2	19.0	20.7	9.8	3.4	3.1	3.4	3.7	3.3	3.4	3.2	2.9	3.4
한국	6.4	18.4	26.0	24.0	4.8	10.5	7.4	5.0	3.9	3.2	3.6	3.0	0.7	−0.1	2.1	2.7
사회주의경제																
중국	2.2	−2.6	−1.2	3.8	10.2	5.8	13.7	2.1	2.1	0.6	2.6	6.9	3.8	3.6	7.4	7.2
러시아						15.9	144.0	37.7	16.5	15.6	13.9	20.1	19.2	15.5	13.9	19.2
체코							17.0	1.5	4.9	2.8	0.9	4.5	−0.3	1.1	3.4	1.8
폴란드							40.8	7.2	3.5	2.2	0.4	4.1	2.6	1.5	4.0	3.0
헝가리	−1.6	1.7	1.0	5.7	5.9	25.7	26.7	12.9	8.3	7.8	5.8	4.5	2.3	3.9	5.9	3.9
불가리아					0.2	26.2	62.8	6.7	6.7	4.4	1.8	5.1	3.8	8.0	7.9	11.4

표 4.3 주요국의 실업률 (%)

국가 \ 연도	1980	1985	1990	1995	2000	2005	2006	2007	2008
자본주의경제									
미국	7.1	7.2	5.6	5.6	4	5.1	4.6	4.6	5.8
독일				8.2	7.9	11.1	10.2	8.6	7.5
일본	2	2.6	2.1	3.2	4.8	4.4	4.1	3.9	4
프랑스	6.1	10.3	9.4	11.8	10.2	8.8	8.8	7.9	7.4
영국		11.5	7	8.7	5.6	4.8	5.4	5.3	5.6
스페인	11.1	21	16	22.7	13.9	9.2	8.5	8.3	11.3
그리스		7.8	7	9.1	11.2	9.8	8.9	8.3	7.7
한국	5.2	4	2.5	2.1	4.4	3.7	3.4	3.2	3.2
사회주의경제									
중국	4.9	1.8	2.5	2.9	3.1	4.2	4.1	4	4.2
러시아				9.7	9.8	7.2	7.2	6.1	6.2
체코				4	8.8	7.9	7.1	5.3	4.4
폴란드				13.3	16.1	17.7	13.8	9.6	7.1
헝가리				10.2	6.6	7.2	7.5	7.4	7.8
불가리아				15.7	17.1	10.1	8.9	6.9	5.7

실업률이 1995년 8.2%, 2005년 11.1% 수준으로 높은 수준을 유지하고 있지만, 물가상승률은 2% 미만을 유지하고 있어, 고용증대를 통한 실업률의 감소보다 물가안정을 우선시하는 모습을 볼 수 있다. 프랑스의 경우도 독일과 유사한 형태로 2000년대 이후 물가상승률은 안정적인 수준을 유지하지만 실업률은 높은 7~8%대 수준을 유지하고 있다. 독일과 프랑스는 실업이라는 희생을 치르며, 물가안정을 우선시하고 있다. 반면에 스페인과 그리스는 상대적으로 물가상승률도 높으며 동시에 실업률도 높은 모습을 보이고 있다.

중국의 경우, 높은 물가수준에도 불구하고 실업률은 낮은 4.2% 수준 이하를 유지하고 있다. 구체적으로 취업의 형태와 구성을 확인하기 어렵지만, 앞서 보았던 높은 경제성장과 더불어 일자리가 동시에 증가하고 있어 실업률이 줄어든 것으로 보인다.

중국은 사회주의 국가이면서도 시장경제시스템의 도입으로 경제주체의 경제활동으로 인한 인센티브가 제공됨으로써 물가상승이라는 비용을 일부 지불하고 있지만, 일자리 창출과 더불어 실업의 감소라는 열매를 취하고 있다. 러시아의 경우는 높은 인플레이션에도 불구하고 실업률은 줄어들고 있어 물가상승이라는 희생을 치르더라도 실업률을 줄이는 모습을 보이고 있어 프랑스, 독일과는 대조를 이루고 있다.

제 3 절 경제적 자유

최근에는 **경제적 자유**(economic freedom)라는 개념이 다양하게 정의되고 경제의 자유화(自由化)의 정도가 국가 간에 경쟁력을 평가하는 중요한 지표로 사용되고 있다. 일반적으로 경제적 자유는 개별 경제단위가 수요자 또는 공급자로서의 기능을 수행함에 있어서 '실효성(實效性)이 있는 선택(effective choice)'을 제약하는 사회적 장애가 없음을 의미한다. 경제적 자유는 주로 이를 행사하는 주체에 따라 가계선택의 자유(freedom of household choice)와 기업의 자유(freedom of enterprise)로 나누어 살펴볼 수 있다.

첫째, 경제주체로서의 가계는 상품시장에서의 수요자로서 소비자 선택의 자유(freedom of consumer choice)를, 그리고 노동시장에서 노동력이라는 생산요소의 공급자로서 직업선택의 자유(freedom of choice of job)를 가질 수 있다. 한 경제체제에서 가계의 경우 소비자의 능력범위 내에서 어떤 상품을 자유롭게 구매할 수 있다면 소비자 선택의 자유가 존재한다고 볼 수 있다. 만약 소비자가 배급제(rationing system) 등에 의해서 어느 정도 구매가 제한되거나 미리 결정된 양으로 상품을 분배받는다면 소비자 선택의 자유는 존재하지 않는다고 볼 수 있다. 제도적으로 소비자 선택의 자유와 반대되는 것이 소비재 배급제이다. 배급제(配給制)는 소비자에게 불편하며 암거래와 기타 법률위반을 조장하고, 합법적인 경제적 유인을 제한할 뿐만 아니라 체제가 배급제를 관리 · 시행하는 데 비용이 든다. 이러한 이유로 사회주의체제에서도 원칙적으로는 소비자 선택의 자유를 선호한다.

일반적으로 사회주의경제체제보다 자본주의경제체제가 소비자 선택의 자유를 보다 폭넓게 보장하고 있다고 볼 수 있다. 또한 가계는 직업선택의 자유를 가질 수 있다. 이는 개인이 자신의 결정에 의하여 직업을 선택하고 취업하고, 퇴사할 수 있음을 의미한다. 대부분의 사회에서 직업선택의 자유는 전문적 자격요건, 직업의 허가제, 병역의 의무 등으로 인하여 소비자 선택의 자유보다 적은 범위에서 실현되고 있다. 그럼에도 불구하고 자원배분을 시장기구에 의존하고 있는 자본주의경제체제가 노동력의 자원배분을 계획기구에 의존하고 있는 사회주의경제체제보다 폭넓게 직업선택의 자유를 보장하고 있다.

둘째, 경제주체로서의 기업은 이윤추구를 목표로 자유롭게 기업활동을 할 수 있어야 한다. 자본주의시장경제에서는 대부분의 생산활동이 민간주도로 이루어지고 기업활동의 자유가 크게 보장되어 있다. 이는 자본주의체제에서는 크고 작은 기업들이 외부의 계획이나 통제를 받지 않고 각 기업들 자신의 의사결정에 따라서 자유롭게 생산활동을 할 수 있음을 뜻한다.

반면에 사회주의체제에서는 기업의 생산활동이 정부 당국에 의하여 이루어진다. 따라서 민간부문의 개인 또는 단체가 자신들의 이윤을 추구하여 전개하는 자유로운 경제활동은 허용되지 않는다. 사회주의 경제체제에서는 생산수단의 사유화가 허용되지 않는 만큼 민간주도의 생산활동은 나타날 수가 없고 모든 생산은 계획당국의 경제운영계획에 따라 이루어지기 때문에 자본주의경제체제와 같은 사적 이윤추구를 목적으로 하는 자유로운 기업활동은 존재하지 않는다.

미 헤리티지(heritage) 재단(財團)은 각 국가에서 기업활동의 자유로운 정도를 수치화하여 발표하고 있다(그림 4.6 참조). 이와 같은 기업활동의 자유로운 정도를 나타내는 대표적인 지수가 경제적 자유도(Index of Economic Freedom)이다. 경제적 자유도는 국경을 넘어 거래되는 재화에 대하여 부과되는 관세율, 소득에 부과되는 소득세율, 그리고 기업에 부과되는 법인세 등을 고려하여 작성되며, 이와 같은 수치가 낮으면 낮을수록 기업활동이 용이하여 경제적 자유도는 높아진다. 경제적 자유도의 값은 0부터 100까지이며, 경제적 자유도가 80에서 100 사이일 경우, 매우 자유롭다고 볼 수 있으며, 70에서 79까지는 대체로 자유로운 것으로, 60에서 69.9까지는 중간정도의 자유로운 것으로, 50에서 59.9까지는 자유도가 낮으며, 0에서 49.9까지는 경제적 자유가 매우 제한된 것으로 판단하다.

그림 4.5는 2010년 발표된 경제적 자유도와 1인당 GDP의 관계를 보여 주는 그래프이다. 경제적 자유도가 높으면 기업 및 개인의 경제적 활동을 촉진시키고 그 결과

그림 4.5 경제적 자유도와 1인당 GDP

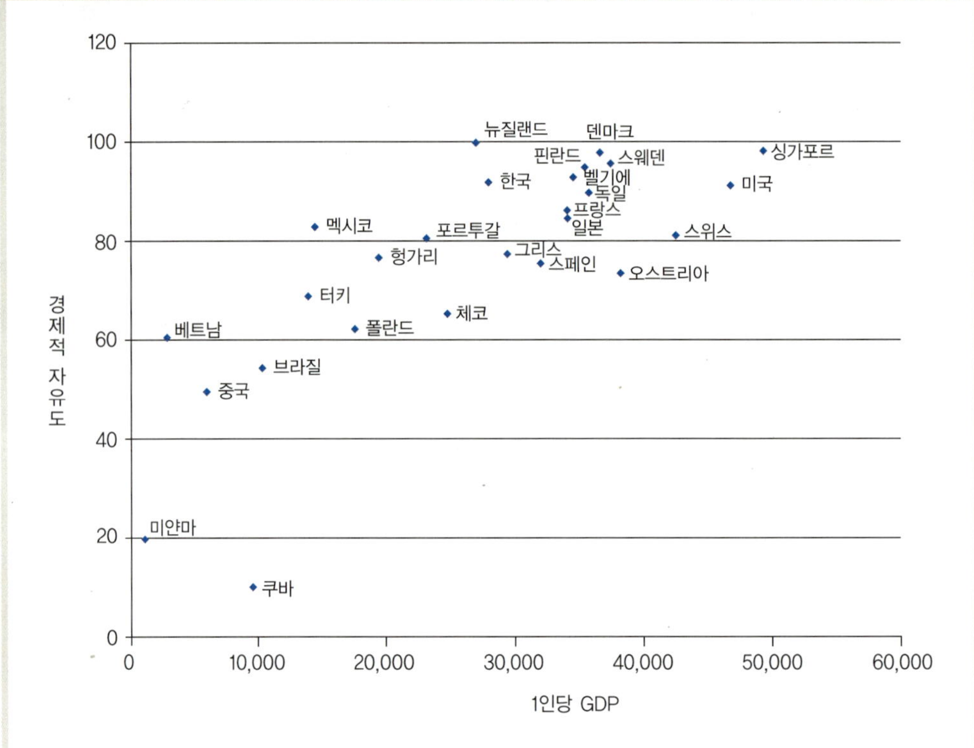

로 소득이 높아지며 전체소득은 증가할 것이다. 이와 같은 개인의 사적 경제활동을 촉진시키는 결과는 그림 4.5에서 확인할 수 있다. 싱가포르의 경제적 자유도는 세계 2위로 86.1이며, 1인당 GDP는 49,284달러이다. 대부분 경제적 자유도가 높은 국가들이 국민들의 경제성과지표인 1인당 GDP가 높은 것을 확인할 수 있다. 그림 4.5에서 북동쪽에 위치한 국가들은 경제적 자유도가 높으며, 동시에 1인당 국민소득이 높은 것을 알 수 있다. 예로서 싱가포르, 미국, 덴마크, 스웨덴, 벨기에, 프랑스 등이 경제적 자유도가 높으며, 1인당 GDP도 높은 것을 확인할 수 있다. 경제활동의 자유가 보장되면, 이는 자유 그 자체가 경제활동을 촉진시키는 자극으로 개개인의 역량을 끌어올리는 자극제 역할을 하면 그 결과로 경제적 과실(果實)인 1인당 GDP가 높아진다고 해석할 수 있다. 아래의 경제적 자유가 제한된 국가들은 경제활동에 대한 인센티브가 낮아 결과적으로 1인당 GDP가 낮은 결과를 가져온다. 그 예로 낮

그림 4.6 경제적 자유도 순위(2010년 9월 13일 기준)

100-80	79.9-70	69.9-60	59.9-50	49.9-0	N/A
Free	Mostly Free	Moderately Free	Mostly Unfree	Repressed	Not Ranked

Index of Economic Freedom World Rankings (Click on the country name for more details.)

World Rank	Country	Freedom Score	Change from Previous	World Rank	Country	Freedom Score	Change from Previous	World Rank	Country	Freedom Score	Change from Previous
1	Hong Kong	89.7	−0.3	62	Portugal	64.4	−0.5	123	Côte d'Ivoire	54.1	−0.9
2	Singapore	86.1	−1.0	63	Romania	64.2	+1.0	124	India	53.8	−0.6
3	Australia	82.6	0.0	64	France	64.2	+0.9	125	Moldova	53.7	−1.2
4	New Zealand	82.1	+0.1	65	Saudi Arabia	64.1	−0.2	126	Papua New Guinea	53.5	−1.3
5	Ireland	81.3	−0.9	66	Thailand	64.1	+1.1	127	Tonga	53.4	−0.7
6	Switzerland	81.1	+1.7	67	Turkey	63.8	+2.2	128	Tajilistan	53.0	−1.6
7	Canada	80.4	−0.1	68	Montenegro	63.6	+5.4	129	Niger	52.9	−0.9
8	United States	78.0	−2.7	69	Madagascar	63.2	+1.0	130	Nepal	52.7	−0.5
9	Denmark	77.9	−1.7	70	Dominica	63.2	+0.6	131	Suriname	52.5	−1.6
10	Chile	77.2	−1.1	71	Poland	63.2	+2.9	132	Cameroon	52.3	−0.7
11	United Kingdom	76.5	−2.5	72	South Afria	62.8	−1.0	133	Mauritania	52.0	−1.9
12	Mauritius	76.3	+2.0	73	Greece	62.7	+1.9	134	Guinea	51.8	+0.8
13	Bahrain	76.3	+1.5	74	Italy	62.7	+1.3	135	Argentina	51.2	−1.1
14	Luxembourg	75.4	+0.2	75	Bulgaria	62.3	−2.3	136	Ethiopia	51.2	−1.8
15	The Netherlands	75.0	−2.0	76	Uganda	62.2	−1.3	137	Bangladesh	51.1	+3.6
16	Estonia	74.7	−1.7	77	Namibia	62.2	−0.2	138	Laos	51.1	+0.7
17	Finland	73.8	−0.7	78	Cape Verde	61.8	+0.5	139	Djibouti	51.0	−0.3
18	Iceland	73.7	−2.2	79	Belize	61.5	−1.5	140	China	51.0	−2.2
19	Japan	72.9	+0.1	80	Kyrgyz Republic	61.3	−0.5	141	Haiti	50.8	+0.3
20	Macau	72.5	+0.5	81	Paraguay	61.3	+0.3	142	Micronesia	50.6	−1.1
21	Sweden	72.4	+1.9	82	Kazakhstan	61.0	+0.9	143	Russia	50.3	−0.5
22	Austria	71.6	+0.4	83	Guatemala	61.0	+1.6	144	Vietnam	49.8	−1.2
23	Germany	71.1	+0.6	84	Samoa	60.4	+0.9	145	Syria	49.4	−1.9
24	Cyprus	70.9	+0.1	85	Fiji	60.3	−0.7	146	Bolivia	49.4	−4.2
25	Saint Lucia	70.5	+1.7	86	Dominican Republic	60.3	+1.1	147	Ecuador	49.3	−3.2
26	Georgia	70.4	+0.6	87	Ghana	60.2	+2.1	148	Maldives	49.0	−2.3

은 경제적 자유도를 갖고 있는 미얀마, 쿠바의 경우, 1인당 GDP도 낮은 수준으로 나타나고 있다.

제 4 절 맺음말

사회주의체제와 자본주의체제 간의 경쟁 결과를 여러 가지 거시경제적 지표를 통해 살펴보면 자본주의의 승리로 끝났다고 평가된다. 자본주의 경제시스템은 사회주의 경제시스템에 비하여 형평성이 떨어짐에도 불구하고, 개인 경제활동의 자유로운 보장과 사적 소유의 인정으로 인하여 개개인의 이익을 얻기 위한 경제활동은 생산성, 기업활동의 확대로 연결되고 이는 소득의 증가로 이어지고 있다.

그러나 자본주의 경제시스템 내에서도 소득분배의 형평성이 높고, 삶의 만족도가 높은 국가와 반대 국가가 존재하는 것은 자본주의 시스템 내에서도 차이가 존재하고 있으며 이를 분류하여 그 특성을 살펴보는 것은 보다 개선된 자본주의 경제시스템을 지향하는 데 도움이 될 것이다.

읽을거리 1

불평등과 기부

1%의 부자가 전체 부(富)의 3분의 1을 가진 나라, 바로 미국이다. 하위 90%에 속한 사람들 부를 모두 합친 것보다 많다. 경제협력개발기구(OECD) 국가 중 소득 불평등이 제일 심하다. 고액 연봉과 스톡옵션이 앞 다퉈 도입된 1990년대가 분수령이었다. 1980년에 미국 주요 기업의 최고경영자(CEO) 보수가 직원보다 42배쯤 많았는데 2007년엔 344배로 격차가 확 벌어졌다. 평균 1,330만 달러(약 155억 원)인 미국 CEO들의 연봉은 유럽 · 일본 CEO들과 비교해도 각각 두 배, 아홉 배나 된다.

금융위기로 빈부 격차가 더 커지자 이들의 어마어마한 몸값은 선망보단 분노의 대상이 돼 버렸다. 타블로이드 신문 《뉴욕 포스트》가 "천천히 해 먹어, 이 탐욕스러운 자식들아!"라고 기사 제목을 뽑았을 정도다. 오바마 정권이 이전 부시 정부 때 도입된 '부자 감세(減稅)'를 끝내고 '부자 증세(增稅)'를 하려는 데엔 이런 국민 정서가 작용하고 있다. 하지만 반대 목소리도 높다. 일과 투자에 대한 의욕을 꺾어 결국 저소득층에 돌아갈 경제적 이익도 줄어들게 만든다는 거다. 무거운 세금이 '내 돈 내 맘대로 쓸' 부자들의 기본권을 침해한다는 지적도 있다.

최선의 해법은 부자들이 팔 비틀리기 전에 알아서 돈을 내놓는 것일 터다. 세금이 아닌 기부로 사회적 갈등을 풀어 가야 한단 얘기다. 다행히 미국엔 그런 부자가 많다. 두 달 전 워렌 버핏 버크셔해서웨이 회장과 빌 게이츠 마이크로소프트 회장이 시작한 '재산의 50% 이상 기부하기' 캠페인에 최근까지 38명의 억만장자가 동참하기로 했다는 소식이다. 이들의 약정 금액만 최소한 1,500억 달러(약 175조 원)에 달한다.

일찌감치 재산의 99%를 선뜻 내놓기로 한 버핏의 변이 정곡을 찌른다. "1%보다 많이 쓴다고 나와 가족들이 더 행복해지진 않는다. 그러나 나머지 99%가 다른 사람들의 복지엔 엄청난 영향을 미칠 것이다." 그는 '미국 시민인 점+운 좋게 받은 유전자+다양한 관심' 덕분에 부를 얻게 됐다고 했다. 저 혼자 잘나서 번 돈이 아니니 사회에 돌려주는 게 지당하다는 소리다.

이렇듯 '소득 불평등이 최악인 나라' 미국은 '아낌없이 베푸는 부자들의 나라'인 덕에 큰 탈 없이 굴러가고 있다. OECD 국가에서 둘째로 소득 불평등이 심한 우리나라는 어찌해야 할까.

출처 : 중앙일보, 2010.8.6

읽을거리 2

'행복한 나라' 덴마크 1위, 한국 56위

미 갤럽 155개국 국민 만족도 조사
한국, 내전 겪은 코소보보다 낮아

미국 여론조사기관 갤럽이 내놓은 '세계에서 가장 행복한 국가' 순위에서 한국이 56위에 올랐다.

미 경제전문지 《포브스》에 따르면 갤럽은 최근 전 세계 155개국의 국가별 행복 정도를 수치화한 결과를 발표했다. 조사는 2005~ 2009년 각국 국민의 전반적 삶의 만족도를 나타내는 '인생 평가'와 조사 전 하루 동안의 행복도를 묻는 '일상 경험'의 두 가지 항목으로 구성됐다. 두 항목을 합산한 점수가 높을수록 행복 순위가 높다.

행복한 국가 순위

순위	국가
1	덴마크
2	핀란드
3	노르웨이
4	스웨덴
	네덜란드
6	코스타라카
	뉴질랜드
14	미국
56	한국
73	러시아
81	일본
125	중국
155	토고

자료 : 갤럽

1위는 덴마크였다. 핀란드와 노르웨이, 스웨덴이 2~4위를 차지하며 북유럽 국가들이 상위에 포진했다. 네덜란드(공동 4위)와 코스타리카, 뉴질랜드, 캐나다 등이 뒤를 이었다. 한국은 경제위기를 겪는 그리스(50위)나 내전을 겪은 코소보(54위)보다 낮은 56위였다. 미국은 14위에 올라 상대적으로 행복한 편에 속했지만 일본과 중국, 러시아는 각각 81위와 125위, 73위에 그쳤다.

갤럽 측은 "이번 조사로 삶의 만족도와 소득 간에 어느 정도 상관관계가 있다는 것을 확인했다"면서도 행복한 국가 6위에 오른 코스타리카의 예를 들며 "행복은 경제적 부(富)뿐 아니라 개인의 심리 · 사회적 욕구가 얼마나 충족되는지도 살펴봐야 한다"고 지적했다.

출처 : 중앙일보, 2010. 7. 22.

토론하기

- 앞에서 실업률과 물가상승률과의 부의 관계를 살펴보았다. 만약 한국 경제에서 실업률과 물가상승률 사이에 부의 관계가 나타난다면, 물가상승이라는 비용을 지불하고 실업을 줄이는 것이 바람직할까? 아니면 실업이라는 희생을 치르더라도 물가를 안정시키는 것이 바람직할까?
- 시장경제시스템과 자유경쟁은 경제활동을 촉진하는 것으로 나타났으며, 중국과 같이 시장경제시스템의 도입으로 인하여 경제성장은 하였지만, 소득분배의 형평성은 낮아졌다. 한국 경제에서는 경제활동의 촉진을 위한 규제완화와 소득분배의 형평성을 높이기 위한 정책 중 어느 쪽에 우선순위를 두어야 할까?

평가하기

퀴즈 1〉 2000년에서 2008년까지 내용 중 틀린 것은 무엇인가?

① 독일과 프랑스는 실업을 줄이는 것보다 물가안정에 비중을 두고 있다.
② 러시아는 인플레이션보다 실업을 줄이는 데 비중을 두고 있다.
③ 중국은 지속적으로 물가상승률이 높아지고 있다.
④ 스페인에서는 물가상승률은 높아지지만, 실업은 감소하고 있다.

힌트 스페인에서는 물가상승률이 높아지고, 동시에 실업도 증가하고 있다.

퀴즈 2〉 사회가 바라는 분배의 기준이 되고 있는 것으로 가장 적절하지 못한 것은 무엇인 가?

① 한계생산성 ② 동등한 분배
③ 기회의 균등 ④ 경제적 자유도

힌트 분배의 기준과는 관계가 없는 한 국가 내에서 경제활동의 자유로운 정도의 평가기준

퀴즈 3〉 경제적 자유로 가장 적절한 것으로 구성된 것은 무엇인가?

㉮ 소비자 선택의 자유　　㉯ 직업 선택의 자유　　㉰ 가계 선택의 자유

① ㉮㉯　　② ㉮㉰

③ ㉯㉰　　④ ㉮㉯㉰

힌트　㉮㉯㉰ 모두가 경제적 자유에 포함되는 내용임

정리하기

■ 소득분배 판단의 기준
- 한계생산물
- 균등한 분배
- 기회의 균형

■ 소득분배의 구체적인 지표
- 로렌츠 곡선
- 지니계수

■ 경제적 안정성
- 인플레이션
- 실업

■ 경제적 자유
- 가계선택의 자유
- 기업의 자유
- 소비자 선택의 자유
- 직업선택의 자유
- 경제적 자유는 경제주체로 하여금 경제활동을 촉진하게 하는 하나의 동인(incentive)으로 작용

제 5 장

자본주의의 역사

학습목표

1_ 자본주의의 기원에 대한 객관적인 이론은 아직도 정립되어 있지 않다고 본다. 즉, 분석하는 학자에 따라 서로 다른 견해와 입장을 가지고 있다. 그럼에도 불구하고 본 장에서는 자본주의가 언제 출발해서 그동안 어떠한 과정을 거쳐 변화하고 발전해 왔는지를 평가하고 분석하고자 한다.

2_ 따라서 본 장에서는 상업과 유통의 활성화가 시작된 16~18세기 중반을 자본주의(상업자본주의)의 출발로 보고 자본주의의 역사를 간략히 비교, 평가하고자 한다.

학습내용

1_ 중상주의적 자본주의의 특징을 살펴본다.

2_ 산업혁명 이후 형성된 소위 산업자본의 특징을 살펴본다.

3_ 1930년대 대공황 이후 1980년대 초반까지 자본주의의 특징을 살펴본다.

4_ 1980년대 이후부터 소위 신자유주의 패러다임에 의해 진행되고 있는 현대 자본주의의 특징을 살펴본다.

키워드_ 중상주의, 상업자본주의, 산업자본주의, 국가자본주의, 대공황, 스태그플레이션

제 1 절 중상주의적 자본주의

자본주의의 역사를 살펴보려면 **중상주의적 자본주의**(merchant capitalism)로 거슬러 올라가야 한다. 경제사를 연구하는 학자들은 초기 자본의 발전단계를 '중상주의적 자본주의'라고 이름 붙였다. 보다 넓은 의미에서의 자본주의 역사를 살펴보면 초기의 자본주의 형성은 이미 9세기에 중세 이슬람지역에서 형성되었다고 볼 수 있다. 이후 12세기에는 중세유럽으로 확대되어 형성되었다. 유럽에서 나타난 중상주의적 자본주의는 보는 시각에 따라 약간의 차이는 있지만 16세기에 이르러 유럽경제가 발전하는 데 상당히 중요한 역할을 하였다. 16세기~18세기 유럽에서 전성기를 이룬 중상주의적 자본주의는 포르투갈, 특히 영국, 스페인 국가들의 식민지확보를 통한 급속한 무역성장을 이룩하였다.

중상주의적 자본주의 시대는 1800년경 **산업자본주의**(industrial capitalism)라는 새로운 형태의 자본주의에게 길을 내주었다. 그럼에도 불구하고 일부 서유럽과 기타 지역에서는 중상주의적 자본주의가 그 명맥을 유지하였다. 특히 미국 남부지역에서의 플란테이션 시스템(plantation system)은 산업자본의 형성을 지연시켰을 뿐만 아니라, 소비재 시장도 약화시키고 있었다. 이러한 이유로 인해 미국 남부지역의 국회위원들은 은행제도의 개혁, 대륙횡단철도 건설, 미국 서부지역의 정착에 대한 인센티브 제공과 같은 일련의 정책에 대한 법률제정을 통해 산업자본주의에 필요한 기반을 형성하였다. 중상주의적 자본주의는 대부분 '산업화' 및 '공장을 중심으로 한 생산'에 기반을 두고 있지 않았고 상업과 유통부분에 중심을 두었다. 그래서 중상주의적 자본주의는 '자본축적을 통한 생산' 방식 이전에 형성되었으며, 단순한 소비재 생산자 간에 존재하는 중간자로서의 역할을 하였다는 특징이 있다.

칼 막스(Karl Marx)에 따르면, 중상주의 자본주의는 원시적인 자본주의 축적과정이고 이는 산업임금노동자의 급속한 증가를 가져오는 계기가 되었다.

중상주의적 자본주의 시기에 가장 부유한 교역도시는 암스테르담이었고 증권시장이 생기기도 하였다. 무역거래에서 위험을 대비하기 위하여 보험제도가 만들어졌으며, 또한 퇴직연금도 만들어졌다. 그러나 부침(浮沈)이 있는 경기변동 사이클의 모습이 나타났다. 대표적인 예가 1636년에서 1637년에 나타난 꽃 튤립(Tulip) 사건이었다. 또한 주가조작 현상도 나타났는데 아이작 르 마리(Issac le Marie)라는 사람은 1609년 주가를 떨어트린 후, 주식을 낮은 가격으로 재매입하는 주식조작을 하였다.

참고

튤립 사건

1600년대 초에 튤립이 터키로부터 유럽에 수입되었다. 특히 네덜란드에서는 튤립이 워낙 아름다웠고 인기가 많았다. 유럽귀족들은 희소한 튤립을 비싼 대가를 지불하고 구매하려고 하였다. 수요가 증가함에 따라 튤립 가격이 오르면서, 튤립의 가격은 하늘 높은 줄 모르고 치솟았다. 심지어 1610년부터 셈퍼 아우구스투스라는 품종의 알뿌리 하나의 가격이 높게 형성되었고, 그 가치는 값비싼 보석이나 선박과 교환할 만큼 가격이 높게 형성되었다. 1633년에는 귀족계층부터 하녀에 이르기까지 상품거래도 없이 미리 사고 파는 선물거래가 형성되기도 하였다. 그러나 튤립 가격은 1636년까지는 가격이 폭등하였으나, 1637년 2월이 되자 튤립 소유자들이 튤립을 시장에 내놓았지만 많은 사람들이 튤립을 가지고 있어 가격은 폭락하고 파산자들이 속출하였다. 그해 정부의 개입으로 거래금액의 5~10% 수준에서 거래하도록 중재함으로써 튤립 파동(공황)은 일단락되었다.

지난 500여 년 동안 자본은 다양한 형태로 축적되었다. 이는 주로 경제력 집중과 많은 관련이 있었다. 이러한 자본주의 형성과정에서에서 일종의 자본주의 시스템에 대한 거부로 '사회주의'가 나타났으며, 이에 대하여 반대하는 '자유주의자'가 등장하였다.

14세기는 경제적인 격변과 자본주의의 맹아(萌芽)가 싹트는 시기였다. 이 시기 자본주의는 14세기의 경제적 위기와 관련이 많다. 이 위기는 대토지를 소유하고 있는 귀족 계급과 이 토지를 기반으로 생산하는 농노(農奴) 간의 관계 속에서 발생하였다. 영지(領地)주의(manorialism)는 봉건제도의 핵심으로 농촌경제를 구성하는 핵심이었다. 이는 로마제국 후기의 장원(villa)에서 제도가 시작되었고 중앙유럽의 중심으로까지 확산되어 있었다. 봉건제도의 위기는 14세기에 농업생산성이 한계에 도달하면서 발생하였다. 1315~1317년에 나쁜 날씨로 인한 엄청난 기근(饑饉)과 1348년부

그림 5.1 셈퍼 아우구스투스 튤립

출처 : http://en.wikipedia.org/wiki/File:Semper_Augustus_Tulip_17th_century.jpg

터 1350년까지 흑사병(Black Death)으로 인하여 인구가 감소하고 농업생산물은 급속하게 감소하였다. 그러나 영주들은 자신의 영지를 확장하고 농업생산의 증대를 모색하고, 군비조달을 위하여 농노(農奴)들에게 더 많은 공물을 요구하였다. 영주는 국왕의 신하로서 그들은 일정한 자신의 토지(영지)의 사법권을 행사하고, 세금도 부과한다. 일부는 수도원에서 영지를 받고 이러한 의무를 수행하였다.

이후 봉건제도는 쇠퇴하였으며 15~18세기에 상인을 중심으로 한 중상주의(mercantilism)가 나타났다.

중상주의 사조(思潮)의 특징은 다음과 같이 정리할 수 있다.

첫째, 상인들은 자신들이 돈을 벌면 사회 전체의 부가 증가하고, 이는 국부(國富)가 증가하는 것으로 생각하였다. 절대왕권을 갖고 있는 국왕은 봉권영주와 교황을 중심으로 한 환경과 상이하게 영토의 팽창과 전쟁에 많은 돈이 필요하였고, 이러한 상인들의 부의 축적은 전쟁에 필요한 자금을 마련하는 데 도움이 되었다. 따라서 절대군주는 상인들이 지원하고 이들로부터 필요로 하는 자금을 마련할 수 있었기 때문

그림 5.2 봉건시대의 장원

출처 : Musée Condé, Château de Chantilly, France. Date 15th century

에, 상인들의 부유함은 국부의 증가와 동일시되었다.

둘째, 상업은 부(富)를 증진시킨다고 보았다. 영국의 동인도회사는 일종의 인도를 중심으로 한 교역독점권을 가지고 있었으며, 다른 나라와도 독점적 지위를 유지하기 위하여 군사적 행동을 취하기도 하였다. 이들은 면화, 원자재를 싸게 수입하여 국내 수공업자들이 가내 수공업의 형태로 생산하여 비싸게 팔아 이윤을 남겼다. 이들의 이윤추구행위는 국가의 부를 증진시키는 행위로 이해하였다.

셋째, 국가는 대상인이 이윤을 획득하는 과정에서 경쟁을 촉진하기보다는 경쟁을 제한하고, 국가는 그들의 교역을 도와야 한다고 생각하였다.

넷째, 당시 국부는 금과 은이라고 생각하였으며 국부를 축적하기 위해서는 금과 은을 축적하기 위한 일련의 정책이 동반되어야 한다고 생각하였다.

아이러니하게도 중상주의 이론에 비추어 보면 자국 내 금과 은의 유입은 국부를 증가시킨다. 그러나 스페인과 포르투갈은 그들의 무역함대를 내세워 확보한 금과 은이 자국 내로 유입됨에 따라 극심한 인플레이션을 경험하게 되었다.

반면에 프랑스에서는 중농주의(physiocracy) 사조가 태동하였다. 중농주의는 18세기 후반에 상업과 금이 부의 원천이라는 중상주의에 비하여 상업은 재화를 구매하여 판매하는 것이기 때문에 유통에서는 국부가 창출될 수 없다고 비판하면서 부의 원천은 농업에서 발생한다고 보았다. 중농주의는 농업을 중심으로 시작하여, 공업과 상업은 농업생산의 결과물을 배분하는 데 불과하다고 주장했다. 중농주의자들은 부의 원천을 농산물을 증식하는 과정에서 발생한다고 보았다. 중농주의는 국부를 유통과정이 아닌 생산과정에서 발생한다고 보았다는 점에서 아담 스미스는 긍정적으로 평가하고 있다.

제 2 절 산업자본주의

중상주의적 자본주의의 쇠락과 함께 18세기 중반 영국에서는 경제적 변화가 있었다. 그것은 아담 스미스를 필두로 한 중상주의적 자본주의에 대한 비판적 도전이었다. 그들은 세계의 부가 일정한 수준을 유지하고 있으므로 한 국가의 부의 축적은 다른 국가의 소비 증가로 인하여 달성가능하다고 믿고 있었다. 그렇지만 당시 신생 산업을 기반으로 한 후진국이었던 프로이센과 러시아에서는 새로운 이론을 필요로 하였다.

18세기 중반 자본주의를 설명하는 새로운 이론이 **산업자본주의**(Industrial Capitalism) 이론이다. 이 이론의 핵심은 중상주의적 자본주의하에서 축적된 많은 자본이 기계에 투자됨으로써 가능하게 되었다는 것이다. 칼 막스는 18세기 후반부에 나타난 이러한 성격의 자본주의를 산업자본주의라고 불렀다. 이 산업자본주의는 제조업을 기반으로 한 공장시스템의 발전으로 형성되는 것이 특징이며 노동이 생산과정에서 또는 산업 간 세분화되고 있다. 이러한 새로운 형태의 자본주의가 산업자본주의로 불리게 되었다.

> 용어 **프로이센**(프러시아, Prussia)은 1947년까지 독일 북부에 있었던 주로서 1918년까지는 베를린을 수도로 한 호엔촐레른가의 왕국이었다.

산업혁명기간에 산업자본가들은 장인, 기술공, 길드 등이 주를 이루었던 생산시스템에 큰 영향을 주었으며, 상업자본을 대체하기 시작하였다. 이 기간 동안 자본주의는 영국의 영주제도와 농노제도를 변화시켰으며, 중세 장원제도를 통한 생산방식이 아닌 시장의 수요와 공급에 따른 생산방식으로 대체하였으며, 이는 생산의 혁신을 가져왔다. 시장에서 교환을 통하여 발생한 생산잉여물의 증가로 인하여 이제 농업을 산업적인 이득을 가져오는 분야로 변화시켰다.

산업자본주의의 등장은 중상주의적 자본주의의 몰락과 관련이 있다. 19세기 중·후반 영국에는 사유방임적 자본주의가 팽배하였다. 상업자본주의 시대에 있어서 이러한 자유방임사상은 1840년대의 곡물법(Corn law)과 **항해조례**(Navigation act)의 철폐와 관련되어 있다.

> 용어 **항해조례**는 1651년에 만들어졌으며 영국의 모든 식민지들은 오로지 영국 선적의 배로만 영국과 무역할 수 있으며, 다른 나라와의 교역을 금하는 조례이다.

이러한 현상은 아담 스미스(Adam Smith)와 데이비드 리카르도(David Ricardo)의 가르침과 일맥상통한다. 영국은 자유주의를 강조하고, 시장을 통한 경쟁을 촉진하며, 시장을 중심으로 한 경제를 발전시켰다.

즉, 아담 스미스의 주장에 따르면, 어떤 사람도 구매자가 없는 곳에 돈을 투자하지 않을 것이고, 어느 누구도 필요하지 않은 쓸모없는 제품을 공급하려 하지 않을 것이기 때문이다. 하지만 필요와 수요가 있는 곳에서는 투자자도 필요한 재화나 원하는 용역을 공급할 것이다.

아담 스미스는 핀 생산을 예로 들어 분업을 설명했다. 그가 방문했던 핀 공장에서는 핀 생산이 각각 전문화된 노동자들이 담당하는 18개의 독립된 공정으로 분할되었다. "그들은 매우 가난했고 필요한 공구를 겨우 갖추고 있었지만, 전문화된 분업화 과정을 통해 하루에 12파운드 분량의 핀[국부론에 따르면 1파운드(=454g)면 약 4천개 정도의 핀을 생산한다]을 만들 수 있었다." 이것은 하루에 노동자 1인당 48,000개의 핀을 생산하는 셈이었다. 과거 분업화 과정이 없이 혼자 만들었다면 '하루에 20개는커녕 아마 단 한 개도 만들지 못했을 것' 이다.

1760년대 영국에서는 생산하는 과정에서 기계가 도입되기 시작하면서 경제적 · 사회적으로 큰 변화가 발생하는데 이를 '산업혁명' 이라고 한다.

영국은 프랑스 및 네덜란드와 대서양을 거점으로 한 경쟁에서 승리하여 많은 교역로 및 식민지를 확보함으로써 넓은 해외시장을 확보하게 된다. 1770년 영국은 양털을 활용한 자국의 모직물 산업을 보호하기 위해 인도로부터 면포(캘리코)를 수입하는 것을 금지하였지만, 목수이며 직물공이었던 하그리스, 가발제조업자인 아크라이트, 방적공인 크롬프턴은 방적기를 개량하거나 발명하여 영국 내에서 직물산업이 발전하는 데 일조를 하였다. 더불어 기계를 움직이게 하는 동력혁명이 제임스 와트(James Watt, 1784년)의 증기기관의 발명과 더불어 확대되었다. 또한 동력원이라고 할 수 있는 '석탄광산' 을 개발하고, 여기에서 채굴한 '석탄' 을 운송할 철도의 건설로 인한 철도산업의 비약적인 발전, 그리고 이러한 철로 및 기관을 만드는데 필요한 제철, 제강산업의 발전으로 인하여 대량생산과 기계공업이 눈부시게 발전하였다.

산업혁명은 공장제 기계공업 생산방식을 갖추게 됨으로써 자본주의 역사에 있어서 커다란 분기점이 되었다. 즉, 산업혁명 이전에는 상업을 중심으로 한 자본주의 특성이 갖추어졌으며 부의 형성이 식민지를 기반으로 한 원격지 무역을 통한 부의 창출, 그리고 대상인을 보호하는 절대왕권이 존재하였다. 소규모 생산과 농민을 중심으로 한 자산가 계층이 등장하였다.

그러나 산업혁명은 농업부문에서 퇴출된 농민의 노동을 공급원으로 한 생산의 혁신을 가져왔다. 동시에 산업혁명은 농업부문의 혁신을 가져와 농업산출물을 증가시켰으며 공업을 기반으로 한 산업발전을 통해 전통적으로 토지를 통해 부의 창출이 이루어졌으나 산업혁명 이후 토지의 역할이 상대적으로 감소하였다. 또한 산업화로 인

그림 5.3 제임스 와트의 증기기관

참조 : 독일에서는 1848년에 가서야 만들어짐
출처 : http://en.wikipedia.org/wiki/File:20070616_Dampfmaschine.jpg

하여 노동자들이 자신의 권익을 위한 활동을 확대해 나갔다. 산업혁명 이전에는 단순히 개개인 자신의 개인도구로 생산을 하였으나 산업혁명 이후 기계를 활용하여 대량생산을 함으로써 생산량의 증가는 매우 크게 나타났으나 노동이 기계나 공장의 규율에 예속된다는 문제점이 발생하였다.

1760~1830년 기간 중 산업혁명은 대체로 영국에 국한되어 발생했으며 영국은 자국의 기술 유출을 막기 위하여 기계와 숙련노동자, 제조기술 등의 유출을 금지하였으나 이와 같은 정책은 지속될 수 없었다. 일부 영국인들은 해외에서 산업활동을 통해서 보다 많은 이윤을 얻게 되는 것을 알게 됨에 따라 1807년경 윌리엄과 존 코커릴이라는 영국인이 벨기에 리에주에서 기계를 갖춘 공장의 문을 연 것을 계기로 벨기에에서도 산업혁명이 시작되었다.

프랑스는 혁명의 소용돌이와 불안한 정치적 상황으로 인하여 산업혁신에 필요한 투자가 위축되었으며 이후에도 1848년경에 주요공업국이 되었으나, 영국에 뒤처져 있는 상황이었다. 이 밖의 다른 유럽 국가들은 훨씬 더 뒤처져 있었다.

독일의 경우, 석탄과 철광석 같은 천연자원이 풍부했음에도 불구하고 산업화는

1870년 국가 통일이 되고 나서 빠르게 진행되었다.

산업혁명은 산업이라는 자본을 갖고 있는 부르주아지와 지주계급 그리고 임금노동자라는 세 계급을 탄생시켰으며 동시에 농민의 감소와 도시화의 빠른 진행을 유발시켰다. 또한 산업혁명은 가족의 유대가 약화되는 모습을 보이는 계기가 되었다. 1830년대 노동자들의 삶을 살펴보면, 새벽 3시부터 밤 10시까지 약 19시간의 노동을 하는 현재와는 비교도 할 수 없을 만큼 고달픈 삶이었다.

영국에서는 1833년 공장법의 제정을 통해 하루 노동시간이 12시간으로 줄어들었으나, 이는 산업혁명 이후 초기 산업자본주의 시기에 열악한 노동자들의 삶을 보여주는 예가 될 것이다. 1832년에 부르주아지의 정치참여가 인정되기 시작하였으며, 노동자들은 1867년에 가서야 정치참여가 가능하게 되어, 산업화가 일반대중들의 정치참여의 길을 열어 주었다고 볼 수 있다. 앞서 언급한 곡물법이 1846년에, 항해조례는 1849년에 폐지되어 지주나 산업자본가들의 정치권력 및 경쟁적 경제시스템으로의 변화가 나타났다.

무엇보다 1848년 산업화의 단계 속에서 밀(J. Stuart Mill)은 『정치경제학의 원리(Principles of Political Economy)』를, 막스와 엥겔스는 『공산당 선언』을 썼다. 밀은 점증하는 민중들의 요구를 수정 · 보완하려는 노력으로 분배부문에서는 사회주의 일부를 수용하려는 움직임을 보인 반면, 막스와 엥겔스는 자본주의의 모순을 지적하면서 사회주의로의 길을 모색하였다.

1961년 미국에서는 남북전쟁(Civil War)이 발발하였고, 에이브러햄 링컨의 항만봉쇄령에 의해 영국과 프랑스는 커다란 변화를 경험하게 된다. 남북전쟁 기간 동안 영국과 프랑스의 섬유산업에 있어서 상당 부문의 면화는 미국과 교역을 하였지만, 이 기간 동안 미국과의 교역에서 아프리카와 아시아지역으로 무역상대국이 이전하게 되었다. 이와 같은 환경하에서 스웨즈 운하가 영국과 프랑스에 의해서 1969년 10월 17일 개통되게 된다. 자본주의와 이윤추구 행위는 국가 간의 거리를 좁혀 놓는 계기가 되었다.

그러나 산업혁명을 통해 자본주의 발전을 이끌었던 영국은 19세기 말부터 제조업과 금융부문에서 영광의 빛이 퇴색하기 시작한다. 이러한 원인으로 주로 논의되는 것으로 진부(陳腐)한 개별 기업의 경영스타일, 대립적 노사관계, 부적절한 자본투자, 독일, 일본, 미국과 같은 경쟁국가들의 등장, 세대 간의 문화적 격차, 그리고 계층에 따른 학제교육 등을 들 수 있다.

19세기 후반까지 이러한 대규모 산업을 기반으로 한 자본주의는 신탁회사, 금융가, 주식회사를 중심으로 발전하였다. 이 기간에 많은 수의 독과점 기업은 막대한 이윤을 남겼다. 이 기간 자본주의의 주요한 특징으로는 대규모 산업 카르텔이 형성되었으며, 독점기업이 출현하였고 기업의 소유권과 경영권은 금융자본가들에게 넘어갔으며, 기업의 소유자와 기업의 생산활동 분리가 이루어졌다. 은행, 증권시장, 주식소유를 통한 기업의 소유 등 복잡한 금융제도가 형성되고 발전하였다. 특히 대규모 산업 및 토지는 이제 금융투기자들의 수익과 손실을 낳는 대상이 되었다.

19세기 자본주의의 특징 중 하나는 '독점적 자본주의' 라고 말할 수 있다. 특히 정부를 주축으로 대규모 독과점기업들이 중심을 이루는 자본주의이다. 특히 자본이 대규모의 독점적 또는 과점적 기업에 집중되었으며, 주로 은행 및 금융자본가들이 이러한 기업을 소유하게 되었다. 무엇보다 이 시기에 자본가, 주주소유자, 노동자, 경영자 등으로 노동이 분리되었다.

19세기 후반에는 대규모 산업신탁회사가 생겨나기도 하였으나 미국에서 법제화를 통해 독점적 경향은 점차 감소하기 시작하였다. 그리고 이러한 독과점현상을 방지하기 위하여 미국연방정부가 반독점(Anti Trust)법을 법제화하였으며, 주요산업에 있어서는 산업표준을 확립하는 데 주도적 역할을 하였다.

19세기 말의 경기침체와 경기호황의 일련의 사이클은 자본주의 시스템의 문제점으로 나타나기 시작하였으며, 특히 1870년 및 1880년대의 장기불황은 자본주의 시스템 전체에 파급되는 현상으로 나타났다.

참고

남북전쟁(1861~1865)

1961년 4월 12일 오전 4시 30분, 링컨의 노예해방에 내한 반대로 남부연합이 캐롤라이나 남부 포트 섬터(Fort Sumter)에서 미군을 공격하여 시작된 전쟁으로 62만여 명의 사상자를 내고, 1864년 4월 9일 남부군의 패전으로 전쟁이 종료되었으며 전후 복구과정은 1877년까지 지속되었다.

제 3 절 대공황 이후의 자본주의(1929년~1980년대 초)

20세기 초 자본주의는 사회주의 시스템인 소련(USSR)과 공존하면서 소위 동 · 서 관계라는 서로 경쟁하는 경제시스템이었다. 1917년 러시아 혁명으로 인해 소련이라는 세계 최초의 사회주의 국가가 탄생하였다. 그로부터 11년 후에 대공황(Great Depression)이 미국에서 시작되었고, 자본주의 시스템에 대한 비난과 우려의 목소리가 높아졌다. 이러한 위기에 대한 반향으로 파시즘(Fasism)과 같은, 국가가 주도하는 자본주의의 이데올로기를 만들어 내었다. 이러한 경제현상으로 인하여 자본주의를 거부하고 공산주의 또는 사회주의 이데올로기를 추종하는 국가들도 나타났다. 이와 같은 예로 1920년대에서 30년대 세계적인 문화도시이자 동양의 뉴욕이라는 칭호를 갖고 있는 상하이를 갖고 있는 중국과 그리고 쿠바, 러시아 등이 사회주의의 길을 걷게 되었다.

제2차 세계대전 이후에 자본주의는 지속적으로 발전하였지만, 여러 가지 형태로 규제되었다. 특히 케인즈는 대공황의 원인으로 총유효수요의 부족을 지적하고 새로운 수요창출자로서 국가의 역할을 강조하였다. 이와 같은 케인즈의 이론은 미국의 경제를 회복하게 하는 대표적 정책수단이 되어 국가가 주도적으로 수요를 창출하는 뉴딜정책의 실현에 이르렀다. 뉴딜정책은 프랭클린 루즈벨트 대통령 재임 때 실시한 정책으로 1933년에서 1938년까지 일련의 경제 프로그램으로 경기회복에 목표를 두고 국가가 주도적으로 댐, 항만, 철도 건설과 같은 산업하부구조의 건설에 역점을 두고 공공수요를 창출하고 이는 민간부문의 소득증가로 이어지고, 일련의 소비과정과 소득창출을 통한 경기회복에 목표를 두고 정책이 실시되었다.

1930년대 대공황과 제2차 세계대전으로 인한 자본주의에 대한 위기의식과 불안감은 세계 주요 자본주의 국가들의 경기회복으로 인하여 줄어들기 시작하였다.

1930년대의 세계경제침체로 인하여 세계 전반에 걸쳐 자본주의 경제시스템에 있어서 국가의 역할은 증대되었다. 1929년 전 미국총지출(연방, 국가, 지방을 모두 포함)은 GNP의 10분의 1에도 못 미쳤다. 그러나 1970년에 있어서 정부의 규모는 GNP의 약 33% 정도를 차지하기에 이르렀다. 유사하게 정부 비중의 증가는 거의 모든 선진국에 나타났다. 프랑스는 국가재정지출 규모가 미국을 넘어서기도 하였다.

그림 5.4 미국의 GDP 대비 정부지출 비중(%)

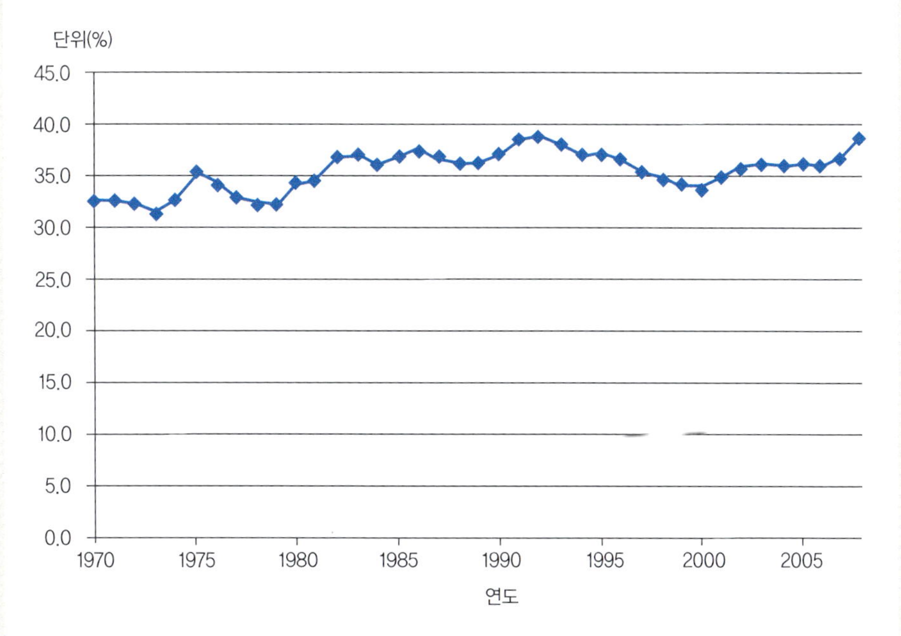

출처 : OECD.Stat

이러한 전후 호황으로 인하여 자본주의의 변화 요인이 후기 산업사회와 복지국가주의에 의한 것이라는 평가도 제기되었다. 전후 이러한 복지국가를 지향하는 과정에서 나타나는 경제현상을 막스주의자들은 — 또는 막스주의자가 아니라고 하더라도 — '국가자본주의(state capitalism)' 라 칭하기도 하였다.

그림 5.4는 미국의 GDP대비 정부지출 규모를 보여 주고 있다. 이 그림을 보면, 정부의 지출규모가 33% 이상을 유지하고 있지만, 레이건 및 부시 행정부 시절에는 감소하는 모습을 보이고 있다. 그러나 2008년 미국의 금융위기 이후 정부의 지출규모가 다시 증가하고 있는 모습을 보이고 있다.

제 4 절 신자유주의적 자본주의(1980년대 이후~현재)

전후 1960년대의 자본주의의 호황은 1970년대 말부터 점차 사라지기 시작하였다. 이러한 원인은 1973년 1차 오일쇼크로 인한 것이었다. 1973년 10월 제4차 중동전쟁 발발 이후 페르시아 만 연안의 6개 산유국가는 오일 생산량을 줄임으로써 유가인상을 단행하였다. 당시 1배럴당 2.9달러였던 두바이유의 고시가격은 4달러를 돌파했다. 1974년 1월 1배럴당 가격이 11.6달러까지 상승하여 불과 2~3개월 사이에 유가가 4배나 폭등했다. 이러한 유가상승으로 인하여 1974년 주요선진국의 물가수준은 급속히 상승하였으며 경제성장률은 하락하였다. 또한 1978년 12월 호메이니가 주도하는 이란의 회교도 혁명으로 인해 석유수출을 전면 중단하였고 이로 인하여 1배럴당 13달러대였던 유가는 20달러까지 상승하였다. 또한 1980년 9월 이란-이라크 전쟁으로 인하여 1배럴당 30달러를 돌파하였으며 사우디아라비아가 석유무기화를 선언함으로써 1981년 1월 두바이유는 39달러에 도달하였다. 이것은 1970년대에 시작된 물가상승과 경기침체를 동반한 **스태그플레이션**(stagflation)이 발생하는 주요한 원인이 되었다.

물가상승과 경기침체를 경험한 국가들은 인위적인 국가의 경제개입보다 시장에서 가격이 결정되고 생산이 이루어지는 자유방임의 시장경제로 시각을 돌리기 시작하였다. 경제관료 및 정치가들은 자유방임(laissez-faire) 자본주의와 19세기의 고전적 자본주의로의 회귀라는 신자유주의(neo-liberalism)적인 정책을 취하게 되었다. 특히 밀턴 프리드먼(Milton Friedman)과 프리드리히 하이에크(Friedrich Hayek)의 영향을 받은 자유방임적 시장을 중심으로 한 경제시스템이 바로 **신자유주의적 자본주의**(neo-liberal capitalism)이다. 특히 대표적으로 물가안정을 목표로 하고 정부의 인위적 정책을 반대하는 통화주의(monetarism)는 정부개입에 의한 경제정책을 하고자 하는 케인즈주의(Keynesianism)의 대안이 되었다. 미국의 로날드 레이건(Ronald Reagan) 대통령과 영국의 마가렛 대처(Margaret Tacher) 수상은 자유방임적 시장경제와 정부의 역할을 축소하는 경제정책을 주도하였다. 이를 레이거너믹스(Reaganomics), 대처리즘(Thatcherism)이라고 부른다.

그림 5.5에서 보는 바와 같이, 유가는 지속적으로 상승하고 있다. 1 · 2차 오일쇼크

그림 5.5 유가 추이 (OPEC Basket Price, 단위 : $)

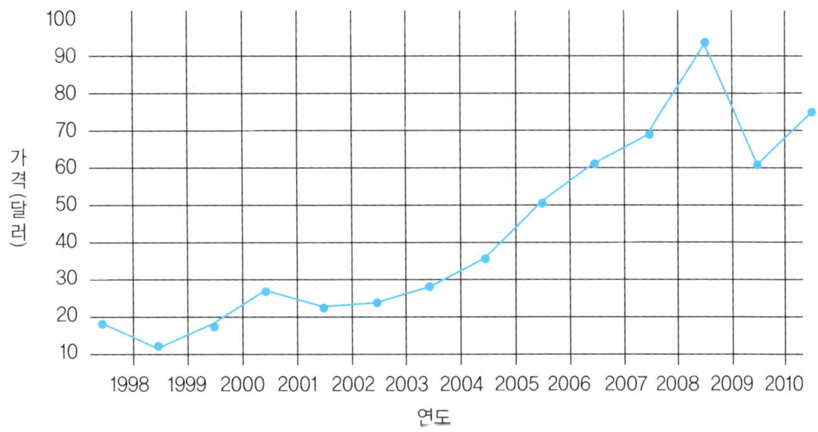

출처 : OPEC

이후에도 OPEC에서 발표한 유가동향을 보면 2008년도 미국 금융위기를 통해서 나타난 유가상승 이후에 잠시 하락하고 있지만, 상승하는 추세를 보여 주고 있다. 이러한 추세는 전 세계적인 유가상승으로 인한 물가상승과 침체가 동반될 경우 21세기의 스태그플레이션을 촉발할 수 있다.

앞서 제2장에서 살펴본 바와 같이, 신자유주의적 자본주의 시기는 세계화가 과속화되는 시기이다. 1980년대 이후 해외 교역량의 증가는 신자유주의 바람을 타고 빠르게 증가하였다. 이러한 변화는 인구의 이동 및 자본의 이동과 더불어 나타났다. 오늘날 이러한 변화는 자본주의 시스템을 진정한 세계적 관점에 바라볼 수 있게 하였다. 세계화의 과정에서 초국적 기업의 탄생을 볼 수 있게 되었다. 초국적 기업은 생산 및 투자를 전 세계를 대상으로 해 왔으며, 자본의 국제화로 나타났다.

또한 자국 내에서 소득불평등뿐만 아니라 세계적인 국가 간 소득불평등이 나타나고 있다. 그러한 과정에서 중국은 산업혁명 이후 가장 빠르게 경제성장을 하고 있는 국가 중 하나가 되어 왔다.

산업혁명 이후 경제성장으로 인하여 다소간의 차이는 있지만, 산업혁명 이전과 비교해 보면 사람들의 기대수명을 증가시켰으며, 유아사망률은 낮아졌고, 어린이의 노동은 줄어들었으며, 교육의 여건은 개선되었고, 여가시간은 증가해 왔다.

신자유주의 이념하에 경제성장을 추구해 왔던 자본주의 시스템은 2007년 말부터 시작된 미국의 모기지 론 리스크(mortgage loan risk)로 인하여 위기를 맞이하였다. 이러한 미국에서부터 촉발된 경제적 위기는 세계적 유동성 위기로 연계되어 나타났다. 미국을 중심으로 한 신자유주의적 자본주의는 미국의 금융시장의 위기로 나타났고 이러한 위기를 막기 위해서 세계적인 자본시장에 대한 각국의 개입이 나타나고 있어 신자유주의적 자본주의 시스템은 새로운 변화의 국면을 맞고 있다.

읽을거리 1

1973년 중동전 여파 1차 오일쇼크가 시발점

이집트와 시리아가 주축이 된 아랍연합군은 이스라엘 점령지였던 골란고원과 시나이반도를 기습 공격했다. 이렇게 시작된 4차 중동전쟁(욤키푸르전쟁)은 이전까지 없었던 석유전쟁이란 개념을 탄생시킨다.

10월 16일 아랍 산유국들이 원유가 17% 인상을 결의하고, 다음 날에는 이스라엘이 점령지에서 철수할 때까지 매달 산유량을 5% 감산할 것이라고 일방적으로 발표했다. 그간 공급과잉으로 바닥을 기던 국제 원유가가 그해 말까지 순식간에 4배 가까이 급등하면서 석유의 정치적 무기화가 실제 위력을 나타내기 시작한다. 이것이 1차 오일쇼크(석유 파동)다.

자원을 무기로 활용하는 국제사회의 전략은 1973년 1차 오일쇼크를 시작으로 본격화했다. 당시 중동 산유국들이 겨냥했던 것은 이스라엘의 편에 섰던 미국 등 서방국가였고 이는 적중했다. 74년 주요 서방 선진국들은 경제성장률이 마이너스를 기록하고 물가는 두자릿수 상승하는 전형적인 스태그플레이션으로 극심한 고통을 받았다. 세계는 자원이 경제의 영역에서 안보의 영역으로 넘어오기 시작했다는 사실을 절감했다.

2차 오일쇼크는 78년 12월 팔레비왕조에 반대하는 파업 등으로 이란의 원유수출이 중단된 데서 출발했다. 79년 2월 아야톨라 루홀라 호메이니 주도의 이란혁명이 일어났고, 최고지도자로 부상한 호메이니는 팔레비왕조를 지원했던 미국과 단교를 선언하는 한편 대미 원유수출을 전면 중단했다. 더불어 중동 산유국들이 원유 감산에 동참하고 1차 오일쇼크를 경험했던 각국이 경쟁적으로 석유를 비축하면서 수급상황이 악화됐다. 2차 석유파동을 거치면서 국제유가는 78년 초 배럴당 13.66달러에서 81년 10월 말 38.28달러로 3배 가까이 상승했다. 이번에도 세계 경제는 고유가에 몸살을 앓아야 했다.

진성훈기자 bluejin@hk.co.kr(1973년 10월 6일)

출처 : http://news.hankooki.com/lpage/world/201009/h2010092717581422450.htm

읽을거리 2

세금으로 적자기업 살린다면…

민주주의 사회에서 세금은 국민의 돈입니다. 세금을 사용하는 원칙에 대해 국민의 동의가 있어야 한다는 뜻입니다. 그런데 만약 국민의 세금을 걷어 관리하는 사람들이 자신들의 월급을 몰래 올리거나, 친한 사람의 사업을 돕는 데 세금을 쓴다면 어떨까요? 얼토당토않겠지요?

그러나 실제로 세금을 낭비하는 일이 복잡한 모습으로 나타나는 경우는 의외로 많습니다. 시장에서 팔리지도 않는 제품을 만드는 기업이나 쇠락하는 산업에 계속 세금으로 지원하는 일이 그렇습니다. 이 경우 시장의 경쟁으로부터 보호받는 사람은 '어떻게 하면 시장에서 살아남을 수 있을지'를 고민할 필요가 없고, 결국 세금 잡아먹는 하마가 되겠지요. 이렇게 경쟁의 압력을 면제해 주는 특혜를 받는 사람들을 흔히 '철밥통'이라고 부릅니다. 보통 정년이 보장되는 경우를 말하지만, 넓게 보면 시장 원리로부터 특정 분야를 보호하는 경우를 뜻합니다. 당연히 정당한 이유 없이 특정 그룹의 철밥통을 지켜 주는 데 국민의 세금을 사용하는 일은 사라져야 하겠지요.

출처 : http://businessnews.chosun.com/site/data/html_dir/2008/11/07/2008110700113.html

읽을거리 3

영국, 대처 수상과 탄광노조

역사상 가장 유명한 철밥통 철폐 사건은 영국 탄광노조 파업입니다. 1946년 국유화된 석탄산업은 시설과잉 · 인원과잉에도 불구하고, 강성노조로 인해 산업구조조정이 이루어지지 않았습니다. 노조가 얼마나 강력했던지 탄광노조가 총파업을 하면 정권이 바뀐다고 할 정도였고, 실제로 1973년 총파업 직후 보수당 정권이 무너졌다고 합니다. 석유 의존도가 높아지면서 1980년대 초 전국의 탄광 중 75%가 적자였는데도, 세금으로 어마어마한 적자를 계속 메웠던 거지요. 당시 채산성 악화에 따른 탄광폐쇄계획에 대해 탄광노조는 석탄 매장량이 바닥날 때까지는 탄광을 폐쇄할 수 없다고 저항했습니다. 노조위원장 스카길은 "어느 정도의 적자라야 탄광을 포기할 수 있나"라는 질문에 대해 "적자는 무한정이라도 좋다"라고 대답했다고 합니다. 그야말로 초강력 철밥통이었던 셈이지요.

철밥통이 일단 생긴 뒤에 이것을 깨는 일은 무척 어렵습니다. 1983년 탄광노조 파업은 꼬박 1년을 끌었고, 그 과정에서 시위가 불법화되었을 때, 대처 수상은 기마경찰을 보내 진압했습니다. 부상자 발생에 대해 항의하는 노조 관련자들에게 대처는 "다음엔 탱크를 보내겠다"고 대응했다고 합니다. 결국 탄광노조는 무릎을 꿇었고, 이 사건은 영국 산업구조조정의 시작이 되었지만, 철밥통 철폐가 얼마나 고통스러운 과정인지를 보여 주는 예입니다.

윤숙희 : KDI연구위원

출처 : http://businessnews.chosun.com/site/data/html_dir/2008/11/07/2008110700113.html

토론하기

- 【읽을거리 1】 유가상승이 물가상승과 경기침체를 동시에 가져올 수 있을까?
- 【읽을거리 2】와 【읽을거리 3】은 어떤 경제적 사조에서 분석하고 있는가?

평가하기

퀴즈 1〉 다음은 산업혁명 이후 산업자본주의 성격을 묘사하고 있다. 가장 적절하지 못한 것은 무엇인가?

① 자유방임적 시장경제가 나타나기 시작했다.
② 자본가, 귀족계급, 노동자층으로 분류가 이루어졌다.
③ 기업의 소유와 경영이 분리되는 모습이 나타났다.
④ 해외국가와 경쟁을 위하여 정부의 시장에서의 역할이 강화되었다.

힌트 산업자본주의는 자유주의적 시장경제를 기반으로 국가가 시장에 개입을 하지 않는 자유방임적 경제구조에서 성장하였다.

퀴즈 2〉 신자유주의적 자본주의의 특성을 설명한 것으로 가장 적절한 것은 무엇인가?

㉮ 자유방임을 강조하고 있다.
㉯ 시장의 역할을 중요시한다.
㉰ 시장의 질서를 유지하기 위하여 적극적인 규제법안을 만들 필요가 있다.
㉱ 세계화를 촉진하는 역할을 하였다.

① ㉮, ㉰, ㉱ ② ㉮, ㉯, ㉱
③ ㉮, ㉯, ㉰ ④ ㉮, ㉯, ㉯, ㉱

힌트 신자유주의는 자유방임을 강조하고, 탈규제를 통한 경쟁을 강조한다.

퀴즈 3〉 다음 중 신자유주의적 성격이 강한 것으로 이루어진 것은 무엇인가?

㉮ 자유시장에서의 경쟁을 통한 효율성을 강조하고 있다.
㉯ 의료, 보건, 교육 서비스는 국가가 아니라 시장에서 자유로운 경쟁을 통해 공급된다.
㉰ 국가, 형평성 제고, 경제성장 등의 이념보다 인간의 자유를 중시한다
㉱ 시장의 역할을 강조하고 있어서 개개인의 효용(만족도)을 높이는 효과가 크다.

① ㉮, ㉰, ㉱ ② ㉮, ㉯, ㉱
③ ㉮, ㉯, ㉰ ④ ㉮, ㉯, ㉰, ㉱

힌트 위의 모든 항목이 신자유주의적 특징을 설명하고 있다.

정리하기

■ 중상주의적 자본주의

- 자본주의 맹아(萌芽)가 싹트는 시기로 무역과 유통을 통한 자본축적의 시기
- 주로 선진국은 식민지를 소비시장으로 자국의 부가가치가 높은 상품을 수출하는 방식으로 상업자본이 형성
- 자본은 상인들의 활동으로 축적되었으며, 자본을 축적하기 위한 방편으로 자유로운 시장(자유방임시장)에서의 경쟁을 중시

■ 산업자본주의

- 산업혁명은 중상주의적 자본주의를 대체
- 산업혁명은 생산방식의 혁신, 유통의 혁신 등으로 자본의 축적이 산업의 발전을 통하여 실현
- 이러한 산업자본의 형성은 주로 은행, 자본가, 금융조직을 통하여 형성

- 자유방임시장과 더불어 제조업을 중심으로 한 생산성이 빠르게 증가한 시기
- 그러나 자본의 축적과정에서 독점기업 및 독과점기업이 출현
- 이에 대한 규제가 미미
- 계층도 산업자본가, 대토지 소유자(귀족계층), 노동자 등으로 분화
- 기업의 소유구조도 자본가와 경영의 분리가 나타난 시기

■ 대공황 이후의 자본주의(1929년~1980년 초)

- 자유방임을 통한 경제성장은 한계 초래
- 대공황(1929년)을 통하여 자유방임 시장경제를 통한 경제성장이 정체
- 당시에 사회주의 국가들의 등장으로 자본주의는 새로운 길을 모색
- 이러한 위기의 해결방안은 정부의 개입을 통한 수요의 창출
- 이러한 변화는 각국에서 정부의 재정규모의 확대를 초래
- 대공황이 종식되기까지 정부의 개입정책은 자본주의 경제의 위기를 해결
- 정부의 개입을 통한 수요조절은 복지국가를 지향하는 국가들의 출현과 더불어 더욱 확대되어 '국가자본주의' 라는 말로 표현되기도 하며, 특징은 국가의 역할 확대

■ 신자유주의적 자본주의(1980년대 이후~현재)

- 제1 · 2차 오일쇼크로 인하여 각국은 물가상승과 경기침체라는 스태그플레이션을 경험
- 정부의 시장개입에도 불구하고 경제상황은 크게 악화
- 이에 따라 시장중심의 자본주의 시스템으로 경제 전환
- 정부의 역할보다는 시장의 역할을, 개입주의보다는 자유방임주의로의 변화 초래
- 정부가 인위적으로 시장에 개입하는 것보다 기업의 자율적 의사결정을 강조
- 시장의 보이지 않는 역할을 통한 경제발전을 도모

제 6 장

시장과 정부

학습목표

1_ 자본주의 경제시스템에서 시장의 역할은 매우 중요하나. 본 장에서는 자본주의 경제시스템에서 시장은 어떠한 역할과 기능을 하고 있는지를 학습목표로 한다.

2_ 시장의 역할이 자본주의를 움직이는 역동적인 기제이기는 하지만, 시장이 제 기능을 수행하지 못할 경우에는 이를 보완하는 정부의 역할이 필요하게 되는데, 이에 대한 내용을 학습하는 것을 목표로 한다.

학습내용

1_ 시장의 기본적인 역할이 무엇인지를 학습한다.

2_ 시장이 제 기능을 수행하지 못하는 소위 '시장 실패'에 대해 학습한다.

3_ 시장에 대한 정부개입의 이론적 근거와 정부의 역할에 대해 학습한다.

4_ '시장 실패'와 마찬가지로 자본주의에 나타나는 '정부 실패'에 대해 학습한다.

키워드_ 수요와 공급, 소비자 잉여, 생산자 잉여, 시장 실패, 규모의 경제, 자연독점, 독과점, 공공재, 외부효과, 자중손실, 한계비용, 정부 실패, 파레토 효율성, 구제기금, 소득보전, 누진적 조세

제 1 절 시장의 역할

자본주의 사회에서 시장의 역할은 매우 중요하다. 제1장에서 살펴본 바와 같이, 자본주의 체제에서는 "무엇을 생산할 것인가? 어떻게 생산할 것인가? 누구를 위해 생산할 것인가?"라는 문제가 시장을 통해서 해결된다. 자원의 배분이 시장의 역할을 통해서 해결된다는 신념을 가지고 있으며 이것이 자본주의 시스템의 근간이 된다.

자본주의 경제시스템에서는 시장에서의 수요와 공급의 변화에 따라 가격이 변화하고, 가격의 변화는 또한 수요 · 공급에 영향을 준다. 아래 그림 6.1에서 보는 바와 같이 수요곡선은 우하향의 모습으로 가격이 하락하면 수요량이 증가하고, 가격이 상승하면 수요량이 감소하는 모습을 보인다. 또한 공급곡선은 가격이 올라가면 공급하고자 하는 재화 또는 용역의 양이 증가하기 때문에 우상하향의 모습을 띠고 있다.

용어

수요는 수요자가 일정 기간 동안 특정량의 재화와 용역을 일정액의 가격을 지불하고 구매하고자 하는 의도를 말한다.

공급은 공급자가 일정 기간 동안 일정액의 가격수준에서 특정량의 재화와 용역을 공급하고자 하는 의도를 말한다.

그림 6.1 수요와 공급의 균형

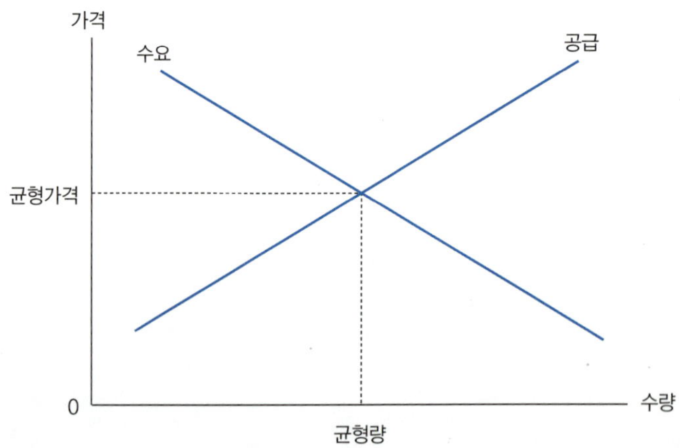

여기서 수요곡선 상의 한 점은 수요자가 특정한 재화를 일정량 구매할 때 기꺼이 지불하고자 하는 가격수준과 수요량이다. 따라서 소비량이 증가함에 따라 그 재화를 소비하는 데 따른 만족도가 떨어지기 때문에 소비자가 지불하고자 하는 가격수준은 점차 떨어질 것이다.

또한 공급곡선 상의 한 점은 공급자가 특정한 양(量)의 재화를 공급할 때, 최소한 받고자 하는 가격수준이다. 이 가격수준은 생산자가 재화를 추가적으로 더 공급할 때 최소한 받아야 하는 비용과 기업의 생산에 따른 기회비용의 합(合)이라고 볼 수 있다. 이때 기업은 추가적으로 생산하는 데 따르는 비용이 많이 증가하면 공급량이 증가함에 따라 공급가격은 상승할 수밖에 없어, 공급곡선은 우상향의 모습을 보이게 된다.

그리면 이러한 수요와 공급에 의해 작동하는 시장은 어떠한 이득을 가져다주는가? 실제로 소비자가 지불하고자 하는 가격보다 낮게 지불하였다면, 지불하지 않는 금액은 소비자에게는 시장에서 구매를 통해 얻게 되는 이득이다. 이와 같이 시장에서 교환을 통해 지불하지 않고 남게 되는 이득을 **소비자 잉여**라고 한다. 아래 그림 6.2에서 보면, 노란색 영역이 시장에서 거래함으로써 소비자가 얻게 되는 소비자 잉여이다.

그리고 공급자의 경우도 최소한 받고자 하는 가격수준 이상으로 물건을 팔게 되었

그림 6.2 소비자 잉여와 생산자 잉여

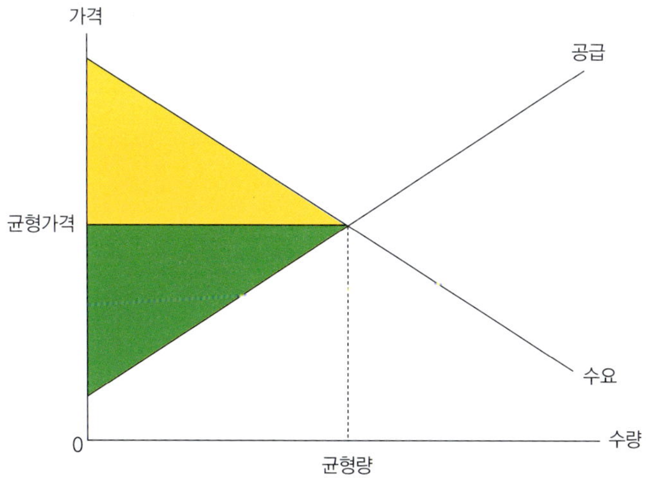

다면, 이는 공급자에게는 추가적인 이득이라고 볼 수 있다. 이와 같이 공급자가 받고자 하는 가격 이상으로 물건을 팔게 됨으로써 얻게 되는 이득을 **생산자 잉여**라고 한다. 그림 6.2에서 보면, 녹색 영역이 시장에서 거래를 통해 얻게 되는 생산자 잉여가 된다.

그래서 시장에서 교환을 통해서 얻게 되는 사회전체의 이득은 생산자 잉여와 소비자 잉여의 합이며, 이를 사회적 잉여라고 한다. 따라서 시장에서의 교환은 생산자 및 소비자에게 모두 이득이 된다.

수요와 공급이 균형을 이룬 상태에서 어떤 기업이 원가하락 요인이 발생하여 같은 가격에서 더 많은 재화를 공급한다면, 그림 6.3에서 보는 바와 같이 기존의 균형(E) 가격수준에서 초과공급, 즉 재고(在庫)(붉은색 점선)가 발생한다. 공급자는 재고판매를 위하여 가격을 인하하게 되고, 가격을 인하하면 수요량은 증가하면서 새로운 균형점(E′)에서 수요와 공급은 일치하게 된다. 따라서 가격의 원활한 변화(가격의 신축성)로 인하여 재화의 수요와 공급의 불균형문제가 자동적으로 해결된다. 여기서도 앞서와 마찬가지로 여러분이 직접 공급자(생산자)의 공급 증가로 인한 사회적 잉여의 변화를 살펴보기 바란다.

시장에서의 교환은 공급자와 소비자 모두에게 이득을 준다. 또한 시장에서 가격의 변화와 수요, 공급량의 변화가 신축적으로 이루어지면 시장 내에서 불균형의 문

그림 6.3 공급의 증가와 시장의 균형

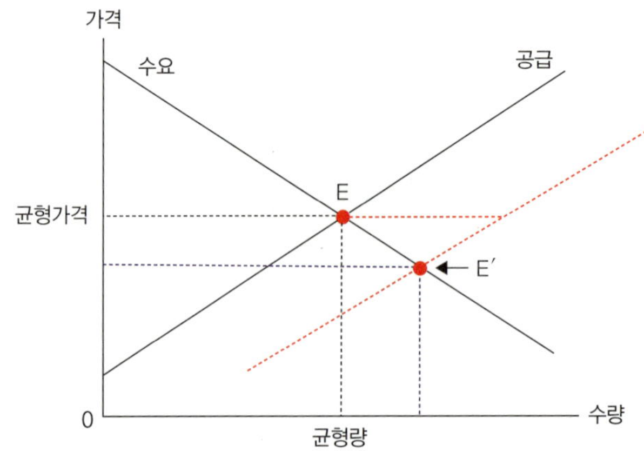

제는 자연스럽게 해결된다. 이러한 과정에서 자본주의체제에서는 '무엇을 생산' 하고, '얼마만큼의 재화를 공급' 하고, '누구를 위해 생산' 할 것인가라는 문제가 해결된다.

그러나 시장에 있어서 가격의 변화가 경직적이거나 수요량과 공급량의 변화가 경직적일 경우, 시장이 본래의 기능을 수행할 수 있을까? 다음에서는 시장의 역할이 자원배분의 역할을 제대로 하지 못하는 경우를 살펴보도록 한다.

제 2 절 시장 실패의 원인

시장이 제 기능을 수행하지 못하는 경우를 **'시장 실패**(market failure)' 라고 한다. 여기서는 시장에서 기능상 제 기능을 수행하지 못하는 경우를 살펴보도록 한다.

1. 규모의 경제

기업 간 경쟁이 치열해지고, 특정 기업의 생산성이 높아지는 기업이 존재하는 경우, 이러한 기업은 단위당 생산비용이 점차 감소하는 현상이 나타날 수 있다. 이 기업은 동일한 가격수준에서 물건을 판매한다고 하더라도 다른 경쟁기업보다 평균생산비용이 낮기 때문에 경쟁기업보다 더 많은 이윤을 얻게 되고, 지속적으로 이러한 기업의 생산성이 높아진다고 하면 계속해서 이 기업의 평균생산비용은 떨어질 것이다. 이러한 과정에서 기업의 규모가 커짐에 따라 평균비용이 감소하는 현상을 **'규모의 경제**(economy of scale)' 라고 한다.

이때 이러한 기업이 가격을 인하하게 된다면 다른 경쟁기업은 떨어지는 가격수준을 맞추지 못하게 되고, 한 기업만이 시장에서 살아남게 되는데 이를 **'자연독점**(natural monopoly)' 이라고 한다. 자연독점 기업은 시장에서 가격결정력을 갖게 되고 이러한 독점기업이 가격을 임의적으로 올리거나 생산량을 줄임으로써 가격을 올릴 경우, 소비자들은 높은 가격 또는 적은 소비량에도 불구하고 많은 소비지출을 해야 하는 문제점이 발생한다.

우리는 재래시장에서 필요로 하는 상품을 구매하고자 할 때, 흥정이라는 것을 한다. 물건을 싸게 사거나 많이 구매할 때 할인을 요구하기도 하며, 상인과 가격을 협상하여 결정한다. 그러나 독점기업이 가격을 일방적으로 정하고, 소비자는 그 설정된 가격 수준에서 재화를 구매해야 한다. 한 번쯤 이러한 상황이 왜 벌어졌는지 생각해 보았을 것이다. 주위의 예를 들면, 우리는 통신회사에서 산출하는 정확한 원가구조도 모를 뿐만 아니라, 가격도 흥정하지를 못한다. 단지 통신사에서 결정한 가격을 지불해야만 한다. 이렇게 가격지배력이 높은 기업이 정한 가격에 일반소비자뿐만 아니라 1차 제조업체도 정해진 가격에서 구매를 할 경우가 있는데, 이러한 현상은 독점력이 높은 기업과의 거래에서 뚜렷이 나타난다.

2. 소득분배의 불평등

모든 사회구성원들이 자유방임 시장경제에서 경쟁을 할 경우, 부(富)의 쏠림현상이 나타난다. 부유한 자는 더 부를 축적하기 용이하며, 가난한 자는 경쟁에 뒤떨어지면 쉽게 가난에서 벗어나기 어렵게 된다. 자본주의 시장경제에서 나타나는 경쟁에서 실패하거나 낙오한 자들에 대한 배려가 시장경제시스템에서는 없다는 것이 문제점이다. 이는 지속적으로 빈곤의 악순환으로 나타난다. 작게는 개별 경제주체의 경우에도 나타나고, 크게는 국가 간에서도 이러한 현상이 나타날 수 있다. 미시적으로 개별 경제주체에 나타나는 이러한 현상은 빈곤의 대물림으로, 거시적으로 국가에 발생하는 경우에는 **남북문제**로 나타난다.

용어 **남북문제**는 선진제국과 후진개발도상국 간의 투자의 차이로 인하여 심한 경제적 격차가 커지는 경제적 문제를 말한다.

3. 독과점의 존재

완전경쟁시장(perfect competitive markets)에서는 수많은 생산자와 소비자가 존재하므로 개별 기업은 가격의 결정력이 없고, 시장에서 결정된 가격을 받아들여야만 하는 일종의 가격순응자(price-taker)가 되며, 이 경우 가격과 **한계비용**이 항상 일치

그림 6.4 시장균형과 독점시장의 균형

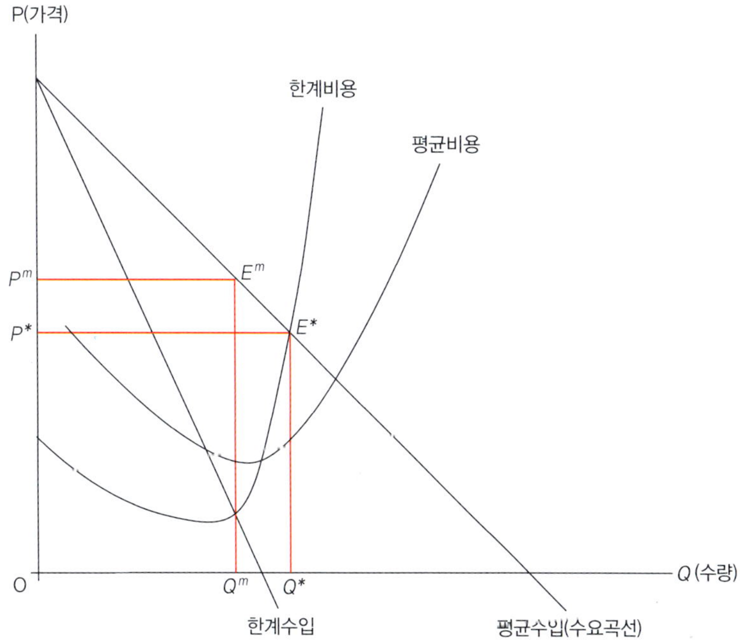

되어 효율적인 자원배분을 달성할 수 있다.

그러나 **독과점**과 같은 불완전경쟁시장에서는 특정 독점기업이나 과점기업들은 가격에 영향을 미칠 수 있게 된다. 그 기업들은 가격결정력이 있는 소위 '가격결정자(price-maker)' 가 되는 것이다.

그림 6.4는 독점기업의 상황을 나타내고 있다. 일반적인 시장이었다고 한다면, 수요곡선과 공급곡선이 만나는 점에서 균형이 이루어질 것이다. 이 경우는 그림에서 보는 바와 같이 기업의 공급곡선(단기에서 있어서 기업의 공급곡선으로 한계비용)과 수요곡선(한계수입곡선)이 만나는 점(E^*)에서 균형이 이루어질 것이다. 이 시장에서 균형가격은 P^*이고, 균형량은 Q^*이 될 것이다.

용어 **한계비용**은 기업이 추가적으로 1단위(1개)의 재화를 생산할 때, 추가적으로 발생하는 생산 비용을 말한다.

참고

평균수입과 수요곡선

수요곡선은 가격의 함수이다. 수요량은 가격의 변화에 따라 결정될 것이다. D(수요량)는 수요량(Q)에 따라서 가격이 결정되는 함수형태인 $P(Q)$가 될 것이다. 이때 가격 결정력이 있는 독점기업의 총수입은 판매량에 각 재화의 판매단가를 곱하면 될 것이다. 따라서 독점기업의 총수입은 $Q \times P(Q)$가 될 것이고, 독점기업의 입장에서 물건 하나 팔아서 남는 평균수입은 총수입을 판매수량을 Q로 나눈 것과 동일하게 된다. 따라서 독점기업의 평균수입 $P(Q)$는 수요곡선 $D = P(Q)$와 동일한 것을 알 수 있다.

이와 같은 시장균형 상황에서 소비자 잉여는 그림 6.5에서 보는 바와 같이 노란색 영역이 될 것이다.

이와 같은 균형상황에서 생산자는 손실이 생기는 것이 아니다. 그림 6.6에서 독점

그림 6.5 일반적인 시장의 경우 소비자 잉여

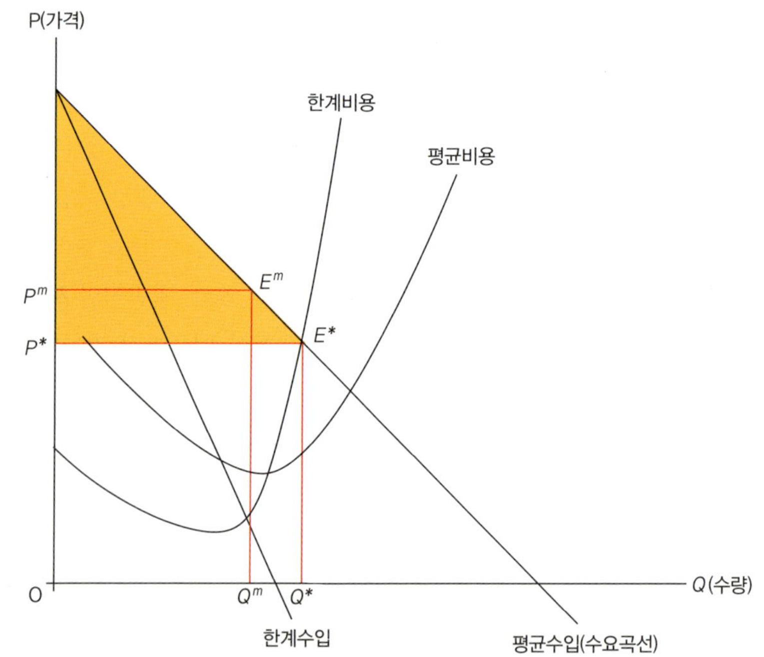

기업은 생산량 Q^*를 공급하는 과정에서 생산자는 최소한 남색영역만큼 생산자 잉여가 발생한다. 이상의 내용을 종합해 보면 일반적으로 수요와 공급이 일치하는 곳에서 독점기업이 생산을 하더라도 손실을 보는 것은 아니다. 독점기업이 있는 상황이라고 하더라도 수요와 공급이 일치하는 곳에서 생산을 하면 그림 6.6에서 보는 바와 같이 노란색의 소비자 잉여와 남색의 생산자 잉여의 합인 사회적 잉여가 발생하여 생산자와 소비자 모두에게 이득이 된다.

그러나 독점기업은 여기에 만족하지 않는다. 생산량을 줄이고 가격을 올리면 더 많은 이득을 얻을 수 있기 때문이다. 그림 6.7에서처럼 독점기업은 수요와 공급이 만나는 곳에서 생산하는 것이 아니라 기업의 공급곡선(한계비용)과 한계수입이 일치하는 곳에서 생산을 하게 된다. 독점기업은 이윤을 극대화하기 때문에, 즉 독점기업은 생산량을 Q^*에서 Q^m으로 줄이고, 소비자가 지불하고자 하는 가격수준인 P^* 수준보다 높은 P^m에서 가격을 결정한다.

그림 6.6 일반적인 시장의 경우 생산자 잉여

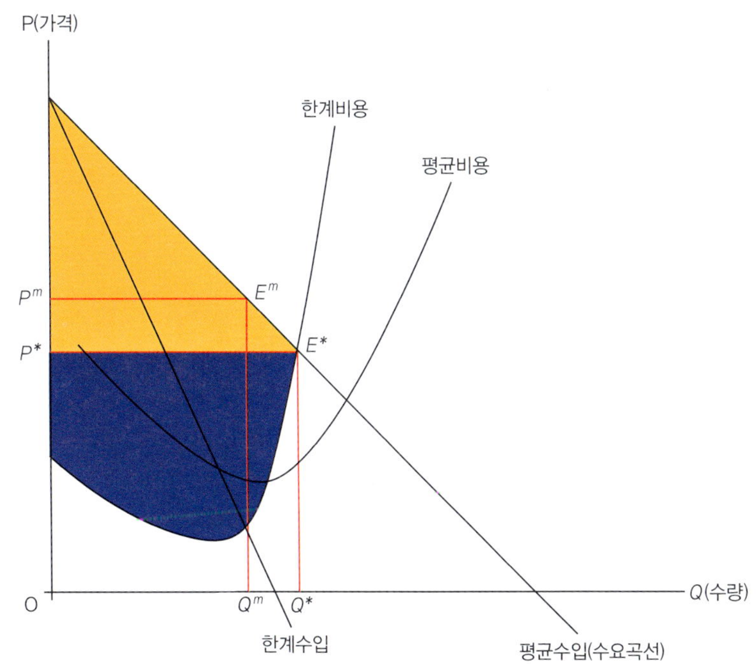

그림 6.7 독점기업의 이윤극대화를 위한 가격결정과정에서 소비자 잉여의 감소

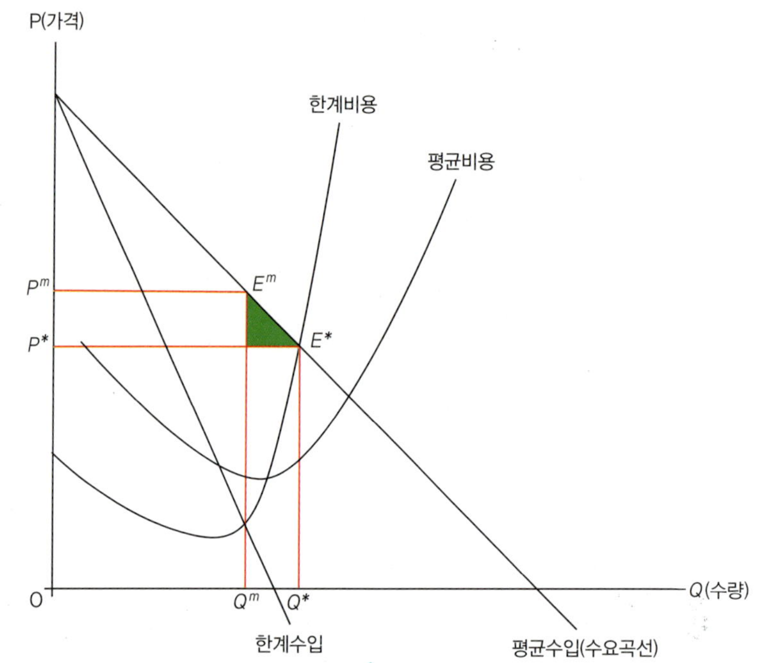

이와 같은 독점기업의 가격결정과정에서 그림 6.7에서 보는 바와 같이 소비의 감소(균형량의 감소 : Q^*-Q^m)로 인하여 소비자 잉여는 녹색 영역만큼 감소한다.

또한 독점기업도 생산량을 줄이는 과정(균형량의 감소 : Q^*-Q^m)에서 생산자 잉여도 그림 6.8에서처럼 자주색 영역만큼 감소한다.

그렇다면 독점기업은 왜 이렇게 생산량을 줄이는 것일까? 그림 6.9에서 보는 바와 같이 기업은 자주색 영역만큼 생산자 잉여가 감소하지만, 소비자 잉여의 영역 중 붉은색 영역을 독점기업은 추가적으로 생산자 잉여로 얻게 된다. 붉은색 영역은 독점기업의 이윤극대화 과정에서 발생하는 것으로 독점이윤이라고 한다. 이것은 소비자로부터 독점기업에 이전된 소득이다.

이러한 독점기업이 독점가격(P^m)의 설정과정에서 독점이윤은 얻게 되었지만, 독점가격결정과정에서 소비자 잉여(녹색 영역)와 생산자 잉여(자주색 영역)는 어느 누구도 가져가지 못하는 영역이 발생하게 되는데 이를 **자중손실**(deadweight loss)이

그림 6.8 독점기업의 이윤극대화를 위한 가격결정과정에서 생산자 잉여의 감소

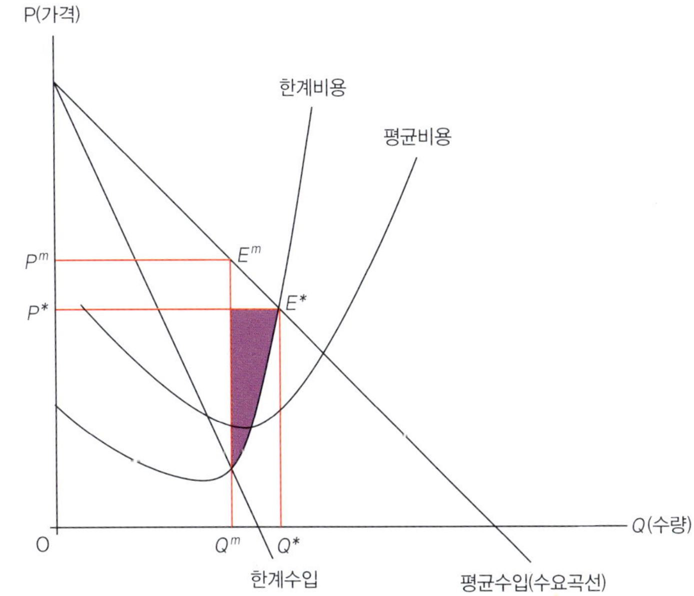

그림 6.9 독점이윤

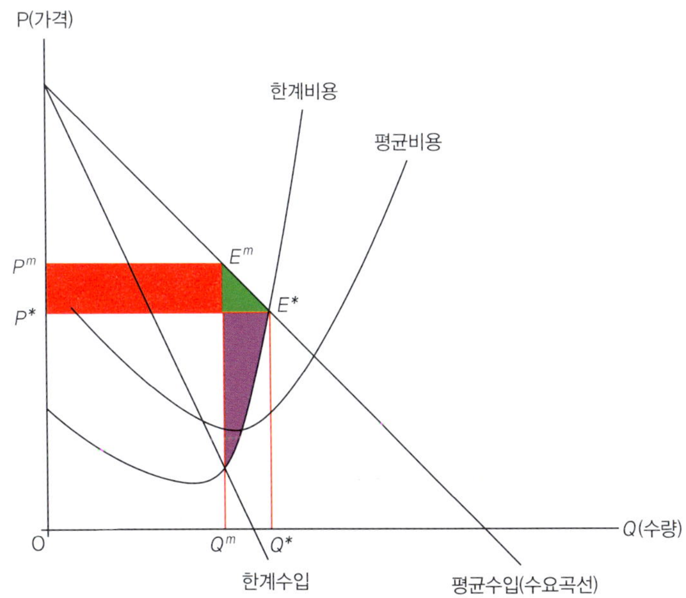

라고 한다. 즉, 누구에게도 돌아가지 않는 死重損失(deadweight loss)이 발생하게 된다.

이와 같은 독과점시장에서 발생하는 문제를 해결하기 위해서는 정부의 시장개입이 불가피하며, 이 경우 정부의 역할은 공정거래법, 독과점금지법의 제정을 통해 산업의 진입장벽을 철폐하고, 기업들의 불공정행위를 통한 독과점화를 방지하고 완전경쟁을 촉진시킴으로써 후생손실(사중손실)을 제거할 수 있다.

4. 공공재의 존재

정부부문에서 주로 공급하는 재화는 공공재(public goods)로서 일반적인 사적재(private goods)와는 다른 특성을 가지고 있으며 이러한 특성으로 인하여 시장실패를 야기한다. 공공재가 가지는 대표적 특성으로는 먼저 소비에 있어서의 비경합성(non-rivalry)을 들 수 있다. 이는 특정한 공공재를 여러 소비자들이 동시에 소비할 수 있음을 의미한다. 공공재가 지닌 또 다른 특성으로는 가격을 지불하지 않은 소비자라도 소비로부터 배제하기 어렵다는 배제불가능성(non-excludability)을 들 수 있다. 사적재의 경우에는 그 재화를 소비하기 위하여 대가를 지불하지 않은 소비자는 소비를 못하도록 할 수 있는데, 이는 사적재가 배제가능성(excludability)을 가지고 있기 때문이다.

용어 **경합성**은 사적재의 경우 한 소비자가 소비하면 다른 소비자들은 그 재화를 소비할 수 없는 성질을 말한다.

이와는 대조적으로 국방이나 경찰서비스와 같은 공공서비스의 경우에는 대가를 지불하지 않았다고 하여 서비스를 받지 못하도록 하기가 어렵다. 공공재는 이러한 비경합성, 비배제성이라는 특성 때문에 사적인 교환관계 위에서 성립하는 시장을 통해서는 효율적인 자원배분이 불가능하다. 공공재는 이러한 성격을 띠고 있기 때문에, 그 공공재를 사용하고 그 대가를 지불하지 않고 사용하려는 무임승차자(free rider)의 문제가 발생한다.

그림 6.10에서 D_x는 공공재 X에 대한 수요곡선이며, S_x는 MC(한계비용 : Marginal Cost)에 의해 결정되는 공급곡선이다. 사회적으로 보면 X_e만큼 생산되어야만 효율적인 자원배분이 달성되어 사회적 후생이 극대화된다. 이때 X_e만큼 생산되려면 모든 소비자들이 그들의 한계효용(만족도)에 해당되는 지불가격을 현시(지불)해야만 된다. 이러한 경우 그림 6.10에서 첫 번째 소비자는 P_1, 두 번째 소비자는 P_2, 그리고 세 번째 소비자는 P_3만큼 그들의 지불가격을 현시(지불)해야만 P_e가 지불되고 X_e가 생산된다. 그러나 개별소비자들은 공공재가 지닌 특성 때문에 그들의 주관적 지불가격을 현시하지 않으며, P_e를 누가 지불하든 X_e가 공급되면 모두 공동으로 소비하게 되므로, 개별 소비자들은 무임승차자가 되려고 한다. 따라서 공공재의 경우는 사회적으로 생산이 바람직한 경우, 정부는 국민들로 하여금 강제적으로 세금을 내게 하고 이 세금을 갖고 이러한 공공재를 사회에 공급해야 한다. 공공재가 존재하는 시장에서는 공공재가 가지는 특성 때문에 공급은 과소공급(적게 공급)된다. 또한 공급이 된다고 하더라도 무임승차자들이 증가하는 현상이 나타난다.

그림 6.10 공공재의 수요 및 공급곡선

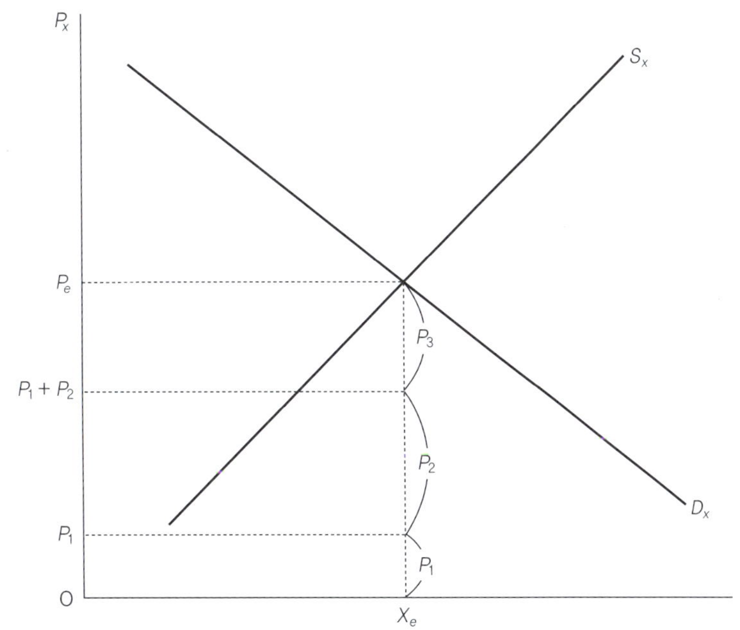

5. 외부효과

외부효과는 자원배분을 왜곡한다. **외부효과**란 '어떤 경제주체의 소비 또는 생산행위가 시장을 통하지 않고 무상으로 다른 경제주체에게 혜택을 주거나 손해를 입히는 효과'로 정의된다. 이러한 외부효과는 외부경제효과와 외부불경제효과로 나누어 볼 수 있다. **외부경제효과**는 상대방에게 혜택을 주는 외부성으로 고속도로나 개인에 의해 잘 가꾸어진 아름다운 공원 등이 이에 해당된다. 반면에 **외부불경제효과**는 영향을 받는 상대방에게 해를 입히는 외부성으로 환경오염 같은 공해가 대표적인 예이다. 따라서 외부경제효과를 가진 경제활동은 사회적으로 바람직한 수준보다 과소하게 이루어지고, 반면에 외부불경제효과를 가진 경제활동은 사회적으로 바람직한 수준보다 과다하게 이루어지기 때문에 자원의 효율적인 배분이 달성되지 않는다.

따라서 외부효과가 있는 경제활동에는 정부가 시장에 개입하여 외부효과를 제거함으로써 자원배분의 효율성을 달성할 수 있다. 이것은 결국 괴리를 보이는 **사적 한계비용**과 **사회적 한계비용**을, 그리고 사적 한계편익과 사회적 한계편익을 각각 일치시키는 것을 말한다. 이와 같이 사회적 비용과 편익을 사적 비용과 편익에 편입시킬 때, 이러한 경우를 사회적 비용 혹은 사회적 편익의 **내부화**(internalization)라고 한다. 이 둘 사이의 괴리로 인한 자원배분의 왜곡은 시정될 수 있다. 이와 같이 어떤 경제활동이 외부불경제를 창출할 때는 정부가 시장에 개입하여 금지, 경고, 벌과금 및 조세의 부과 등을 통해 시장을 교정하고, 반대로 외부경제를 창출하는 경우에는 보조금 지급 등을 통해 이를 장려하는 조치를 취함으로써 효율적인 자원배분을 달성할 수 있다.

용어

사적 한계비용은 추가적 한 단위의 재화를 공급하는 데 개인이 추가적으로 지불하는 비용을 말한다.

사회적 한계비용은 추가적 한 단위의 재화를 공급하는 데 사회전체가 추가적으로 지불하는 비용을 말한다.

제 3 절 정부개입의 이론적 근거

일반적으로 자본주의 시장경제체제에서 효율적인 자원배분의 달성이라는 이상적인 결과는 완전경쟁시장을 그 전제로 한다. 따라서 완전경쟁이라는 가정이 전제되지 않을 경우, 시장에 의한 자원배분이 효율성을 가진다는 명제는 성립되지 않는다. 이러한 가정이 충족되지 않으므로 시장이 '효율적인 자원배분' 이란 제 기능을 발휘하지 못하게 되는데 이것을 '시장 실패(market failure)' 라고 부른다고 이미 설명하였다. '시장의 실패' 가 존재한다는 것은 시장에 의한 자원배분 기능이 최적이 아니라는 것을 의미하며 경제를 시장기능에만 맡겨 둘 수 없다는 것을 뜻한다. 이렇게 '시장의 실패' 가 발생하는 경우에는 정부가 시상에 개입하여 시장의 실패를 교정하여 자원배분을 효율적으로 만드는 것이 바람직하다. 다른 한편, 시장기구에 의해 효율적인 자원배분이 달성되었다 하더라도 소득의 공정한 분배가 달성된다는 보장은 없다. 자본주의 시장경제에서 지나친 소득분배의 불평등은 사회적 불안정을 초래히는 등 여러 가지 역기능이 있을 수도 있으므로 이러한 경우에도 정부의 개입이 필요하게 된다.

용어

파레토 효율성(Pareto Efficiency)이란, 즉 자원의 파레토 효율적인 배분은 다른 사람의 효용을 감소시키지 않고서는 어떤 사람의 효용을 증진시키도록 자원을 재배분하는 것이 불가능할 때 이루어지는 배분을 의미한다. 현실세계에서는 이러한 파레토 효율적인 자원배분을 달성하는 것이 매우 어렵다. 그러나 이 개념은 비효율적인 여러 가지 자원배분 중에서 어느 것이 더 바람직한가를 판단하기 위하여 사용될 수 있는 유용한 개념이다.

시장에 대한 정부개입은 매우 다양한 형태로 이루어지고 있기 때문에 모든 경우에 대한 정부개입의 이론적 근거를 제시하는 것은 쉬운 일이 아니나, 일반적으로 정부의 시장개입에 대한 이론적 근거는 기본적으로 시장의 실패에서 찾고 있다. 다음에서는 시장 실패의 대표적 유형을 분석하고, 이러한 시장 실패를 교정하기 위한 정부개입에 관한 이론적 배경을 살펴보기로 한다.

1. 구제기금

국제적으로 경제적 상황의 변화 또는 특정 기업(예로 은행)의 도산으로 인하여 사회 경제적으로 전체에 파장이 클 것으로 예상되는 경우, 국회 또는 정부가 시장에 개입하여 **구제기금**(bailout)을 지원함으로써 기업의 도산을 방지하거나, 이로 인하여 발생할 수 있는 추가적인 경제적 · 사회적 문제를 미연에 방지한다. 그러나 이러한 구제기금은 기업이 방만한 경영을 하면서 국가적인 지원에 의존하는 도덕적 해이를 낳을 수 있다.

2. 소득보전

고령이나 장애로 인하여 경쟁적인 시장상황에 적응하기 어려운 경우, 즉 사회적 약자에 대하여 국가가 소득을 보전하는 시스템으로 분배의 형평성을 개선할 수 있다. 사회적 약자에 대하여 사회적 기업의 지원이나, 저소득층에 대하여 소득을 직접적으로 전부 또는 일부는 현금, 현물 또는 현물교환 쿠폰으로 지원하는 것을 예로 들 수 있다.

소득보전(subsidy)의 경우에도 제도의 취지는 좋지만, 제도를 운영하는 데 효율성이 떨어지거나 도덕적 해이가 발생할 수 있으며, 건전한 근로의욕을 저하시키는 상황이 발생할 수 있다.

3. 누진적 조세

세금이 부과되는 대상을 세원이라고 한다. 세금을 세원으로 나눈 것을 세율이라고 하는데, **누진적 조세**(progressive tax)**제도**는 세원의 크기가 일정액 이상으로 커지면 세율을 높이는 제도이다. 작은 세원에는 낮은 세율을, 높은 세원에는 높은 세율을 적용함으로써 수직적인 형평성을 달성하는 것이다. 이 제도는 소득이 높은 계층에서 상대적으로 많은 세금을 거두어 저소득층에 지원하는 시스템이라고 할 수 있다.

예로서 근로소득세, 재산세, 양도소득세, 상속세, 증여세(贈與稅) 등을 들 수 있다. 이 또한 탈세, 탈법, 그리고 건전한 근로의욕을 떨어뜨리는 요인으로 작용할 수 있는 문제점이 있다.

4. 가격통제

시장경제시스템을 기반으로 하고 있는 자본주의시스템 내에서 기후의 변화, 전쟁, 국제환경의 급격한 변화 등으로 인하여 시장경제시스템에 문제가 생길 수 있다. 냉해로 인하여 농산물 공급이 원활하지 않아 갑자기 가격이 상승하거나, 전쟁 또는 국제적인 환경의 변화(특정 국가의 수출금지) 등으로 인하여 경제적 문제가 발생할 경우, 국가 또는 정부가 직접적으로 가격인상을 금지하거나, 가격을 설정함으로써 경제적 문제를 해결할 수 있다.

예로서 서민의 주택 마련 기회를 주기 위하여 '주택분양가 상한제도' 를 실시하거나, 서민들의 자금을 지원하기 위한 '이자율 상한제' 등을 실시함으로써 직접적인 가격통제(price control)를 실시할 수 있다.

5. 규제

자유방임 시장경제에서의 경쟁은 대기업 위주로 재편될 수 있다. 이 경우, 중소기업은 시장에 진입하기 어려우며 전문적인 지식과 역량이 있음에도 불구하고 시장에서 자본위력 앞에 기회를 얻지 못하는 일이 생긴다. 또한 갑과 을의 관계 속에서 '을' 로서 부당한 거래를 해야 할 경우가 생긴다. 흔히 '꺾기' , '어음거래' , '결제지연' , '부당한 가격인하 요구' 등과 같은 불공정한 거래가 이에 해당될 수 있다.

위와 같은 부당한 거래가 시장에서 이루어질 경우, 이를 개선하기 위한 '공정거래법' , '독과점 금지법' 과 같은 법으로 공정거래를 촉진하거나, '중소기업의 고유업종' 을 지정함으로써 중소기업에 적절한 산업을 보호 · 육성하고 있다.

제 4 절 정부의 실패

1. 파생적 외부성

정부조직 내에서 효율성을 추구한다고 하더라도, 인간은 미래를 예측하는 데 한계가 있으며, 경제주체들의 행동에 대하여 정확하게 예측하기가 어렵다. 현실적으로 정부정책은 물리나 화학처럼 실험을 통하여 결과를 얻을 수 있는 것이 아니다. 정부정책이 의도는 선하였다고 하더라도 경제주체들의 반응이 다르기 때문에, 원하는 결과가 나타나지 않는 경우도 있다. 1990년 전세 주택값의 상승으로 인하여 서민들의 부담을 줄여 주기 위하여 전세계약기간을 1년에서 2년으로 연장하였다. 전세가격이 인상되는 것을 억제하기 위하여 전세계약기간을 연장하였던 것이다. 그러나 주택소유주는 2년 이후에 물가상승을 고려하여 사전에 인상된 전세금으로 계약을 요구하였고, 이는 결국 주택에 대한 전세금을 인상시키는 결과를 초래하였으며 전세세입자들은 보다 더 열악한 지역으로 이사를 가야 하는 현상이 나타났다. 또한 2008년도에 정부에서는 주택에 대한 공급을 늘리기 위한 정책의 일환으로 임대주택의 공급량을 늘리고, 주택공급에 대한 인허가를 늘렸다. 결과적으로 2009년, 2010년도 주택 공급량의 증가와 주택에 대한 수요의 감소로 인하여 주택가격의 하락이 발생하였고, 이는 장기적으로 주택가격 하락 현상으로 이어지지 않을까 하는 우려를 낳고 있다.

2. 분배적 불평등성

시장기능은 소득과 부의 불평등한 분배로 이어지는 문제점이 있음을 지적하였다. 그러한 이유로 인해 정부가 시장에 개입하여 부의 불평등한 분배를 개선하고자 시장개입의 당위성을 내세우고 있다. 그러나 정부에서 개입하는 이러한 소득분배의 개선에도 문제가 발생하고 있다. 예를 들면 균형발전을 추구한다는 측면에서 특정 지역에 예산을 몰아주기, 일부 계층에게만 혜택이 돌아가는 정책이 나타나고 있다. 특정 지역이나 학교에 예산을 몰아주거나 특정 지역에 불필요한 도로건설을 함으로써 예산을 낭비하기도 한다. 정부에 대한 감시기능이 소홀할 경우, 한정된 국가의 예산이 정치적인 이해 당사자 또는 정부관료들에 의하여 낭비 또는 비효율적 분배가 지속될 수 있다.

3. 정부의 부정확한 수요예측

정부 관료가 치우침이 없고 어떤 특정 지역 및 특정 정권에 예속되지 않는 공명정대한 관료라 할지라도 수요자에 대한 정보 부족, 정부부문에 대한 정확한 요구사항을 파악하기 어려우며, 설문조사 및 예측을 하더라도 측정한 예측이 실패하여 예산을 낭비하거나, 정부의 개입으로 인한 시장의 기능을 왜곡시킬 수 있다.

제 5 절 정부와 시장의 바람직한 역할

현실과 이론은 괴리가 존재할 수 있고, 이상과 현실 또한 차이가 있다. 앞서 '시장 실패'와 '정부 실패'를 살펴보았다. 따라서 정부의 역할은 '시장 실패'를 바로잡고, 경쟁적 질서를 수립하는 힘을 기울이며, 어느 한쪽으로 치우친 정책보다는 무엇이 대중에게 더 바람직한지를 판단하여 최소한의 범위 내에서 규제 또는 개입을 하고, 개입을 하더라도 시장왜곡을 최소한으로 하는 정책 실시가 필요하다.

읽을거리

쌍용차 사태를 바라보며 : 시장의 논리인가 아니면 생존권의 문제인가

쌍용차 노사, 산업은행에 자금지원 촉구

쌍용자동차 노사가 산업은행에 조속한 자금 지원을 다시 한 번 촉구하며 항의 서한을 전달했습니다.

쌍용자동차 노사는 오늘(17일) 오전 서울 산업은행 앞에서 "산업은행이 자금 지원 약속을 이행하지 않고 있다"면서 "쌍용차의 정상화를 위해 회생 자금 1천억 원을 조속히 지급해 달라"고 촉구했습니다.

이에 앞서 민유성 산업은행 총재는 쌍용자동차의 인수 대상자가 나타나야 자금 지원을 하겠다는 뜻을 밝혔습니다.

2010. 03. 17

출처 : http://mbn.mk.co.kr/pages/news/newsView.php?category=mbn00001&news_seq_no=493031

볼거리

"Walll Street" 감상하기

미국 금융시장의 파생상품의 발행과, 도덕성이 결여된 금융시장으로 인한 시장 실패와 정부의 금융지원(구제금융)과정을 살펴볼 수 있다.

고든 게코(마이클 더글라스)를 주인공으로 한 영화로 월 스트리트 시장의 모습을 볼 수 있다. 자유로운 시장에 맡겨진 상황에서 '도덕적 해이'와 정부의 '구제기금'을 조달하는 경제적 관점에서 영화를 감상해 보자.

평가하기

퀴즈 1〉 다음 중 시장 실패의 원인이라고 보기 어려운 것은 무엇인가?

① 규모의 경제 ② 독과점의 존재

③ 공공재의 존재 ④ 누진적 조세

힌트 보기 중 하나는 분배적 형평성의 문제를 해결하기 위한 정책임

퀴즈 2〉 다음은 독점시장에서 이윤극대화를 실현하고자 할 때 나타나는 현상을 보여 주고 있다. 독점가격을 형성하는 과정에서 나타나는 자중손실은 다음 중 무엇인가?

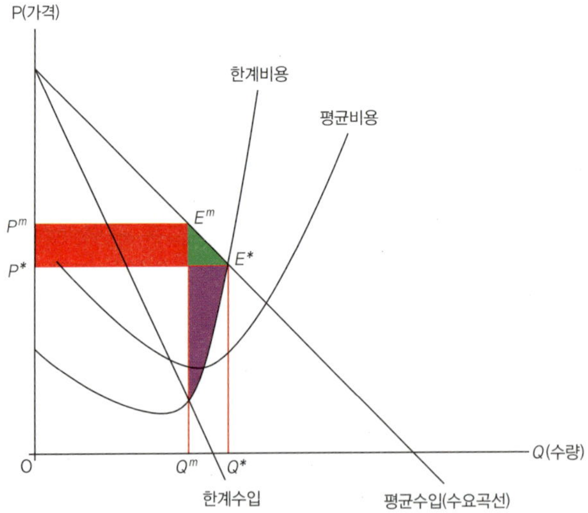

① 녹색 영역 + 자주색 영역

② 녹색 영역 + 빨간색 영역

③ 자주색 영역 + 빨간색 영역

④ 빨간색 영역 + 자주색 영역 + 녹색 영역

힌트 생산자나 소비자 어느 누구에게도 돌아가지 않는 부분임

퀴즈 3〉 시장에서 교환을 통해 나타나는 사회적 잉여는 무엇인가?

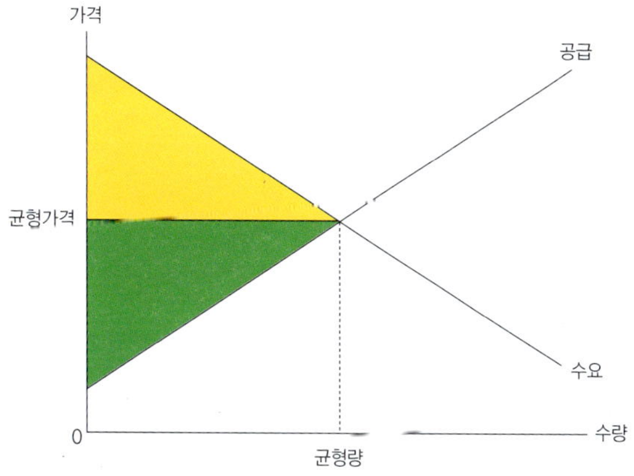

① 노란색 영역

② 녹색 영역

③ 노란색 영역+녹색 영역

④ 위 어느 것도 아니다.

힌트 소비자 잉여와 생산자 잉여의 합

정리하기

- 시장의 역할
  - 자원배분의 기능
  - 초과수요 및 초과공급의 자동조정의 기능
  - 소비자 잉여와 생산자 잉여의 창출
- 시장 실패의 원인
  - 규모의 경제
  - 분배의 형평성
  - 독과점의 존재

- 공공재와 정부개입
- 외부효과

■ 정부개입의 이론적 근거

- 구제기금
- 소득보전
- 누진적 조세
- 가격통제
- 규제

■ 정부의 실패

- 파생적 외부성의 존재
- 분배적 불평등성의 가능성
- 정부의 정확한 수요예측 실패

■ 정부와 시장의 역할

- 정부 역할을 최소화하면서, 시장의 효율적인 자원배분의 기능을 최대화

제 7 장

자본주의의 네 가지 모델

학습목표

1_ 자본주의 경제시스템은 시장의 역할에 대한 정부의 개입 여부, 사적 소유권, 그리고 시장의 억할, 노사관계, 노동자의 임금 결정, 소득재분배 시스템의 특징에 따라 자본주의를 유형별로 분류할 수 있는데, 제7장에서는 앞에서 살펴본 자본주의의 보편적 특성과 더불어 특징에 따라 자본주의의 유형을 분류하고 특징을 살펴보는 것을 목표로 한다.

2_ 위의 특징에 따라 유럽을 중심으로 자본주의를 네 가지 유형으로 분류하고, 각각의 유형에 따른 장점과 단점을 비교 · 평가하는 것을 목표로 한다.

학습내용

1_ 앵글로색슨형 자본주의(Anglo-Saxon Capitalism)의 특징에 관하여 학습한다.

2_ 북유럽형 자본주의(Nordic Capitalism)의 특징에 관하여 학습한다.

3_ 대륙식 자본주의(Continental Capitalism)의 특징에 관하여 학습한다.

4_ 지중해식 자본주의(Mediterranean Capitalism)의 특징에 관하여 학습한다.

키워드_ 지니계수, 창조적 파괴, 사회복지지출, 노동시장의 유연성, 고용률, 조세율, 사회안전망, 사회보장액

제 1 절 들어가는 말

자본주의는 역사적으로 경제발전단계에서 나타난 하나의 경제시스템이다. 이러한 자본주의는 생산수단의 사적 소유가 가능하며 그리고 사적 이윤이 보장되는 경제시스템이라는 보편적 특징을 가지고 있다. 사적 소유의 보장이라는 것은 재산권의 보장을 의미하는 것으로서 자기의 재산을 누가 사용할지, 그리고 그것을 팔 것인지 아니면 빌려 줄 것인지에 대한 결정권을 재산의 소유권자가 가지는 것이며 또한 그 재산의 운용을 통해 발생하는 이득을 그 재산의 소유권자가 가질 수 있다는 것을 의미한다.

이렇게 사유권이 보장되는 경제시스템에서는 모든 경제의 문제가 일정한 대가를 지불하고 재화나 용역을 구매하고자 하는 수요자와 이윤을 얻기 위해 물건을 공급하는 공급자 간 시장에서의 교환을 통해서 소비자와 생산자 모두에게 이득이 발생한다는 것은 이미 설명하였다. 이러한 상호 간의 경제적 이득이 보장되기 위해서는 시장의 원활한 역할에 의하여 시장의 불균형이 해소되는 시장의 역동성, 즉 시장에서 수요량 · 공급량이 자연스럽게 균형이 이루어지고 수요자와 공급자들은 시장가격의 변화에 빠르고 적극적인 대응이 있어야 한다.

자본주의 경제시스템은 시장의 역할에 대한 정부의 개입 여부, 사적 소유권, 그리고 시장의 역할, 노사관계, 노동자의 임금 결정, 소득재분배 시스템의 특징에 따라 자본주의를 유형별로 분류할 수 있다. 제7장에서는 앞에서 살펴본 자본주의의 보편적 특성과 더불어 특징에 따라 자본주의의 유형을 분류하고 특징을 살펴볼 것이다.

제 2 절 자본주의의 네 가지 유형

자본주의의 특성은 앞서 살펴보았던 것처럼 소유권의 보장, 재산권 처분의 자유, 자유로운 경쟁을 특징으로 하고 있다. 이러한 자본주의는 시장의 실패를 교정하거나, 소득의 형평성을 추구하기 위하여 정부가 어느 정도 개입을 하고 있는 것이 현실이다.

이러한 시장의 실패를 교정하는 과정과 소득의 형평성을 제고하기 위하여 정부가 개입하는 규모와 범위는 일반적으로 정부의 재정규모가 총국민소득에서 어느 정도를 차지하고 있느냐로 확인할 수 있다. 여기에서 정부의 시장개입의 정도, 즉 국가개입의 정도를 GNP(GDP)에서 정부지출이 차지하는 비중으로 파악할 수 있다.

특히 국가의 소득 형평성 제고에 대한 관심은 **GDP에서 사회적 지출**(사회보장지출)이 차지하는 크기로 판단할 수 있으며, 또한 이러한 수치는 사회적 형평성에 대한 정치 · 사회적인 관심과 국가의 역할을 반영하고 있다고 볼 수 있다.

그리고 이러한 사회보장지출의 비중과 더불어 전체 국민들의 소득 형평성 정도를 반영한 것이 지니(Gini)계수라고 할 수 있다. 이러한 각 국가들이 운영하고 있는 자본주의 경제시스템의 특징 및 소득정책에 따라 나타난 결과의 한 부분으로 지니계수를 통해 국가들의 형평성을 파악할 수 있을 것이다.

아래 그림 7.1을 살펴보면 다음과 같다. 횡축은 GDP 대비 사회보장비지출 비중을

그림 7.1 지니계수와 GDP 대비 사회보장비지출 비중(%)

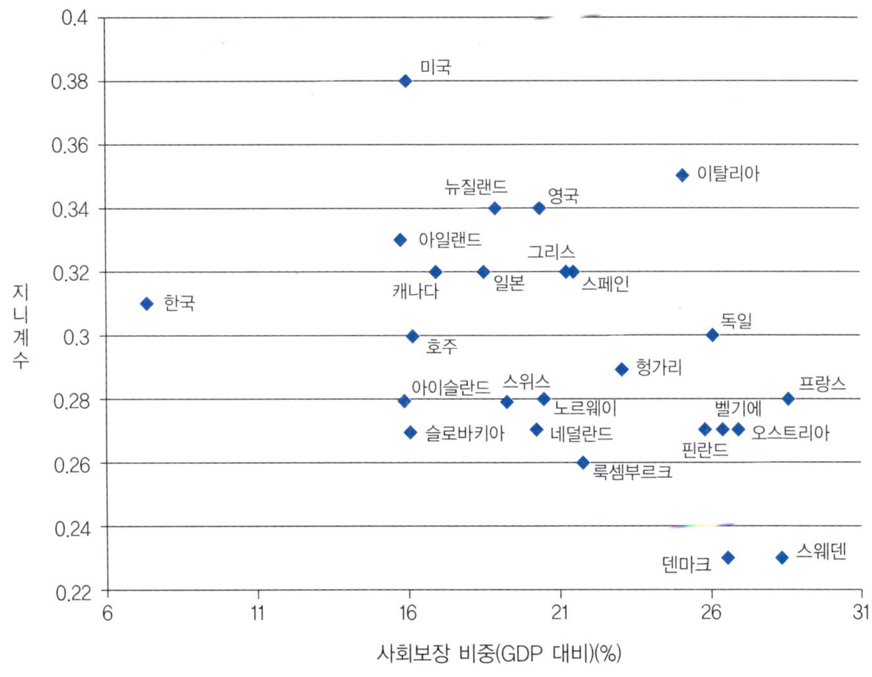

출처 : OECD. 지니계수 2005년 중반, 사회보장비지출 비중 2008년

나타내고 있으며 종축은 지니계수를 나타내고 있다. 지니계수가 낮을수록 형평성이 높은 국가들이고, 높을수록 형평성이 떨어지는 국가들이다.

그리고 횡축은 사회보장지출 비중을 나타내고 있는데, 우측으로 갈수록 정부가 부담하는 사회보장비 비중이 커지고 있다는 것을 의미한다.

이 그래프에서 볼 수 있는 것은 스웨덴은 높은 사회보장과 낮은 지니계수로 사회보장에 대한 높은 지출과 높은 소득 형평성을 동시에 달성하고 있으며, 덴마크, 스웨덴, 핀란드가 여기에 해당하는 것을 알 수 있다. 이들 국가는 오래전부터 높은 사회적 보장을 보여 주는 국가들로서 복지부문에 있어서 국가의 역할이 매우 높은 국가들이다. 여기에 해당하는 국가들의 유형을 북유럽 국가로 분류할 것이다.

또한 대조되는 군으로 볼 수 있는 국가들로는 낮은 사회보장지출을 하면서 동시에 소득의 형평성도 상당히 낮은 국가들을 들 수 있는데, 여기에 포함되는 국가들로는 미국, 뉴질랜드, 영국, 아일랜드로 시장에 대한 정부의 개입이 상대적으로 낮은 국가들이라는 특징이 있다. 이들 국가의 특징은 사회보장지출 비중이 낮으며, 동시에 사회적 형평성도 낮다는 것이다. 이들 국가들의 유형을 앵글로색슨 국가로 분류할 것이다.

그리고 상당한 수준의 국가적 개입으로 사회보장이 이루어지고 있지만, 이에 비하여 낮은 사회적 형평성을 보여 주고 있는 국가들이 있는데 여기에 포함되는 국가들로는 이탈리아와 스페인, 그리스 등을 들 수 있다. 이들 국가들은 21% 이상의 사회적 지출이 이루어지고 있지만, 이에 반하여 사회적 형평성은 상당히 낮은 국가군들이다. 이들 국가는 주로 남부유럽, 즉 지중해 연안에 위치하고 있는 국가들로서 이러한 특징을 가진 국가의 유형을 지중해 연안국가로 분류할 것이다.

또한 독일과 프랑스, 룩셈부르크 등은 사회적 복지지출 비중은 높으며, 동시에 사회적 형평성은 북유럽국가들보다는 떨어지는 국가들로서 유럽 대륙에 위치하고 있어 여기에 해당하는 유형의 국가들을 대륙국가로 분류할 것이다.

그림 7.2는 1인당 사회복지지출액과 지니계수와의 관계를 살펴본 것이다. 앞에서 복지부문에 대한 지출이 전체 GDP에 대한 비율의 분석이라면, 여기에서는 1인당 복지에 지출된 절대액으로 평가한 것이다.

1인당 사회복지지출액으로 유형을 살펴보면, 북유럽국가인 스웨덴, 노르웨이, 덴마크, 핀란드가 높은 사회복지지출을 하고 있으며, 동시에 지니계수도 낮아 그림

그림 7.2 지니계수와 1인당 사회복지지출액

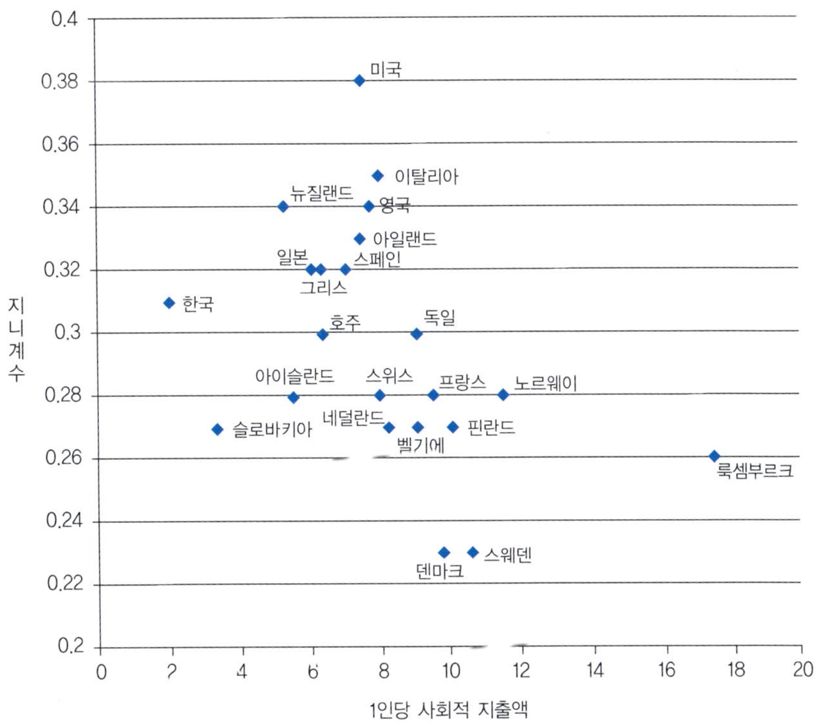

출처 : OECD 지니계수 : 2000년 중반, 1인당 사회적 지출액 2007년

7.2와 비교하면 사회복지지출의 상당 부분이 개개인에게 돌아가고 있음을 알 수 있고, 동시에 이러한 정부의 사회복지지출이 형평성 개선에 사용되고 있음을 알 수 있다.

그리고 대륙국가들로 룩셈부르크를 제외한 독일, 프랑스, 벨기에도 1인당 사회복지지출액이 높으면서 동시에 사회적 형평성도 대체적으로 높은 것을 알 수 있다.

이탈리아와 같은 지중해 연안국가는 스위스 정도의 1인당 복지지출을 하고 있음에도 불구하고 형평성 측면에서 그 성과는 매우 열악하여 지니계수가 다른 국가들에 비해 상대적으로 높은 모습을 보이고 있다.

아일랜드, 영국, 미국과 같은 앵글로색슨형 국가들은 1인당 복지지출이 낮으며 동시에 형평성도 열악하다는 것을 알 수 있다.

다음 그림 7.3은 1인당 국민소득(GNI)과 1인당 사회적 지출과의 관계를 표로 나타낸 것이다. 우측상단에 있는 국가는 높은 1인당 국민소득과 높은 1인당 사회적 복지 지출을 하고 있는 국가들이다. 소득이 높은 국가인 스웨덴, 오스트리아, 덴마크, 독일, 프랑스는 1인당 사회적 지출액도 높은 것으로 볼 수 있으며, 일반적으로 잘사는 국가가 상대적으로 높은 사회적 1인당 지출을 하고 있다고 볼 수 있다. 예외적으로 영국, 아일랜드, 미국의 경우는 높은 1인당 국민소득 수준임에도 불구하고 1인당 제공하는 사회적 지출이 낮아 공적 부문에 의한 지원이 상대적으로 낮음을 알 수 있다. 이는 앵글로색슨 국가들의 경우에 복지부문을 공적 부문에서 민간부문으로 상당 부분 이전하였기 때문에 나타나는 현상이라고 볼 수 있다.

그림 7.3 1인당 GNI와 1인당 사회적 지출

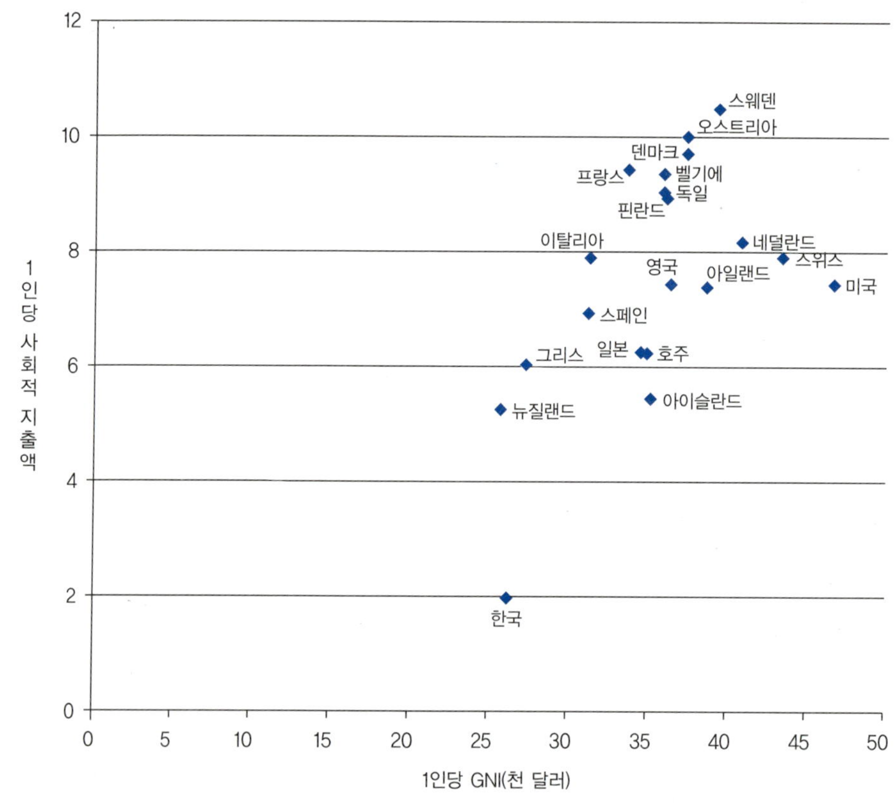

출처 : 1인당 사회적 지출과 1인당 GNI(2007년 자료)

사회복지지출이 높은 국가들에서 나타나는 문제점이 아래 그림 7.4에서 보는 바와 같이 사회복지지출이 높은 경우 대체로 실업률이 높은 것을 확인할 수 있다. 실업은 경기침체로 나타나는 현상이라고 할 수 있으나 사회복지지출이 높은 국가들은 실업률이 높은 것을 알 수 있다. 스웨덴과 핀란드는 대표적으로 복지지출이 높은 국가임에도 불구하고 실업률이 높다는 것은 경기침체의 영향도 있지만, '도덕적 해이' 현상으로 나타난 결과로 분석할 수도 있다. 이들 국가들은 국가로부터 복지혜택이 높기 때문에 실업으로 인한 생활수준의 하락이 다른 복지국가들보다 상대적으로 낮기 때문이라고 할 수 있다.

예외적인 것은 북유럽 국가 중에서 사회복지지출의 비중이 높은 덴마크의 경우에

그림 7.4 사회복지지출과 실업률(2008)

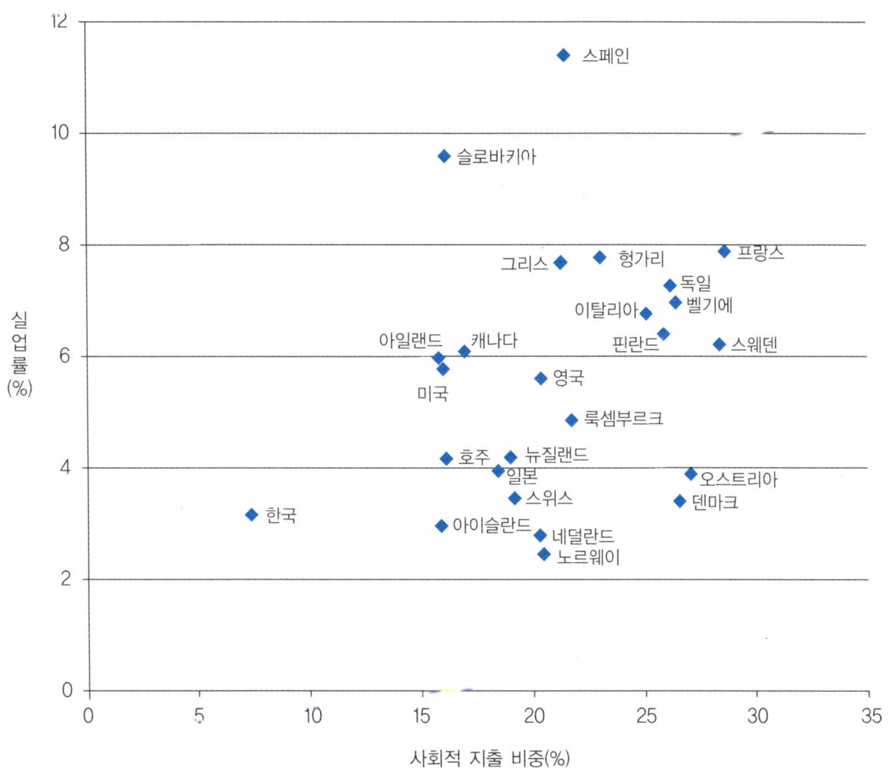

출처 : OECD 2007

주 : 사회복지지출 비중 = 사회복지지출액/GDP × 100(단위 : %)

는 높은 복지지출에도 불구하고 낮은 실업률을 달성하고 있다는 점이다. 이는 1989년 9월 노사 대타협을 하는 과정에서 노사문제를 법과 규율로 정하는 것이 아니라 이해 당사자인 노사 간의 합의를 중심으로 한 노동정책의 변화로 나타난 결과로 볼 수 있다. 덴마크는 2003년과 2007년에 추가적으로 노동시장의 유연화에 관한 조치가 이루어졌으며 사용자와 노동자 간의 상호 합의를 통한 발전의 길을 모색하고 있다.

표 7.1은 1970년대 이후부터 2000년대 중반까지 지니계수로 정렬한 것이다. 지니계수가 낮을수록 소득 형평성이 높은 국가들이다. 이들 국가에서 보는 바와 같이 형평성이 높은 국가(지니계수가 낮은 국가들)는 2000년 중반까지 덴마크와 스웨덴이 매우 낮은 0.23을 보여 주고 있다. 그리고 이어 룩셈부르크, 오스트리아, 벨기에, 핀란드 순으로 형평성이 높은 국가들은 주로 북유럽에 위치하고 있는 국가들임을 알 수 있다.

아래쪽에 있는 아일랜드, 영국, 뉴질랜드, 미국 등은 소득 형평성이 떨어지는 국가라고 할 수 있다. 이들 국가들은 앞서 분류한 앵글로색슨형 국가들로서 시장을 중심으로 한 자본주의경제시스템이 특징이며, 특별히 시장의 역할을 강조하는 국가라고 할 수 있다.

1970년대 두 차례에 걸친 석유파동으로 인한 물가상승과 경기침체라는 스태그플레이션 현상으로 인해 대부분의 국가들은 정부개입을 통한 일자리 창출과 다른 한편 국민복지의 향상이라는 목표와 물가안정이라는 목표 중에서 물가안정에 최우선의 목표를 두게 되었다. 이러한 정책변화는 복지지출의 확대로 인한 일련의 정책으로 인하여 실업자들은 구직활동을 하지 않게 되었고, 이로 인해 단기 실업자가 장기 실업자가 되는 경제문제가 나타났다고 보기 때문이다.

또한 1970년대 이전에는 통화량을 증가시켜 이자율을 낮추고, 이로 인하여 낮은 금리로 자금을 융통할 수 있는 기업이 투자자금을 낮은 이자율로 조달하여 사업을 확장하는 과정에서 일자리가 창출되는 일련의 선(善) 순환과정을 목표로 하고 있었다. 통화를 증가시켜 경제안정화를 추구하는 확장금융정책은 기업활동이 왕성하게 되고 기업이윤의 증가 및 일자리 창출과정을 긍정적으로 보고 실시된 것이다. 그러나 이러한 확장금융정책은 실제적으로 기업의 투자로 이어지지 않으면, 시중에 돈이 많이 풀리게 되어, 즉 유동성이 풍부하게 되어 물가상승을 초래하게 된다. 1980년대 나타

표 7.1 지니계수

국가	70년대 중반	80년대 중반	90년대 초	90년대 중반	2000년 초	2000년 중반
덴마크	..	0.22	0.23	0.21	0.23	0.23
스웨덴	0.21	0.2	0.21	0.21	0.24	0.23
룩셈부르크	..	0.25	..	0.26	0.26	0.26
오스트리아	..	0.24	..	0.24	0.25	0.27
벨기에	..	0.27	..	0.29	0.29	0.27
핀란드	0.23	0.21	..	0.23	0.26	0.27
네덜란드	0.25	0.26	0.28	0.28	0.28	0.27
스위스	..	..	..	..	0.28	0.28
프랑스	..	0.31	0.3	0.28	0.28	0.28
노르웨이	..	0.23	..	0.26	0.26	0.28
헝가리	..	..	0.27	0.29	0.29	0.29
호주	..	..	..	0.31	0.32	0.3
독일	..	0.26	0.26	0.27	0.27	0.3
한국	..	..	..	..	..	0.31
캐나다	0.29	0.29	..	0.28	0.3	0.32
스페인	..	0.37	0.34	0.34	0.34	0.32
그리스	0.41	0.34	..	0.34	0.34	0.32
일본	..	0.3	..	0.32	0.34	0.32
아일랜드	..	0.33	..	0.32	0.3	0.33
영국	0.28	0.33	0.37	0.35	0.37	0.34
뉴질랜드	..	0.27	0.32	0.34	0.34	0.34
이탈리아	..	0.31	0.3	0.35	0.34	0.35
미국	0.32	0.34	0.35	0.36	0.36	0.38

출처 : OECD.Stats.

나기 시작한 스태그플레이션 현상은 그간의 정책이 각국으로 하여금 물가상승으로 인한 경제적 문제점을 되짚어 보게 하였으며, 각국은 1980년대부터 물가안정이라는 목표에 많은 관심을 기울이기 시작하였다.

그림 7.5는 2009년도의 물가상승률을 보여 주고 있다. 전 세계적으로 유가상승,

원자재 가격의 상승에도 불구하고 북반구의 유럽과 미국 등은 물가상승률이 전반적으로 낮게 나타나고 있어 이들 국가들은 물가안정에 많은 역량을 기울이고 있는 것을 알 수 있다.

사회적인 평등을 추구하는 정도를 보여 주는 지니계수 및 사회적 복지규모를 통해서 평등의 정도를 판단하고 시장에서 정부의 역할 정도를 GDP 대비 정부의 지출 규모, 1인당 소득과 1인당 사회복지지출의 규모를 중심으로 표 7.2와 같이 주요 자본주의 국가들을 유형화해 볼 수 있다. 표 7.2에서 보는 바와 같이 사회적 복지지출의 규모가 크며 소득분배의 형평성을 강조하고 있는 북유럽 모델과 상대적으로 효율성이 낮은 대륙 모델 그리고 상대적으로 복지규모가 작으며 효율성이 낮은 지중해 연안 국가 모델과 복지규모는 낮지만 효율성이 높은 앵글로색슨 모델로 자본주의 국가 유형을 나누어 볼 수 있다. 복지수준이 높은 반면에 경제성장이 낮은 프랑스와 독일과 같은 국가는 대륙 모델, 성장률은 높지만 빈부격차가 커지고 있는 영국과 아일랜드와 같은 국가는 앵글로색슨 모델, 성장률도 낮고 평등 실현도 실패하고 있는 이탈리아와 스페인 같은 국가는 지중해 모델, 노동의 유연성도 높으면서 소득 형평성도 높은

그림 7.5 2009년 전 세계 물가상승률

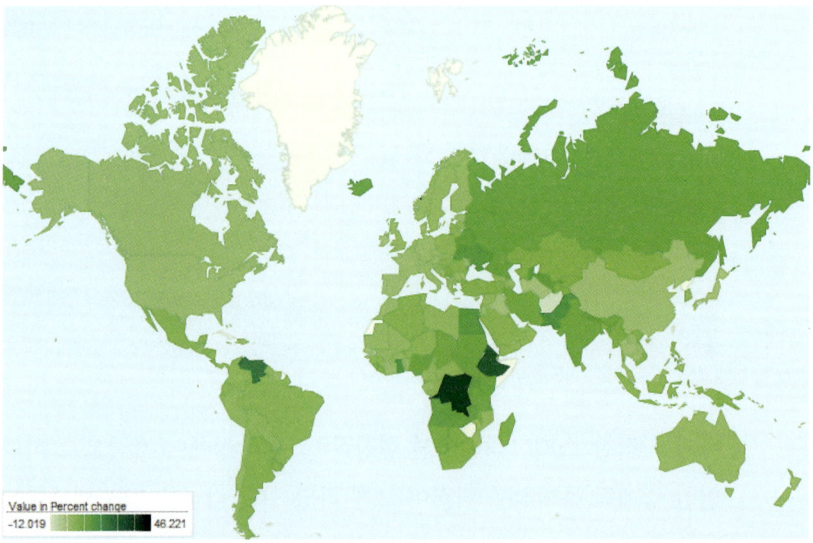

출처 : WTO 2010. 11.

표 7.2 자본주의의 네 가지 유형

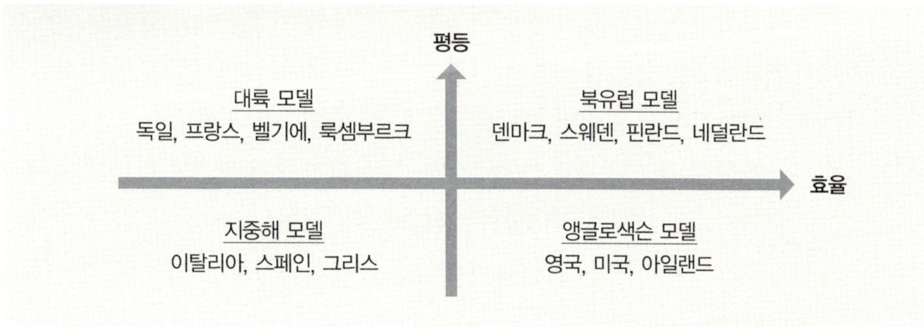

덴마크와 스웨덴 같은 국가는 북유럽 모델로 구분해 볼 수 있다.

1. 앵글로색슨형 자본주의

앵글로색슨형 자본주의(Anglo-Saxon Capitalism)는 주로 영어를 사용하는 국가들로서 영국, 미국, 캐나다, 뉴질랜드, 호주와 같은 국가들이 여기에 해당된다. 이들 국가들의 특성은 규제와 세율이 낮고, 정부는 공공복지서비스를 적게 제공한다는 특징이 있다.

이러한 특징이 나타난 배경에는 이들 국가들은 시장을 통하여 경제적 문제를 해결하려고 하기 때문이다. 이들 국가들은 사적 소유권을 보장하고, 정부는 시장개입을 자제하여 경제주체들 간의 자유로운 경쟁 분위기를 조성한다. 이와 같은 시장을 중심으로 한 경제시스템에서는 생산력을 증대시키고 효율성을 높이기 위하여 기업가 정신(Entrepreneurship)이 강조된다. 그렇게 함으로써 시장에서 경쟁하는 과정에서 기업가들의 노력은 급속한 혁신을 가져오고 이러한 혁신은 특히 기술분야에서 나타난다. 이러한 시장주도형 자본주의 사회에서는 기업가의 도전정신과 창조정신이 매우 강조되고 있다.

이와 같은 사례로 영국을 들 수 있다. 영국은 "요람에서 무덤까지"로 정부가 주도적으로 복지를 제공하는 대표적 복지국가였다. 그러나 폭넓은 복지제공으로 인한 노동의욕의 감퇴와 공기업을 중심으로 기업의 효율성 저하현상이 나타났다. 이러한 소위 '복지병'은 영국에서 대처 수상이 취임하면서부터 변화가 나타나기 시작했다. 대표적으로 강력한 노동조합이 구성되어 있는 철도, 석탄 산업을 합리화하기 위하여 생산성이 떨어지는 탄광을 폐쇄하고, 철도를 민영화하는 정책을 실시하였다. 이러한 변화는 시장시스템 내에서 기업은 이윤을 극대화하고, 국가는 이러한 시장의 기능을 강화하기 위한 일련의 제도를 갖추는 데 주력하게 되었다.

미국의 경우도 레이건 행정부가 들어서면서 세율을 인하하는 감세정책을 실시하였으며, 복지부문도 민영화를 진행하여 사적 시장에서 경제문제가 해결되도록 하는 정책을 실시하였다. 기업들은 이윤을 극대화하기 위해 낙후된 생산설비와 낙후된 생산기술을 과감하게 버리고, 새로운 자본과 새로운 생산기술을 채택하였다. 이러한 일련의 과정을 슘페터라는 경제학자는 **'창조적 파괴**(creative destruction)' 라고 하였는데, 이러한 과정에서 기술혁신과 효율성은 높아진다.

기술혁신은 높은 기술력을 추구하며 기업을 대상으로 하는 서비스 및 일자리가 많이 창출된다. 무엇보다 기업활동이 촉진되는 과정에서 시장 내에서는 매우 복잡하고, 상당한 수준의 적응력을 가지는 정교한 자본시장이 형성되었다. 자본시장이 활성화됨으로써 한정된 자원은 시장 내에서의 경쟁을 통하여 보다 효율적이고 수익을 낳는 산업 또는 기업에 배분되고, 그렇지 못한 기업에게 배분되지 않기 때문에 시장 내에서 기업 간 구조조정이 원활하게 이루어진다.

또한 노동시장에서도 차이가 있다. 이러한 국가의 노동시장에서 노동자들에 대한 기업의 고용과 해고는 시장의 수요와 공급의 논리로 수익성이 낮은 기업은 종업원을 쉽게 해고하고 수익이 높은 기업은 노동시장에서 쉽게 필요로 하는 사람을 고용할 수 있어 노동시장의 유연성은 매우 높아진다. 따라서 기업활동의 역동성이 매우 높으며 기업들은 경제환경의 변화에 빠르게 대응할 수 있다.

15세 이상의 경제활동인구와 비경제활동인구 중 취업자를 나타내는 지표로서 고용률이 있다. 이는 노동시장에서 구직자들이 어느 정도 취업하고 있는지를 확인할 수 있는 지표로서 경제여건과 노동시장의 역동성을 반영하고 있다.

그리고 정부의 민간부문에 대한 부담을 측정하는 지표로는 세금을 들 수 있다. 세금은 매우 다양한 형태로 직접세, 간접세, 국세, 지방세, 정액세, 비례세, 누진세 등으로 분류할 수 있다. 민간부문에 세금의 부담을 전체적으로 확인할 수 있는 것으로는 GDP 대비 총조세액으로 국가전체의 조세율을 구할 수 있다. 이는 기업 및 민간부문에 대해 정부가 어느 정도 개입하고 있는지 확인할 수 있는 지표로 활용되기도

참고

고용률(雇傭率, employment-population ratio)

경제활동인구와 비(非)경제활동인구를 포함한 노동법상 최저근로연령인 만 15세 이상 생산가능인구(군인 · 재소자 등 제외)에서 취업자가 차지하는 비율로 취업인구비율이라고도 한다. 경제활동인구는 취업자와 현재 취업을 한 상태는 아니지만 일자리를 구하고자 하는 실업자를 포함한다. 비경제활동인구는 취업도 실업도 아닌 상태에 있는 사람으로, 일할 능력은 있으나 사회적 고용여건이 못 돼 구직활동을 포기한 구직단념자, 학생, 전업주부, 자원봉사자 등을 포함한다.

고용률(%) = [취업자 ÷ (15세 이상 경제활동인구 + 비경제활동인구)] × 100

고용률은 실업자가 경제활동인구(취업자 + 실업자)에서 차지하는 비율을 나타내는 실업률과 비교해 실업률 통계에서 제외되는 비경제활동인구 수를 포함함으로써 구직을 단념했거나 노동시장에 빈번히 들어오고 나가는 반복실업 등에 의한 과소추정과 경기변동에 따른 변동성 문제를 해결한다. 최근에는 고용률, 경제활동참가율, 실업률 등 세 가지 고용지표 중에서 경기변동의 영향을 적게 받는 고용률이 사회지표로 더욱 활용되는 추세다.

한다.

그림 7.6은 2008년도 OECD 자료에 기초하여 주요 국가의 조세율과 고용률을 보여 주고 있다. 그림에서 영국, 뉴질랜드는 낮은 조세와 고용률이 63%, 70% 수준을 유지하고 있다. 정부부문의 역할이 작으면서 동시에 중간정도의 고용을 보여 주고 있으며, 미국과 같은 경우는 낮은 세율과 낮은 고용률을 보여 주고 있어 시장의 논리에 의해 고용이 이루어지고 있다는 것을 알 수 있다.

앵글로색슨형 자본주의의 특징을 정리하면 다음 표 7.3과 같다.

그러나 앵글로색슨형 자본주의는 지나치게 사유화 및 시장의 논리를 강조하기 때문에 공공기관 및 정부는 사적 시장에서 초과공급 및 초과수요 등 경제에 있어서 시장의 자율조정능력이 한계가 있을 경우에만 정부가 시장에 개입하며 가능한 한 정부의 시장개입은 제한하고 있다. 국가는 복지혜택을 일부분의 항목에 제한하여 선택적으로 제공한다. 국민들이 필요로 한 사회적 서비스가 전 국민에게 골고루 돌아가는

그림 7.6 고용률과 세금

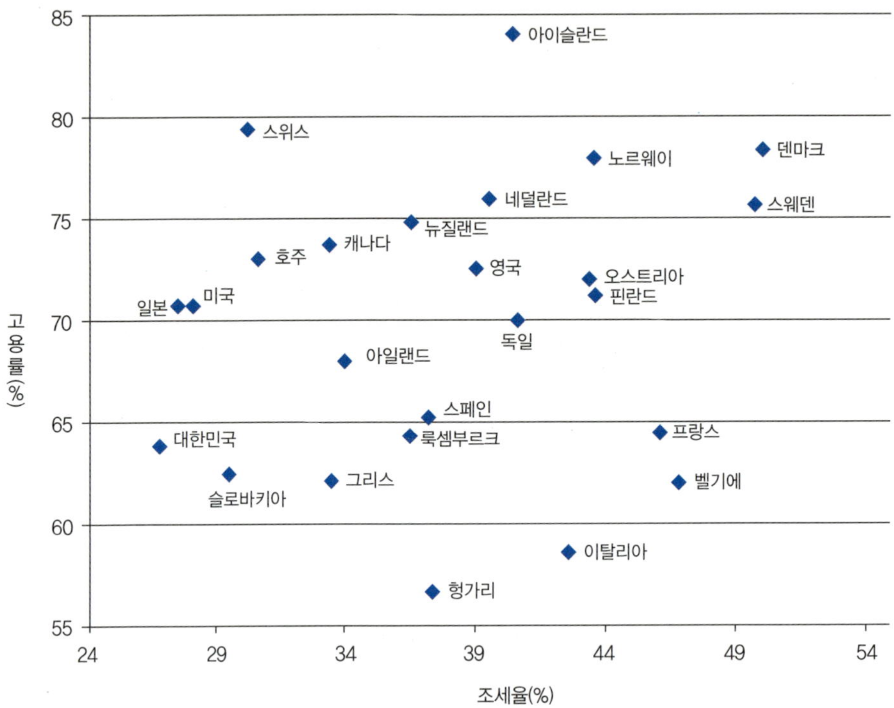

출처 : OECD 2008년 고용률과 조세율

표 7.3 앵글로색슨형 자본주의의 주요 특징

- 개별적인 시장에서 수요와 공급에 의해 자원이 분배된다.
- 사적 재산권에 대한 제도가 잘 구비되어 있다.
- 기업가정신이 강조된다.
- 빠르고 신속한 혁신이 이루어진다.
- 노동시장의 유연성이 높다.

보편주의적 접근방법이 아니라, 제한적으로 일부분만 돌아가게 한다.

특히 국가는 공공 인프라의 투자를 최소화하는 경향이 있다. 주로 국민이 필요로 하는 재화를 사적 시장을 통해서 공급하기 때문에 **공공재의 공급**에 의존하는 부문은 상대적으로 적다고 볼 수 있다. 이로 인하여 국가에 의한 공공보건, 공공교육, 공공서

용어 **보편주의 원리**(univesalist principles, 普遍主義原理)는 사회복지서비스가 하나의 사회적 권리이며, 모든 국민이 그것을 이용할 수 있어야 한다는 원칙이다.

비스의 제공은 열악하며, 공공안전망(public safety systems)은 취약하다고 볼 수 있다.

2. 북유럽 자본주의

북유럽형 자본주의(Nordic Capitalism)는 지리적 위치에 따라 노르딕 모델(Nordic model)이라고 불리기도 하며, 정치적 시스템을 중심으로 사회민주주의적 자본주의(Social-democratic Capitalism)로 불리기도 한다. 이러한 유형에 속하는 국가들은 덴마크, 노르웨이, 스웨덴, 핀란드 등이다. 이들 국가들은 혼합주의 성격의 경제체제를 채택하고 있으며, 여타의 국가에 비해 폭넓은 복지제도를 갖추고 있다. 여기에 해당하는 국가들은 제조업의 자생력을 증진시키고, 인간의 기본권에 대하여 보편주의적인 태도를 취하고 있으면서도 경제적 풍요도는 높은 국가들이다. 여기에 해당하는 국가들을 북유럽형 자본주의라 부른다.

북유럽 경제시스템에서 경제는 기본적으로 자유시장경제시스템으로 운영되고 있으며, 정부의 시장 개입은 최소한으로 하고 있지만, 국가는 사회안전망을 제공함에 있어서 온건하며 동시에 광범위하고 포괄적인 것이 특징이다. 정부가 의료, 보건, 교육 그리고 실업에 이르기까지 사회적 혜택을 제공하고 있다.

국가 전체적으로 노동조합에 의하여 형성된 노동자의 권익보호와 실업으로 인해 발생할 수 있는 빈곤을 막기 위한 사회적 혜택이 다른 국가들에 비하여 넓고 실업보

표 7.4	앵글로색슨형 자본주의의 취약점

- 국가는 사회적 혜택을 선택적으로 제공한다.
- 국가는 공공 인프라에 대한 투자가 적다.
- 국민은 사적재에 비해 공공재에 의존하는 비율이 상대적으로 낮다.
- 국민을 위한 공공사회안전망은 대체로 취약하다.

표 7.5	북유럽 자본주의의 주요 특징

- 노동자, 사업가, 공공기관 등 이해당사자와 협의를 강조한다.
- 국제경제의 변화에 대하여 혁신적이고 수출지향적으로 성장해 왔다.
- 소득재분배에 역점을 기울이고 있다.
- 젊은이뿐만 아니라 고령자에 대한 보호시스템이 잘되어 있다.
- 공공부문의 일자리 창출은 보건, 교육, 공공안전망과 연계되어 있다.
- 사회적 결속력이 매우 강하다.

험의 수혜기간이 길고 또한 실업으로 인한 소득보전금액도 높다.

북유럽형 자본주의는 남녀 간의 평등을 강조하며, 광범위한 사회적 편익을 특히 강조하고 있으며, 강력한 소득재분배정책을 실시하고 있다. 노동참여를 극대화하고, 재정정책을 경직적으로 운영하기보다는 자유롭고 유연하게 실시하고 있다.

이러한 북유럽 자본주의의 특징을 요약하면 표 7.5와 같다.

그렇지만 노르딕 모델은 단일한 형태의 모델은 아니며, 각 국가마다 각각의 경제 여건을 고려한 정책을 실시하고 있으며, 국가별로 독특한 차이를 보이고 있다. 특히 경제자유도를 살펴보면, 2008년 덴마크의 경우는 전 세계에서 11위로 높은 수준을 유지하고 있으며, 여기에 해당하는 국가들로 네덜란드는 13위, 아이슬란드는 14위, 핀란드는 16위, 스웨덴은 27위를 유지하고 있다.

2010년 11월 덴마크의 경제적 자유도는 9위로 2008년보다 더 높아졌으며, 핀란드는 17위로 한 계단 하락하였으며, 스웨덴은 21위, 노르웨이는 37위로 높은 복지시스템을 갖추고 있지만 동시에 기업이 활동하기에 자유로운 것으로 평가된다.

표 7.6은 주요 국가들의 경제자유도를 보여 주고 있다.

표 7.6을 통해 경제적 자유도를 살펴보면, 생산물시장에 대한 규제가 거의 없어 생산물시장의 자유도는 OECD 국가 내에서도 높은 편이다. 그리고 덴마크와 핀란드는 생산물시장에 대한 규제가 상당히 낮아 기업활동이 용이한 국가로 알려져 있다. 개개인의 요구가 다양해짐에 따라 획일적인 공교육으로부터 사교육 부문에 대한 요구가 증가하였고, 이에 따라 나타난 변화의 예로서 스웨덴은 교육에 있어서 1992년 공교육뿐만 아니라 사교육에도 지원하기 시작하였다.

연금(pension)의 경우도 국가가 제공하기보다는 사적 시장에 맡겨지기 시작하였다. 그러나 다른 국가들에 비하여 높은 수준의 연금기금이 형성되고 있지만, 여전히

표 7.6 경제자유도

World Rank	Country	Freedom Score	Change from Previous	World Rank	Country	Freedom Score	Change from Previous
1	Hong Kong	89.7	−0.3	12	Mauritius	76.3	+2.0
2	Singapore	86.1	−1.0	13	Bahrain	76.3	+1.5
3	Australia	82.6	0.0	14	Luxembourg	75.4	+0.2
4	New Zealand	82.1	+0.1	15	The Netherlands	75.0	−2.0
5	Ireland	81.3	−0.9	16	Estonia	74.7	−1.7
6	Switzerland	81.1	+1.7	17	Finland	73.8	−0.7
7	Canada	80.4	−0.1	18	Iceland	73.7	−2.2
8	United States	78.0	−2.7	19	Japan	72.9	+0.1
9	Denmark	77.9	−1.7	20	Macau	72.5	+0.5
10	Chile	77.2	−1.1				
11	United Kingdom	76.5	−2.5				

출처 : www.heritage.org. 2010. 11. 9.

적자현상을 면하지 못하고 있다는 문제점이 있다. 북유럽 자본주의가 안고 있는 취약점을 요약하면 다음 표 7.7과 같다.

특히 스웨덴의 경우 임금협상은 개별적으로 이루어지고 있으며, 핀란드는 이들 국가 중에서 경직적으로 운영되고 있다. 대부분의 북유럽 국가는 노동조합이 매우 강력하여 개혁을 지연시키는 요인으로 작용하고 있지만, 부분적으로는 시장에서의 개혁과 경제성장을 통해 전통적으로 높았던 실업률을 낮추고 있다.

또한 덴마크와 같은 사회민주주의 정당이 있는 국가는 이러한 상황에서도 1994년

표 7.7 북유럽 자본주의의 취약점

- 세계화 과정에서 경쟁심화 속에 복지의존적인 성향이 발생한다.
- 복잡하고 다양한 재원을 조달할 수 있는 금융환경 속에서 은행부문에 많이 의존한다.
- 민간부문의 역동성이 떨어질 수 있다.

부터 1996년까지 개혁을 실시하였으며, 노르딕의 다른 국가와의 차이점은 급격하고도 빠른 노동시장의 유연화를 달성하였다는 것이다. 노동시장에서 경직된 제도 및 규제로 인하여 떨어졌던 유연성을 빠르게 개선하였다. 그래서 노동시장에서 규제는 상당히 철폐되어 앞의 표 7.6에서 보는 바와 같이, 2010년에는 노동시장의 유연성으로 인하여 경제자유도가 미국 다음으로 높은 9위를 차지하고 있다.

이들 국가들은 공공부문의 비중이 상당히 높다는 특징이 있다. 전체 GDP에서 차지하는 공공부문의 지출, 즉 정부지출이 차지하는 비중은 표 7.8에서 보는 바와 같이 스웨덴의 경우 1995년 65%, 2000년 55.1%, 그리고 2009년 42.2%로 동년의 영국, 미국, 일본, 한국 등의 국가들보다 월등히 높다. 또한 노르웨이의 경우도 40% 이상, 1995년, 2009년의 각 연도별로 보면 스웨덴, 덴마크, 핀란드 등은 독일, 일본, 한국, 미국 등보다 훨씬 높은 것을 알 수 있다.

이렇게 높은 정부재정지출은 먼저 공공부문의 일자리가 많기 때문이다. 덴마크의 경우 약 38%의 일자리가 공공부문의 일자리이다. 물론 공공부문에서 이러한 많은 일자리는 생산성을 떨어뜨리는 요인으로 작용하지만, 동시에 이러한 낮은 생산성은 유럽에서 공공부문의 일부분을 사유화하거나 아웃소싱으로 생산함으로써 이러한 문제를 극복하고 있다. 사회적 이전지출정책으로 실업보호 프로그램이라든지, 조기퇴직 프로그램에 사용되고 있다. 이러한 복지혜택은 실업의 경우 임금을 기초로 하여 덴마크의 경우 90%를 그리고 스웨덴의 경우 80%를 지급하고 있어, 독일의 60% 수준과 비교할 때 상당히 높은 수준이라고 할 수 있다. 또한 실업기간이 길어진다고 하더라도 지급되는 실업보험금은 다른 유럽국가들보다 떨어지는 속도가 상대적으로 더디게 나타나고 있다. 물론 이러한 부문이 실업의 기간을 연장시키는 문제점으로 나타나기도 한다.

그림 7.4 '사회복지지출비중과 실업률(2008)' 에서 보는 바와 같이, 사회보장지출이 높은 국가가 실업률이 높은 것을 알 수 있다. 특히 스웨덴, 핀란드는 높은 사회지출에도 불구하고 실업률이 높은 것을 알 수 있다. 복지시스템이 잘 갖추어진 스웨덴의 경우도 실업률이 6% 수준을 유지하고 있는 것을 알 수 있다. 스웨덴은 지난 39년간 평균실업률이 4.54%로 나타났으며 1970년부터 1990년 기간 중에는 2% 미만의 완전고용에 가까웠던 실업률이 급격하게 상승하여 1998년에는 실업률이 9.8%에 이르렀다. 이러한 실업률 증가는 세계적인 경기침체의 요인도 있지만, 복지부문에 대

표 7.8 GDP 대비 정부재정지출 비중(%)

국가	1990	1995	2000	2005	2008	2009
오스트리아	51.5	56.3	52.1	50.2	48.8	52.3
호주	35.4	36.3	35.5	33.7	35.3	..
벨기에	52.4	52.2	49.1	52.3	50.2	54.2
캐나다	48.8	48.5	41.1	39.3	39.8	44.1
스위스	30.3	35.0	35.1	35.3	32.2	33.7
독일	..	54.8	45.1	46.8	43.8	47.5
덴마크	55.4	59.3	53.7	52.8	51.8	58.6
스페인	..	44.4	39.1	38.4	41.3	45.8
핀란드	48.2	61.4	48.3	50.2	49.4	56.0
프랑스	49.5	54.4	51.6	53.4	52.8	56.0
영국	41.1	43.9	39.1	44.1	47.4	51.6
그리스	45.0	45.7	46.7	44.0	49.1	53.6
헝가리	..	55.7	46.8	50.2	48.8	50.5
아일랜드	42.8	41.1	31.3	34.0	42.7	48.9
아이슬란드	..	42.7	41.9	42.2	57.8	50.9
이탈리아	52.9	52.5	46.2	48.2	48.9	51.9
일본	31.6	36.0	39.1	38.4	37.1	..
한국	19.5	20.4	22.4	26.6	30.5	..
룩셈부르크	37.8	39.7	37.6	41.5	36.9	42.2
네덜란드	54.9	56.5	44.2	44.8	46.0	51.4
노르웨이	..	50.9	42.3	42.1	40.6	46.3
뉴질랜드	52.8	41.1	38.3	38.0	41.9	..
스웨덴	..	65.0	55.1	53.9	51.5	54.9
슬로바키아	..	48.6	52.1	38.0	35.0	41.5
미국	37.2	37.1	33.9	36.3	38.9	42.2

한 문제점을 해결하는 과정에서 실업보험급여를 축소하고 세율을 낮추는 정책을 통해서 실업률을 낮추고자 하였지만, 2008년에도 실업률은 6.2%에 이르고 있다. 핀란

그림 7.7 실업률 추이

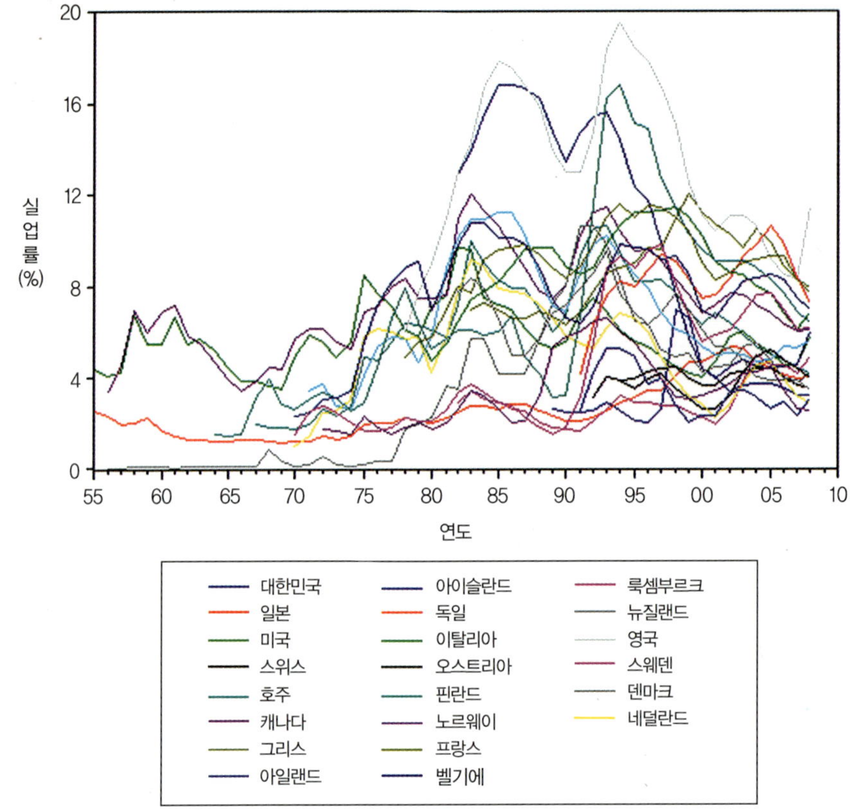

출처 : OECD 1955~2009년 실업률

드의 경우는 1994년 실업률이 16.8%로 최고조에 달했다. 핀란드는 사회복지지출도 증가시키며 유연한 노동시장을 만들어 가면서 다소 실업이 감소하였다. 핀란드의 경우, 높은 복지지출 수준을 유지하면서 실업을 낮추는 국가로 평가되었다.

3. 대륙식 자본주의

대륙식 자본주의(Continental Capitalism) 모델에 포함되는 국가들로는 독일, 프랑스, 벨기에, 룩셈부르크와 같은 나라를 들 수 있다. 이들 국가들은 보수주의적 조합주의 복지국가(conservative-corporatist regimes)의 특징을 갖는 사회권(社會權)이 매우 소중히 여겨지기는 하지만, 어느 정도 신분의 차이는 유지된다. 사보험과 직업상의 은급(恩給)은 최소한으로 제공되고, 가계에 대한 정책은 전통적인 가족제도를 강조하며 사회보험에서 전업주부들은 제외된다. 또한 복지수혜자는 이용가능한 자신의 자산(資産)을 활용한 후 부족한 부분을 국가에서 보충해 주는 보충성의 원리(principle of subsidarity)에 따라 교회 및 가정의 중요한 역할을 유지한다. 예로 들 수 있는 국가로 프랑스, 독일, 그리고 오스트리아가 있다. 여기에 해당하는 국가들은 재정지출의 상당 부분을 연금에 지출한다. 이들 국가는 '안정성의 원칙' 에 많은 주안점을 두고 있다. 이들 국가로부터의 보조금 혜택은 고용을 전제로 하는 것이 아니다. 예를 들면 프랑스와 벨기에는 25세 이상이 되면 보조금(subsidy)을 받을 수 있다.

이들 국가들에서 노동시장의 정책은 적극적인 일자리 창출을 위한 노동시장이기는 하지만 북유럽 국가들보다 적극적이지는 않다. 낮은 노조가입률에도 불구하고 집합적 의사결정에 있어서 노동조합의 역할은 상당히 중요하다.

대륙형 모델의 중요한 면은 사회적 보조금이 불충분하게 제공된다는 것이다. 따라서 모든 복지혜택을 국가에 기대하기는 어렵다는 특징이 있다.

1989년 11월 21일 베를린 장벽이 붕괴되고 독일은 통일로 인한 경제적 비용이 증가하였다. 동시에 동독에 대한 정책적인 지원에도 불구하고 지역 간 격차는 좀처럼 좁혀지지 않고 있다. 또한 동독지역의 낮은 인건비로 인하여 초기에는 일자리가 창출되는 것으로 보였으나, 지역 간 인구이동이 용이해짐에 따라 동독지역의 인력유출현상이 심화되고 글로벌화되면서 동독지역의 생산설비들이 동유럽지역으로 이전됨에 따라 미숙련 노동자들의 실업은 증가하고 있다.

대륙형 자본주의의 특징을 정리하면 다음 표 7.9와 같다.

표 7.9 대륙식 자본주의의 특징

- 정부부문은 시장의 공정한 경쟁을 위한 제도적 장치를 구축하려고 한다.
- 경제적 변화에 대하여 예측이 가능한 정책을 실시한다.
- 교육, 보건 서비스를 국가적으로 제공하려고 한다.
- 이해당사자들의 조합을 통하여 재원을 조달하는 조합주의적 복지제도를 구축하고 있다.

프랑스의 경우, 1998년 리오넬 조스팽 정부는 그동안 프랑스에서 실시하지 못했던 정책의 하나로 근로시간을 단축하는 법안을 실시하였다. 그 법안이 '오브리법' 인데 이는 근로시간을 35시간으로 단축하는 것이었다. 이 법의 통과로 인해 1997년부터 2001년까지 새로 만들어진 일자리는 약 200만 개에 이르렀다. 그러나 이러한 정책은 주 35시간제로 임금을 동결하거나, 생산성 향상을 저해하는 요소로 작용하였다. 2007년 '더 일하고 더 벌자' 라는 공약으로 당선된 사르코지 대통령은 이러한 정책을 수정하려 하고 있다. 그러나 이러한 정책에도 불구하고 2008년 미숙련공의 실업률은 13%에 이르렀고 2년제 대학 이상 졸업자의 실업률은 4.3%로 상대적으로 낮아 미숙련 노동자의 삶의 질은 떨어지고 있음을 알 수 있다. 그렇지만 프랑스에서 노동시장의 유연성을 확보하기 위한 노력은 지속되고 있다.

대륙형 자본주의가 가지고 있는 문제점을 정리하면 다음 표 7.10과 같다.

표 7.10	대륙식 자본주의의 취약점
	• 국제환경 변화에 능동적이고 적극적인 대응이 취약하다. • 공공부문의 생산성이 낮다. • 공공부문을 통한 일자리 창출에 대한 요구가 증가한다. • 제도의 변화가 용이하지 못하다.

4. 지중해식 자본주의(Mediterranean Capitalism)

남부유럽의 국가들은 대체적으로 보수적인 경향이 있다. 남부유럽의 특징 중 하나는 가족이 사회적인 문제를 해결하는 장소의 역할을 한다는 것이다. 경제적 · 사회적 문제를 가족 내에서 해결하는 모습을 볼 수 있다. 그래서 모든 가족구성원을 위하여 적어도 가족구성원 중 한 사람은 '안정된' 일자리에 취업하는 것이 중요하다. 또한 지중해 연안 복지국가들은 보편주의에 입각한 국가보건시스템으로 조합주의적 복지시스템을 구축하려 하고 있다. 이탈리아, 그리스, 스페인, 포르투갈은 모두 1980년대 이후 이러한 방향으로 보건제도를 개혁하였으며, 이탈리아가 가장 성공하고 있는 것으로 평가된다. 그러나 이 국가들 중 어떤 나라도 영국과 스칸디나비아와 같이 세금을 통하여 보건시스템의 재원을 조달하지는 않았다.

지중해 연안의 자본주의 국가들의 특징을 정리하면 다음 표 7.11과 같다.

표 7.11	지중해 연안 자본주의의 특징

- 가족을 중심으로 경제 · 사회적 문제를 해결한다.
- 고용이 공공부문에서 일자리 창출을 통해서 해결되고 있다.
- 소득의 형평성이 떨어진다.
- 복지재원이 납입금을 중심으로 형성된다.

앞의 네 국가들은 보험료를 납부하는 방식을 사회보험에서 조세로 전환하려는 개혁을 추진하고 있지만, 여전히 사회보험납입금에 의존하고 있다.

보건서비스에서도 직업과 지역에 따라 차이가 있다. 이탈리아, 스페인, 포르투갈 같은 지중해 연안의 국가들은 경제적 시스템이 일부는 북유럽과 유사한 측면이 있으며, 일부분은 대륙 모델과 유사하다. 이들 국가들은 국가에 의한 폭넓은 연금제도에 많은 초점을 두고 있다. 그러나 노동시장에 있어서는 대륙형 모델처럼 일자리를 보호하려는 정책이 실시되고 있어 기존의 일자리에 대하여 유연성이 매우 낮아 새로운 일자리를 찾는 것이 어렵다. 이로 인하여 노동시장은 경직적으로 운영되고 있으며, 특히 빈곤퇴치에 있어 성과가 상당히 미약하게 나타나고 있다.

지중해 연안 자본주의 모델이 가지고 있는 문제점을 정리하면 다음 표 7.12와 같다.

표 7.12	지중해 연안 자본주의의 취약점

- 공공부문의 생산성이 다른 국가에 비하여 낮다.
- 정부부문의 재정이 취약하다.
- 노동시장의 유연성이 낮다.

지중해 연안 자본주의 국가에서 정부부문의 너그러운 복지연금 혜택은 국가의 재정적자를 누적하는 요인이 되고 있다. 남부유럽 PIIGS 국가의 공통점은 2007년부터 2010년에 이르기까지 국가부채의 증가와 재정적자의 누적, 그리고 높은 실업률로 인하여 경제적 위기가 더욱 심화되고 있다는 것이다. 특히 그리스는 2010년 초 국가가 부도 위기에 직면하였으며, 5월 유럽연합(EU)과 국제통화기금(IMF)의 구제금융을 받기도 하였다. 2010년 4월 국제신용평가사 S&P는 그리스와 포르투갈에 이어 스페

그림 7.8 정부부채 비중

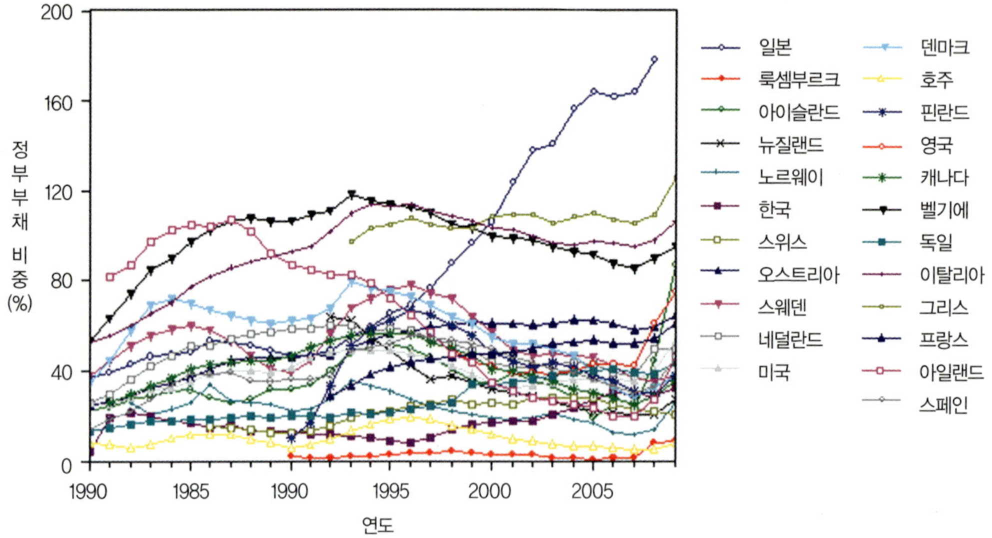

인의 국가신용등급을 하향 조정하였으며, 이탈리아와 그리스 역시 재정 상황이 좋지 않았다. 2009년 몇몇 국가는 GDP 대비 정부부채의 비중이 급격하게 상승하였다. 정부부채의 비중이 이탈리아는 113.6%, 그리스는 125.7%, 아일랜드는 107.0% 수준으로 급격히 상승하여 재정적 위기가 국가신용 위기로 연결되고 있다.

정부의 재정 악화로 인하여 복지지출의 한계가 나타나고 있으며, 동시에 생산성 하락과 경기위축으로 인해 소득증가가 정체된 상황에서 조세수입의 감소는 재정을 추가적으로 악화시키는 요인으로 작용하고 있다.

복지지출이 상대적으로 너그러웠던 지중해 지역의 국가들은 경제회복이 뒤따르지 않아 이는 재정악화로 이어졌고, 복지와 일자리 창출 모두가 실패하는 국가 사례가 되고 있다.

용어 PIIGS은 포르투갈(Portugal) · 이탈리아(Italy) · 아일랜드(Ireland) · 그리스(Greece) · 스페인(Spain)을 의미한다.

제 3 절 맺음말

자본주의는 사적 소유권의 보호와 시장을 중심으로 하는 경제시스템으로서 영국의 산업혁명 이후 지속적으로 발전해 왔다. 이러한 과정에서 시장과 정부의 역할 정도와 소득의 불평등 문제라는 과제를 안고 있다.

이러한 경제적 문제를 해결하는 과정에서 국가별로 경제적 · 정치적 차이에 따라 자본주의 유형을 분류할 수 있다. 이러한 분류의 기준은 소득 형평성을 나타내는 지니계수, 정부의 규모를 측정하기 위한 GDP 대비 정부지출의 비중, 정부의 재정 건실(健實)도를 알아보기 위한 정부의 부채비중, 실제적인 복지 및 소득형평성 개선을 위한 노력을 보여 주는 지표로 1인당 사회보장비지출, GDP 대비 사회보장액 등을 살펴보았다. 그리고 노동시장의 유연성과 경제적 상황을 나타내는 실업률과 고용률을 살펴보았다.

이러한 기준에 따라 자본주의 국가의 유형을 앵글로색슨형 자본주의, 북유럽형 자본주의, 대륙식 자본주의, 지중해식 자본주이의 네 가지 유형으로 분류하였다. 여기에 해당하는 개별 국가들의 특징은 다음의 장에서 자세히 살펴보도록 한다.

읽을거리 1

"북유럽 사회모델이 최상"

"비효율적인 유럽의 사회모델을 개혁하기 위해서는 북유럽 국가들을 본받아야 한다."

벨기에 브뤼셀자유대학의 앙드레 사피르 교수는 최근 유럽연합(EU) 회원국 경제재무장관들이 모인 자리에서 "덴마크 · 스웨덴 · 핀란드 등 북유럽 국가들은 효율과 평등을 동시에 달성한 모범적 사회모델을 갖고 있다"며 이같이 주장했다. 사피르 교수는 이날 비공식 EU 경제재무장관이사회에 초청돼 "세계화와 유럽의 사회모델 개혁"이라는 보고서를 발표했다.

사피르 교수는 보고서에서 개혁모델을 설명하기 위해 유럽 15개국을 효율과 평등의 실현 정도를 기준으로 4개 모델로 분류했다. '평등' 축의 경우 고등교육 보급률과 재분배 체계를 토대로 국가별 위치를 정했다. 25세 이상 64세 이하 고등교육 보급률은 북유럽 모델 75%, 대륙 모델 67%, 앵글로색슨 모델 60%, 지중해 모델 39%로 나타났다. '효율' 축에서 국가별 위치는 노동시장의 유연성이 반영되는

평등과 효율성에 따른 국가별 모델

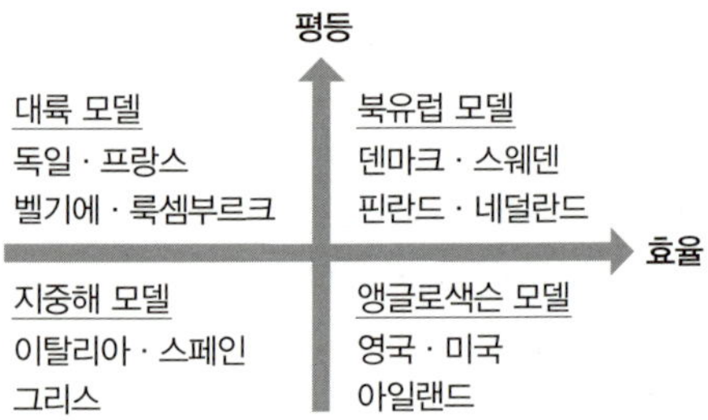

EU 확대 이전 15개 회권국 고용률(%)

국가	고용률	국가	고용률
덴마크	75.7	독일	65.0
네덜란드	73.1	프랑스	63.1
스웨덴	72.1	룩셈부르크	61.6
영국	73.6	스페인	61.1
오스트리아	67.8	벨기에	60.3
포르투갈	67.8	그리스	59.4
핀란드	67.6	이탈리아	57.6
아일랜드	66.6	〈EU 15개 평균 64.7〉	

고용률(Employment Rate) 지표를 적용했다. 고용보호 법규가 강력할수록 고용률이 낮았기 때문이다.

이 분류 기준에 따르면 독일 · 프랑스 · 벨기에 · 룩셈부르크가 속한 대륙 모델은 평등성은 높지만 효율성은 낮은 것으로 나타났다. 영국 · 아일랜드의 앵글로색슨 모델은 효율성은 높지만 평등성이 떨어지는 그룹으로 분류됐다. 이탈리아 · 스페인 · 그리스 등 지중해 모델은 평등성과 효율성이 모두 떨어지는 그룹에 포함됐다. 오스트리아와 네덜란드는 대륙 모델이 아닌 북유럽 모델로 분류됐다. 포르투갈은 지중해 모델의 불평등 구조를 갖고 있지만 고용 성과가 높아 앵글로색슨 모델에 편입됐다.

분류 결과를 토대로 사피르 교수는 "북유럽 국가들은 대륙 국가들처럼 평등사회이면서도 노동시장은 유연하다"고 지적하면서 "평등과 효율이 상충관계에 있다고 보는 것은 옳지 않다"고 강조했다.

사피르 교수는 대륙과 지중해 국가들에는 비효율적인 노동시장과 사회정책을 북유럽 모델을 참고해 과감히 개혁할 것을 촉구했다. 그는 또 "회원국의 개혁을 돕기 위해 EU 차원의 노력도 필요하다"며 "경쟁을 조장할 수 있는 역내 단일시장이 100% 완성돼야 한다"고 덧붙였다.

사피르 교수는 "대륙과 지중해 국가들의 노동시장 개혁이 잘 이루어지지 않는 것은 장기적으로 이익인 줄 알면서도 단기적인 정치적 비용이 걸림돌로 작용하기 때문"이라고 지적했다.

출처 : 중앙일보, 2005. 9. 27.

읽을거리 2

재정위기의 아일랜드와 포르투갈

아일랜드 재정위기 재발, 美 2위 채권업체 파산보호

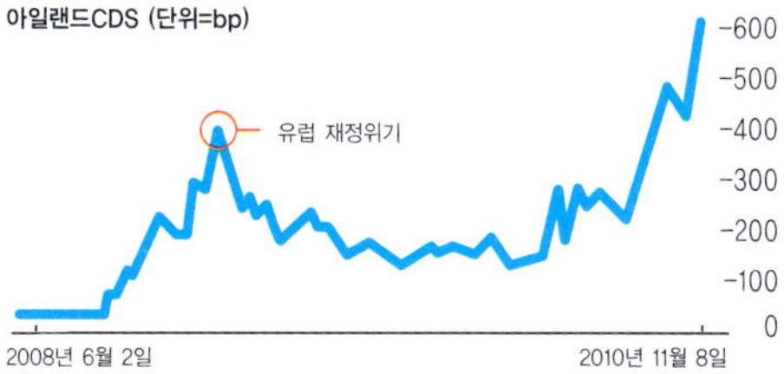

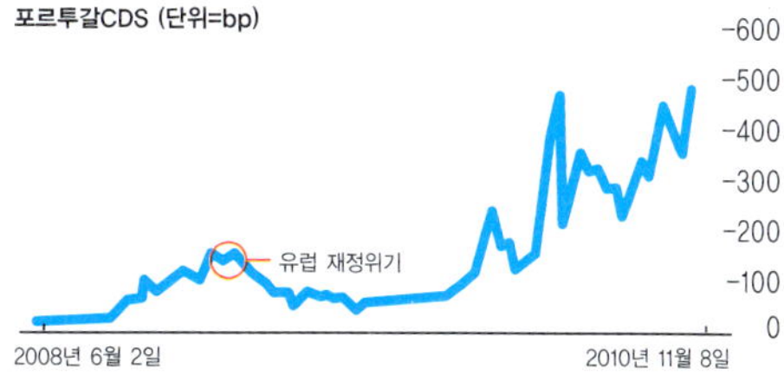

2년 동안 재정안정 확보 실패… 유동성은 만병통치약 아니다

최근 단행된 미국의 제2차 양적 완화 등으로 전 세계에 유동성이 넘쳐나고 있지만 신용 경색을 막기에는 역부족인 것으로 보인다. 유동성을 아무리 풀어도 신용 불안이 해소되지 않는다면 신용도가 낮은 국가와 기업은 여전히 위기에서 허덕일 수밖에 없기 때문이다.

8일(현지시간) 파산보호를 신청한 미국의 대형 채권보증 업체 암박이 대표적인 사례. 암박은 2008년 서브프라임 모기지(비우량주택담보대출) 부실 사태에 따른 모기지증권 손실과 이후 금융위기로 치명타를 입었다. 이로 인해 최고 신용등급인 AAA 등급에서 밀려나 고전을 겪어 왔다. 암박은 손실을 만회하기 위해 지방채 등 금리가 높은 상품에 투자했지만 올해 들어 시장 상황이 개선되지 않자 결국 파산보호라는 극단적인 선택으로 몰리게 됐다.

한동안 잠잠했다가 되살아나고 있는 유로존의 악몽 역시 재정건전화를 해결하지 않은 상태에서 유동성 공급만으론 위기에서 벗어날 수 없음을 보여 주고 있다. 특히 이번 위기의 중심에 서 있는 아일랜드는 지난 유럽 재정위기 속에서 유럽중앙은행(ECB) 등으로부터 긴급 자금을 수혈받았으나 지금까지 효과적인 긴축정책을 내놓지 못했다.

아일랜드 정부는 지난 4일 재정적자를 줄이기 위해 긴축 규모와 세율을 대폭 늘리겠다고 발표했다. 그러나 8일 아일랜드 10년 만기 국채 수익률은 7.859%로 사상 최고치를 기록했다. 시장은 정부의 이번 정책 발표가 재정적자를 줄이려는 의지의 표명이라기보다는 위기의 심각성을 증폭한 것으로 풀이했기 때문이다.

또 아일랜드 위기의 원흉으로 지목되며 500억 유로의 구제금융까지 받았던 은행권에 더 많은 구제비용을 쏟아 넣어야 할 수도 있다는 우려가 제기됐다. 최근에는 모기지 부실이 은행권에 두 번째 타격을 입힐 수 있다는 경고도 나왔다.

여기에 대외적으로 유로존 국가에 대한 지원 문제를 놓고 장클로드 트리셰(ECB 총재)와 가장 큰 지분을 가진 독일 분데스방크(중앙은행)의 악셀 베버 총재 간의 설전도 투자자들의 심기를 불편하게 만들었다. 유로존의 대표적인 중앙은행 두 곳이 1차 유럽 재정위기를 겪은 후에도 위기를 겪고 있는 국가들에 대한 구제안에 대해 합의하지 못한 것이다.

전문가들은 아일랜드의 위태로운 은행 업계에 대한 우려가 커짐에 따라 금융권 구제금융 비용이 기존에 예상한 500억 유로를 웃돌 가능성이 있다고 경고하고 있다. 《월스트리트저널》은 아일랜드 은행권이 상업용 부동산의 거품이 터지면서 부실이 나타났으나 이제 주거용 모기지 문제가 2차로 터지면서 건전한 은행에도 영향을 줄 수 있다는 우려가 나오고 있다고 보도했다.

모건 켈리 더블린대학 경제학 교수는 《아이리시타임스》기고를 통해 모기지 디폴트 홍수로 금융권이 나락으로 향해 가고 있다고 지적하면서 이 문제가 부각됐다. 게다가 포르투갈과 그리스 등의 국채수익률도 연일 급등하고 있어 위기가 다시 과거 남유럽 재정위기 국가(PIIGS : 포르투갈, 아일랜드, 이탈리아, 그리스, 스페인) 등으로 확산될 가능성도 배제할 수 없다. 여기에 ECB가 지난주 한 달 만에 10억 달러 규모의 유로존 국채를 매입했다고 밝힌 것은 유로존 위기가 재점화될 수 있음을 시사해 주목을 받고 있다.

[윤원섭 기자]

출처 : http://news.mk.co.kr/newsRead.php?year=2010&no=609554
매일경제, 2010. 11. 9.

평가하기

퀴즈 1〉 국가의 형평성을 측정하기 위한 지표로 가장 바람직하지 못한 것은 무엇인가?

① 지니계수 ② GDP 대비 사회보장지출액
③ GDP 대비 정부부채비율 ④ 1인당 사회보장지출액

힌트 GDP 대비 정부부채비율은 정부부문의 재정건전성을 판단하는 지표임

퀴즈 2〉 다음 중 소득형평성이 높고, 사회보장이 가장 잘되어 있는 국가는 어느 곳인가?

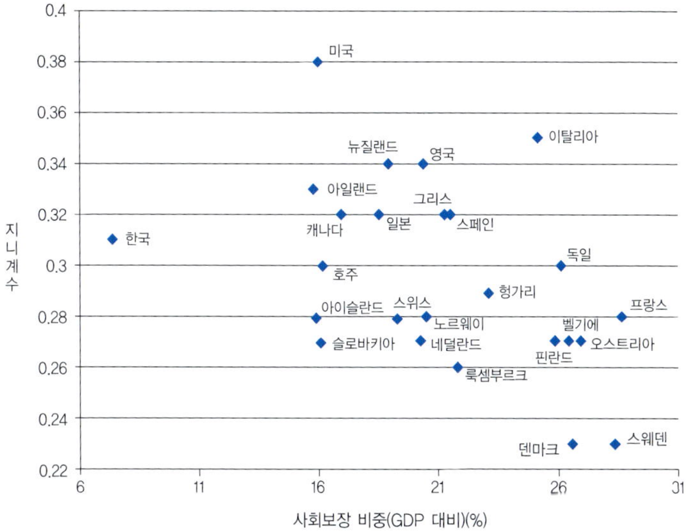

① 이탈리아 ② 프랑스

③ 스웨덴 ④ 미국

힌트 형평성이 높은 나라는 지니계수가 낮고, 동시에 사회보장비중이 다른 국가에 비하여 상대적으로 높다.

퀴즈 3〉 다음은 고용률(%)과 세율(총조세액/GDP×100%)을 나타내고 있다. 국민들의 조세 부담이 가장 높으면서 고용성과가 가장 높은 국가는 어느 곳인가?

① 스위스　　② 스웨덴
③ 덴마크　　④ 아이슬란드

힌트 그래프를 보면 관계를 파악할 수 있다.

정리하기

■ 자본주의의 네 가지 유형

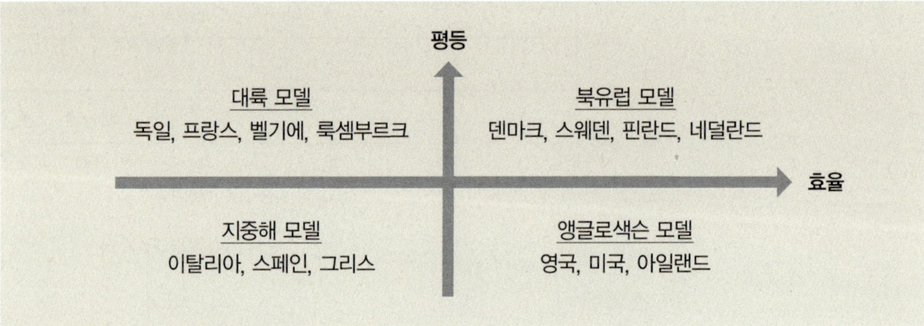

- 앵글로색슨형 자본주의(Anglo-Saxon Capitalism)
- 북유럽형 자본주의(Nordic Capitalism)
- 대륙식 자본주의(Continental capitalism)
- 지중해식 자본주의(Mediterranean Capitalism)

제 8 장

글로벌 금융위기와 자본주의

학습목표

1_ 2007년 말 미국에서 촉발된 금융위기는 전 세계적으로 글로벌 금융위기를 초래하였다. 이러한 경제현상은 21세기 자본주의시스템의 영향으로 볼 수 있는데, 21세기 자본주의의 특징을 학습하는 것을 목표로 한다.

2_ 또한 세계화된 금융경제시스템에서 일국의 경제적 위기가 어떻게 형성되고 전 세계적으로 어떻게 파급되는지의 과정을 고찰하고 자본주의 경제시스템에 가져온 의의를 살펴보는 것을 목표로 한다.

학습내용

1_ 21세기 자본주의의 특징인 금융자본주의에 관해 학습한다.

2_ 글로벌 금융위기를 초래한 원인 중 하나인 미국의 부채경제와 세계적 불균형의 위험성에 관해 학습한다.

3_ 세계화가 초래한 글로벌 금융위기를 재평가한다.

4_ 지중해식 자본주의(Mediterranean Capitalism)의 특징에 관하여 학습한다. 신자유주의 속에 진행된 금융위기의 재발을 방지하기 위한 대책에 관해 학습한다.

키워드_ 글로벌 금융위기, 레버리지, 버블, 증권화, 서브프라임 모기지, 파생금융상품, 토빈세

제 1 절 금융자본주의와 세계경제의 위기

제2장 '세계화의 특징과 자본주의' 에서 살펴본 바와 같이 20세기 후반 이후 세계화의 진행이 빠르게 이루어지고 있다. 세계화는 세계 통신망의 발달과 운송수단의 발달, 그리고 신자유주의 진전에 따라 규제가 없는 시장중심으로 경제시스템이 운영됨에 따라 국가 간의 장벽은 거의 사라지고 있다는 것을 의미한다. 이러한 과정에서 빠르고 쉽게 국가 간 이전이 가능한 생산요소가 금융자본이라고 할 수 있으며, 금융자본의 지역 간 이동이 순식간에 자유롭게 이루어지고 있다. 이에 따라 필요로 하는 재화를 생산하기 위하여 타국에 생산설비를 갖추기보다는 막대한 자금이 있는 국가나 기업은 금융자본을 통해 여러 국가에 산재하고 있는 기업을 쉽게 인수 또는 합병할 수 있다. 21세기는 빠른 통신망과 국제금융시스템을 이용하여 자본이득을 얻기 위해서 자금이 국제적으로 거대한 규모로 이동하고, 이를 통해서 자본이득을 취하는 금융자본주의 시대라고 볼 수 있다.

이러한 과정에서 하이만 민스크는 금융의 불안정성(不安定性)이 금융적, 경제적 안정에서 배태(胚胎)되는 내재적인 과정의 결과로 발생한다고 보았다(Hyman Minsky, 2008). 그는 규제되지 않는 금융시장은 속성상 불안정하며, 일시적인 경제적 · 금융적 안정 이후 미래에 대한 낙관적 기대는 취약한 부채(負債)구조를 낳는다는 점을 강조하였다.

그에 의하면 경제 문제의 씨앗은 경제가 상승기에 있을 때 이미 배태된 것이다. 경기상승기에는 과도한 낙관론에 의하여 불균형이 생성되어 있지만, 위험요소들이 겉으로 나타나지 않았고 경제가 하강기로 접어들면서 불균형이 조정되는 과정에 위험요소들이 드러난다는 것이다.

2007~2008년에 발생한 미국의 금융위기는 바로 이러한 내재되어 있던 금융시스템의 취약성이 드러난 것이다. 위험을 통제할 수 있다는 과도한 믿음은 주택대출 수요자들을 무분별하게 끌어들이는 과정으로 연결되었다. 이는 빚을 내어 채무를 일시적으로 갚아 가는 돌려막기와 유사한 것이다. 이 같은 현상은 1929년 발생한 찰스 폰지(Charles K. Ponzi)의 사기사건과 유사했다. '90일 만에 원금의 2배 수익 보장' 을 내세우며 플로리다에서 막대한 투자배당을 약속한 찰스 폰지는 미국 전역에서 8개월

만에 4만여 명으로부터 1,500만 달러를 끌어 모았다. 그는 실제로는 투자하지도 않았으면서 끌어 모은 돈의 일부는 자신이 착복하고 기존 투자자들에게 주는 배당금은 신규 투자자들의 투자금으로 지불하였다.

2007년도의 금융위기는 마치 폰지 게임(ponzi game)에서처럼 신규 투자자(저소득층)의 계속적인 유입만이 게임의 지속(주택가격 상승)을 위한 유일한 조건이 되었으며, 따라서 더 이상 신규 투자자가 존재하지 않게 되는(금리 상승과 주택공급 과잉) 순간 게임은 종식되어(주택가격 하락) 사기행각이 폭로되는(상환 불능) 결과를 낳게 된다(서익진, 2009).

제8장에서는 세계화된 금융경제시스템에서 일국의 경제적 위기가 어떻게 형성되고 파급되는지 그 과정을 고찰하고 자본주의 경제시스템에 가져온 의의를 살펴보고자 한다.

제 2 절 미국의 부채경제와 세계적 불균형의 위험성

제2절에서는 부동산 시장에서의 손실이 어떻게 금융시장의 거대한 혼란을 발생시켰는지 그 메커니즘을 설명하고자 한다. 우선 지적되어야 할 거시경제적 요인으로는 특히 아시아 국가들로부터의 막대한 자본 유입과 연방준비은행의 저금리 정책을 들 수 있다.

아시아 국가들은 1990년대 말 금융위기의 교훈으로 자기보험 성격의 과도한 외환보유고를 축적하기 시작했고, 수출지향적 환경에 적합한 환율 수준으로 달러대비 통화가치를 고정시키기 위해 미국의 증권을 사들였다.

미연방준비은행은 1990년대 인터넷버블의 붕괴 이후 경기침체 가능성을 막기 위해 주택버블의 형성을 중화(中和)시키지 않았다.

은행이 부동산을 담보로 대출을 해 주면, 은행은 현금처럼 대출을 해 줄 수 있는 자금여력이 부족해진다. 이와 같은 상황을 '은행의 유동성이 떨어진다' 라고 한다. 이와 같은 상황에서 금융기관이 현금을 마련하는 방법으로 대출채권 자체를 하나의 상품으로 금융시장에 유통(매입 · 매각)함으로써 사용할 수 있는 자금, 즉 유동성을 확보한다. 대출채권과 같은 기초(基礎)자산으로부터 나오는 현금흐름을 바탕으로 새로운 유가증권을 발행하는 자산유동화 기법(originate and distribute)으로 무장한 은행의 사업방식이 대출채권의 만기 때까지 이를 보유하는 방식의 전통적인 사업방식을 대체하기 시작했다. 그리고 은행들의 이러한 새로운 증권 상품의 발행은 외국으로부터의 거대한 자본유입에 의해 가능했다(Brunnermeier, 2009).

1990년대 말 이래 미국의 은행들은 대출채권에 존재하는 각종 신용위험을 재가공하여 만기 이전에 새로운 유가증권을 발행하는 자산유동화 기법을 활성화시켰다. 즉, 대출채권을 자신의 대차대조표 안에 보유하는 대신 새롭게 묶어 내어 다양한 금융투자자들에게 판매하였다. 특히 투자은행들은 이러한 구조화 상품의 중개와 투자수익의 획득을 주력 사업방식으로 삼았고, 이들 자산에 대한 투자를 늘리기 위해 차입 레버리지에 대한 의존도를 높였다.

용어

차입 레버리지(leveraged buyout)는 적은 자본으로 기업이 큰 기업을 인수하기 위하여 차입자금을 활용하여 회사를 매수하는 방법을 말한다.

우선 과잉부채경제와 세계적 불균형(global imbalance)의 위험성을 살펴보기 위해 미국 금융기관들의 경기순응적 레버리지(pro-cyclical leverage) 관리방식을 이해해 보도록 한다.

1990년대 후반 이후 세계경제는 미국의 무역수지 적자와 정부재정수지 적자 — 소위 이중적자 — 와 동아시아를 중심으로 한 발전도상국으로부터의 수출달러 환류(미국의 자본수입)로 인해 심각한 불균형에 빠져 있었다. 소위 '세계적 불균형(global imbalance)' 으로 불리는 이러한 문제는 급증하는 미국의 경상수지 적자와 이를 충당하기 위한 미국으로의 자금이동이라는 특징을 가지고 있다.

미국의 경상수지 적자는 외국에서 유입된 자본에 의해 메워지고 있으며, 이는 미국의 대외부채의 급증으로 이어지고 있다. 미국 경제는 1990년대 후반 이후 부채가 급증하고 있는데 2001년 이후 GDP에서 순대외부채가 차지하는 비중이 20%를 넘고 있다. 이러한 현실은 최근 외환보유고가 크게 증가하고 있는 중국 등 아시아 신흥경제권과 석유수출국의 국제적 자본이 미국으로 이동하고 있음을 의미한다. 그러나 2002년 이후 자금의 조달 형태는 순해외직접투자 및 지분투자가 감소하고 외국의

그림 8.1 세계적 불균형 구조하에서 달러의 흐름

중앙은행들의 투자 증가 등 주로 **부채흐름**(debt flows)에 상당 부분 기초하고 있어서 매우 취약한 상황이다(이강국, 2007).

그림 8.1은 수출주도형 발전도상국들이 수출로 벌어들인 달러와 미국의 무역적자 문제를 2단계의 중개거래를 통해 설명하고 있는데, 앞 단계는 발전도상국 정부들과 미국 금융시장의 금융중개기관 사이의 거래(국제 신용시장)이고, 다음 단계는 미국 은행들과 미국의 최종 차용자 간의 거래(국내 신용시장)이다. 문제는 미국이 대외 부채뿐만 아니라, 대내적으로도 미국의 경제주체들이 과잉부채 상태에 직면해 있다는 점이다. 따라서 국제 신용시장과 미국 국내 신용시장에서의 달러 흐름에 이상이 생기면, 즉 어느 한 시장에서 달러자금의 대출과 달러자금의 유입과정에서 문제가 발생할 위험이 상존하고 있다는 것이다.

표 8.1은 미국 경제의 국민총생산 대비 부채비율과 과잉부채를 지고 있는 가계부문과 금융부문의 부채비율을 보여 주고 있다. 표 8.1에 따르면 미국 경제의 총부채는 1980년 GDP의 163%에서 2007년 346%로 증가했다. 이러한 부채의 증가는 가구와 금융부문에서 가장 급속하게 나타났다. 가계부채는 1980년 GDP의 50%에서 2007년 100%로 정확히 2배 증가했다. 그러나 은행과 다른 금융기관들의 부채가 가장 빠르게 늘어나서, 1980년 GDP의 21%에서 2007년 116%로 5배 이상 증가되었다. 자산

표 8.1 미국의 국민총생산 대비 부채비율

구분	1980	2007
전체	163%	346%
가계부문	50%	100%
금융부문	21%	116%

출처 : Financial Times, 2008. 9. 24.

버블의 지속이 이렇게 부채를 증가시켰던 것이다.

기존의 많은 연구들(Dooly, Folkerts-landau, and Garber, 2003; Goldstein and Lardy, 2005)은 주로 미국의 대외부채를 충당하는 해외달러의 환류가 언제까지 지속될 수 있느냐, 즉 자본철수 문제에 초점을 맞추어 현 불균형 구조의 유지가능성을 평가하는 데 중점을 두고 있다. 그러나 서브프라임 사태를 통해서 확인하였듯이, 실질적으로 글로벌 금융위기는 미국의 국내 신용시장에서 터졌다. 그리고 이러한 미국 내 신용위기는 국제 신용시장으로 위험을 전이시켰던 것이다.

이러한 위험성의 내면에는 경상수지의 양극화가 확대되는 만큼 달러 환류의 규모가 확대되었고, 흑자국과 적자국 양측 모두 국제적 유동성이 증가되었다는 점에 있다. 게다가 소위 금융혁신으로 가능해진 '증권화(securitization)'는 세계적 수준의 과잉유동성이 미국 주택시장으로의 유입을 가능하게 하였다. 미국의 경제적 모순, 즉 대내외 부채상태에 따른 금융적 취약성(financial fragility)이 미국의 주택시장과 국내 신용시장에서 표출된 것이다.

제 3 절 서브프라임 모기지

서브프라임 모기지(subprime mortgage)란 미국에서 신용도 하위 27%에 해당하는 저소득계층의 주택매입자를 대상으로 하는 대출로서 대출대상자들을 신용도에 따라 표 8.2와 같이 세 가지로 분류하고 있다. 그리고 신용도가 높은 고객에 대한 대출인

표 8.2 세 종류로 분류되는 미국 모기지 시장

종류 \ 항목	일반 모기지	알트-A (Alternative-A)	서브프라임 모기지
대상	중산층 이상	두 번째 주택 구입, 외국인	저소득층
대출금리	기준금리 + 1% 내외	기준금리 + 2% 내외	프라임 + 2~4%
대출조건	30년 고정금리 LTV 80% 이하	LTV 80% 이상	30년 만기 변동금리 (초기 2년은 고정금리) LTV 90~100% 이상

주 : LTV(Loan To Value)란 주택담보 인정비율로 비율이 커질수록 대출금이 증가.

프라임 모기지(prime mortgage)에 비해 2~4%의 금리가 추가되는 주택담보대출을 말한다. 따라서 대출의 특성상 위험 발생에 따른 충격은 프라임 모기지에 비해 연쇄 부실의 문제로 인해 크고 깊을 수밖에 없었다.

서브프라임의 확대는 저소득층의 금융 지원을 위해 1990년 클린턴 행정부가 1977년에 제정한 **Community Reinvestment Act**(CRA)를 개정하여 융자 관련 규정을 완화하여 CRA의 지역사회 대출편의 의무를 강화함으로써 발생했다. 이에 따라 미국의 모기지 회사들은 저소득층의 가장 큰 걱정거리였던 주택가격의 10% 이상에 달하는 계약금(downpayment)의 부담을 낮춰 주고 월 납부금액을 높이는 방법을 채택하여 서브프라임 모기지가 확산되기 시작했다.

용어 Community Reinvestment Act(CRA)란 자산담보부증권으로서 대출채권, 부동산, 외상매출금 등의 자산을 기초로 발행하는 증권이며 채권과 주식 또는 수익증권 등의 형태가 있다. 자산을 직접 매각하지 않고 증권을 발행함으로써 자산처분 전에 자금을 조달하는 금융기법이다.
ABS란 부채담보부증권으로 모기지 담보증권으로부터 회사채, 신용카드, 매출채권담보증권 등 다양한 종류의 채권을 묶어 놓은 금융상품을 말한다. 투자 은행들이 일반 여신 은행 등으로부터 여러 기업들의 부채를 양수한 후 투자자들에게 판매하기 위해 이들을 한데 묶어 만든 채권이다.

즉, 상대적으로 유동성이 떨어지지만 재산적 가치가 있는 자산을 담보로 증권을 발행하여 유통시키는 방법으로 대상자산의 유동성을 높이는 자산유동화(Asset Securitization)를 발전시켰다. 자산유동화증권은 유동화자산의 특성에 따라 **ABS**(Asset Backed Securities), **MBS**(Mortgage Backed Securities), **CDO**(Collateralized Debt Obligations) 등으로 불린다.

자산유동화 증권의 발행 메커니즘을 살펴보면 그림 8.2와 같다.

미국 서브프라임 모기지의 규모는 지난 2006년 말 현재, 1조 4,000억 달러로서 전체 모기지 대출 10조 4,000억 달러 중 약 13.5%를 차지하고 있고, 이는 미국 주식시가 총액의 7.1%, 전체 개인신용의 11.0%를 차지하는 규모이다. 또한 부실화의 우려를 낳고 있는 서브프라임 모기지와 관련된 유동화 증권 규모는 2006년 말 현재 7,600억 달러로 전체 주택저당증권(MBS) 규모(6조 5,000억 달러)의 12.0%를 차지하는 것으로 추산됐다. 이렇듯 서브프라임 모기지의 규모는 미국 전체 모기지 시장

용어

UBS란 주택저당증권으로 주택자금 수요자가 은행 등 주택자금 대출기관(은행 등 금융기관)에 주택에 대한 저당권을 설정해 주고 그 대가로 융자를 받아 주택을 구입하고, 주택자금 대출기관은 저당권을 담보로 대출금을 회수할 권리, 즉 대출채권을 가지게 되는 주택저당채권을 기초로 발행하는 증권을 말한다.

CDO란 일정 규모 이상(총자산 2억 5,000만 달러 이상)의 금융기관은 지역사회의 중소기업, 중산층 이하 계층 등이 대출에서 소외되지 않도록 하고 지역사회에 대출편의를 제공하도록 의무화한 법률로 1977년에 제정되었다.

의 10% 내외에 불과하다. 아무리 미국의 시장규모가 크다고 하더라도 어떻게 일국의 개별시장 내에 10%에 불과한 시장의 부실규모가 전 세계에 영향을 끼쳤는지 그 경로를 잘 이해할 필요가 있다.

이를 이해하기 위해서는 우선 미국 내 모기지 시장의 구조를 파악할 필요가 있다. 미국의 모기지 대출 관련 시장은 크게 '1차 모기지 시장(primary mortgage market)'과 '2차 모기지 시장(secondary mortgage market)'으로 나눌 수 있다. 1차 모기지 시장은 주로 주택 매입자와 모기지 대출회사 사이에 거래가 이루어지는 시장으

그림 8.2 자산유동화 증권 발행 구조

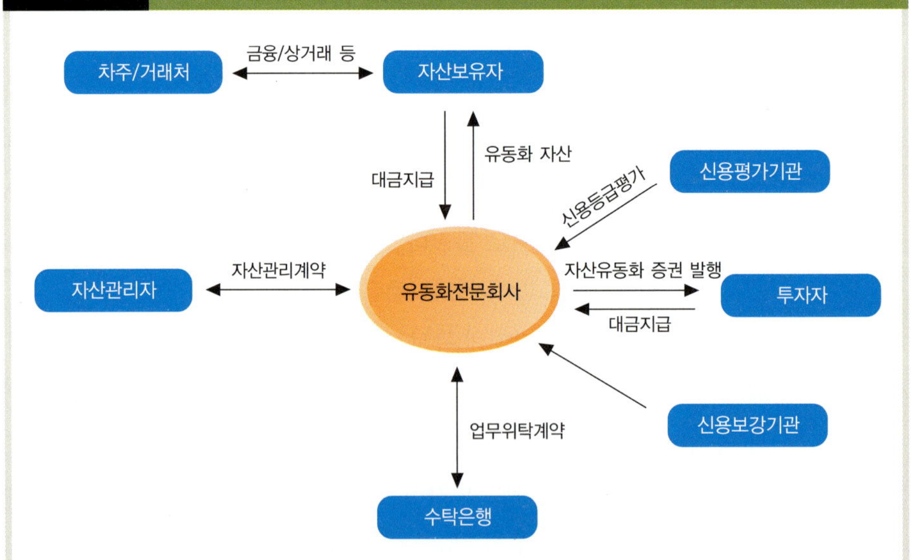

출처 : 한국신용평가, 2008.

로 표 8.2에서 언급했듯이, 신용도에 따라 프라임(prime), 알트-A(Alternative-A), 서브프라임(subprime) 모기지 대출로 나눌 수 있다. 2차 모기지 시장은 1차 모기지 시장에서 대출거래에 의해서 발생하는 대출채권으로 모기지담보채권(MBS)을 발행, 즉 은행이 주택 매입자에게 주택구입자금을 대출해 주고 대가로 가지게 되는 원리금을 수취할 수 있는 권리를 기반으로 발행되는 유동화 증권 시장을 의미한다. 2차 모기지 시장은 민영화 이후에도 여전히 정부의 지원을 받으며 절대적 우위에 서 있는 패니매(Fannie Mae)와 프레디맥(Freddie Mac) 등과 그 외 민간 투자은행들이 1차 모기지 기관으로부터 대출채권을 인수하여 MBS를 발행하고 헤지펀드 등 다른 투자자에게 매각하는 형태를 취하고 있다.

이러한 1차 및 2차 모기지 시장의 구조는 거대한 자금을 보유한 기관뿐만 아니라 상대적으로 자금력이 약한 기관들도 기존의 모기지를 2차 모기지 시장에 매각하여 발생하는 자금으로 지속적인 경쟁력을 보유하게 해 주는 원천이었다. 그러나 아이러니하게도 이런 구조가 전 세계 금융시장을 혼란에 빠뜨린 동반부실의 원인이 되었다.

제 4 절 폭탄 돌리기 게임

현재 서브프라임 시장은 누가 언제 터질지 모르는 폭탄을 가지고 서로에게 떠넘기고 있는 양상으로 흘러가고 있다. 어느 순간 폭탄이 터지게 된다면, 그 폭탄을 가지고 있든 가지고 있지 않든 그 사이클에 포함된 모두가 연쇄적으로 피해를 받는 것은 자명할 것이다. 그렇다면 이러한 폭탄은 언제 생성되었고 또 어떤 과정으로 흘러가는가?

그림 8.3은 서브프라임 모기지 부실이 어떤 경로로 폭탄 게임을 만들어 가는지를 요약적으로 보여 주고 있다.

서브프라임 모기지 위험의 시작을 파악하기 위해서는 앨런 그린스펀이 연방준비제도이사회(FRB)의 의장을 맡고 있던 시절을 살펴볼 필요가 있다. 당시(2004년) 미국은 IT버블이 꺼진 경제적 충격에 빠진 상태였고 그 후유증을 극복하기 위한 유동성 확보와 고정금리인 중국과의 경쟁에 따른 압박으로 그린스펀을 앞세워 초저금리 정책을 실시하였다. 이러한 인위적인 경기부양 방법은 미국 금리(FRB금리)를 1.00%라는 사상 최저 수준으로 낮추게 되었고, 시장에 쏟아져 나오는 돈은 부동산에 몰려 미국 주택가격을 급등시켰다. 상황이 이렇게 되자 많은 모기지 회사들이 프라임(prime), 알트-A(Alternative A)는 물론 서브프라임(subprime) 대상자들에게까지 마구잡이식 대출을 해 주기에 이른다. 그러나 얼마 지나지 않아 너무 낮은 금리로 인해 정부의 경제정책이 어려워지자, FRB는 2004년 6월 30일 금리를 1.0%에서 1.25%로 0.25% 포인트 인상을 시발점으로 2년 동안 17차례에 걸쳐 인상하였고, 2006년 6월 29일에는 5.25%까지 금리를 올리게 된다. 지속적인 금리 상승에 따라 대출자들은 이자부담에 시달리게 되고, 금융시장은 유동성이 줄어들면서 부동산 가격은 급락하기 시작한다. 주택가격 하락으로 추가대출이 불가능해진 서브프라임 모기지 이용자들의 연체율이 높아지게 되면서 폭탄의 점화가 시작되게 되었다.

폭탄 흐름의 양상을 살펴보면, 신용도가 낮은 대출자는 주택시장의 침체 등으로 연체가 증가하게 되면서 모기지 시장에서 모기지 상품판매가 부진하게 되고, 이는 다수의 모기지 회사가 부실화 혹은 파산의 위험에 노출되는 결과를 초래한다. 이에 따라 MBS는 물론 서브프라임 모기지 대출자들의 채권을 기초자산으로 한 대출채

그림 8.3 금융시장을 흔드는 서브프라임 모기지 부실

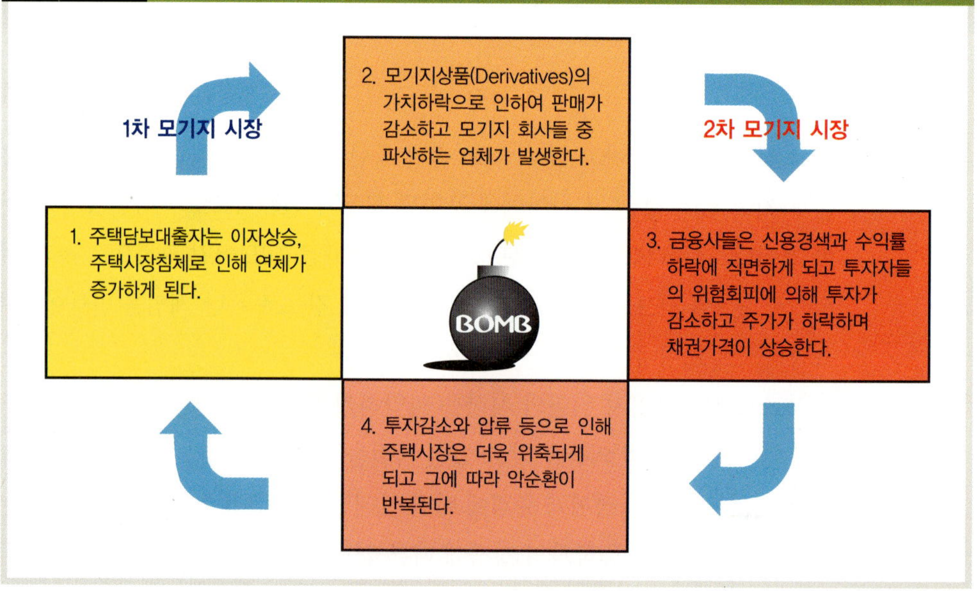

출처 : TIME "Real Estate' s Fault Line", p. 14~18, 2007. 8. 16.

권담보부증권(CDO)이나 자산유동화증권(ABS) 등 파생상품을 사들인 투자은행과 헤지펀드들은 어느 하나 예외 없이 타격을 받게 되고 투자자의 손실은 피할 수 없게 된 것이다. 이러한 흐름은 실물경제에서 투자의 위축을 가져오고 자금회수를 위해 모기지 회사는 압류라는 방법으로 가계부문을 억누를 수밖에 없었다. 결국 폭탄이 터지게 되면 가계, 모기지 회사, 투자자, 누구 하나 피할 수 없는 타격을 받게 되는 것이다.

미국의 서브프라임 위험은 이러한 수순의 전형적인 예라고 할 수 있다. 미국 주택가격은 2006년 2분기 이후 현재까지 약간의 등락을 제외하고는 지속적인 추락을 거듭하고 있으며, 그 결과로 나타난 연체율과 압류율은 그림 8.4에서 보는 바와 같이 지속적인 상승을 기록하고 있다. 그리고 파생상품들을 사들인 골드만삭스, 리먼브러더스, 베어스턴스 등은 표 8.3에서와 같이 엄청난 규모의 손실을 떠안게 되었다. 어찌 보면 이러한 상황에서 세계적으로 위험이 발생하지 않는 것이 이상할 정도로 동반부실흐름의 조건과 결과가 나타나고 있다.

이러한 폭탄 게임의 가장 심각한 문제는 동반부실이 단지 미국 내의 주택구입자(대출자)－모기지 회사－투자자에 국한되는 것이 아니라, 이는 소비위축→투자위축→파산가구의 증가로 이어지는 미국 내의 동반부실로 나타나고, 그에 따른 경기

그림 8.4 모기지대출의 연체율과 압류율 추이

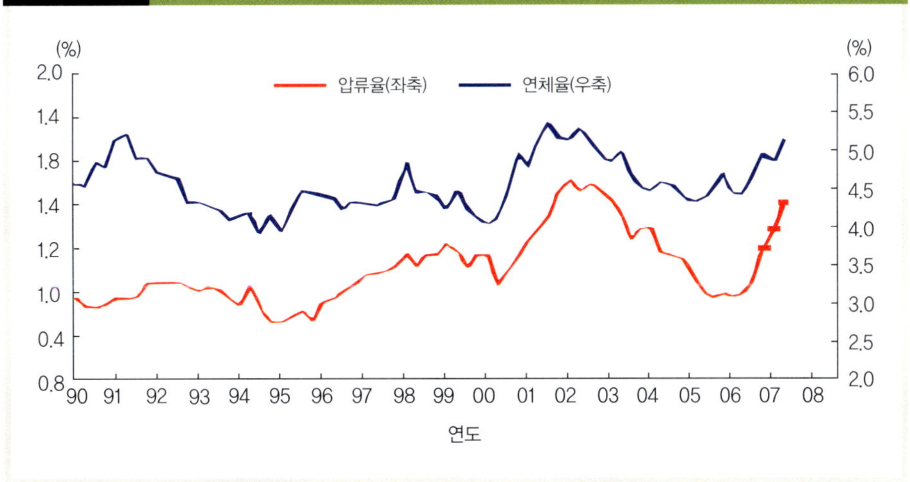

출처 : Mortgage Bankers Association(www.mortgagebankers.org), 2008.

표 8.3 2007년 4분기 주요 기업별 손실액

회 사	손실액(억 달러)
씨티그룹	137
메릴린치	84
모건스탠리	46
UBS	34
HSBC	34
뱅크오브아메리카	30
베어스턴스	19
크레디스위스	19
JP모건체이스	16
골드만삭스	15
와코비아	11
스위스리	11
리먼브러더스	7
미즈호파이낸셜	6.4
BNP파리바	4.3

출처 : 각 기업회계 발표내용.

침체가 미국과 직간접적으로 연관된 전 세계 국가의 경제, 특히 금융 분야로 이어질 수 있다는 점이다. 물론 미국의 금융위기가 다른 국가 또는 세계의 금융시장에 영향을 줄 수 없다는 이른바 **비동조화**(decoupling)를 주장하는 목소리도 있으나, 대다수 전문가의 입장과 현재 상황을 고려해 볼 때 미국의 상황에 따른 동조화(coupling) 현상이 일어나고 있다는 것이 지배적인 관점이다. 단적인 예로 그림 8.5에서 미국과 그 외 국가들의 주가지수 흐름을 살펴보면 쉽게 알 수 있다.

2008년 2월 9일 일본 도쿄에서 열린 G7 재무장관, 중앙은행총재회의에서 피어 슈타인 브리크(Peer Steinbrück) 독일 재무장관은 서브프라임 모기지 위험은 전 세계에 4,000억 달러 규모에 이르는 엄청난 액수의 손실을 가져왔다고 언급했다. 미국 최대투자은행인 씨티그룹은 서브프라임 모기지와 관련된 총손실이 최대 240억 달러에 달한 것으로 보고 있으며, 비용절감과 자본확충을 위해 씨티그룹 직원 가운데 2만

그림 8.5 서브프라임 모기지 충격 이후 미국과 중국의 주가지수 추이

출처 : 대신증권, 2008. 2. 27.

명에 달하는 직원을 구조조정할 것임을 발표했으며, 메릴린치 또한 손실이 150억 달러에 달하는 것으로 추정하고 있다.

또 다른 한편, AIG가 최대 50억 달러에 달하는 손실을 10억 달러 수준이라며 투자자들을 속이려다 발각되어 주가가 11% 이상 하락하는 결과를 초래했다. 이는 지난 20년 만에 최대의 낙폭을 기록한 것이며, 국제신용평가사에 의해 신용등급 전망도 '부정적 관찰대상'에 오르는 수모를 당했다. 또한 스위스 최대은행인 UBS도 183억 달러 규모의 손실이 있었던 것으로 추정되고 있다.

이러한 금융위기의 무풍지대일 수 없는 아시아권 국가도 사정은 별반 다를 게 없는 상황이다. 중국공산당 기관지인 ≪런민르바오(人民日報)≫에 따르면, 중국은행, 공상은행, 교통은행, 건설은행, 초상은행, 중신은행 등 중국의 6대 은행이 49억 위안(한화 약 6,000억 원)의 손실을 입었다고 보도했고, 중국 정부는 중국 전체 손실액이 수백만 달러에 달할 것이라고 주장하지만, 홍콩의 일부 전문가들은 피해액이 최고 100억 달러(약 91조 원)에 이를 것으로 추정하였다. 또한 ≪니혼게이자이(日本經濟)≫신문에 따르면, 일본의 경우도 4대 은행의 미 서브프라임 모기지와 관련된 손실이 2007 회계연도 기준으로 5천억 엔(미화 47억 달러)에 이를 것으로 추정하고 있다.

표 8.4 중국 및 일본 은행들의 손실액

중국 6대 은행 손실액	
중국은행	38억 5,000만 위안
건설은행	5억 7,600만 위안
공산은행	1억 2,000만 위안
교통은행	2억 5,200만 위안
초상은행	1억 300만 위안
공산은행	1,900만 위안

일본 4대 은행 손실액	
미즈호파이낸셜그룹	3,000억 엔
미쓰비시UFJ	500억 엔
스미토모트러스트	299억 엔
스미토모미쓰이	900억 엔

출처 : 중국 자료－중국금융감독부, 2007.8.25.; 일본 자료－니혼게이자이신문, 2008.1.31.

표 8.5 은행권 서브프라임 관련 CDO 손실

회사	투자액	손실비율 및 금액(잠정치)
우리은행	4억 9,200만 달러	80%(4,000억 원)
농협	1억 6,000만 달러	56%(950억 원)
신한은행	516만 달러	53%(3,015억 원)
외환은행	373만 달러	46%(16억 원)
산업은행	300만 달러	없음

출처 : 각 은행 회계처리 발표.

다음 표 8.4는 미국의 서브프라임 사태로 인해 발생한 중국 및 일본 주요은행들의 손실액을 보여 주고 있다.

이러한 상황에서 한국만 예외이길 바랄 수 없다. 이미 주가는 물론 국내의 여러 은행들이 미국발 서브프라임 위험에 직간접적인 타격을 받고 있는 상황이다. 우리은행, 농협 등 7개 국내은행이 서브프라임 모기지(비우량 주택담보대출) 채권이 편입된 증권(CDO)에 투자한 규모는 2007년 12월 말 기준으로 6억 8,250만 달러(약 6,300억 원) 수준이며, 투자금액의 83%인 5억 6,300만 달러의 평가손실을 입은 것으로 집계되었다(금융감독원, 2008.2.10).

제 5 절 경기순응적 레버리지 행위

아드리안과 신현송이 작성한 뉴욕 연방준비위원회 보고서는 은행들의 '경기순응적 레버리지(pro-cyclical leverage)' 에 초점을 맞춰 금융시장의 변동 사이클에 은행들이 어떠한 영향을 주었는지를 설명하였다(Adrian and Shin, 2007). 이를 통해 탈규제가 본격화된 1990년대 이후 자본시장의 발전을 주도한 투자은행과 자본시장의 새로운 행위자로 등장한 기존 상업은행 등 금융기관이 금융위기를 주도하였다고 실증적으로 분석하였다. 그들의 논의에 따르면, 1990년대 이래 미국 금융기관들의 자산 버블에 대한 레버리지 비율이 강력한 경기순응성(pro-cyclical)을 보이고 있다고 분석하였다.

용어 **레버리지 비율**이란 자기 자본 대비 총자산(총투자금액)을 일컫는다(Adrian and Shin, 2008). 그리고 다른 사람으로부터 빌린 돈을 지렛대 삼아 자기 자본의 투자수익률을 높이는 것을 '레버리지 효과' 라 부른다.

먼저 경기순응적 레버리지를 추구하는 은행의 결정이 그들의 대차대조표에 어떤 영향을 미치고 전체 금융시스템에는 또 어떤 효과를 주고 있는지를 그림 8.6에서 자산 가격이 상승할 때와 하락할 때로 나누어 살펴보자.

그림 8.6에서 시장행위자와 중개기관이 보유하고 있는 자산의 가치가 상승하는 시기를 살펴보면, 자산 가격 상승은 그들 기관의 총자산의 일부인 자기 자본을 증가시키고 대차대조표를 강화(strengthen)시킨다. 대차대조표가 강해질 때 레버리지는 낮아진다.

그러나 이 금융기관들은 경기순응적으로 레버리지 비율을 높이는 방식으로 행동한다. 금융기관들은 모기지 대출, 각종 대출의 증권화, 자본시장에서의 구조화 증권과 파생상품화를 통해 버블을 더 팽창시켰다. 즉, 금융기관들은 자산 가격이 상승할 때 경기순응적 행위를 통해 자산에 대한 명목수요를 더 자극하였다. 뿐만 아니라 자산에 대한 수요증가는 가격상승압력으로 이어져 되먹임 효과(feed-back)를 낳을 수

그림 8.6 은행의 레버리지 비율 관리방식

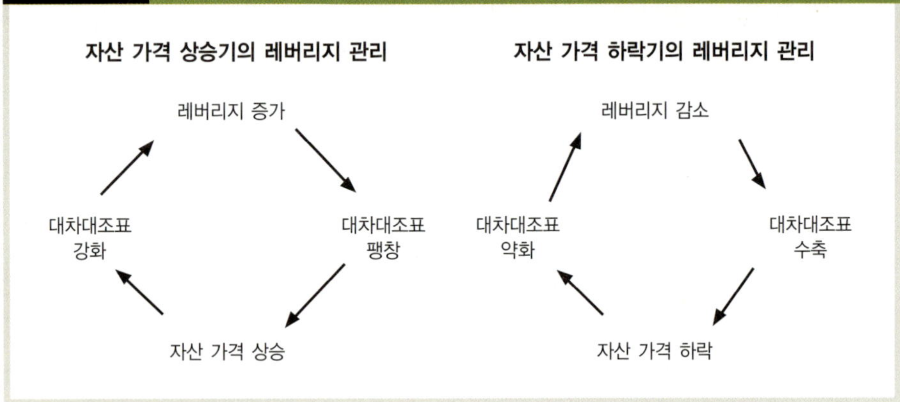

출처 : Adrian and Shin(2007)

있다. 즉, 강해진 대차대조표가 자산에 대한 더 큰 수요를 낳고, 이는 자산 가격을 상승시키고, 또 대차대조표를 다시 강화시키는 방식이다.

한편 자산 가격이 하락할 때, 메커니즘은 반대로 작동한다. 즉, 자산 가격이 하락하면, 금융기관의 자기 자본이 자산가치의 하락 속도보다 더 빠르게 줄어든다. 금융기관의 대차대조표가 취약해지면 그들의 레버리지는 자연적으로 늘어날 것이다. 그러나 이들 금융기관들은 경기순응적 행위를 통해 빠르게 레버리지 비율을 낮춘다. 레버리지 비율을 낮추는 방법은 자산을 매각하여 생긴 현금으로 부채를 갚는 데 사용하는 것이다. 그러나 자산 가격의 하락은 자산공급의 증가를 낳고 자산 가격을 더 하락시킬 수 있다. 즉, 자산의 공급 증가는 자산 가격의 하향압력을 통해 되먹임 효과를 낳는다. 즉, 금융기관들의 대차대조표 관리 방법은 자산 가격 붐이 형성될 때 레버리지를 높이고, 반대의 경우에는 레버리지를 낮춰 경기순응적으로 행위(pro-cyclical action)하는 것이다.

그림 8.7은 미국 5대 투자은행과 5대 주요 상업은행의 분기별 총자산과 레버리지 비율의 변화의 관계를 보여 준다. 모든 금융기관이 양 변수 간에 정(+)의 관계를 형성하고 있음을 확인할 수 있는데, 이는 경기순응적 레버리지 행위를 보여 주는 것이다. 상업은행들의 차입 레버리지 비율의 수준은 주로 10~12 사이에서 움직이고 있는 반면, 투자은행들은 20~25 수준의 차입 레버리지 비율을 보이고 있다. 피터 고완(Gowan, 2009)은 미국의 투자은행과 상업은행들이 그림자 금융시스템의 주요 중개

그림 8.7 5대 투자은행과 주요 상업은행*의 분기별 자산과 레버리지 증가율**

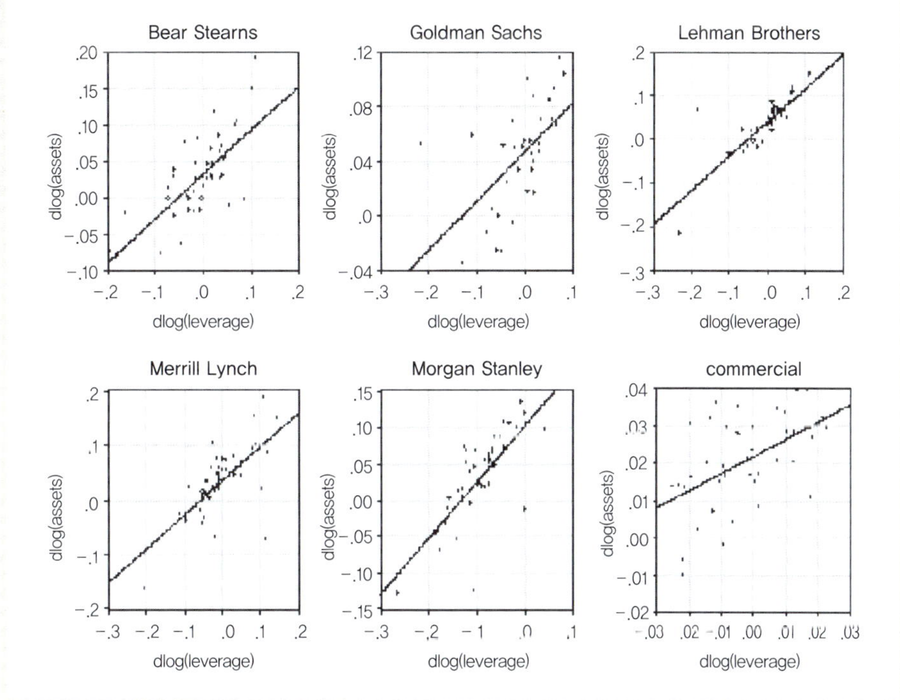

* 미국의 5대 주요 상업은행은 뱅크오브아메리카, JP모건체이스, 씨티뱅크, 와코비아, 웰스파고이다.

** 1988년 1분기부터 2007년 4분기까지 자료다.

출처 : Securities Exchange Commission, Federal Deposit Insurance Corporation, Eatwell, Mouakil and Taylor(2008)

인(prime broker) 역할을 하고 있음을 지적하고 있고, Samolyk(2004)은 상업은행의 영업수입(net operating revenue) 중 비이자 수입의 비중이 1980년대 20%에서 지속적으로 상승하여 45%에 근접하고 있으며, 그중 많은 부분은 증권화와 관련된 이른바 대차대조표상에 나타나지 않는 활동(부외거래, off-balance-sheet)과 연관되었음을 지적하였다.

그렇다면 무엇이 금융기관들로 하여금 경기순응적 레버리지 행위를 취하도록 하였는가?

일차적인 문제는 금융기관의 입장에서 거래 자산의 규모가 가격결정력에 지대한 영향을 미치기 때문이다(Gowan, 2009). 즉, 금융기관이 운용할 수 있는 자본의 규모가 크면 클수록, 그 금융기관이 자본을 이동시키는 방향으로 가격을 변동시킬 수 있기 때문에 수익률 역시 높아진다.

또 다른 문제는 금융기관들의 위험관리수단인 위험가치(VaR)에 있다. 은행들은 자기 자본이 자산의 총위험가치(VaR)에 비례하도록 자산과 부채를 조정한다. 따라서 자기 자본보다 위험가치가 낮으면, 은행들은 자신의 대차대조표를 팽창시킨다. 그러나 위험가치는 자산 붐일 때 낮고 자산 가치가 하락할 때 높게 평가받기 때문에, 은행들의 충실한 위험관리 자체가 경기순응적 레버리지 행위로 연결된다.

이렇게 각 금융기관의 입장에서 보면 경기순응적 레버리지는 쉽게 이해될 수 있다. 하지만 이러한 개별 레버리지 행동은 사회적으로 보면, 전체 금융시스템에 큰 영향을 초래할 수 있다. 핵심은 레버리지를 줄이는 과정에서 기존 자산가격의 하락이 되먹임 효과에 의해 증폭된다는 데 있다. 특히, 2007년 이전까지 미국의 금융기관들은 보유자산을 담보로 돈을 빌리고, 담보로 잡힌 자산과 같은 종류의 자산을 추가로 매입하여 자산의 가격을 다시 상승시키는 자기 강화적인 과정을 밟았기 때문에 자산가치의 하락이 담보가치의 하락과 맞물려 자기 파괴적인 과정을 겪게 된다.

제 6 절 세계화가 초래한 금융위기의 재평가

1980년대 이후 본격화된 세계화는 세계 금융시장의 '상호의존성'을 심화시켰고, 이러한 상호의존성 심화는 한 국가의 금융위기가 세계적으로 영향을 미치는 주요한 원인이 되었다. 즉, 금융의 세계화는 각국 투자자들의 투자대상을 넓혔고, 선진국과 개발도상국들은 세계 각국의 자본시장에 서로 투자했다. 이러한 금융세계화 속에서 미국의 금융위기는 곧바로 세계적인 성격을 띠게 되는데 직접적 투자손실은 물론이고 주가하락과 환율급변으로 인한 간접적 손실 또한 크게 발생시키고 있다.

1. 서브프라임 사태로 인한 세계 금융기관의 손실

우선 미국의 서브프라임 사태에 따라 미국의 자산유동화증권, 펀드에 투자했던 각국의 투자기관은 일차적인 손실을 크게 입었다. 이러한 파생금융상품은 두 가지 경로를 통해 그 손실을 세계화시킨다.

첫째, 파생금융상품은 국경을 넘어서 거래상대방을 포함하고 있기 때문에 한 나라의 시장가치의 손실이 타국의 거래상대방에게 직접적인 영향을 주고 금융위기를 전염시킨다. 지난 서브프라임 사태에서는 서브프라임 모기지와 직접 관련된 주택저당증권(MBS)과 채권담보부증권(CDO)의 부실이 이에 투자한 전 세계 금융기관들의 손실을 발생시켰다.

둘째, 미국(혹은 주요 금융센터의) 금융시장이 크게 불안정한 경우, 소위 초국적 금융기관들은 담보 혹은 자본준비금을 확충하기 위해 다른 국가의 금융시장에서 매도 포지션을 취한다. 세계적인 금융기관들의 유동성 선호 증가에 따라 나타나는 대표적인 효과는 주가의 폭락이다. 이들 금융기관들은 강성통화(달러) 표시 유동자산의 구매를 위해 신흥시장의 기존 포트폴리오를 이동시키고 증권을 매도한다. 2008년 9월에 본격화된 미국 금융위기의 영향으로 각 국가별 주식시장의 주가가 대규모로 거의 동일한 변동폭을 보이면서 폭락했다. 이는 세계화된 금융시장의 전염효과를 증명하는 한 사례다. 2007년 10월 초를 기준으로 2008년 10월까지 세계 주가의 변화폭을 보면, 그 폭락 정도가 미국 S&P 500은 약 −29%, 아시아 태평양 지역은 약 −36%, 유럽 지역은 약 −32%, 아메리카 대륙은 약 −30%를 보이는 등 지역별로 큰 차이 없이 유사하게 폭락하였다.

2. 세계 금융시장의 위기 전염 메커니즘

2.1 금융위기의 전염효과

1990년대 신흥시장경제에서 연속적으로 발생한 금융위기는 국경을 넘어선 충격의 전염에 대한 분석의 필요성을 제기하였다. 1994년 멕시코 페소화 위기, 1997년 아시아 신용 위기, 1998년 러시아 통화의 평가절하와 미국 금융회사인 롱텀캐피탈매니지먼트(LTCM)의 도산 등 세계적으로 넓게 퍼진 시장의 긴장은 소위 '전염(contagion)' 문제에 대한 관심을 증폭시켰고, 전염을 방지하기 위한 국제금융질서의 필요성에 대한 논의 역시 부활하는 계기가 되었다.

카민스키와 레인하트(Kaminsky and Reinhart, 2000)는 1980년대 금융세계화의 급진전 이후 발생한 수많은 경제위기에서 무역적 연계(trade linkages)가 갖는 설명력이 현저하게 떨어졌다고 주장한다. 이들은 무역적 연계군과 금융적 연계군으로 나누어 전염효과의 설명력을 테스트하였는데, 그 결과 금융적 연계가 다른 패턴의 연계보다 높은 설명력을 갖는다는 결론을 내렸다. 칼보(Kalbo)는 금융적 연계를 통한 위기의 전염을 다룸에 있어 유동성의 역할을 강조한다. 그에 의하면 초국적 금융기관들의 유동성 선호의 급증이 위기를 전파시킨다는 것이다.

2.2 글로벌 금융위기 전염의 주체와 경로

프랑켈과 슈무클러(Frankel and Schmukler, 1998)는 미국에 소재하는 뮤추얼 펀드가 멕시코의 위기는 물론 라틴아메리카 전체의 금융위기를 전염시키는 데 가장 큰 역할을 했음을 밝혔다. 또 다른 연구(Kaminsky and Reinhart, 2000)는 초기 금융충격이 상업은행을 통해 어떻게 세계적으로 전파되는지 분석하였다. 그 내용에 따르면, 시장충격에 따른 은행자산 포트폴리오의 전반적인 위험에 대한 재조정의 필요성, 최초 손실에 따라 자본 구성을 변경해야 할 필요성 등이 발생하면, 이들 상업은행들은 해외 신용한도액의 축소 및 신용의 회수를 통해 대응하게 된다는 것이다.

즉, 국제규모의 은행으로부터 막대한 차입을 받은 국가가 위기에 빠지는 경우, 그 은행은 제3의 국가의 대출을 재조정하는 방식으로 포트폴리오를 조정할 수 있고 이는 제3의 국가를 위기에 빠뜨린다. 반 리케헴과 웨더(Van Rijckeghem and Weder, 2000)는 특히 신흥시장에 대한 은행대출의 상당 부분이 짧은 만기를 가지고 있기 때문에 은행의 전염경로가 강력할 수 있다고 지적한다. 이러한 과정에서 최초의 충격은 세계적으로 전파된다.

카민스키와 레인하트는 글로벌 금융위기가 발생하는 경우, 그 전파경로를 추적해보면 최초의 금융충격이 어디에서 발생했느냐와 무관하게 선진국의 금융기관에 금융적 충격이 가해졌다는 분석을 내놓았다(2008). 이들은 특정 국가에서 발생한 금융위기가 글로벌 위기로 확산되는 경우와 그렇지 않은 경우를 비교 연구하기 위해 금융위기의 전염 경로를 추적하였다. 그 유형은 크게 세 가지로 구분된다(그림 8.8 참조). 그림 8.8에서 (a)유형의 전염 경로는 신흥시장 경제에서 선진국 금융센터로, 그리고 다시 신흥시장으로 세계화되는 방식이고, (b)유형은 선진국 금융센터에서 신흥시장으로 전염되는 방식이다. 마지막 (c)유형은 특정 지역의 신흥시장 경제 사이에서만 전염되는 방식이다. 이들의 연구 결과는 선진국 금융센터가 연계되지 않은 신흥시장만의 금융위기는 지역적인 파급효과만 가질 뿐 위기가 세계화되지 않지만, 선진 금

그림 8.8 금융시장 충격의 전염 경로

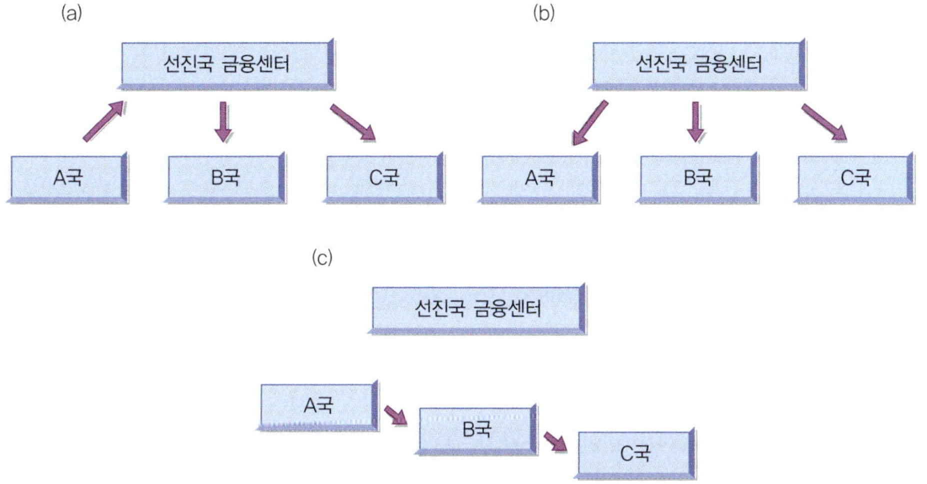

출처 : Kaminsky and Reinhart(2008)

융센터에 충격이 가해진 (a)유형과 (b)유형의 경우에는 금융위기가 글로벌 위기로 발전한다는 것이다.

결국 선진국의 금융센터는 금융위기의 전파에 핵심적인 역할을 하고 있기 때문에, 이들 국가의 금융기관과 금융시장이 위기로부터 안전하게 보호되면 신흥시장 경제에서의 위기는 국지적으로 머물 가능성이 높아진다.

2.3 신흥시장 경제의 경기순응성

신흥시장의 금융위기에 초점을 맞추는 경우, 전염은 거대한 자본의 유입에 뒤이어 발생한다(Kaminsky, Reinhart and Vegh, 2003). 국제 금융자본의 막대한 유입에 따라 해당 국가의 시장은 과도한 자본시장 거품과 과잉 부채상태를 경험하게 되는데, 이로 인해 타국 혹은 해당국 시장의 작은 충격에도 자본유입이 중단되고 흐름의 역전이 발생하는 소위 '갑작스런 중단(sudden stop)' 이 발생한다. 1990년대 발생한 핀란드의 통화위기, 멕시코의 통화위기, 아시아 금융위기, 러시아의 통화위기 등에서 나타난 공통점으로 모든 국가가 위기 발생 이전까지는 해외 자본의 유입, 위기 발생 이후는 대대적인 자본의 유출이라는 현저한 특징이 발견된다.

세계은행의 세계적 발전금융보고서(Global Development Finance Report)는 신흥시장의 경기순응성에 주목했는데, 그 내용은 경제성장에 부정적인 충격을 받은 국가의 대외 자본이동은 긍정적인 충격을 받은 국가에 비해 2배의 변동성을 보이고 있다는 것이다. 카민스키와 레인하트(Kaminsky and Reinhart, 2003)는 그 이유 중 하나로 국채 등급 평가가 경기순응적이라는 사실을 찾아냈다. 발전도상국의 채권 스프레드는 국채 등급평가에 의해 강하게 영향을 받기 때문에 국제 자본시장에서의 차입 비용 역시 경기순응적일 수밖에 없다는 것이다.

이러한 이유에서 프렌켈(Frenkel, 2008)은 신흥시장 경제의 금융세계화는 국제금융시장의 불안정한 통합을 의미할 뿐이라고 주장한다. 국제통화기금이 제출한 2003년 연구보고서에서도 발전도상국의 글로벌금융시장으로의 통합이 언제나 부분적인 통합이라고 보았다. 앞선 연구와 마찬가지로 이 연구에서는 선진 금융자본과 위험평가기관은 각 시장들을 위험 카테고리에 따라 구분하여 분할하고 묶어 낸다는 점을 강조한다. 이에 따라 고위험 차입자로 구분된 국가들은 강한 경기순응적 변동에 종속된다는 것이다(Prasad et al., 2003).

글로벌 금융의 유입이 중단되고 흐름이 역전되는 시기에 신흥시장 경제가 겪는 자금조달구조의 취약성은 통화 권력의 비대칭성에 의해 더욱 증폭된다. 오캄포(Ocampo, 2008)는 자본유출입에 의해 발생하는 환율의 변동이 경기순응적 부의 효과(pro-cyclical wealth effects)를 발생시킨다는 점에 주목한다. 즉, 자본 유입 시기에 통화가치의 절상이 발생하고, 위기 시에는 가치절하가 발생하기 때문에 신흥시장이 경험하는 거시경제의 변동폭은 더 커진다는 것이다.

금융위기 시에 발생하는 유동성 선호의 증가가 국내 현금화폐에 대한 수요로 나타나는 것이 아니라 국제통화(달러)에 대한 수요로 나타난다는 점이 문제다. 글로벌 금융기관에 의한 채무 상환 압력은 외화인 달러에 대한 수요를 증대시키고, 외환 준비금이나 추가 차입이 어려운 시기에 신흥시장의 기업들은 보유자산을 처분해 달러를 마련할 수밖에 없다. 그리고 국내통화의 달러에 대한 판매는 결국 국내 통화가치의 급락을 초래하고 대외 채무는 가중된다(Wolfson, 2003). 이러한 메커니즘에 따라 신흥시장 경제에서 발생하는 유동성 위기는 자산가치의 폭락뿐만 아니라 통화 위기를 동반할 수 있다. 즉, 이는 대외 채무, 자산 가치, 통화가 동시에 악순환의 고리에 빠질 수 있다는 것을 의미한다.

그림 8.9 국제 금융자본의 이동성과 은행위기의 발생*(1800~2007)

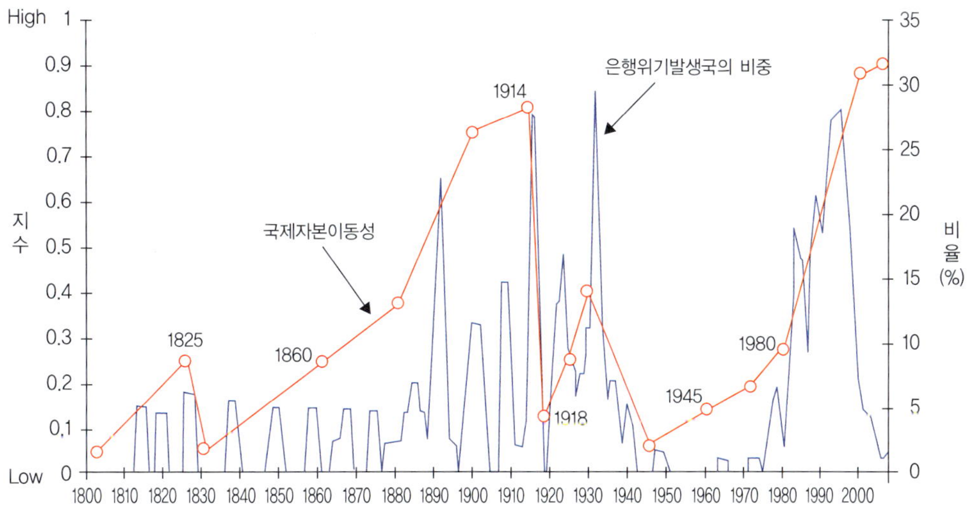

* 그래프의 우측 눈금은 전 세계에서 은행위기를 경험한 나라들의 비율을 3년 이동평균으로 나타낸 것이고, 좌측은 Obstfeld와 Taylor (2003)가 지수화한 국제자본이동의 자유화 정도를 나타내고 있다.

출처 : Reinhart and Rogoff(2008), Obstfeld and Taylor(2003), Bordo et al.(2001)

3. 국제 금융자본의 이동과 금융위기

라인하트와 로고프(Reinhart and Rogoff, 2008)는 19세기 영국의 금융위기에서부터 현재 미국의 서브프라임 금융위기에 이르기까지 역사적 자료들을 종합하여 수량적 접근을 시도한 결과, 해외자본유입이 크게 이루어지는 국가는 은행위기를 겪을 위험이 높다고 한다.

글로벌 자본의 자유로운 이동은 은행위기의 발생과 매우 높은 연관성을 갖고 있다(그림 8.9 참조). 즉, 높은 수준의 국제적 자본 이동이 일어난 시기에는 국제적 은행위기가 반복적으로 발생했다. 특히 자본의 이동성이 높았던 시기인 1880년에서 1914년 사이에는 주로 유럽 국가들, 그리고 몇몇 아메리카 대륙 국가들에서 39번의 은행위기가 발생하였다. 반면 자본의 이동성이 낮았던 1930~1969년 사이에는 18번의 은행위기가 발생하는데, 그중 16번은 1930년대에 발생하였다. 그리고 자본의 이동성이 높았던 1980년과 2007년 사이에는 139번의 은행위기가 발생하는 등 자본의 이동성과 은행위기 빈도 수 사이에는 높은 연관성이 있음을 알 수 있다.

그림 8.10 전 세계의 무역추이

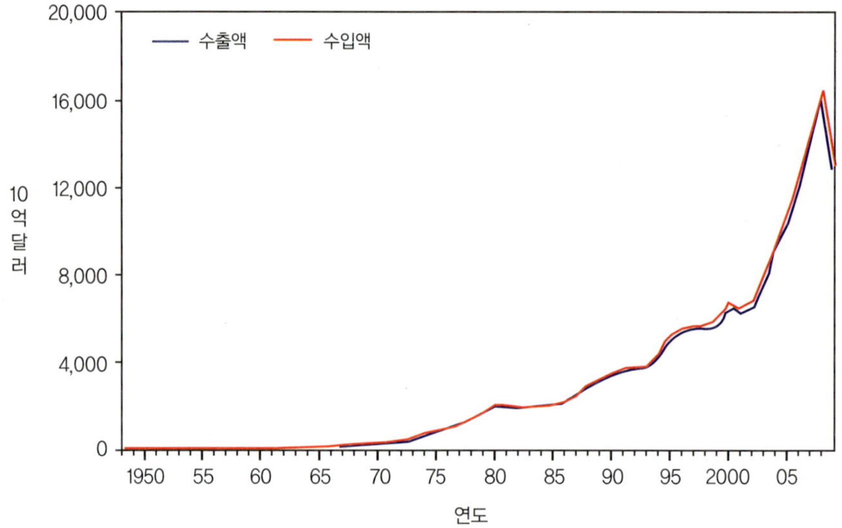

출처 : WTO 2010.

보르도와 동료들의 연구(Bordo et al., 2001)에서도 1880년부터 1997년 사이의 은행위기와 금융위기가 발생한 확률을 조사하였는데, 브레튼우즈체제의 포기 이후 그 발생 확률이 그 이전 시기와 비교했을 때 약 2배 정도 증가했다고 분석했다.

4. 세계교역규모의 급격한 감소

금융위기의 전염에 따른 경제적 영향은 주가의 하락뿐만 아니라 차입 비용의 급증, 새로운 해외자본 이용의 어려움, 통화 가치의 폭락 및 실물부문의 생산물 하락 등으로 나타났다.

그림 8.10은 1950년부터 2009년까지 전 세계의 무역규모를 달러로 환산한 것이다. 파란색 선은 수출액을, 빨간 선은 수입액을 나타낸다. 전 세계적으로 무역규모는 제1, 2차 오일쇼크가 있었던 기간에 잠시 감소하였으며, 1997년도의 세계금융위기 그리고 2007년 말부터 나타난 서브프라임 사태 이후에 감소하였음을 알 수 있다.

이러한 경제적 상황에서 각국은 경제적 협력보다는 자국의 이해를 앞세우는 보호주의로 급선회하고 있다. 따라서 각국은 자국화의 가치를 인하함으로써 수출을 증가시키고, 수입을 억제하려는 환율전쟁으로 이어지고 있다.

각국의 이러한 이해 관계 속에서 2010년 11월 11일 한국에서 열린 G20회의에서는 환율에 관하여 국가 간의 협력관계를 공고히 하겠다는 정상 간의 협의가 있기도 하였다.

제 7 절 금융위기와 신자유주의

1990년대에는 미국 정부, 국제 통화기금, 세계은행 등이 초국적 금융자본의 요구를 수용하여 자본통제의 해체 압력을 개도국으로까지 확대하는 등 금융의 자유로운 이동을 가능하게 하는 조건들을 창출함에 따라 글로벌 금융이 본격적으로 부활하게 되었다.

2007년 미국에서 시작된 서브프라임 시장의 위기는 글로벌 금융위기로 확산되었고, 2009년까지 그 심각성을 더해 가고 있다. 제임스 크로티와 엡스타인(Crotty and Epstein, 2008)은 이번 금융위기를 신금융체제의 결함이라는 관점에서 접근하고 있다. 이들에 따르면 1980년대 이래 규제완화 물결 속에서 출현한 이 체제는 너무 위험해서 정부의 빈번한 구제금융 없이는 오랜 기간에 걸쳐 재생산될 수 없다는 것이다. 문제는 정부의 구제금융이 반복될 때마다 금융시장은 더 커지고 더 복잡해지며 불투명해지고 레버리지도 높아진다는 점에 있다.

이처럼 시간이 흐를수록 전체 국민경제는 금융시장의 볼모가 되어 감에도 불구하고, 국가는 금융기관의 파산이 미칠 시스템 리스크의 위협 때문에 구제할 수밖에 없는 실정이다. 소위 '대마불사'의 논리가 적용되는 것이다(서익진, 2009). 실상 한 나라의 경제가 위험에 빠질 때 정부와 중앙은행은 이를 방관할 수 없고, 따라서 사적 손실의 사회화가 불가피하게 강요된다는 것, 다시 말하면 금융자본의 손실을 국민 전체가 떠안아야 된다는 사실이야말로 금융위기에 내포된 모순이다. 따라서 초국적 금융자본의 자유로운 이동을 제한하는 것은 세계경제의 미래를 위해 또 일반 국민들의 삶을 보호하기 위해 선행되어야 할 대응과제라고 할 수 있다.

1. 국제금융시스템 개혁의 필요성

국제금융자본의 현저한 이동 증대는 금융 불안정을 국경을 넘어 전염시키는 메커니즘이면서 동시에 지속 불가능한 대외부채 발생의 원인이 되었다. 이 점에서 국가 간 불균형의 조정방식, 즉 결제방식의 문제는 향후 글로벌 금융시스템의 결정에 가장 중요한 요소가 될 것이다.

먼저 일국의 통화를 국가 간 결제에 사용하는 현행 국제결제제도의 내재적 한계부터 지적할 필요가 있다. 브레튼우즈에서 합의된 내용을 바탕으로 출범한 국제통화체제는 미국의 달러화가 국제통화로 사용됨에 따라 트리핀(Triffin, 1968)이 지적한 바와 같이 유동성 딜레마를 안고 있었다. 즉, 미국이 국제수지 적자를 기록하면 국제유동성이 늘어나지만, 적자가 지속되는 경우 달러화의 신인도가 하락하여 달러화에 대한 금태환 요구가 증가하는 한편, 반대로 미국의 적자가 축소되면 신인도 문제는 해결되지만, 세계 전체로 유동성 부족을 초래하고 세계 경제활동의 축소를 가져올 수밖에 없다는 것이다(문우식, 2002).

기축통화(혹은 강성통화들)가 국경을 넘어선 결제를 계속 책임지게 된다면, 전 세계 대다수 국가들은 기축통화의 축적에 필요한 수출 주도적 성장 패러다임을 계속 유지할 것이다. 달리 말하면 기축통화국은 이들 전 세계 국가들의 달러 수요를 충족시켜 줘야 하고, 그 결과 경상수지 적자와 부채의 누적을 감당해야 한다.

다리스타(D' Arista, 2004)는 모든 국가들이 자국의 국경 안에서 창출된 부에 기반을 둔 주권 통화를 사용하여 세계경제의 활동에 참여할 때 비로소 글로벌 경제는 균형을 되찾을 수 있다고 주장하였다. 이러한 목적을 실현하고자 한 시도로는 60여 년 전 새로운 국제금융제도의 골격을 제시한 케인즈의 브레튼우즈 제안이 있다. 케인즈의 전반적인 제안들은 지금과는 매우 달랐던 당시 세계 경제의 상황에 맞추어 설계되었지만, 그 제안의 가장 기본 구조인 국제적 청산동맹(International Clearing Union : ICU)은 여전히 현 글로벌 경제에 균형과 안정을 가져오는 글로벌 결제시스템을 설계하는 데 중요한 제도적 기반을 제공한다.

국제결제제도의 개혁과 관련해서 국제통화기금(IMF)이 세계경제에 실질적인 권한을 갖도록 하고, 특별인출권(SDRs)이 국제통화기금 쿼터에 비례하여 자동적으로 할당 · 배분되도록 하는 방안을 고려해 볼 수도 있다.

콜럼비아대학의 오캄포(Ocampo, 2008) 교수는 현 시점에서 특별인출권의 재활성화는 가장 현실적인 대안이라고 주장한다. 특별인출권은 1981년 이래 한 번도 사용된 적이 없다. 1997년 아시아 금융위기 당시 국제통화기금이사회에서 사용이 허가되었지만, 최종적으로 미국의 반대로 사용은 무산되었다. 특별인출권의 할당에 대한 논의들은 크게 두 가지로 나눌 수 있다. 하나는 심각한 금융위기 시기에 위기국가에 부족한 유동성을 공급하는 차원에서 특별인출권을 발행하는 것이다. 다른 하나는 항시 특별인출권을 할당하여 개발도상국의 원조자금으로 사용하는 것이다.

2. 외환시장에서의 규제 : 토빈세의 도입

1990년대 말 아시아 금융위기 이후 주류경제학 내부에서부터 글로벌 금융자본의 이동에 대한 규제의 필요성이 제기되면서 **토빈세**(Tobin tax)에 대한 논의가 활성화되었다. 과거로 거슬러 올라가면 토빈(J. Tobin)과 케인즈를 만나게 된다. 30년대에 케인즈가 주식시장에서의 투기적 활동을 억제하기 위한 금융거래세 — 일명 케인즈세 — 를 제안했다면, 토빈은 약 40년 후 글로벌 금융의 투기적 이동을 억제하기 위한 외환 거래세를 제안한다(박종현, 2002).

토빈세는 크게 다음과 같은 효과를 가지는 것으로 해석된다(Eichengreen, Tobin, and Wyplosz, 1995). 첫째, 토빈세는 본질적으로 투기자본의 단기적인 왕복운동에 대한 범칙금의 성격을 띤 작은 거래세로서, '국제금융의 바퀴에 모래알들을 집어넣는' 데 일조한다. 이러한 방식으로 토빈세는 단기적 투기의 수익성을 감소시키고, 환율이 단기적인 투기자본의 흐름보다는 실물경제의 장기적인 요소들을 보다 잘 반영하도록 만든다는 것이다. 두 번째 이점은 이 조세가 정부가 재정정책과 통화정책을 수행함에 있어 금융시장의 제재로부터 보호받음으로써 경제정책 집행에 있어 보다 큰 자율성을 획득할 수 있게 해 준다는 점이다.

3. 금융기관의 경기순응성에 대한 규제의 필요성

글로벌 금융위기 속에서 미국 현지에서 논의되었던 대응책은 포괄성(comprehensiveness)과 경기중화적 대응(counter-cyclicality)에 초점이 맞춰져 있다.

포괄적 규제는 금융규제의 사각지대를 없애 그 대상을 확대하자는 것이다. 금융위기에서 가장 큰 문제는 규제 밖에 있었던 그림자 은행 시스템(투자은행 자회사, 헤지펀드, 구조화투기기구 등)에서 발생했기 때문에 규제 대상을 확대해 보다 광범위한 금융기관들이 포괄될 수 있도록 하자는 것이다. 실제로 상업은행이 보유하는 금융자산이 전체 금융자산의 약 25%에 불과하고, 게다가 부외활동(off-balance-sheet activities)은 규제대상에서 제외되어 있다.

경기중화적 대응책에 대해서는 크게 두 가지 내용으로 논의가 진행되고 있다. 하나는 지금까지의 규제방식에 따른 미시적 개별금융기관의 투명성이 금융의 안정성을 보장하지 못했기 때문에 금융시장의 경기순응적 흐름을 상쇄시키는 명시적으로 경기중화적인 특징을 갖는 규제와 감독 방식이 필요하다는 것이다. 또 금융시장 호황기에 은행의 신용제공이 급속히 늘어나면 이에 준비금을 더 늘리도록 강제하는 시스템 또한 필요하다. 크로티와 엡스타인(Crotty and Epstein, 2008)은 경기중화적 자본–자산 비율(Counter-cyclical capital-asset ratio)을 적용하자고 주장하는데, 그 내용은 금융시장 호황기에 은행의 신용제공이 급속히 늘어나면 이에 준비금을 더 늘리도록 강제하는 것이다.

다음으로 금융위기의 핵심 원인 중 하나가 과도한 레버리지에 있기 때문에 규제의 초점을 과도한 차입 레버리지의 억제에 맞출 필요 또한 제기된다. 미국의 규제당국은 2004년에 투자은행의 부채총액을 순자본의 15배로 제한하던 기존 적용을 면제해 줌으로써 레버리지를 키울 통로를 열어 주었다. 자기 자금에 의한 주식거래 외에 높은 차입 레버리지를 통한 거래는 앞서 살펴보았듯이 주가상승 시에 더 크게 증가해 주가폭등과 거품형성을 부추긴다. 따라서 이에 대한 적절한 규제는 자본시장에서의 과열을 막기 위해서도 필요하며, 또 차입자의 파산 가능성을 줄여 자본시장에서의 급격한 가치하락을 막는 데도 필요하다. 이 외에도 위험이 과도하게 높아 시장에서 거래되기에 안전하지 않다고 판단되면 유통을 금지시킬 수 있는 시스템이 필요하다는 지적이 있다(Crotty and Epstein, 2008). 금융혁신이 낳은 복잡성과 불투명성이 결합된 증권화 수단들(MBS, CDOs, ABCPs)이 글로벌 금융위기의 가장 핵심적인 기폭제 역할을 했기 때문이다.

제 8 절 맺음말

글로벌 금융위기는 원칙적으로 규칙체계의 결함에 기인한다고 할 수 있다. 이와 같은 경제위기는 단순히 '월가의 탐욕' 이라고 해석하는 것은 바람직하지 않을 수 있다. 국가는 규칙제정기능 그리고 심판기능을 충실하게 해야 함에도 불구하고 스스로 '선수' 가 되어 경제적 이득을 향유하려고 하는 것이 있었기 때문이다.

금융위기는 신자유주의적 사고가 도덕적 결함과 연계된 것이라고 할 수 있다. 시장이라는 자유경쟁이 '도덕적 질서' 까지 보장해 주는 것은 아니기 때문이다. 금융위기는 시장 실패이기도 하며 동시에 국가적 책임이라고도 할 수 있다. 시장질서에 맡겨질 경우, 시장에서 발생하는 커다란 딜레마라고 할 수 있는 금융기관이 위기를 자초했음에도 불구하고 경제위기를 초래한 당사자에게 책임을 묻지 못하고, 국민경제 전체에 커다란 위험요소로 전가되고 있다. 따라서 가능한 한 많은 시장과 필요한 만큼의 역할을 하는 국가가 필요하다고 할 수 있다.

읽을거리

美 모기지채권, 정부보증 줄어들 듯

미국이 주택담보대출(모기지) 채권 시장 개혁에 돌입했다. 티머시 가이트너 미국 재무부 장관은 17일(현지시간) 모기지 시장 개혁을 위한 컨퍼런스를 열고 "파니매와 프레디맥과 같은 주택금융 기업들의 손실을 국민 세금으로 메워 주는 시스템은 더 이상 유지할 수 없다"고 말했다. 이는 금융위기 이후 막대한 세금을 구제금융 형식으로 두 기업에 쏟아부었던 과거 전철을 답습하지 않겠다는 뜻이다.

그동안 미국에서는 주택담보대출을 받으면 지니매(Ginnie Mae), 파니매(Fannie Mae), 프레디맥(Freddie Mac) 등의 기관들이 이 채권을 사서 가공한 다음 투자자들에게 다시 팔았다. 지니매는 미국 정부기관이며 파니매와 프레디맥은 정부가 무한지원을 할 수 있는 민간기업(Government-Sponsored Company)이기 때문에 투자자들은 그동안 모기지 채권을 국채와 비슷한 안전자산으로 보고 매입해 왔다.

그러나 더 이상 빚을 갚을 수 없는 주택담보대출자들이 늘어나자 모기지 채권 시장은 붕괴됐고 그로 인해 전 세계 투자자들이 동시에 위험자산을 팔면서 금융위기가 촉발됐다. 미국 정부는 위기에 빠진 파니매와 프레디맥에 대해 1,480억 달러 규모의 지원을 했다. 정치권에서는 민간기업인 파니매와 프레디맥이 전체 시장이 버블을 향해 가고 있다는 것을 미리 감지하지 못했으며, 우량 대출 고객과 비우량 고객을 선별하지 못했다는 비판론이 제기됐다. 이날 컨퍼런스는 내년 1월까지 마련하는 주택금융시장 개혁법안을 위한 첫 번째 공식 모임이었다.

현재 일부 공화당 의원들은 파니매나 프레디맥을 아예 없애야만 국민들의 세금부담을 줄일 수 있다는 주장을 펴고 있다. 반면 세계 최대 채권운용사인 핌코의 빌 그로스 회장은 이날 컨퍼런스에 참석해 "모든 모기지 금융 기관을 국유화해야 주택시장이 살아난다"고 주장했다. 파니매와 프레디맥을 지금처럼 입지가 애매한 민간기관으로 둘 것이 아니라 합쳐서 정부기관으로 끌어들여야 한다는 것이다.

그러나 키를 쥐고 있는 가이트너 재무장관은 정부가 모기지 시장에서 완전히 발을 뺄 수는 없다는 입장이다. 주택을 구매하려는 담보대출 수요자들이 예전보다 높은 금리에 자금을 빌릴 수밖에 없기 때문에 주택경기 침체가 가속화되는 악영향이 우려되기 때문이다. 그러나 그는 "정부가 지급을 보증하는 국책 모기지 회사가 90%를 넘어서는 시장점유율을 차지하는 것은 불합리하다"며 "정부는 주택 시장에 대한 영향력을 서서히 줄여 나가야 한다"고 말했다.

한편 기본적인 주택금융시장 개혁법안의 골자는 바니 프랭크 민주당 하원 주택금융서비스 위원장이 마련해 오는 9월까지 공청회를 열 계획이다. 가이트너 재무장관은 이 안을 기초로 내년 1월까지 법안을 마련하겠다고 밝혔다.

[신현규 기자]

출처 : 매일경제. 2010. 8. 18.

토론하기

■ 【읽을거리】 금융위기에 정부가 어느 정도까지 개입해야 할까? 아니면 시장논리를 적용해야 할까?

평가하기

퀴즈 1〉 2008년 글로벌 금융위기의 원인으로 가장 적절하지 못한 것은 무엇인가?

① Community Reinvestment Act(CRA)

② Subprime mortgage

③ FRB의 저금리 정책

④ 정부의 규제정책

힌트 글로벌 금융위기는 정부의 규제가 없었기 때문에 발생했다고 볼 수 있다.

퀴즈 2〉 서브프라임 모기지에 관련된 것으로 가장 적절하지 못한 것은 무엇인가?

① 저소득층을 대상으로 한다.

② 신용이 우수한 대출자에 2~4%의 금리가 추가된다.

③ 30년 만기의 변동금리이다.

④ LTV가 매우 낮다.

힌트 서브프라임 모기지란 미국에서 신용도 하위 27%에 해당하는 저소득 주택매입자를 대상으로 하는 대출로서 LTV(Loan to Value : 주택담보 인정 비율)가 90~100% 이상으로 매우 높은 대출임.

퀴즈 3〉 카민스키와 라인하르트(Kaminsky and Reinhart)에 의하면, 다음 중 금융위기가 글로벌 위기로 발전할 가능성을 가장 잘 보여 주는 것은 무엇인가?

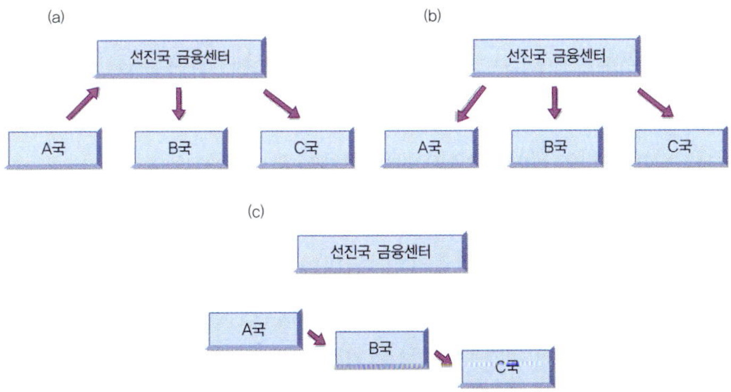

① a, b ② a, c

③ b, c ④ a, b, c

힌트 (C)유형의 경우에는 특정 지역의 신흥시장경제에서만 전염되는 방식임.

정리하기

■ 은행의 레버리지 관리 방식

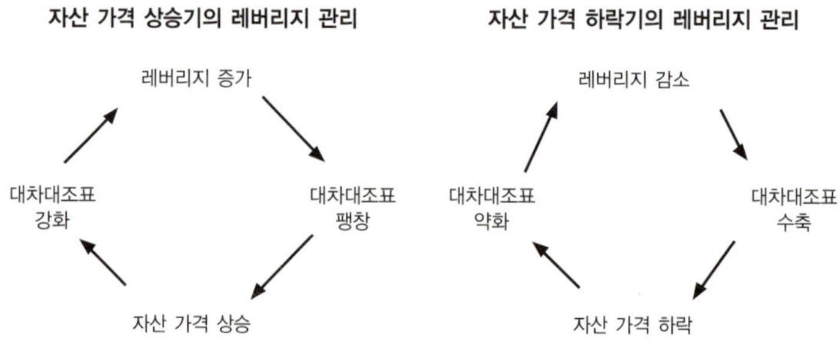

■ 금융시장을 흔드는 서브프라임 모기지 부실

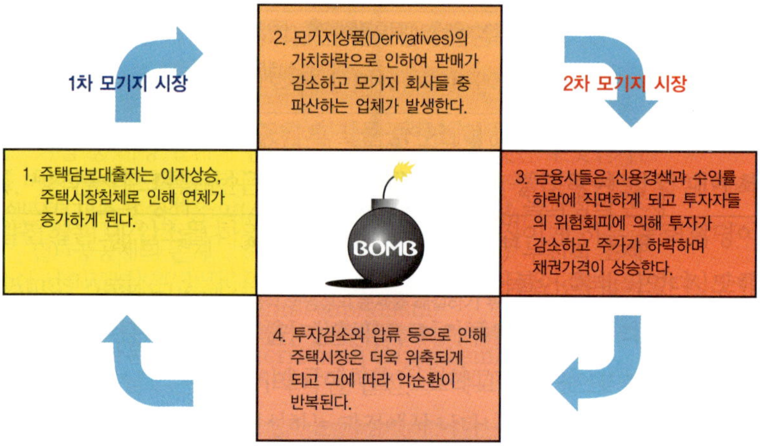

■ 세계화가 초래한 금융위기의 재평가

- 서브프라임사태로 인한 세계 금융기관의 손실
- 세계 금융시장의 위기 전염 메커니즘
  - 금융위기의 전염효과
  - 글로벌 금융위기 전염의 주체와 경로
  - 신흥시장 경제의 경기순응성
- 국제 금융자본의 이동과 금융위기
- 세계교역규모의 급격한 감소

■ 금융위기와 신자유주의

- 국제금융시스템 개혁의 필요
- 외환시장에서의 규제 : 토빈세(Tobin tax)의 도입
- 금융기관의 경기순응성에 대한 규제의 필요

제 9 장

영국 시장경제

학습목표

1_ 세계에서 복지프로그램이 가장 잘되어 있던 영국이 1980년대 들어 스태그플레이션이라는 경제침체를 극복하기 위해 어떠한 변화와 선택을 하였는지를 학습하는 것을 목표로 한다.

2_ 이러한 경제침체는 그동안 영국 경제시스템의 특징인 과도한 복지프로그램에 기인하는 이른바 '복지병'에서 그 원인을 찾을 수 있는데, 이에 대한 내용을 학습하는 것을 목표로 한다.

3_ 특히, 당시 집권한 보수당의 대처 수상을 중심으로 경제위기를 극복하기 위한 다양한 경제개혁을 추진하게 되는데(즉 대처리즘), 대처리즘에는 이떠한 내용들이 있는지를 학습하는 것을 목표로 한다.

학습내용

1_ 대표적 복지국가인 영국이 1970년대 이후 어떠한 경제적 변화를 경험하였는지를 학습한다.

2_ 소위 '대처리즘(Thatcherism)'으로 불리는 대처 정부의 경제정책의 내용과 특징들에 관해 학습한다.

3_ 대처리즘의 의의에 대해 학습한다.

키워드_ '요람에서 무덤까지', 복지병, 경제성장률, 인플레이션, 노조조직률, 노조밀집도, 생산성, 케인즈주의, 민영화, 규제완화, 기회의 평등, 결과의 평등, 시장 친화적 정책

제 1 절 들어가기

1820년대 "요람에서 무덤까지"라는 슬로건 아래 그동안 국가가 국민의 복지를 책임지는 대표적 사회복지국가의 하나로 영국을 들 수 있었다. 그러나 1980년대 이후 대표적 복지국가의 길을 걷던 영국의 경제시스템이 크게 변화하기 시작하였다. 그것은 자유시장의 논리가 우선시되는 신자유주의 정책의 시도였고, 이와 같은 정책을 실시한 총리가 마거릿 힐다 대처 수상이다.

복지국가로의 길을 걷고 있던 영국이 이러한 변화를 모색한 배경과 경제정책의 내용과 그 정책의 경제적 결과를 살펴보도록 한다.

제 2 절 영국의 변화의 길

복지국가를 지향하던 영국은 1973년 발생한 오일쇼크와 생산성의 저하로 경제적인 어려움을 겪게 되었다. 이러한 배경하에서 1970년대 영국의 경제상황을 조망해 보면 다음과 같다.

1. 1970년대의 영국 경제

1970년대 영국의 경제적 상황을 살펴보면, 영국의 경제적인 어려움을 살펴볼 수 있을 것 같다. 1973~1979년간 영국의 경제성장은 매우 낮았으며, 다른 국가들에 비해서도 상대적으로 낮았다. 당시 나타난 경제적 상황들을 정리해 보면 다음과 같다.

1.1 저성장과 고실업

1970년대 영국의 경제상황은 1974년과 1975년 각각 전년대비 −1%, −0.7%의 매우 저조한 경제성장률을 기록하게 되었고, 1980년에도 −2%의 경제성장률을 기록하게 되었다.

제1차 오일쇼크는 1973년 10월 6일 발발한 제4차 중동전쟁을 계기로 OPEC의 회원국이 실시한 석유수출금지와 원유가격의 대폭인상에 의해 발생했다. 당해 배럴당 3.2달러였던 유가가 1974년 1월 배럴당 11.6달러로 인상됨으로써 세계경제에 인플레이션을 야기했다. 제2차 오일쇼크는 1978년 12월 이란이 석유를 중단함으로써 배럴당 10달러 정도이던 유가가 40달러까지 상승하면서 나타났다. 이러한 대외적인 여건과 대내적으로는 생산성 저하, 임금상승 등으로 영국의 소비자물가는 1975년 24.2%, 1976년 16.5%로 상당히 높은 수준으로 상승하였다. 다음 표 9.1에서 보는 바와 같이 GDP대비 경상수지적자가 1974년 −7.5%에서 1975년에는 −3.42%로 적자가 지속되고 있는 것을 알 수 있다.

그러나 표 9.1에서 보는 바와 같이, 1980년대 대처정부가 들어서면서 경상수지 및 무역수지의 적자 폭이 줄어드는 것을 알 수 있다.

그림 9.1에서 보는 바와 같이 G7국가들과 비교하여 대처정부 출범 이후 실질경제성장률이 상대적으로 증가하고 있는 것을 알 수 있다. 이러한 경제성장률이 상대적으로 높은 이유는 영국 대처정부의 경제정책의 변화에 기인하는 것으로 평가할 수 있다.

또한 그림 9.2에서 보는 바와 같이 G7국가들의 실업률이 매우 높은 것을 알 수

표 9.1 영국의 주요 경제지표(1974~1983)

구분	1974	1975	1976	1977	1978	1979	1980	1981	1982	1983
경상GDP (10억 파운드)	84.17	106.35	126.71	145.93	168.44	197.14	231.21	254.83	277.61	303.22
GDP성장률(%)	−1	−0.7	3.7	1	3.7	2.2	−2	−1.1	1.2	3.8
실업률(%)	2.1	3.3	4.5	5.2	5.1	4.6	5.6	9	10.4	11.2
소비자물가 상승률(%)	16	24.2	16.5	15.8	8.3	13.4	18	11.9	8.6	4.6
GDP대비 재정수지	−10.6	−16.3	−10.3	−5.9	−1	−12	−10.8	−9.6	−6	−6.7
무역수지	−12.239	−7.272	−7.07	−4.006	−3.064	−7.087	3.343	7.155	3.71	−1.676
경상수지 (GDP대비)	−7.481	−3.417	−1.683	−2.09	1.858	−875	7.52	14.5	8.041	5.831
연평균환율 (파운드/달러)	0.428	0.452	0.5565	0.5733	0.5215	0.4722	0.4303	0.4976	0.5724	0.6597

그림 9.1 G7국가들의 실질경제 성장률(%)

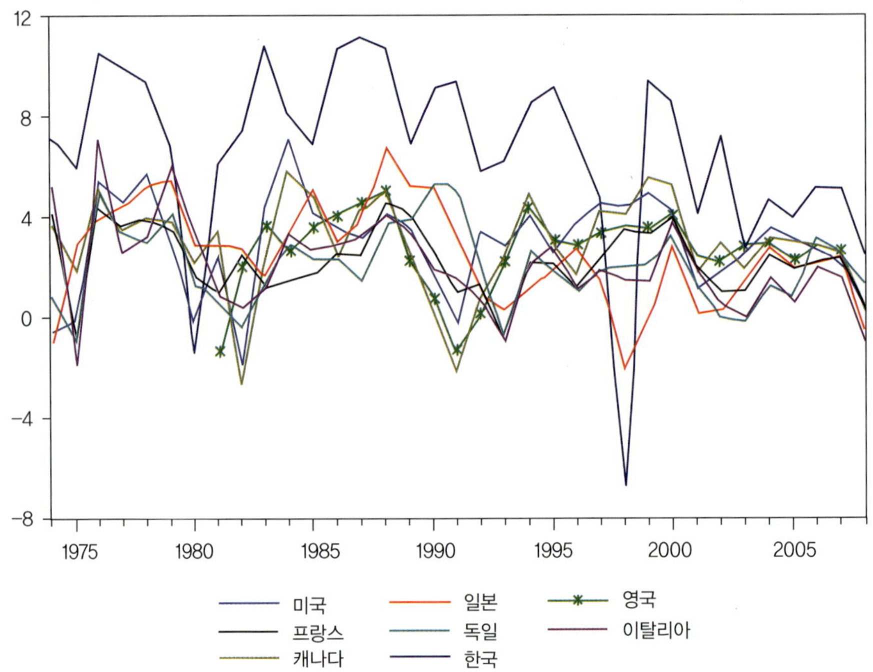

있다. 그림 9.2의 녹색선분은 영국의 실업률을 보여 주고 있다. 이 수치를 보면, 1971년 3.4%였던 실업률이 1975년 5.4%로, 그리고 1977년에는 5.8%로 계속 증가하였음을 알 수 있다. 이러한 수치는 다른 G7국가들보다 상당히 높은 수준이라고 할 수 있다. 대처정부 시절 물가는 안정되었지만, 실업률이 상당히 높은 수준으로 1980년대는 10% 수준을 유지하고 있는데, 이는 물가를 안정시키는 정책에 우선순위를 두었고, 실업에 관한 정책 또는 상황이 대체로 미약하였다는 것을 알 수 있다.

1.2 저생산성과 고임금 그리고 인플레이션

영국의 노동생산성은 다른 국가들에 비해 상대적으로 낮았다(그림 9.7 참조). 그러나 임금상승률은 상대적으로 높았다. 강력한 노동조합의 힘으로 임금은 다른 국가들에 비하여 상대적으로 높아 영국의 경우 단위 노동비용의 증가율이 18.1%로 다른 유럽 국가들에 비해 상대적으로 높게 나타났다.

그림 9.2 G7국가의 실업률 추이

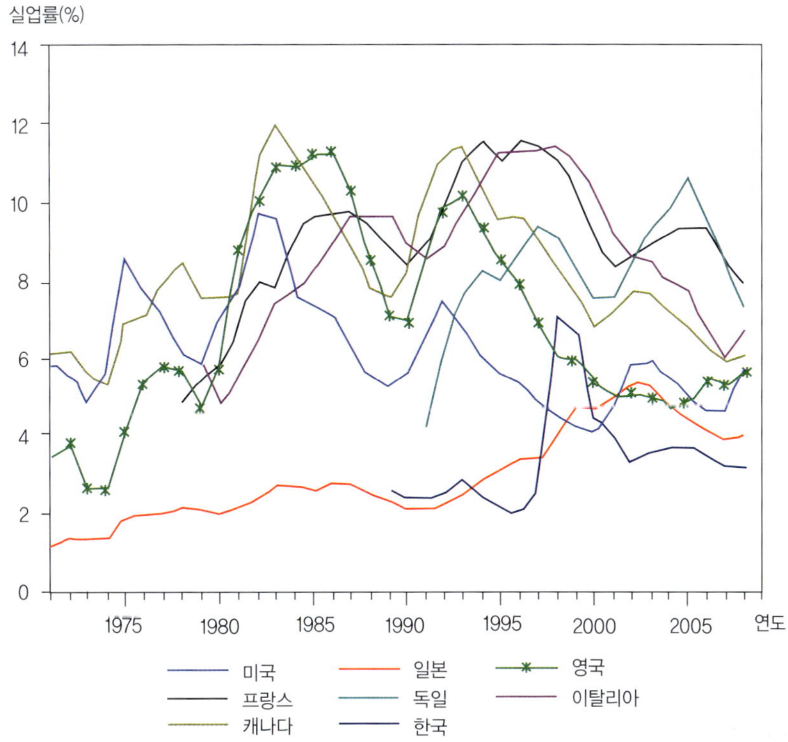

또한 1970년대 영국 경제는 인플레이션율도 매우 높게 나타났다. 1973년에서 1979년까지 영국의 연평균 인플레이션율은 14.8%로서 이탈리아 15.4%의 뒤를 잇고 있었다.

영국에서는 이러한 높은 인플레이션이 있음에도 불구하고, 노동당이 1974년 재집권하는 데 성공했지만, 1975년 인플레이션이 무려 24.2%에 달하자 수상은 수상직에서 물러나게 되었나.

또한 1970년대 영국의 임금상승률은 다른 국가들보다 높았으며, 1975년에는 15.5% 수준으로 높게 상승하였다. 이렇게 임금상승률이 높은 것은 외부적으로 유가 상승으로 인한 높은 물가상승률과 내부적으로는 강력한 노동조합의 역할에 기인한다고 볼 수 있다.

그림 9.3 주요국의 임금상승률(%)

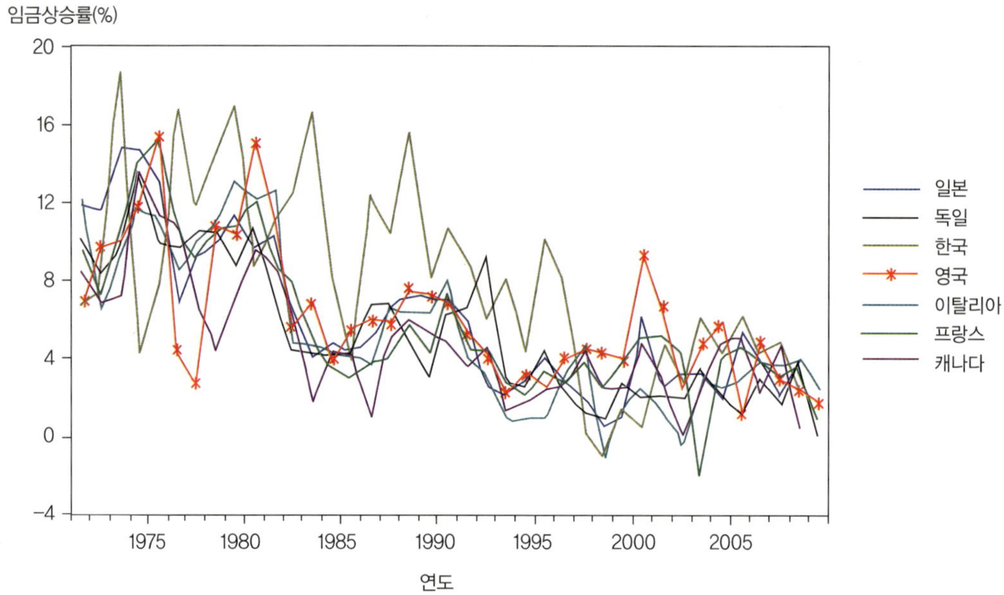

그림 9.4 주요국의 소비자 물가상승률(%)

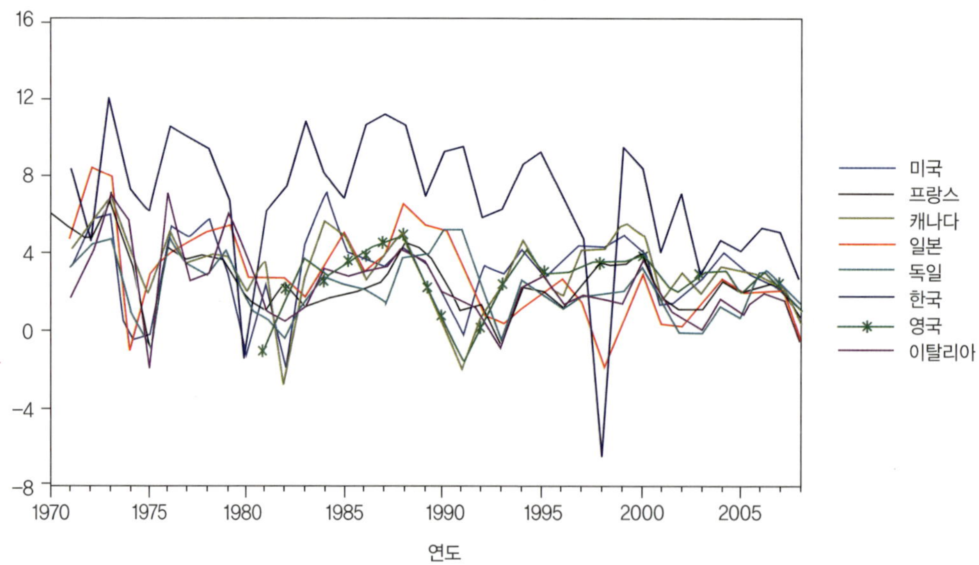

2. 영국의 복지병

영국은 복지국가로서 오랜 역사를 가지고 있다. 1941년 노조의 권유에 따라 비버리지를 중심으로 국민보험체계를 재검토하고 "사회보험과 관련 서비스"라는 보고서를 제출하였다. 1944년 영국정부는 이 보고서를 바탕으로 기존 제도를 통폐합하여 '국민보험법'을 제정하였다. 1945년에는 가족수당법, 1946년에는 국민의료서비스법, 1948년에는 조세를 재원으로 하는 공적부조제도를 도입함으로써 현재와 같은 사회복지제도의 토대를 마련하였다.

이러한 복지제도를 통해 영국 국민들은 복지혜택을 누리게 되었고, 이러한 결과로 근로의욕이 저하되는 현상이 나타나게 되었고, 동시에 정부의 복지재정지출은 지속적으로 증가하기 시작하는 문제점이 나타나기 시작하였다.

그림 9.5에서 보는 바와 같이, 영국은 높은 노조조직률을 가지고 있어 임금협상력

그림 9.5 영국의 노조조직률(%)

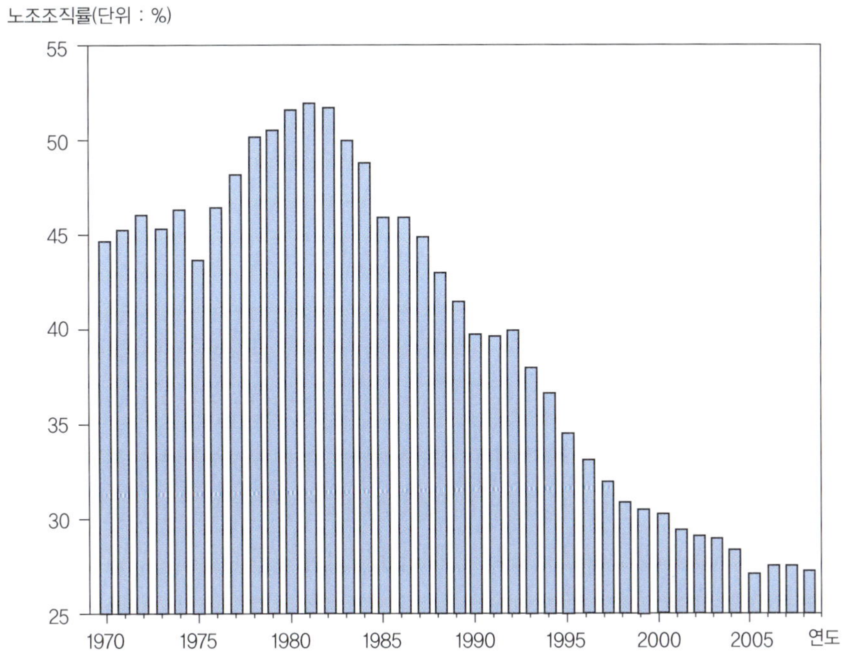

출처 : OECD 자료로 환산함

그림 9.6 영국의 노동 1단위당 생산비(PPP로 환산)

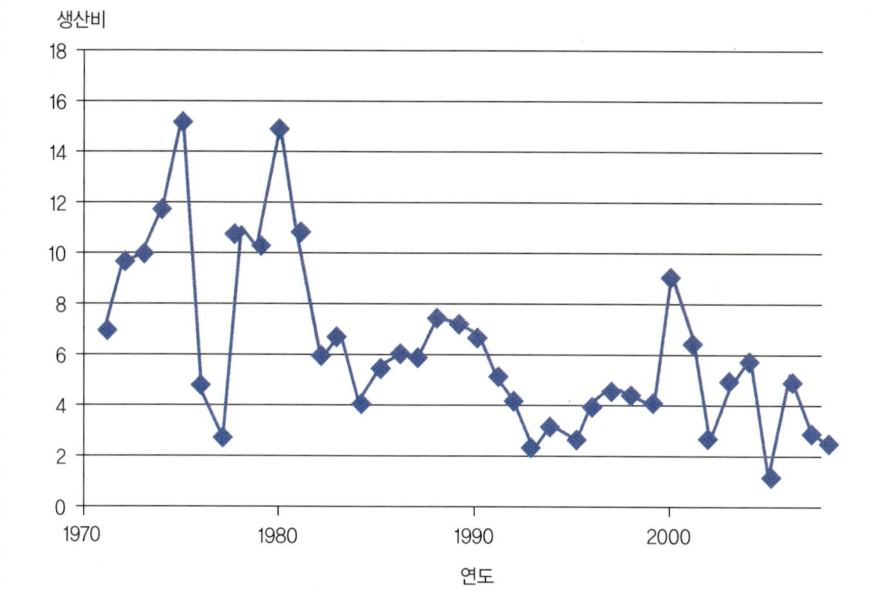

그림 9.7 영국의 생산성 증가율

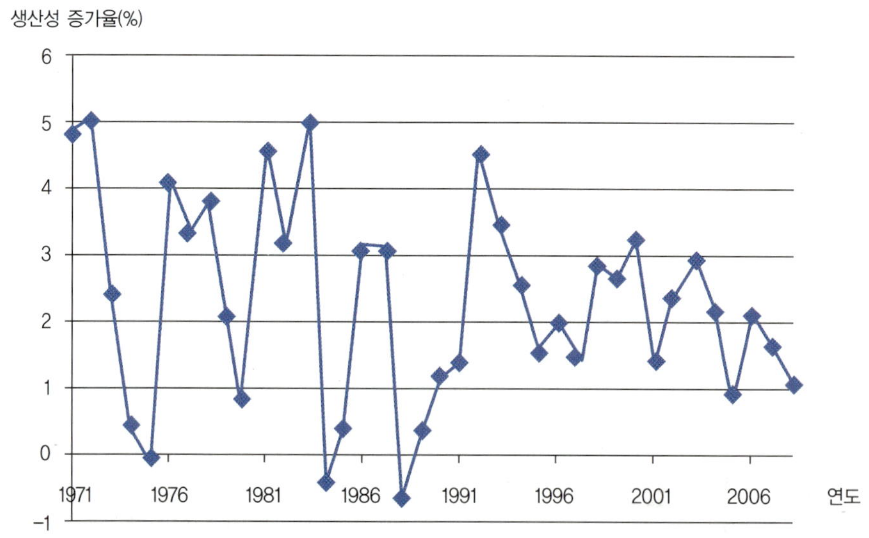

이 높았지만, 그에 반하여 그림 9.6에서 보는 바와 같이 단위당 생산비는 높고 생산성은 이에 못 따라가고 있는 것을 알 수 있다.

2.1 강력한 노동조합

노동조합은 기본적으로 노동자의 권익을 보호하고, 그들의 이익을 노조활동을 통하여 실현하는 것이다. 그러나 1970년대 영국의 노동조합은 의지에 따라 노동당 또는 보수당으로 정권을 바꿀 수 있을 정도로 힘을 가지게 되었다. 이들은 1978년 말부터 1979년 초까지 자동차, 운수, 병원, 청소에 이르기까지 노조들이 파업에 참여하였다. '불만의 겨울' 이라고 불리는 이 파업으로 인하여 노동조합은 국민으로부터의 불신과 당시 제임스 캘러헌(James Callaghan)이 당수로 있는 노동당에 대한 신뢰도도 떨어졌다. 이러한 노동운동은 병원의 기능을 마비시키고, 주택 난방기능도 상실하여 노동조합의 활동에 대하여 불만이 싹트게 되었다.

이러한 국민들이 1979년 5월 총선거에서 '사회주의 추방' 과 '노조활동에 대한 극복' 이라는 선거공약을 내세운 마거릿 힐다 대처(Margaret Hilda Thatcher, Baroness Thatcher, LG OM, 1925년 10월 13일)에게 힘을 실어 주어 수상에 당선되는 계기가 되었다.

2.2 무역수지 적자와 파운드화의 위기

1970년 영국경제는 무역수지의 누적적 적자로 인해 파운드화가 위기에 빠지게 되고 결국에는 1976년 IMF의 관리가 시작되었다.

1975년 6월~7월 발생한 세계경제의 침체로 인해 영국에서는 물가상승과 급격한 외환보유고의 감소로 인하여 경제위기에 직면하게 되었다. 당시 제50대 노동당 소속 윌슨 수상의 뒤를 이어 제51대 수상에 당선된 노동당 소속 캘러헌 총리도 이러한 경제위기를 극복하지 못하고 IMF관리체제에 들어가게 되었다. 이러한 당시 영국경제의 위기는 결국 통화긴축과 금융시장의 개방, 그리고 금융체제 개선 등의 IMF의 권고사항을 수용하게 되었다. 그 이후 1977년 1월부터 영국경제는 회복하기 시작하였으며, 1977년 9월에 가서는 IMF의 관리에서 벗어나게 되었다. 이와 같은 배경에는 영국의 경제적 상황을 활성화시키는 자유시장의 수준이 낮았다는 것이 지적되고 있다.

3. 대처정부의 선택

1970년대 보수당 정권의 에드워드 히스 수상의 정책 실패로 인하여 실업자가 150만 명으로 증가하였고, 결국은 정권을 보수당에 이어 제50대, 51대에 연이어 노동당 정권인 헤럴드 윌스와 제임스 캘러헌 수상이 경제를 운용하였지만, 경제적 상황은 개선되지 못했다.

이러한 열악한 경제적 상황은 결국 시장을 중심으로 한 정책을 내세운 보수당의 마거릿 힐다 대처 수상이 이끄는 정부를 출현시켰다. 대처는 1979년 총선거에서 333표를 얻어 268표를 얻은 노동당을 누르고 최초의 여성 수상이 되었다.

당시 대처정부의 싱크탱크는 IEA(Institute of Economic Affairs)라고 할 수 있다. 이 연구소는 조지프라는 성공한 농부가 세웠으며, 이 연구소에 참여한 학자로는 1974년 프리드리히 하이에크와 1976년 노벨경제학상을 수상한 밀턴 프리드먼이 참여하게 되었다. 이 학자들은 자유주의를 대표하는 학자들로서 영국의 대처정부의 싱크탱크 역할을 하게 되었다. 이러한 측면에서 IEA는 영국 대처정부의 변화를 모색하게 하는 데 있어서 정책의 산실(産室) 역할을 하였다고 볼 수 있다.

"예종에의 길(The Road to Serfdom)"의 저자이기도 한 하이에크는 경제적 자유가 자본주의경제의 발전과 성장을 가져온다고 주장하였다. 국가의 시장개입, 즉 계획경제는 국민을 노예의 길로 이끈다고 주장하였다. 하이에크와 밀턴 프리드먼은 시장경제의 역할을 강조한 대표적 학자로서 경제적 자유가 경제성장과 경제발전을 가져온다고 주장하였다.

이러한 이론에 기초하여 영국에서는 대처정부하에서 '시장을 중심으로 한 경제'가 실현되기 시작하였다. 보수당의 당수가 된 대처는 '사회주의적 경제'에 대하여 비판을 하면서 '자유로운 개인의 의사를 반영하는 시장경제로의 길'을 내세웠다.

대처정부 이전에는 영국에서 정부지출의 증가를 통해 정부가 주도하여 수요를 창출하고 이러한 수요의 증가는 소득창출로 이어지는 선(善) 순환과정을 되풀이하여 소득을 증가시킨다는 케인즈주의를 따르고 있었다. 따라서 당시에는 정부지출이 재정수입보다 많은 재정적자를 통한 확대재정정책이 용인되었다. 이러한 배경에는 재정적자로 인하여 고용이 창출되고 물가는 안정된다고 생각하는 것이 일반적인 통념이었기 때문이다. 그러나 현실은 영국의 재정적자가 확대되었으며, 동시에 인플레이

그림 9.8 예종에의 길

THE ROAD TO SERFDOM

13

No one opposes the leader's plan . . .
It would be suicide; new secret police are ruthless. Ability to force obedience always becomes the No. 1 virtue in the "planned state." Now *all* freedom is gone.

출처 : http://mises.org/books/TRTS/

션은 증가하였다. 이러한 경제적 문제는 새로운 정책기조를 모색하게 하는 계기가 되었다. 대처정부는 자유시장의 싱크탱크인 IEA의 정책제안과 통화주의 논리에서 새로운 경제의 길을 찾게 되었다. 대처정부 시절 시장주의자와 통화주의자들은 경제정책의 싱크탱크로 임명되고, 대처 수상은 정부예산의 감축을 실행하기 시작하였다.

참고로 '예종(隸從)에의 길(노예의 세계로의 길)'을 다음 사이트(http://mises.org/books/TRTS/)를 방문하여 잠깐 읽어 볼 필요가 있다. 이 사이트는 '예종에의 길'을 만화로 만들어 쉽게 이해할 수 있도록 제공하고 있다는 장점이 있다. 이 사이트를 통해 정부와 시장의 바람직한 역할과 자신의 생각을 비교, 정리해 보는 좋은 기회가 될 것으로 보인다.

3.1 국영기업의 민영화와 효율성 제고

1970년대 영국은 노조가 주도하는 정치 · 경제시스템이라고 할 정도로 노동조합이 주도하는 경제시스템이라고 할 수 있었으며, 노조가 주도한 1978년 겨울에 보여 준 파업은 노조의 천국을 보여 준 한 사례라고 볼 수 있다.

그러나 1979년에 수상직에 오른 대처는 앞서의 에드워드 히스 정부, 해럴드 윌슨 정부, 제임스 캘러헌 정부와는 다른 모습을 보여 주었다. 대처 이전의 역대 정부는 임금, 이자, 지대, 이윤 등 생산요소에 대한 대가를 적정기준을 정하여 규제함으로써 물가안정을 도모하려고 하는 소득정책을 실시하였다. 여기서 임금을 결정하는 데 있어 중요한 것은 노조와의 협상을 통해서 결정했다는 것이다.

1979년 6월 수상관저에서 새로 선출된 대처수상과 행정부 관료, 그리고 노조 대표 간의 임금협상이 있었다. 그러나 이전과 다른 것은 정부와 노조 사이에 협력의 분위기가 조성되지 않았고, 1979년 7월 대처의 워킹페이퍼에서는 이를 노조를 무력화시키려는 하나의 예고편이라고 표현하였다.

이러한 대처의 정책구상이 구체적으로 실현된 것은 1983년 6월 선거에서 크게 승리하면서 시작한 국영기업의 민영화정책이다.

대처정부는 효율성이 낮은 국영기업을 민영화하기 시작하였다. 대표적으로 대상이 된 국영기업이 바로 국영석탄공사였다. 이러한 국영기업의 민영화 정책을 통해 1985년 효율성이 떨어진 20개의 탄광이 폐쇄 · 통합되었다. 이러한 대처정부의 강력한 국영기업의 민영화 정책은 노조의 장기파업을 초래하였고, 심지어 석탄을 수입해 놓은 상태에서도 파업에 들어갔으며, 효율성이 높은 지역의 탄광노조원들의 동참이 소극적이었음에도 불구하고, 당시 탄광노조 17만 명 중 13만 명이 참가하는 파업이 있었다. 그로부터 1년 후, 1986년 3월 3일 노조위원장인 스카길은 파업종료를 선언하기에 이른다. 이로부터 11년 동안 다섯 차례에 걸쳐 고용법이 개정되는 결과를 낳았다.

이러한 변화의 대표적 특징으로 '노동시장의 유연성 확대' 를 들 수 있을 것이다.

이러한 변화의 구체적 내용은 다음과 같다.

첫째, 노동조직률의 감소라고 할 수 있다. 영국의 노동조직률은 1975년, 1985년, 2000년, 2010년 동시에 노동조합의 집적도도 점차 변화를 보이고 있다. 둘째, 노동시장의 고용보호가 줄어들어 더 이상 영국이 노동자의 천국이 아니라는 사실을 보여 주었다. 마지막으로 영국의 노동시장은 미국처럼 임시직, 시간제 근로, 근로자 파견제도 등이 많아져 노동시장이 안정성이 떨어지고 유연성이 증가하였다. 이것은 노동조합의 문제를 노동시장의 유연성의 확대라는 측면에서 해결하고 있다는 것을 보여주는 사례들이다.

용어

노조조직률은 노동조합원 수/전체노동자이다.
노조밀집도(union density)는 노동자들의 총임금 중에서 노조원들의 총임금이 차지하는 비율이다.

영국의 노조조직률은 지속적으로 감소하고, 노조밀집도를 통한 노조의 역량도 지속적으로 감소하는 추세를 보였지만, 다른 국가에 비해서는 여전히 높은 수준을 보

그림 9.9 노조밀집도

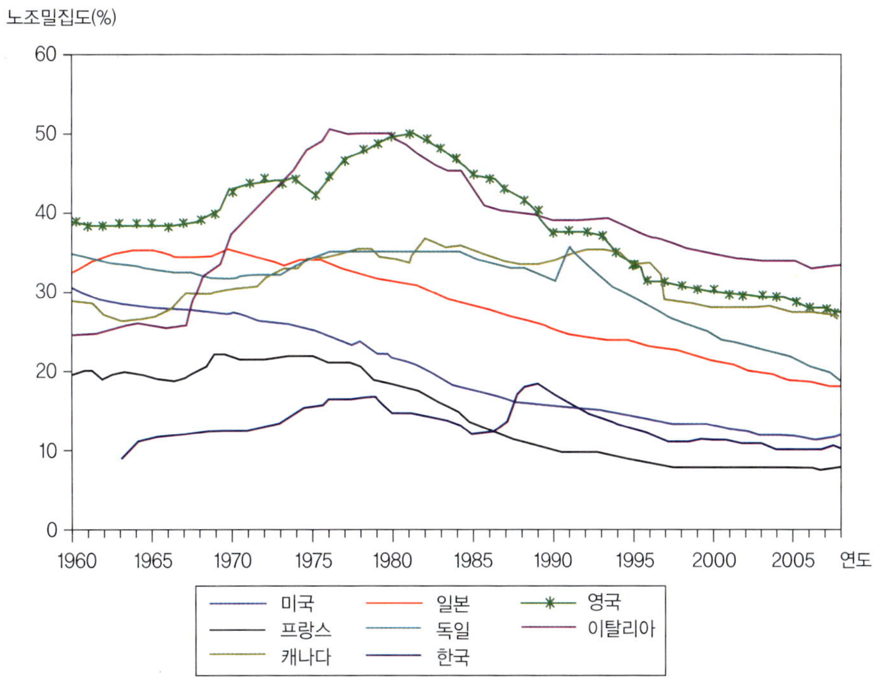

표 9.2 영국 노동시장의 변화

- 노동조직률의 하락
- 임시직, 파트타임 등의 일자리 증가
- 고용보호제도의 축소

여 주고 있다. 영국이 시장중심의 경제시스템으로 변화하였고, 노조의 역할과 기능이 과거보다 많이 약화되었지만, 그 정도는 이탈리아 다음으로 높은 수준을 유지하고 있다.

영국에서 민영화는 정부사업에서도 나타났다. 정부가 추진하는 사업 및 서비스분야에서도 최대한 경쟁에 노출시켜 효율성을 추구하기 시작하였으며, 정부가 보유하고 있는 국영기업을 전부 또는 일부 매각함으로써 정부는 매각 이득을 확보하고, 국민들에게도 주식을 소유할 기회를 줌으로써 이익을 공유하기 시작하였다.

3.2 금융시장의 효율화

1802년 런던금융시장이 설립된 이후, 영국 런던은 국제금융시장의 중추적 역할을 하고 있었지만, 그동안 변화된 금융환경을 따라가지 못하여 1984년 런던증권거래소의 거래 규모는 뉴욕시장의 6%, 동경시장의 18%에 불과하는 결과를 낳고 말았다. 그동안 영국의 금융제도는 은행업과 증권업을 분리하는 단일자격제도인 전업주의를 실시하고 있었다.

이러한 제도에 대한 금융산업의 개혁이 실시되었다. 1986년 10월 27일 금융시장

표 9.3 국영기업 민영화로 인한 주요효과

효과	주요내용
효율성 개선	기업은 정부 간섭에서 벗어나 높은 효율성을 추구할 수 있었다(예 : 항만산업 민영화 6개월 만에 이익이 150만 파운드에서 680만 파운드로 급등하였다).
신규일자리 창출	민간부문에 신규일자리를 창출하였다. 정부독점에서 벗어나 신기술의 도입과 경쟁촉진을 통해 기업에 의한 일자리 창출이 증가하였다.
민간서비스 질 개선	민간서비스의 질이 개선되었으며, 동시에 고객의 이익을 증진시켰다.
중산층 확대	임대주택을 세입자에게 매각하여 중산층을 확대하였다.
국영기업매각	국영기업매각을 통해 국가의 국고수입증대 및 재정적자를 해소하였다.

의 개방이 이루어졌다. 증권업의 자격 확대로 외국인이 증권업의 지분을 100%까지 보유할 수 있도록 하였으며, 금융거래에 있어서는 그동안의 분업주의에서 매매업무와 증권업무를 같이 할 수 있는 겸업(兼業)주의로의 개혁이 시행되었다. 증권거래 결제시스템도 거래를 용이하게 할 수 있도록 개편되었으며, 주식시장의 공시를 하기 위한 제도도 확충되었다. 또한 금융수수료를 자율화하여 시장시스템 내에서 경쟁을 하도록 유도하였다. 투자자를 보호하기 위한 금융관련 금융서비스법도 제정하였다.

금융거래의 혁신을 통한 효과로는 첫째, 금융거래비용이 감소함에 따라 금융거래 효율성이 높아져 외국금융기관이 런던금융시장으로 진출하기 시작하였다. 둘째, 대형은행의 은행업무 거점으로 런던이 선택되기 시작하였고, 외국의 대형기관들이 런던증권거래소에 가입하기 시작하였다.

3.3 규제완화와 기업중심의 경제

앞에서 영국의 노동시장, 금융시장, 주택시장의 변화를 살펴보았다. 노동시장의 경우는 노동시장의 유연성이 강조되었고, 노동시장에서 노조를 보호하는 과보호제도인 2차 파업에 있어서의 노조간부에 대한 면책제도가 폐지되었다.

금융시장에 있어서는 1979년 10월 외환관리규제를 철폐하여 해외투자에 대한 규제를 완화하였으며, 1981년에는 보완적 성격으로 운영되던 특별예치금제도가 폐지되었다. 1982년 7월 예금은행에 대한 규제제도의 폐지, 1986년 10월 27일 증권시장에 있어서 규제제도도 완화되었다.

주택시장에서 공영주택은 개인이 소유할 수 없도록 하였으나, 1980년 주택법을 제정한 이후 지속적으로 규제를 완화하여 1979년에서 1988년까지 100만 채 이상의 공영주택이 민간에 판매되었다.

3.4 시장친화적 분배(分配)정책

1980년대 이전 복지국가인 영국에서 경제문제가 발생하면, 일반적으로 이러한 경제문제에 대하여 정부가 해결해야 한다는 요구적 삶이 만연하였다. "노숙자가 되면, 정부가 거처를 마련해 주어야 한다(I am homeless, the Government must house me!)"가 그동안 영국에서의 일반적인 생각이었다. 그러나 대처는 "솔직히 사회라는 것은 존재하지 않습니다. 개인이 있고 가족이 있을 뿐입니다(There' s no such thing as society. There are individual men and women and there are families)"라고 선언함으로써 개인의 책임을 강조하는 변화를 시도하였다.

분배의 평등은 '기회의 평등' 과 '결과의 평등' 으로 구분할 수 있다. 여기서 기회의 평등은 시장질서를 통해서 구현된다. 그리고 결과의 평등은 사회적인 결과의 평등으로 국가에 의한 재분배로 이루어진다고 할 수 있다. 대처는 결과의 평등을 추구하는 정부는 자유를 위협한다고 전제하고 있다. 국가의 분배정책이 시장왜곡이나 근로의욕을 떨어뜨리는 정책이 되는 것에 대해서는 거부하는 입장을 취하고 있었다.

이는 1990년 TV "Free to choose" 시리즈에서 언급한 밀턴 프리드먼의 다음의 말로 요약될 수 있을 것이다.

"자유를 추구하기 이전에 평등을 추구하는 사회는 결과적으로 이 두 가지 모두를 달성하지 못할 것이지만, 평등을 추구하기 이전에 자유를 달성하는 국가는 이 두 가지 모두를 이룰 것이다(A society that puts equality before freedom will get neither. A society that puts freedom before equality will get a high degree of both)."

대처정부는 영국의 복지지향적 자본주의를 시장을 중심으로 한 자본주의로 변화하는 결과를 가져왔으며, 앞서 설명한 주요정책들을 정리하면 다음 표 9.4와 같다.

표 9.4 대처정부의 주요 내용

주요정책	내용
감세정책	복지를 위한 공공지출의 삭감과 세금인하
민영화정책	국영기업을 매각
노동시장 유연화정책	노동조합의 활동 규제
물가안정정책	통화정책의 주요목표가 물가안정에 있음
탈규제정책, 세율인하	기업과 민간의 자유로운 경제활동 보장
자본시장의 자유화	금융시장의 규제를 완화함으로써 금융시장 활성화

표 9.5 영국의 역대수상(49~56대)

성명	에드워드 히스 (Edward Heath)	해럴드 윌슨 (Harold Wilson) (제2차)	제임스 캘러헌 (James Callaghan)	마거릿 힐다 대처 (Margaret Hilda Thatcher, Baroness Thatcher)	존 메이저 경 (Sir John Major, KG, CH)	앤서니 찰스 린턴 블레어 (Anthony Charles Lynton Blair)	제임스 고든 브라운 (James Gordon Brown)	데이비드 윌리엄 도널드 캐머런 (David William Donald Cameron)
사진								
재임 기간	1970년 6월 19일 ~ 1974년 3월 4일	1974년 3월 4일 ~ 1976년 5월 5일	1976년 4월 5일 ~ 1979년 5월 4일	1979년 5월 4일 ~ 1990년 11월 28일	1990년 11월 28일 ~ 1997년 5월 2일	1997년 5월 2일 ~ 2007년 5월 27일	2007년 6월 27일 ~ 2010년 5월 11일	2010년 5월 11일 ~
총리	제49대	제50대	제51대	제52대	제53대	제54대	제55대	제56대
소속 정당	보수당	노동당	노동당	보수당	보수당	노동당	노동당	보수당

제 3 절 대처리즘의 의의

대처리즘(Thatcherism)은 1980년대 이후 영국 경제의 회생을 위해 실시한 대처수상의 사회 · 경제정책이라고 할 수 있다. 1970년대 영국의 경제적 어려움과 IMF의 관리를 받는 어려운 경제적 상황에서 1979년 총선에서 승리한 보수당은 대처를 수상으로 하여 자유시장을 추구하며 새로운 경제개혁의 길을 모색하였다.

대처정부의 주요정책은 경제문제를 시장을 중심으로 해결하려는 정책이었으며, 탈규제, 시장친화적 정책이라고 할 수 있다. 이는 이념적 측면에서 보면 신자유주의의 실험이라고 할 수 있다. 결과적으로 물가는 안정시키고 경상수지의 흑자는 나타났지만, 실업은 증가하였다. 대처리즘의 기간은 결과의 평등보다 기회의 평등의 시기였으며, 효율성을 제고하는 시기라고 할 수 있다.

읽을거리 1

예종에의 길

'예종에의 길' (http://mises.org/books/TRTS/)을 읽고, 국가와 개인의 자유의 의미를 생각해 보자.

읽을거리 2

대처리즘에 대한 상반된 시각

해먼드 보수당 의원 "노동조직 통제로 개혁성공"
佛 사르코지 · 獨 메르켈도 대처리즘 영향받아
"대처리즘이 성공할 수 있었던 것은 무엇보다 정부가
노동조직을 통제할 수 있었기 때문입니다."

필립 해먼드 보수당 의원은 "마거릿 대처 전 총리가 영국 노동공급시장에 혁명을 가져왔다"면서 "한때 붕괴상태에 내몰렸던 영국은 덕분에 유럽에서 가장 강력한 경제구조를 갖추게 됐다"고 강조했다. 해먼드 의원은 보수당의 집권 후를 대비한 섀도 내각에서 재무부 장관을 맡을 만큼 영향력 있는 정치가로 꼽히고 있다.

해먼드 의원은 "(프랑스의)니콜라 사르코지 대통령도, (독일의)앙겔라 메르켈 총리도 모두 대처 전 총리의 영향을 받았다"면서 "대처리즘은 지금도 계속되고 있다"고 인터뷰 내내 강조했다.

아울러 그는 "재정 지출을 줄이는 것도 큰 목표였다"며 "국제적으로 경쟁력이 없는 기업들을 정부가 지원해 연명시켰지만 이를 민영화하고 과감히 정리했다"고 설명했다.

당시 산업구조를 서비스 중심으로 바꾼 것도 주효했다는 게 그의 분석이다. 그는 "금융 분야에서 낡은 규제를 없애고 시장을 개방해 금융산업이 국제적인 경쟁력을 갖추게 됐다"며 "런던국제금융센터로 대표되는 런던 금융산업은 현재 국내총생산(GDP)의 14%를 차지한다"고 말했다.

대처 전 총리의 리더십에 대해 해먼드 의원은 "정부조직 혁신보다 경제 시스템을 바꾸는데 주력했다"며 "솔직했으며 개혁을 강하고 일관되게 추진했다"고 밝혔다. 그는 "대처는 유럽의 9개 다른 나라와 견해가 다를 때조차 자기 의견을 굳게 관철시켰다"고 전했다.

오즈본 킹스턴시의회 의장 "에이전시制로 업무 중복" 세금 줄이기 급급 공공서비스 질은 낮아져

"영국이 에이전시 제도를 통해 중앙정부를 슬림화했다고 하지만 오히려 업무가 중복되는 결과를 낳았습니다. 세금을 줄이다 보니 공공서비스의 질이 낮아진 것도 문제입니다."

런던 남서쪽 킹스턴시의 데릭 오즈본 시의회 의장은 "정부조직을 축소했다고 하지만 에이전시 조직을 많이 만들어 투명성을 더 가리게 됐다"며 영국의 정부혁신이 미흡한 수준이라고 비판했다. 그는 "예를 들어 중앙정부의 고속도로 관리부서는 대처 개혁 이후 조직이 축소됐지만 고속도로 관리 에이전시가 생겨 업무가 겹치게 됐다"며 "에이전시 제도는 공공기관을 늘리는 결과를 가져왔다"고 지적했다.

오즈본 의장은 또 공기업 민영화 정책에 대해서도 부정적 입장을 견지했다. 그는 "철도를 민영화했다는데 서비스 수준이나 혼란한 시스템, 가격 등은 유럽 최악"이라며 "민영화 뒤에 서비스 개선이 되기보다는 사기업 기준에 맞추다 보니 불편하게 운영되고 있다"고 진단했다.

이 같은 문제점들이 모두 대처리즘에서 시작됐다고 보는 오즈본 의장은 "대처리즘의 유산은 공공 서비스가 나빠졌다는 것"이라며 "세금은 많이 내렸지만 공공 서비스 품질이 낮아져 차라리 세금을 더 내고 더 나은 서비스를 받기를 바라는 사람들이 늘었다"고 밝혔다.

이와 함께 오즈본 의장은 "특히 상수도 가격이 많이 올랐지만 서비스는 형편없다"며 "최근 비가 많이 왔지만 누수현상으로 물 부족이 빚어지고 있다"고 말했다. 그는 또 "노인과 아동의 가난이 더욱 증가했다"며 "평균 임금 기준으로 연금을 주던 것을 소매물가에 맞춘 생계비 기준으로 주기 때문에 연금 급여가 유럽에서 가장 낮은 수준"이라고 강조했다.

출처 : 한국아이닷컴 서울경제, 2007.12.2.

토론하기

■ 대처리즘의 경제적 성과에 대해 토론해 보자.

평가하기

퀴즈 1〉 영국의 대처 수상의 대표적 정책은 자유로운 시장경제를 추구하는 것이다. 대처 수상의 재임기간에 나타난 결과라고 보기 어려운 것은 무엇인가?

① 물가안정　② 실업률의 감소
③ 경상수지의 흑자　④ 국영기업의 민영화

힌트　경제개혁에도 불구하고 실업률은 계속 증가하였다.

퀴즈 2〉 대처 수상의 정책이라고 보기 어려운 것은 무엇인가?

① 감세정책　② 민영화정책
③ 노동자 보호법안의 축소　④ 의료제도의 전면 민영화

힌트　의료제도를 전면 민영화하지는 않았다.

퀴즈 3〉 다음과 같이 자유를 강조한 사람은 누구인가?

"자유를 추구하기 이전에 평등을 추구하는 사회는 결과적으로 이 두 가지 모두를 달성하지 못할 것이지만, 평등을 추구하기 이전에 자유를 달성하는 국가는 이 두 가지 모두를 이룰 것이다(A society that puts equality before freedom will get neither. A society that puts freedom before equality will get a high degree of both)."

① 밀턴 프리드먼　② 하이에크
③ 마거릿 힐다 대처　④ 케인즈

힌트　밀턴 프리드먼과 하이에크는 대표적 자유주의 경제학자이다.

정리하기

■ 대처정부 경제정책의 주요 내용

주요정책	내 용
감세정책	복지를 위한 공공지출의 삭감과 세금인하
민영화 정책	국영기업을 매각
노동시장 유연화 정책	노동조합의 활동 규제
물가안정정책	통화정책의 주요목표가 물가안정에 있음
탈규제정책, 세율인하	기업과 민간의 자유로운 경제활동 보장
자본시장의 자유화	금융시장의 규제를 완화함으로써 금융시장 활성화

■ "조그마한 일시적인 안위를 구하기 위하여 본질적 사유를 포기하는 사람은 결코 자유와 안전을 보장받을 가치가 없다(Those who would give up essential liberty to purchase a little temporary safety deserve neither liberty nor safety)."

– 벤자민 프랭클린 –

■ "사회란 없다 … 개인과 가정만이 있을 뿐이다(There' s no such thing as society. There are individual men and women and there are families)."

– 마거릿 대처 –

■ 결과의 평등과 기회의 평등

- 결과의 평등 : 사회적 결과의 평등으로 국가에 의한 재분배
- 기회의 평등 : 시장 질서를 통해서 구현

제 10 장

독일의 사회적 시장경제

학습목표

1_ 제1, 2차 세계대전을 거치면서 패전국이 되어 경제적으로 많은 어려움을 겪은 독일이 '사회적 시장경제'라는 새로운 경제시스템을 도입하여 빠른 시간 내에 경제를 회복시키는 과정과 내용을 학습하는 것을 목표로 한다.

2_ 이러한 독일의 '사회적 시장경제'의 특징을 고찰함으로써 한국 자본주의에 주는 시사점을 얻는 것을 목표로 한다.

학습내용

1_ 독일 사회적 시장경제의 경제질서와 질서정책을 소개한다.

2_ 독일 사회적 시장경제의 기본원칙을 오이켄의 이론을 중심으로 학습한다.

3_ 독일 사회적 시장경제에서 정부의 역할에 대해 학습한다.

4_ 독일의 사회적 시장경제시스템이 한국 자본주의에 주는 시사점을 도출한다.

키워드_ 질서정책, 구성적 원칙, 규제적 원칙, 경쟁질서, 경쟁정책, 과정정책, 케인즈식 경제

제 1 절 독일 사회적 시장경제의 경제질서와 질서정책

WTO의 출범과 한국의 OECD 가입은 한국경제에 새로운 변화를 요구하고 있다. 그동안 한국경제는 시장경제를 기본원칙으로 하였으나, 많은 부문에서 정부의 과도한 규제와 보호 속에서 성장해 왔다고 볼 수 있다. 예를 들면, 사회간접자본의 건설, 과학기술의 촉진, 무역촉진, 세제상의 유인, 가격규제, 투자규제 등 광범위하게 정부가 시장에 개입하면서 경제발전을 주도해 왔다. 그러나 1980년대 이후 정부의 지나친 시장개입은 오히려 경제의 효율성을 떨어뜨려 국가의 경쟁력을 약화시키는 결과를 초래한다는 비판의 목소리가 높아지게 되었다. 이에 한국 정부는 1980년대 중반 이후 수입규제의 철폐, 금융규제의 완화, 외환 및 자본시장의 자유화, 공기업의 민영화 등 경제 분야에 대한 규제완화 및 철폐를 추진하기 시작했다. 한편, 시장경제의 효율성을 제고하기 위해 독과점규제 및 불공정거래에 대한 규제는 강화하였다. 그러나 1980년대 들어 지속적으로 추진되어 온 정부의 규제완화 정책은 효율성을 증대시키기보다는 오히려 여러 면에서 문제점을 노정시키고 있다. 대표적인 예를 들면 경제 분야의 규제완화에 있어서 경제적 효율성(economic efficiency)이 지배적인 판단기준으로 사용된 나머지 사회적 형평(social equity)에 대한 고려가 불충분하였고, 독점으로부터 발생되는 시장기능의 약화를 방지하기 위하여 도입된 각종 법률과 규제는 오히려 소수 이익집단의 특혜를 위해 사용되기도 하였다.

이러한 관점에서 제10장에서는 경제적 효율성과 사회적 형평성을 조화시켜 온 '사회적 시장경제(Soziale Marktwirtschaft)' 라는 독일의 경제체제를 오이켄의 경제사상과 정부의 역할을 중심으로 살펴봄으로써 한국 자본주의에 주는 시사점을 찾아보고자 한다.

'사회적 시장경제' 란 한마디로 요약하면 사회적으로 운영되는 시장경제를 말한다. 여기서 '사회적' 이란 개념은 경쟁을 최대한 허용하면서 효율성을 추구하는 것 이상의 의미를 갖고 있다. 즉, 사회적 시장경제란 민간경제활동의 주체에게 가능한 한 최대의 자유경쟁을 보장하지만, 사회적 형평과 시장질서의 확립을 위해 필요한 만큼 정부의 시장개입을 허용한다는 것이다.

원래 '사회적 시장경제' 라는 용어는 신자유주의자의 한 사람인 알프레드 뮐러–

아르막(Alfred Mueller-Armack)에 의해 처음으로 표현되고 정립되었다. 뮐러-아르막에 의하면 사회적 시장경제의 중심사상은 "~시장경제의 기초 위에서 자유로운 창의성과 시장경제의 성과들을 통해 확보된 사회적 진보를 결합시키는 것"이다.[1)]

이러한 관점에서 '사회적 시장경제'로 표현되는 독일의 경제체제는 영미식 시장경제체제와는 최소한 다음의 두 가지 면에서 차이가 있다. 첫째, 독일의 경제정책은 **과정정책**(Ablaufspolitik)[2)]을 중요시하는 미국식과는 달리 '시장과 정부 간의 공동작용'을 최적화시키는 **질서정책**(Ordnungspolitik)에 역점을 두고 있다. 이는 모든 경제주체와 시장참여자가 질서의 틀 안에서 상호 협조관계가 작용하도록 정부가 시장에 개입함을 의미한다.[3)]

둘째, 독일 사회적 시장경제의 또 다른 특징은 제반 사회문제를 경제문제에서 분리시키지 않고 경제질서의 한 부분으로 간주하고 있다는 점이다.

앞서 제6장에서 살펴보았던 정부의 시장개입의 이론적 근거와 시장 실패는 독일에서 정부의 시장개입의 근거가 되고 있다. 독일의 사회적 시장경제의 기본원칙을 오이켄의 경제사상을 중심으로 살펴보고, 사회적 시장경제에서 정부의 역할을 경제정책적 측면에서 고찰하고 한국 자본주의에 대한 시사점을 살펴보도록 한다.

제 2 절 독일 사회적 시장경제의 기본원칙

사회적 시장경제는 전후 침체에 빠진 경제를 회복하기 위해 독일에서 선택된 자본주의와 사회주의 사이에 존재하는 제3의 경제체제라고 볼 수 있다.[4)] 그러나 사회적 시장경제의 이론적, 사상적 기초는 이미 나치가 지배하던 세계대전 중에 소위 신자유주의자[5)]들에 의해서 하나의 이론 및 체제로서 구체화되어 갔다. 신자유주의자들에

1) A. Mueller-Armack, Wirtschaftslenkung und Marktwirtschaft, Hamburg, 1946, p. 390.
2) 독일에서는 케인즈류의 총수요관리정책 등을 질서정책과 구별하여 과정정책이라 칭한다.
3) J. Paetzold, Soziale Marktwirtschaft, Berlin, 1994, p. 42.
4) 독일은 1949년 5월 제정된 연방의 기본법(Grundgesetz)에 사회적 시장경제의 법적·제도적 규정을 명문화함으로써 오늘의 사회적 시장경제로 발전하는 법적·제도적 장치를 마련하였다.
5) 1930년대의 대불황 속에서 독일을 석권하기 시작한 나치즘에 의한 자유탄압하에서 국외로 추방되었거나 혹

의해 제창된 신자유주의사상은 제1, 2차 세계대전 중에 점차 확대되어 가는 정부의 경제간섭에 대해 가해진 비판운동에서 그 연원을 찾을 수 있다.

그러나 실제로 신자유주의 사상이 고조된 것은 1945년 제2차 세계대전의 종결로 중앙관리형 나치경제가 붕괴된 이후이다. 독일의 신자유주의자들은 1947년 스위스의 몽펠랑에 모여 '몽펠랑협회'를 창설하고, 1948년에는 기관지인 ≪오르도(ORDO)≫를 창간하였다. 신자유주의는 중앙관리적 경제체제를 거부한다는 점에 그 특징이 있다. 단지 나치즘의 강권적인 정부개입뿐만 아니라 사회주의 경제체제, 더 나아가서는 케인즈류의 재정 · 금융정책에 이르기까지 모든 중앙관리적 경제에 대해서는 엄격하게 이것을 거부한다. 왜냐하면 케인즈류의 경제정책은 근본적으로 인간의 자유와 대립하는 것이며, 정책개입의 결과로서 경제전반을 중앙당국에 위임하는 '예종에의 길'[6]로 이어진다고 보기 때문이다. 이러한 신자유주의는 독일에서 오이켄, 뢰프케, 뵘(F. Boehm) 등을 중심으로 하는 프라이부르크학파에 의해 계승 · 발전되었으며, 이는 독일 사회적 시장경제의 이론적 토대가 되었다. 오이켄을 중심으로 한 프라이부르크학파에 의하면 시장경제체제의 기본 이념은 '자유로운 시장(freier Markt)'이 자원배분의 기본기구로서, 정부는 자유로운 시장이 제 기능을 수행할 수 있도록 경쟁질서를 창출하고, 이것을 지속적으로 보장하는 책임을 지는 것이 되어야 한다는 것이다. 이러한 의미에서 독일 사회적 시장경제에서는 '시장의 실패'를 교정하고, 사회적 목표[7]들을 달성하기 위해 작지만 강한 정부(kleiner, aber starker staat)를 표방하고 있다.[8]

사회적 시장경제의 핵심은 '경쟁질서(Wettbewerbsordnung)'의 유지인데, 이것은 바로 정부의 경제정책에 따라 특정한 구성원칙이 실현될 때에만 장기적으로 제 기능을 발휘할 수 있다고 보는 것이 사회적 시장경제의 특징이다. 오이켄은 경쟁질서

은 국내에 머물면서 정부간섭에 대한 비판과 그 대안을 제시했던 강한 자유주의 사상을 견지했던 경제학자 오이켄(W. Eucken), 뢰프케(W. Roepke), 미제스(L. v. Mieses), 하이에크(F. A. v. Hayek) 등이 대표적 인물이다.

6) 하이에크(F. A. Hayek)는 그의 저서 『예종에의 길(The Road to Serfdom)』(1944)에서 자유와 시장을 제약하는 간섭주의, 사회주의는 모두 결국 노예의 길로 가게 하는 이데올로기라고 주장하였다.

7) 사회적 시장경제에서는 사회적 안정성(Soziale Sicherung), 사회적 공정성(Soziale Gerechtigkeit), 사회적 발전(Soziale Fortschritt) 간의 조화로운 균형달성을 사회적 목표로 삼고 있다.

8) J. Kremer, Reform der Sozialen Marktwirtschaft, Bielefeld, 1994, p. 29.

를 유지하기 위해서는 다음과 같은 6개의 구성적 원칙(konstituierende Prinzipien)과 4개의 규제적 원칙(regulierende Prinzipien)을 제시하고 있다.[9)]

먼저, 구성적 원칙을 살펴보면 ① 통화정책 우위의 원칙(Pimat der Waehrung-spolitik), ② 열린 시장의 원칙(offene Maerkte), ③ 사유재산의 원칙(Privateigentum), ④ 계약자유의 원칙(Vertragsfreiheit), ⑤ 책임의 원칙(Haftung), ⑥ 경제정책 일관성의 원칙(Konstanz der Wirtschaftspolitik)이다. 이 밖에 4개의 규제적 원칙으로는 ① 정부의 독점규제, ② 소득분배의 개선, ③ 최저임금제에 의한 근로자 보호, ④ 외부효과의 수정 등이다.

오이켄이 제시한 이러한 구성적 원칙과 규제적 원칙들은 경쟁질서를 구성하는 데 필요한 최소한의 내용들로서 사회적 시장경제의 기본원칙으로 간주되고 있는데, 그 내용을 요약하여 살펴보면 다음과 같다.

1. 구성적 원칙

1.1 통화정책 우위의 원칙

오이켄에 의하면, "화폐가치의 안정성이 지켜지지 않는 한, 경쟁질서를 실현한다는 것은 불가능한 일이며, 따라서 통화정책이야말로 경쟁질서의 형성을 위해서는 가장 우선적인 중요성을 가지는 것"[10)]이다. 이는 대내외적으로 화폐가치의 안정을 위한 제도적 장치를 마련함으로써[11)] 시장가격의 왜곡을 방지하고, 인플레이션과 디플레이션으로 인한 경제질서의 혼란을 방지하는 것이 다른 경제정책보다 우선시되어야 한다는 것을 의미한다.

1.2 열린 시장의 원칙

이 원칙은 무엇보다도 경제력 집중을 방지하기 위해서는 국내외 경쟁자에 대한 시장 진입장벽이 존재해서는 안 된다는 것을 의미한다. 경쟁의 동태성을 확보하기 위해서는 국내외적으로 개방된 시장이 필요하다. 시장의 개방성이 확보되어야 한다는 원칙

9) W. Eucken, Grundsaetze der Wirtschaftspolitik, Bern, 1952, pp. 254-291.

10) Ibid.

11) 예를 들면 규칙에 따른 통화량공급, 중앙은행의 독립성 확보 등을 들 수 있다.

은 시장에서 미래에 발생할 문제 등에 대처할 수 있는 지속적 적응력을 가능하게 해 준다는 것을 의미한다. 사회적 시장경제에서 열린 시장의 원칙이 중요한 것은 개방된 시장하에서만 경쟁질서가 가능하다고 보기 때문이다.

경쟁질서는 경쟁할 수 있는 자유를 그 기본내용으로 한다. 이 자유는 모든 경제주체에게 평등하게 주어져야 한다. 이런 면에서 자유와 평등은 조화될 수 있다. 중요한 것은 법의 공정한 적용인데, 시장경제에서 자유주의 원칙이 도덕적으로 인정받기 위해서는 법 앞에서의 기회균등, 즉 공정한 경쟁이 필수적이다. 그래야만 경쟁에 따른 결과의 불평등에 대해 수긍할 수 있는 것이다. 한편 열린 시장의 원칙에서도 경제의 성과는 중요하게 취급되는데, 경제적 성과는 열린 시장의 원칙을 일관되게 실행에 옮김으로써 경제질서 속에서 경쟁요인들이 강화될 수 있기 때문이다.

1.3 사유재산의 원칙

오이켄에 의하면 19세기부터 20세기 초까지 경제정책의 근본적 오류 중 하나는 집단적 소유질서를 통해 경제의 형평성과 효율성을 달성할 수 있다고 보는 데 있다. 왜냐하면 집단적 소유는 생산기구의 주요부문에서 집권층의 지배수단이 되고 있을 뿐만 아니라, 경제순환의 중앙적 통제와 직접적으로 연결되기 때문이다. 오이켄에 있어 사적 소유제도의 확립은 경쟁질서의 실현을 위해서 필수적인 요소이다. 완전경쟁체제하에서 사유재산제도는 국민경제의 이익을 위한 처분권 및 다른 소유권자의 처분권과 자유를 제한할 수 있는 권리의 부재를 동시에 의미한다고 볼 수 있다. 이는 사유재산제도의 성격이 경쟁합치적일 경우에만 성립함을 의미한다. 따라서 수요, 공급에 있어서 독점적 양상이 어떠한 형태로든 존재하는 한, 사유재산제도의 국민경제적 의미는 왜곡될 수 있다. 경쟁질서하에서만 사유재산제도가 소유자에게뿐만 아니라 비소유자에게도 유리하다.

생산수단의 사적 소유가 경쟁질서의 전제조건이듯이 경쟁질서 또한 생산수단의 사적 소유로 인해 경제 · 사회적 폐해가 발생하지 않도록 하는 전제조건을 형성한다.

1.4 계약자유의 원칙

개별 가계나 기업이 직접 선택할 수 없거나 계약을 체결할 수 없다면, 경쟁이 형성될 가능성은 희박하다. 따라서 계약의 자유는 경쟁의 발생을 위한 하나의 전제조건이 된다. 중앙집권적 통제경제의 질서형태가 존재하는 한 일상적인 경제행위의 결과는 '계약'에 의한 것이라기보다는 중앙기관의 '처분'에 의해 조정된다고 볼 수 있다. 그러나 시장경제적 질서형태가 이루어지면, 계약에 의한 상품 및 서비스의 유통이 가능해진다. 그러나 계약의 자유를 통해 경쟁질서의 형성에 기여할 수 있기 위해서는 다음과 같은 전제조건이 필요하다. 첫째, 계약의 자유라고 할지라도 다른 차원에서의 계약자유를 제한하거나 제거하는 형태의 것으로 변질되어서는 안 된다. 즉, 독점기업의 형성을 위해서 또는 독점기업의 지위를 더욱 공고히 하기 위해서 계약자유를 오용해서는 안 된다는 것이다. 그 이유는 독점적 시장지배가 거래상대자의 자유선택을 방해하고 제3자를 자신의 의지에 종속시키는 힘을 가지고 있기 때문이다. 카르텔은 자유와 완전경쟁을 배제하는 시장형태를 창출해 내는 계약의 자유가 이루어지는 대표적인 예이다. 계약의 자유는 완전경쟁의 기능이 제 몫을 발휘하는 곳에서만 허용되어야 한다. 공급 또는 수요독점하에서의 계약의 자유는 강요된 계약내용이 체결됨에 따라 의도했던 경제전체의 조정기능을 다 하지 못한다.

1.5 자기책임의 원칙

사회적 시장경제에서 결코 개인 자유의 측면만 강조하지 않는다. 자유의 확보와 동시에 개인 행동의 사회적 책임이라는 원칙이 준수되어야 한다. 즉, 시장경제에서는 개인에게 쉽고 편리한 측면만 강조되어서는 안 된다는 것이 기본원칙이다. 경제에서 자유의 영역 확대보다 더욱 중요한 것은 책임부과의 엄정성이라 할 수 있다. 사회적 시장경제에서는 책임원칙과 관련하여 개인 및 기업의 사회적 윤리 등이 강조되고 있다. 뮐러-아르막에 의하면 사회적 시장경제의 경제질서는 윤리적 이상에 의해서만 정당성을 얻게 된다. 이 윤리적 이상은 자유와 사회적 정의 두 가지이다.[12] 이는 자유에 기초한 개별 경제주체들의 경제행위가 사회적 목적과 타인들의 이익을 침해하지 않는 것을 의미한다.[13] 사회적 시장경제에서의 인간상은 이기심을 가진 인간을 전제로 한다. 문제는 이 개인들의 이기심이 창의적이고 타인의 이익, 즉 사회전체의 이익

---

12) A. Mueller-Armack, Genealogie der Sozialen Marktwirtschaft, Bern/Stuttgart, 1974, p. 90.

13) O. Schlecht, Grundlagen und Perspektiven der sozialen Marktwirtshaft, 안두순 외 공역, 사회적 시장경제, 비봉출판사, 1993, p. 69.

에도 기여하는 방향으로 경제행위의 틀 내지는 경제질서가 형성되어야 한다는 점이다. 시장질서가 윤리적 정당성을 부여받기 위해서는 개인의 행동이 사회의 이익증진에 기여하도록 하는 것이어야 한다. 즉, 개인의 이익과 사회의 이익이 일치되도록 하여야 하는 것이다.[14] 사회적 시장경제에서는 이러한 것이 제대로 기능할 수 있도록 하기 위해 다음과 같은 두 가지 관점에서 정부의 역할을 강조한다.[15] 첫째, 정부만이 시장경제질서에 정당성을 부여할 수 있다. 둘째로, 시장과 경쟁에 의해서는 사회적으로 바람직하게 해결될 수 없는 사회적 정의의 문제를 정부만이 해결할 수 있기 때문이다.

1.6 경제정책 일관성의 원칙

경제정책적 지속성이 결여되면 경쟁질서 또한 제 기능을 발휘하지 못하게 된다. 따라서 오이켄에 의하면 조세제도, 무역계약 또는 통화단위 등을 장기간에 걸쳐 고정적으로 운영하는 것이 매우 중요하며, 이러한 조건이 충족되지 않는다면 경제에서 충분한 정도의 투자의욕이 생겨나지 않는다고 본다.

경제정책의 지속성은 경쟁질서 구축을 위한 경제정책에서 가장 중요한 요소이며, 경제정책은 경제행위를 위한 유용한 경제체제 및 법적 기반을 제공하고, 이 범위 내에서 경제정책은 추진되어야 한다. 오이켄에 의하면 경제정책의 급격한 변화는 경제력 집중을 야기할 수 있다. 경제정책의 급격한 변화에 따라 야기되는 불확실성이 증가하면 할수록, 다양한 산업부문을 포괄하거나 동종 부문의 여러 부분을 포함하는 재벌기업의 형성에 대한 욕구가 증대된다는 것이다. 따라서 경제정책의 지속성이 크면 클수록, 재벌형성을 위한 경제적 필요성이 줄어들게 되며, 이에 의해 경쟁질서의 구축이 더욱 촉진될 수 있다는 것이다.

14) 김용구, 독일 사회적 시장경제의 지도적 원칙들과 한국 경제개혁 방향의 선택, 비교경제연구 제2호, 한국비교경제학회, 1994, pp. 99-100.

15) O. Schlecht, op.cit., pp. 69-70.

2. 규제적 원칙[16)]

2.1 정부의 독점규제

경쟁은 경쟁제한행위를 유발함으로써 경제력 집중과 시장독점 현상을 가져오는 경향이 있는데 정부는 이러한 독점 및 카르텔 발생을 저지하고, 제거될 수 있는 독점은 제거하고, 제거하기가 어려운 독점, 예를 들면 도시가스의 지역적 독점과 같은 경우에도 경쟁과 비슷하게 관리하여 독점을 완화해야 한다.[17)]

2.2 소득분배의 개선

시장경제체제하에서의 소득분배는 요소시장의 경쟁과정을 통해서 이루어지는데 시장기구에 의한 소득분배는 '사회적 형평성' 이라는 사회적 시장경제의 이념에 비추어 볼 때, 사회적으로 바람직한 소득분배를 달성하기가 어렵다. 따라서 정부는 누진세와 같은 재정정책적 수단을 통해서 분배를 개선해야 한다.

2.3 최저임금제에 의한 노동자의 보호

노동시장에서 시장기구가 정상적으로 작동하지 않을 경우에, 예를 들면 노동시장에서 초과공급이 존재해도 가격이 하락하지 않거나, 오히려 상승할 경우에 정부는 가격개입을 통해 경제 · 사회적 부작용들을 배제시킬 필요가 있다. 특히 비교적 낮은 임금수준에서 임금이 하락하면 오히려 노동공급을 확대하는 노동시장의 경우, 정부는 최저임금보장을 통해 노동자를 보호해야 할 필요가 있다.

2.4 외부불경제 효과의 제거

사적 경제활동이 외부불경제를 유발하는 경우에는 정부가 개입해서 그러한 활동에 대해 자원이 투입되지 못하도록 규제를 해야 한다. 왜냐하면 외부불경제를 유발하는

---

16) 김적교, 경제정책론, 박영사, 1996, pp. 63-64.

17) 독점재화의 가격을 마치 경쟁에서 유도되는 가격으로 조정하는 경쟁을 As-if식 경쟁이라 부른다. 이는 완전경쟁을 위한 전제조건의 충족이 실제적으로 어려울 때, 경제과정을 통해 그 결과가 경쟁이 지배하는 것처럼 나오도록 정부에 의해 관리되는 형태를 말한다(L. Miksch, Die Wirtschaftspolitik des Als-ob, in : Zeitschrift fuer die gesamte Staatswissenschaft, 1949, pp. 310-338).

경제활동은 사적으로는 바람직하나 사회적으로는 바람직하지 않기 때문이다.[18]

앞에서 살펴본 바와 같이 오이켄에 의하면 시장에서 경쟁질서(Wettbewerbsordnung)가 제 기능을 발휘하지 못하거나 바람직하지 못한 결과를 가져올 때는 정부가 적극 개입하는 것을 원칙으로 하고 있다.[19] 그러나 오이켄이 주장하는 정부의 개입은 어디까지나 원활하게 작동되는 경쟁질서를 창출하는 데 있기 때문에 정부의 개입은 친(親)시장적이어야 한다.[20] 정부의 시장개입은 시장을 대체해서는 안 되며 따라서 과정정책적 개입은 원칙적으로 지지하지 않는다.

제 3 절 사회적 시장경제하에서 정부의 역할

아담 스미스(Adam Smith)는 경제는 시장기구라는 '보이지 않는 손(invisible hand)' 에 맡겨 둘 때, 가장 효율적이며 정부의 역할은 경제 주체들이 개인의 이익을 위해서 자유롭게 경제활동을 할 수 있도록 법과 질서를 유지하고 개인의 이익만을 위해서는 수행되기 어려운 공공사업에만 한정되어야 한다고 주장하였다. 따라서 아담 스미스가 구상한 정부는 고전적 의미의 '야경국가(night watch state)' 의 개념이었다. 그러나 20세기에 들어서면서, 특히 1930년대의 세계적 대공황은 케인즈학파(Keynesian school)의 입지를 강화시켜 정부의 적극적인 시장개입을 필요로 하게 되었으며, 정부의 역할은 과거와는 달리 공공부문뿐만 아니라 비(非)시장적 기구를 통하여 시장의 결함을 보완하는 적극적 '개입정책' 으로까지 확대되었다. 그러나 1970년대 들어 심화되기 시작한 스태그플레이션 현상은 정부의 적극적인 개입정책에 대한 효과에 대한 의문을 제기하는 계기가 되었으며, 이는 정부의 인위적인 경기안정적 과정정책은 경제침체를 가속화시킬 수 있으므로 정부의 역할과 기능을 제고해야 한다는 결과를 야기하였다.

독일식 자본주의 모형인 사회적 시장경제는 경제의 효율성을 제고하기 위해 경제주체로서 정부가 해야 할 일과 해서는 안 될 일들을 이론적, 제도적으로 규정해 놓고

18) 제2장 참조.

19) W. Eucken, op., cit., pp. 187-188.

20) 김적교, op., cit., p. 64.

있다는 특징을 가지고 있다. 사회적 시장경제는 시장경제를 적극적으로 지지하지만, 시장에서의 '유효한 경쟁'[21)]과 '유효한 가격체계의 형성'이 자동적으로 달성된다고 보지 않는다. 완전한 경쟁시장을 실질적으로 보장하고 있는 경제적 · 사회적, 나아가서는 자연적인 조건에 대한 강력한 정책이 필요하다고 본다. 사회적 시장경제에서 자유시장경제는 '자생식물(Natur Pflanze)'이 아니라 '재배식물(Kultur Pflanze)'이라는 개념으로 비유한다.[22)] 이것은 시장경제라는 식물을 자연 그대로 방임해 두면 스스로 꽃을 피워 열매를 맺지 못하고 부패하며, 부패된 독소가 사회전체를 해치기 때문에 시장경제가 꽃피기 위해서는 책임 있는 손에 의한 배려와 손질이 필요하다는 것이다. 따라서 구자유주의(Paleoliberalismus)의 '값싼 정부'와 '야경국가'와는 달리, 일정한 영역에 있어서 정부의 강력한 정책을 요구한다고 볼 수 있다. 이와 같은 의미에서 정부의 재발견은 단순한 정부기능의 증대를 의미하는 것이 아니라, 유효한 경쟁시장을 만들어 내기 위해서 정부가 '해야 할 일'과 '해서는 안 되는 일'들을 구별하고 있음을 의미한다.[23)]

독일의 사회적 시장경제체제는 정부가 추진하는 경제정책을 크게 질서정책(Ordnungspolitik)과 과정정책(Ablaufspolitik)으로 나누고 정부는 원칙적으로 질서정책에 한해서만 시장에 개입하고, 과정정책에 있어서는 시장에 개입해서는 안 된다는 입장을 견지하고 있다. 여기서 질서정책이란 경쟁시장을 형성하기 위한 제반 조건들에 가해지는 정책을 의미하며, 과정정책이란 상황에 따라 변하는 경제의 흐름에 가해지는 정책을 의미한다. 즉, 정부가 해야 할 일은 경쟁시장의 틀을 보전하거나 그 보완에 국한되어야지, 경제의 일반적 흐름에 대한 간섭은 정부가 해서는 안 된다는 것이다. 왜냐하면 경제과정에 대해 정부가 간섭하는 과정정책은 가격기구의 유효한 기능을 해치고 통제파급의 원칙에 따라 경제가 중앙관리체제로 이어져 효율성을 크게 저하시킨다고 생각하기 때문이다. 경제과정에 대한 정부의 개입은, 그것이 유

---

21) 1910년에 클라크(J. M. Clark)는 완전경쟁은 성격상 추상적이고 현실적으로 거의 존재하지 않기 때문에, 오히려 유효경쟁(effective competition)의 개념을 도입하여 많은 시장구조가 유효경쟁적 시장이 되도록 정책을 유도해야 한다고 주장하였다. 따라서 독과점기업을 규제할 필요가 있을 때는 정부가 유효경쟁적 시장구조를 만드는 것이 가장 바람직하다는 것이다.

22) W. Eucken, Grundlagen der Nationaloekonomie, Berlin, 1989, p. 167ff.

23) J. Paetzold, Soziale Marktwirtschaft, Berlin, 1994, pp. 15-18.

효하기 위해서는 계속적으로 다른 간섭을 필요로 하게 되며, 마침내는 경제에서의 자유를 억제하는 전면적 관리로 유도된다는 생각이 그 기초에 있었기 때문이다. 따라서 독일 사회적 시장경제에서는 케인즈류의 재정 및 금융정책에 대해서도 부정적이다. 그러나 경기정책(Konjunkturpolitik)과 고용정책(Beschaeftigungspolitik)의 중요성을 결코 무시하고 있는 것은 아니다. 그러한 정책들은 단지 경제의 긴급상황을 벗어나는 응급책에 그쳐야 할 것이며, 경쟁질서 내지 시장경제질서를 침해해서는 안 된다는 것이다.[24)]

예를 들어 뮐러-아르막 같은 경제학자는 정부의 핵심적 과제로서 ① 경쟁경제의 창출과 확보, ② 사회정책 관점에서의 소득조정, ③ 중소기업의 견실한 유지를 위한 시장정합적 조치, ④ 인간적이고도 공동결정에 입각한 노사관계의 정립, ⑤ 시장경제적 경기안정 정책을 통한 경기안정을 제시하기도 하였다.[25)]

다음에서는 독일의 사회적 시장경제에서 정부가 어떠한 역할을 수행하고 있는지를 크게 질서정책과 과정정책으로 나누어 고찰해 보고자 한다.

1. 질서정책(Ordnungspolitik)

독일 사회적 시장경제에서 정부가 수행하는 가장 중요한 정책이 질서정책인데, 여기서 질서정책이란 한마디로 요약하면 경쟁시장의 틀을 형성하기 위해 필요한 제반 조건을 마련하는 정책을 의미한다. 여기서 '경쟁시장의 틀의 형성' 이란 오이켄(W. Eucken)에 의하면 완전경쟁이 지속적으로 가능하기 위한 유효한 가격체계의 형성을 의미한다.[26)] 이러한 완전경쟁이 가능한 유효한 가격체계의 형성을 위해서는 경쟁질서에 필요한 법적 · 제도적 기초를 정비함은 물론, 그 위에 건전한 통화체계와 독점금지를 위한 '반독점 정책' 이 중요하게 된다.[27)] 특히 질서정책으로서 제일 중요한 것은 경쟁시장에서의 유효한 가격형성을 실현하기 위한 반독점정책이다. 독일 사회적

24) 사회적 시장경제에서는 케인즈주의 경제정책의 결함은 현존의 경제 질서구조는 언급하지 않고서 오로지 양적인 과정정책의 수단에만 의지하는 데 문제가 있다고 지적한다.

25) A. Mueller-Armack, Wirtschaftsordnung, Oberursel/Berlebach, 1948, p. 152.

26) W. Eucken, op., cit., p. 115.

27) J. Kremer, Reform der Sozialen Marktwirtschaft, Bielefeld, 1993, p. 29.

시장경제는 의식적으로 경쟁질서의 형성을 지향하는 입장에서 독점에 대해서는 엄격한 태도를 취하고 있다. 즉, 독점은 그 자체가 악이며 일반적으로 금지되어야 한다는 '일반금지 원칙'의 입장을 취하고, 불가피한 경우에만 예외적으로 최소한도의 필요악으로서 개별적으로 독점을 허용해야 한다는 입장이다.[28] 따라서 독점의 폐해가 생길 때마다 경우에 따라 그것을 단속해야만 하는 '남용금지 원칙'의 입장과는 근본적으로 다르다. 즉 사회적 시장경제에서는 시장에의 참가가 자유롭고 가격지배력이 존재하지 않으며, 유효한 경쟁이 행해지는 틀을 만드는 것을 중시하고 있는 것이다.

뿐만 아니라 사회적 시장경제에서는 경쟁적 시장을 유지하기 위해 부(富)의 형성정책을 중요한 정책으로 간주하고 있다. 특히 소유와 그 분배정책을 중요시하고 있는데, 여기에는 크게 다음과 같은 두 가지 이유가 있다.

첫째, 소유의 분산이 유효한 경쟁시장질서의 형성과 유지에 필요하기 때문이다. 유효한 경쟁시장의 형성에는 자원배분에 있어 의사결정구조의 분산화, 그 기초가 되는 생산수단의 사유제가 불가결한 것이다. 부(富)의 형성을 시장기구를 통한 분배에만 의존할 경우, 소득분배 불평등의 문제가 야기되어 공정한 경쟁에 필요한 '경쟁조건의 평등'이 파괴되는 문제가 발생한다.

둘째, 부(富)의 공평한 분배정책은 사회적, 인간적인 면에서 더욱 중시해야 된다는 것이다. 따라서 부(富)의 분배정책은 집산이 아니라 분산의 방향으로 이루어져야 한다는 것이다.

이러한 이유로 독일에서는 모든 국민에게 부(富)의 소유와 그에 따른 권리를 부여하는 것을 정부의 책임으로 인식하고 다양한 부(富)의 형성정책을 추진하였다. 예를 들면 저소득층의 재산형성과 주택구입을 위하여 정부의 보조금이 지불되었으며, 장기간 인출이 불가능한 재형저축 수단이 동원되었다. 또한 저소득층의 임대주택사업 재원을 정부가 담당하거나 지원하였다. 특히 기업이윤의 일부를 투자임금의 형태로 근로자가 소유하고 기업의 생산자본에 재투자하게 함으로써 근로자에 의한 기업의 공동소유와 이윤 분배에 참여하도록 하였다. 이러한 면에서 독일의 사회적 시장경제는 다른 자본주의 경제와 비교하여 볼 때, 소득분배정책에 있어 그 수단으로 누진세

---

28) 독일에서는 독점에 대한 성과경쟁의 보호를 위해 다양한 법률을 제정해 놓고 있다. 예를 들면 대표적인 반경쟁제한법(GWB) 외에 반불공정거래법(UWG), 할인법, 부가물(덤핑, 경품, 프리미엄 등) 등에 관한 규정 등이 있다.

체계인 조세정책에 의존하기보다는 부(富)의 형성정책에 보다 의존하였다고 볼 수 있다. 이와 같은 사회적 시장경제의 독특한 선택은 경제주체의 동기유발을 극대화하고 소비보다는 저축 및 투자를 유도하는 경제의 장기적 목적과도 부합한 것으로 인식했기 때문이다.[29]

더 나아가 산업 간, 도시 간, 지역 간 인구배치의 적정화와 사회간접자본의 정비 등에 대한 정부의 적극적인 정책개입을 필요로 하는 것도 독일 사회적 시장경제의 특징 중 하나이다.

1.1 경쟁정책

경쟁정책(Wettbewerbspolitik)은 독일 사회적 시장경제에서 정부가 수행하는 질서정책의 대표적 정책이다. 경쟁정책은 정부가 경쟁을 보호하기 위해 경제적 흐름에 개입하는 것을 의미한다. 경제가 시장경제에만 의존할 때, 시장의 불완전성 때문에 시장이 스스로 붕괴될 수 있다는 위험성 때문에[30] 정부의 경쟁정책의 필요성이 강조된다. 독일에서는 질서자유주의자들에 의해 효율적인 경쟁정책의 필요성이 제기되었다. 그들은 아담 스미스류의 자유방임정책을 거부하였으며, 강력한 정부로 하여금 경쟁적 질서를 확립하며 유지하도록 하였다. 독일에서는 이러한 경쟁질서의 확립을 제도화하기 위해 1957년에 '경쟁제한방지법(Gesets gegen Wettbewerbsbeschraenkungen : GWB)' 이 제정, 발효되었다. '카르텔법(Kartellgesetz)' 이라고도 불리는 이 법은 독일 정부에서 경쟁의 유지와 보장을 위한 정책 수단들을 확보하고 있기 때문에 '경제질서의 기본법' 으로 불리기도 한다. 경쟁제한방지법(GWB) 제1조에 따르면 경쟁의 제한을 통해서 생산과 시장관계에 영향을 미치는 기업들 간의 어떠한 계약이나 협약도 무효로 한다.[31] 즉, 독일 사회적 시장경제에서는 경쟁의 자유와 그에 대한 보장이 경제주체 간에 이루어지는 계약자유의 원칙보다 우위에 있는 것이다.

경쟁을 저해하는 시장지배력은 카르텔 형성을 통해서뿐만 아니라 외적인 기업성장, 즉 기업들의 법적인 결합, 예를 들면 기업합병, 콘체른 형성 등을 통해서도 이루

29) A. Borrmann, Soziale Marktwirtschaft, Hamburg, 1990, pp. 36-38.

30) 제2장(시장의 실패) 참조.

31) 이를 카르텔의 '일반적 금지' 라 부른다. 예를 들면 가격카르텔과 수량카르텔이 금지된 카르텔에 속한다.

어진다. 독일에서는 1973년 카르텔법의 개정을 통해 이러한 경제행위에 대한 금지나 제재조취를 취하였다. 동 법 제24조 2, 3항에 의하면 시장지배력이 형성되거나 그 지위가 강화되는 기업합병은 이에 참여한 기업들이 자신들의 합병을 통한 시장지배의 단점보다도 경쟁조건을 향상시키는 효과가 더 크다는 것을 증명할 수 없을 경우에는 카르텔청으로부터 금지당하거나 무효화될 수 있다고 규정하고 있다.

1973년에 개정된 경쟁제한방지법에 따르면 독일에서는 다음과 같은 경우를 시장지배로 규정하고 있다.[32)]

① 한 기업이 경쟁자가 없거나 실질적으로 경쟁에 처해 있지 않거나 경쟁자에 대해서 대단히 우월한 지위[33)]를 점했을 경우
② 두 개 또는 여러 개의 기업들 사이에 실질적인 경쟁관계가 없고, 그들 전체가 ①에서 언급한 조건들을 충족시킬 경우
③ 한 기업의 시장점유율이 1/3 이상이고 지난 회계연도의 매출액이 최소한 2억 5천만 DM(마르크)일 때
④ 세 개 또는 그 이하의 기업들의 시장점유율이 절반을 넘을 경우
⑤ 다섯 개 또는 그 이하의 기업들의 시장점유율이 최소한 2/3이고 지난 회계연도 각각의 매출액이 최소한 1억 DM(마르크)일 경우 등이다.

1.2 부(富)의 형성정책

독일 사회적 시장경제에서 정부가 간여하는 질서정책에 포함되는 또 하나의 중요한 정책으로 부의 형성과 이에 대한 재분배정책을 들 수 있다.[34)]

독일에서 부(富)의 형성정책이 소득재분배의 도구로서 점점 그 비중을 증대시켜 온 것은 순수임금정책(Barlohnpolitik)이 갖는 분배정책의 효과가 별로 없다는 데 기인한다.[35)] 즉, 과거에 비해 상대적으로 높은 임금인상을 요구하여 노동분배율을 상승시켜 이를 통한 소득 재분배를 근로자의 입장에서 달성하려는 노동조합의 전략은

32) 한스, 티메(안두순 역), 사회적 시장경제와 정부의 역할, 미리내, 1995, p. 98.
33) 우월한 지위의 판단기준으로는 시장점유율, 재정능력, 원료구매와 제품판매시장에의 진입 여부, 타 기업의 시장진입에 대한 법적 · 사실적 장애 여부 등을 들 수 있다.
34) W. Klein(Hrsg.), Soziale Marktwirtschaft, Berlin, 1994, pp. 121-124.
35) 한스 J. 티메(안두순 역), op., cit., p. 115.

별 성과가 없었다는 것이다.[36)]

소득 및 부의 분배를 시장기구를 통한 분배에만 의존할 경우, 소득분배 불평등의 문제가 야기된다. 사회적 시장경제에서는 소득분배 불평등의 문제가 공정한 경쟁에 필요한 '경쟁조건의 평등'을 파괴시켜 시장기구의 유효한 기능인 효율적인 자원배분의 기능을 왜곡시킨다는 것이다. 따라서 사회적 시장경제에서는 가능한 한 모든 구성원에게 부(富)의 소유와 그에 따른 권리를 부여하는 것을 정부의 책임으로 인식하고 다양한 자산형성정책을 도입하였다.

독일에서 부(富)의 형성을 장려하는 대표적 방식은 다음과 같은 세 가지로 분류할 수 있다.[37)] 첫째, 일반적 저축 장려, 둘째, 근로자의 자산형성 장려 그리고 마지막으로 자산과 같은 효력이 있는 노동자의 이윤참여 등을 들 수 있다.

일반적 저축 장려는 1948년에 이미 생명보험료와 주택적금에 대한 세금공제의 형태로 도입되었으며, 근로자의 재산형성 장려는 고용주들이 그들 근로자들의 자산형성에 도움이 되는 조치를 취할 경우, 그에 대해서 세금공제를 해 주는 유인동기를 부여하여 근로자의 재산형성을 유도하였다.[38)] 구체적으로 예를 들면 저소득층의 재산형성과 주택구입을 위하여 정부의 보조금이 지불되었으며, 장기간 인출이 불가능한 재형저축 수단이 동원되었다. 또한 저소득층의 임대주택사업 재원을 정부가 담당하거나 지원하였다. 특히 기업이윤의 일부를 투자임금의 형태로 근로자가 소유하고 기업의 생산자본에 재투자하게 함으로써 근로자에 의한 기업의 공동소유와 이윤분배에 참여하도록 하였다.

이러한 면에서 독일의 사회적 시장경제는 다른 자본주의 경제와 비교하여 볼 때, 소득분배정책에 있어 그 수단으로 누진세 체계인 조세정책에 의존하지 않고 재산형성정책에 보다 의존하였다고 볼 수 있다. 이와 같은 사회적 시장경제의 독특한 선택은 경제주체의 동기유발을 극대화하고, 소비보다는 저축 및 투자를 유도하는 경제의 장기적 목적과도 부합한 것으로 인식했기 때문이다.

더 나아가 산업 간, 도시 간, 지역 간 인구배치의 적정화와 사회간접자본의 정비 등에 대한 정부의 적극적인 정책개입을 필요로 하는 것도 독일 사회적 시장경제의 특징

36) Ibid.

37) Ibid., p. 117.

38) Ibid., p. 119.

중 하나이다.

2. 과정정책

독일 사회적 시장경제에서는 정부가 시장에 간여하는 정책을 앞서 언급한 바와 같이 원칙적으로 질서정책에만 국한하고, 과정정책(Ablaufspolitik)을 통해 시장에 간여하는 것은 일반적으로 배제하거나 소극적인 입장을 취하였다. 거기에는 대체로 다음과 같은 세 가지의 이유가 있다.

첫째, 경제과정을 이끌고 가야 하는 것은 시장이지 정부가 아니라는 기본입장 때문이다.

둘째, 경제과정에 정부가 개입하면 그것이 유효하기 위해서는 또 다른 정부간섭을 야기하여 마침내는 시장에서의 자유를 억압하는 통제경제로 되고 만다는 소위 '통제파급의 원칙'[39]의 입장이다.

셋째, 경제상황의 변화에 따라 대응책으로 추진되는 과정정책은 대부분 이익집단에 의해 좌우되어 그들의 이익을 대변해 줄 가능성이 많다는 사회적 시장경제의 경험적 인식에 근거하고 있기 때문이다.

따라서 독일에서는 대표적 과정정책에 해당되는 케인즈류의 재정 또는 금융정책이 거의 없다는 것이 특징이다. 이는 금융 · 재정적 수단이나 정부투자에 의한 완전고용정책이 경제에 더 큰 위험을 초래할 수도 있다는 생각에서이다. 즉, 케인즈류의 과정정책은 구조적인 거시경제의 불균형을 시정하는 것이 아니라, 오히려 불균형을 증대시킬 수도 있다는 것이다. 따라서 케인즈류의 과정정책은 한편에서는 경기부양을 통해 완전고용을 달성하려 하지만, 다른 한편에서는 과정정책에 의해 점점 경제의 불균형이 심화되어 가는 딜레마에 빠지게 됨으로써, 이를 해결하기 위해서는 경제체제를 중앙관리체제로 운영할 수밖에 없다는 것이 사회적 시장경제에서 과정정책을 통한 정부의 시장개입을 반대하는 이유이다. 이와 같은 케인즈주의에 대한 비

39) 미제스(L. v. Mieses)는 시장메커니즘에 대한 정부의 간섭은 경제 전반에 연쇄적 파급효과를 가져와 이것은 결국 경제를 중앙집권적 명령경제로 만든다고 했다. 이러한 그의 논리를 소위 '통제파급의 원칙'이라 하며 후에 경쟁 혹은 시장사회주의 이론정립에 크게 기여하였다(L. v. Mieses, Preitaxen 6Bd. in: Handwoerterbuch der Staatswissenschaft, Jena 1923, pp. 105-106).

판은 특히 독일에 있어서 임기응변적인 공황대책으로부터 나치체제로 이행하게 되었던 과거의 역사적 경험과 결부되는 것이라고 볼 수 있다.[40]

예외적으로 1960년대 중반 독일경제가 침체에 빠져 있을 때, 1967년 '경제안정과 경제성장 촉진법(Gesetz zur Foerderung der Stabilitaet und des Wachstums der Wirtschaft)' 을 발효하여 재정정책을 통한 수요관리의 케인즈식 철학이 독일 정부의 경제정책 개념으로 받아들여졌으나,[41] 1970년대 초 나타나기 시작한 스태그플레이션 현상으로 총수요관리를 통한 과정정책은 효과가 없는 것으로 재인식되기 시작했다.

제 4 절 한국 시장경제에 주는 시사점

시장의 기능과 정부의 역할을 올바르게 파악하고 이해하는 것은 향후 한국경제의 방향설정에 있어 매우 중요하다. 지난 사반세기 동안 한국경제는 거의 모든 부문에 걸쳐 광범위한 정부의 시장개입을 통한 경제운용을 해 왔다. 이는 장기적으로 한국경제의 효율성을 떨어뜨리고 더 나아가 경쟁력을 약화시키는 결과를 초래하였다.

독일의 사회적 시장경제는 경제의 효율성을 높이기 위해서는 시장의 간섭이 필요하다고 보는 신자유주의 경제사조와 완전경쟁을 위해서는 정부의 '보이는 강력한 손' 이 필요하다고 역설하는 질서자유주의에서 그 이론적 근거를 찾을 수 있다. 결론적으로 독일 사회적 시장경제에서 요구되는 정부의 역할은 경제질서로서 경쟁질서를 창출하고, 이것을 보장할 뿐만 아니라 항구적으로 감시하여 시장경제의 공정한 성과경쟁이 보다 더 자유롭게 이루어지도록 한다는 데 있다.

이러한 관점에서 독일의 사회적 시장경제가 한국경제에 주는 몇 가지 정책적 시사점을 도출해 보면 다음과 같다.

첫째, 정부는 무엇보다도 먼저 시장에서의 경제질서를 확립하기 위해 시장기능을 최대한 회복하는 역할을 수행해야 한다. 시장경제질서란 기본적으로 경쟁과 화폐경제를 바탕으로 하기 때문에 경쟁질서의 확립과 화폐가치의 안정은 정부가 추진해야

40) D. Radke, Soziale Marktwirtschaft, Koeln, 1994, pp. 4-11.

41) 당시 케인즈식 처방은 성공적인 것으로 평가되었다.

하는 가장 중요한 질서정책이다. 이런 면에서 정부는 시장에서 자유경쟁질서가 계속 유지될 수 있도록 시장을 관리하는 역할을 수행해야 한다. 이럴 경우 경제는 가능한 한 개별 경제주체 간의 경쟁에 맡겨 두어야 하며, 정부는 경쟁이 효율적으로 작동할 수 있도록 제반 법적 · 제도적 장치를 마련하는 데 그쳐야 한다. 예를 들면 정부가 카르텔이나 독점을 법으로 금지함으로써 경쟁을 촉진시켜야 한다. 우리의 경우 독점규제 및 공정거래질서 유지를 공정거래위원회가 담당하고 있으나, 성격상 정부에 예속되어 있어 업무수행을 보다 효율적으로 하기 위해서는 독일의 카르텔청(Kartelamt)처럼 동 기구를 정부로부터 독립시킬 필요가 있다. 그러나 정부개입의 기본원칙은 시장대체적이 아니라 시장일치적이어야 한다.

둘째, 독일 사회적 시장경제의 주요한 기본원칙 중 하나는 통화정책 우위의 원칙이다. 이 원칙이 강조된 배경에는 규칙에 따른 통화량의 공급과 중앙은행의 독립성을 확보함으로써 통화가치의 안정성을 유지하려는 목적이 있다. 이는 시장가격의 왜곡을 방지하고, 인플레이션 등으로 인한 경제질서의 혼란을 방지하기 위해서이다. 따라서 독일에서는 통화가치의 안정을 목표로 하는 통화정책이 다른 어떤 경제정책보다 우선시된다. 한국의 경우, 법적으로는 중앙은행의 독립성을 보장하고 있으나 실제에 있어서는 통화가치의 안정을 목표로 하는 통화정책을 중앙은행이 독립적으로 추진하기보다는 경기부양을 목적으로 정부의 간섭에 의해 운영되었다고 볼 수 있다. 따라서 통화가치의 안정성을 제1의 목표로 한국은행의 완전한 독립성을 보장하는 것이 한국경제의 시장경제질서를 확립하는 길이라고 생각된다.

셋째, 독일 사회적 시장경제가 여타 시장경제와 다른 또 하나의 특징은 경쟁질서를 기본이념으로 하되, 사회적 형평성을 고려한다는 점이다. 이는 경쟁만으로는 사회적 형평을 달성할 수 없다고 보기 때문이다. 특히 소득분배를 시장기구에만 맡겨 놓는다면 소득분배의 불평등이 심화되어 계층 간 갈등을 가져올 수가 있다. 따라서 정부는 시장에 개입해서 시장의 논리에 따라 발생하는 계층 간의 소득격차를 완화해 주는 역할을 수행해야 한다. 이를 위해서는 소득재분배 기능을 수행하는 조세정책과 사회보장제도의 확립이 필요하다.

넷째, 질서정책을 중요시하는 사회적 시장경제에서 케인즈식 경기를 조정하는 과정정책을 완전히 배제하지는 않는다는 점이다. 사회적 시장경제의 창시자라 할 수 있는 뮐러-아르막도 경기의 변동은 시장경제질서를 혼란시킬 수 있기 때문에 정부는 통화 및 재정정책을 써서 이를 극복해야 한다고 주장하였다. 다만 이러한 정부의 개입도 시장에서 경쟁의 효율을 제고시킬 수 있을 때만 정당화된다는 것이다. 그동안 한국경제는 무분별하게 경기부양정책을 추진해 왔다고 볼 수 있으며, 현재의 고비용, 저효율의 경제문제도 경기부양을 목적으로 정부가 지나치게 시장에 개입한 결과라고 볼 수 있다. 따라서 경제안정을 목표로 추진되는 정부의 케인즈류의 과정정책도 경쟁의 효율성을 제고시킬 경우에만 추진되는 것이 바람직하다.

읽을거리

"소득 불평등, 앞으로 더 심해질 것"

우리나라의 소득 격차가 앞으로 다시 확대될 것이라는 분석이 제기됐다.

LG경제연구원 윤상하 선임연구원은 10일 "2009년 이후 소득격차 완화는 일시적 현상"이란 보고서에서 "2000년대 들어 지속적으로 악화한 소득 불평등이 최근 개선되는 모습"이라고 진단했다.

소득 불평등 정도를 나타내는 '지니계수'는 2008년 0.296에서 지난해 0.293으로 하락했으며, 상위 20%의 소득과 하위 20%의 소득을 비교한 소득 5분위 배율도 같은 기간 4.97배에서 4.92배로 낮아졌다.

윤 연구원은 "소득 불평등이 조금 개선된 것은 정책효과와 고소득층의 역자산효과에 따른 일시적 요인이 작용했다"고 해석했다.

정책효과란 정부의 생계구호금, 생활안정자금, 실업급여 등으로 하위 20%의 소득 감소분을 어느 정도 보전했으며, 희망근로 프로젝트 같은 고용 대책도 저소득 고령 가구의 근로소득을 뒷받침했다는 것이다.

부동산과 고액 예금이 몰려 있는 고소득층은 이와 반대로 주택가격 하락 때문에 자산 평가액이 줄고 저금리로 금융소득이 줄어 저소득층과의 소득 격차가 좁혀졌다고 윤 연구원은 설명했다.

그러나 일시적인 소득 불평등 개선 효과는 조만간 사라지고 소득 격차는 다시 벌어질 것이라고 윤 연구원은 전망했다.

그는 "우리나라는 수출과 내수 부문의 산업간 성장률 격차가 심한 데다 외환위기 이후 기업의 투자가 보수화해 일자리를 만드는 기회가 줄었다"며 이러한 요소가 소득 격차를 벌리는 구조적 요인이라고 말했다.

아울러 "전문직의 수입과 단순 노무직의 급여 차이가 갈수록 벌어지고 있으며, 실물과 금융 자산이 고소득층에 편중된 점도 소득 불평등을 악화시키는 요인"이라고 지적했다.

출처 : 연합뉴스, 2010. 10. 10.

토론하기

■ 독일의 사회적 시장경제가 한국 시장경제에 주는 시사점에 관해 토론해 보자.

평가하기

퀴즈 1〉 독일의 사회적 시장경제의 구성적 원칙에 해당하는 것만 묶은 것은 무엇인가?

㉮ 통화정책 우위의 원칙	㉱ 계약자유의 원칙
㉯ 열린 시장의 원칙	㉲ 자기책임의 원칙
㉰ 외부불경제 효과의 제거	㉳ 경제정책 일관성의 원칙

① ㉮㉯㉰㉱ ② ㉮㉰㉱㉲
③ ㉮㉯㉱㉲ ④ ㉮㉯㉰㉲

힌트 ㉰는 규제적 원칙이다.

퀴즈 2〉 '경쟁시장에서의 유효한 가격형성을 실현하기 위한 반독점정책' 을 무엇이라고 하는가?

① 경쟁정책(Wettbewerbspolitik)
② 부(富)의 형성정책
③ 과정정책(Ablaufspolitik)
④ 질서정책(Ordnungspolitik)

힌트 질서정책의 핵심은 경쟁질서를 유지하기 위해 반독점정책을 강력히 추진한다는 것이다.

퀴즈 3〉 사회적 시장경제에서는 경쟁적 시장을 유지하기 위해 부(富)의 형성정책을 중요한 정책으로 간주하고 있다. 다음 중 가장 적절한 이유는 무엇인가?

① 소유의 분산이 유효한 경쟁시장질서의 형성과 유지에 필요하기 때문이다.
② 부(富)의 공평한 분배정책은 사회적, 인간적인 면에서 더욱 중시하여 집산방식으로 운영하기 때문이다.
③ 경쟁이 경쟁적 질서를 확립하며 유지하기 위하여 필요하기 때문이다.
④ 소득 및 부의 분배를 시장기구를 통한 분배에만 의존할 경우, 소득분배 불평등의 문제가 발생하기 때문이다.

힌트 경쟁시장 질서를 유지하기 위하여 소유의 분산, 부의 형성도 중요한 정책이다.

정리하기

- 독일 사회적 시장경제의 기본원칙
  - 구성적 원칙
    - 통화정책 우위의 원칙
    - 열린 시장의 원칙
    - 사유재산의 원칙
    - 계약자유의 원칙
    - 자기책임의 원칙
    - 경제정책 일관성의 원칙
  - 규제적 원칙
    - 정부의 독점규제
    - 소득분배의 개선
    - 최저임금제에 의한 노동자의 보호
    - 외부불경제 효과의 제거
- 사회적 시장경제하에서 정부의 역할
  - 질서정책(Ordnungspolitik)
  - 경쟁정책(Wettbewerbspolitik)
  - 부(富)의 형성정책
  - 과정정책(Ablaufspolitik)
- 한국 시장경제에 대한 시사점
  - 정부는 무엇보다도 먼저 시장에서의 경제질서를 확립하기 위해 시장기능을 최대한 회복하는 역할을 수행
  - 독일 사회적 시장경제의 주요한 기본원칙 중 하나는 통화정책 우위의 원칙. 이 원칙이 강조된 배경에는 규칙에 따른 통화량의 공급과 중앙은행의 독립성을 확보
  - 독일 사회적 시장경제가 여타 시장경제와 다른 또 하나의 특징은 경쟁질서를 기본이념으로 하되, 사회적 형평성을 고려
  - 질서정책을 중요시하는 사회적 시장경제에서 케인즈식 경기를 조정하는 과정정책을 완전히 배제하지는 않음

제 11 장

일본의 관료자본주의

일본의 '잃어버린 10년'

학습목표

1_ 전후 일본의 성공적인 경제발전은 중앙정부와 엘리트 관료를 중심으로 통제되고 발전한 시스템으로 일본만이 경제적 특징에서 그 원인을 찾을 수 있다. 이러한 자본주의를 소위 '관료형 자본주의'라 부르는데, 제11장에서는 일본의 '관료형 자본주의'의 특징에 관하여 학습하는 것을 목표로 한다.

2_ 일본이 1990년대에 들어와 경제성장이 정체되고, 실업이 증가하고, 부동산 가격은 지속적으로 하락하는 소위 '잃어버린 10년'을 경험하게 된다. 1990년대 일본경제의 이러한 변화의 배경을 살펴보고, 나타난 경제적 상황을 분석함으로써 한국경제에 주는 시사점을 찾아보는 것을 목표로 한다.

학습내용

1_ 일본경제의 경기변동에 관해 학습한다.

2_ 시장의 변화보다 앞선 관료중심의 경제정책에 관해 학습한다.

3_ '관료형 자본주의'와 일본의 고도성장에 관해 학습한다.

4_ '관료형 자본주의'의 한계와 문제점에 관해 학습한다.

5_ 일본의 '잃어버린 10년'에 관해 학습한다.

키워드_ 관료적 자본주의, 경기변동, 경제침체, 과잉유동성, 프라자 협정, 엔고 현상, 저금리정책, 부동산 버블, 재정적자, 초고령화 사회, 시장경제시스템

제 1 절 들어가기

일본의 경제시스템은 전형적으로 중앙집권적인 관료형 자본주의 모델이며, 이와 더불어 유교적 전통이 결합된 구조를 가지고 있다. 영국이나 미국과 같이 각 지역이 자치적으로 지역 내에서 의사결정을 하기보다는 일본이라는 하나의 국가적 시스템 내에서 의사를 결정하고 수행한다. 지역적으로 의사결정을 하기도 하지만 전체적인 틀 안에서 주로 중앙정부에 의하여 통제되고 있으며, 전 국가적인 측면에서 정책이 수립・개편되고 있다. 예로서 지방의 정책이나 학교의 교육문제와 같은 것은 중앙정부 위원회로부터 감독을 받는다.

일본은 경제적으로 자본주의 시스템을 갖추고 있으며, 정치적으로는 민주주의 시스템을 갖추고 있다. 전후 일본의 경제시스템의 특징은 경제문제를 중앙정부와 엘리트 관료를 중심으로 통제하고 발전한 시스템으로서 일본 고유의 경제적 특징을 가지고 있다. 이러한 특징을 **관료형 자본주의**(bureaucratic capitalism) 또는 **국가주도적 자본주의**(state-led capitalism)라고 부를 수 있다. 이러한 경제시스템을 가지고 있는 일본이 1990년에 들어와 경제성장이 정체되고 실업이 증가하고, 부동산 가격은 지속적으로 하락하는 소위 '잃어버린 10년' 이 시작되었다. 1990년대의 이러한 변화의 배경을 살펴보고 나타난 경제적 상황을 살펴보도록 한다.

제 2 절 일본의 경기변동

제2차 세계대전의 패전국으로서 경제침체에 빠져 있던 일본은 1950년대 중엽부터 1970년대 전반까지 연평균 경제성장률이 10%라는 고도경제성장을 이룩하였다.

이러한 고도성장의 기간 동안 국제경제 여건의 변화도 있었지만, 외부적인 환경 변화에도 불구하고 일본경제는 지속적으로 안정성을 확보하고 있었다. 1973년까지 일본은 지속적인 경제변화에 대응하는 경기조절정책을 통해 경제적 완충 작용을 해왔다. 경제기획청은 '경기정책의 개입 없이 경기가 자동적으로 조절되는 것은 없다' 고 보고 정책적인 개입을 해 왔으며, 일본은행도 금리인상뿐만 아니라 창구규제를

표 11.1 일본의 경기변동

구분	저점	고점	저점	확장기		후퇴기		전순환
				정식명칭	월	정식명칭	월	(월)
제1순환		51.6.	51.10.	특수경기			4	
제2순환	51.10.	54.1.	54.11.	소비 · 투자경기	27		10	37
제3순환	54.11.	57.6.	58.6.	진무(神武)경기	31	나베소코불황	12	43
제4순환	58.6.	61.12.	62.10.	이와토(岩戸)경기	42		10	52
제5순환	62.10.	64.10.	65.10.	올림픽경기	24	전형기불황	12	36
제6순환	65.10.	70.7.	71.12.	이자나기경기	57		17	74
제7순환	71.12.	73.11.	75.3.	열도개조붐	23		16	39
	제7순환까지의 평균기간				34		13	47

출처 : 경제기획청

통해 금융긴축을 꾀하였다.

일본의 고도성장기는 표 11.1에서 보는 바와 같이 일본경세를 다섯 번의 경기확장국면과 네 번의 경기수축국면을 통해 확인할 수 있다. 이 시기를 공식적으로 진무(神武)경기, 이와토(岩戸)경기, 올림픽경기, 이자나기경기, 일본열도개조붐이라고 부르고 있다.

일본정부는 경기확장기에는 정부재정지출을 축소하고, 그리고 중앙은행은 이자율을 인상함으로써 국내의 총수요를 줄여 물가를 안정시키고, 경기후퇴기에는 정부재정지출을 확대하고, 중앙은행은 금리를 인하함으로써 경기회복을 도모하는 전형적인 정부개입을 통한 수요관리정책을 수행해 왔다.

1. 전후 부흥기(1945~1955년)

1945년부터 1955년까지는 일본의 전후 부흥기였다. 이 시기는 그 목표의 초점이 '부흥' 이냐 '안정' 이냐에 따라서 다음의 3단계로 구분된다.

첫 번째 단계는 점령군의 지원하에 전후사상 최강의 관청으로 등장한 '경제안정본부' 를 추진주체로 하여 물자의 중점적 배분 · 경사적인 자본배분을 그 주요내용으로

표 11.2 일본의 역대수상

성명	이케다 하야토 (いけだ はやと)	사토 에이사쿠 (さとう えいさく)	다나카 가쿠에이 (たなか かくえい)	미키 다케오 (みき たけお)	후쿠다 다케오 (ふくだ たけお)
사진					
재임기간	• 1960. 7. 19 ~1960. 12. 8 • 1960. 12. 8 ~1963. 12. 9 • 1963. 12. 23 ~1967. 2. 17	• 1964. 11. 9 ~1967. 2. 17 • 1967. 2. 17 ~1970. 1. 14 • 1970. 1. 14 ~1972. 7. 7	• 1972. 7. 7 ~1972. 12. 22	• 1974. 12. 9 ~1976. 12. 24	• 1976. 12. 24 ~1978. 12. 7
소속당	자유민주당	자유민주당	자유민주당	자유민주당	자유민주당
대	58, 59, 60	61, 62, 63	64, 65	66	67
성명	오히라 마사요시 (おおひら まさよし)	스즈키 젠코 (すずきぜんこう)	나카소네 야스히로 (なかそねやすひ)	다케시타 노보루 (たけしたのぼる)	우노 소스케 (うの そうすけ)
사진					
재임기간	• 1978. 12. 7 ~1979. 11. 9 • 1979. 11. 9 ~1980. 6. 12	• 1980. 7. 17 ~1982. 11. 27	• 1982. 11. 27 ~1983. 12. 27 • 1983. 12. 27 ~1986. 7. 22 • 1986. 7. 22 ~1986. 11. 6	• 1986. 11. 6 ~1989. 6. 3	• 1989. 6. 3 ~1989. 8. 10
소속당	자유민주당	자유민주당	자유민주당	자유민주당	자유민주당
대	68, 69	70	71, 72, 73	74	75

(계속)

표 11.2 일본의 역대수상(계속)

성명	가이후 도시키 (かいふ としき)	미야자와 기이치 (みやざわ きいち)	호소카와 모리히로 (ほそかわ もりひ)	하타 쓰토무 (はた つとむ)	무라야마 도미이치 (むらやまとみいち)
사진					
재임기간	• 1989. 8. 10 ~1990. 2. 28 • 1990. 2. 28 ~1991. 11. 5	• 1991. 11. 5 ~1993. 8. 9	• 1993. 8. 9 ~1994. 4. 28	• 1994. 4. 28 ~1994. 6. 30	• 1994. 6. 30 ~1996. 1. 11
소속당	자유민주당	자유민주당	일본신당	신생당	사회당
대	76, 77	78	79	80	81
성명	하시모토 류타로 (はしもと りゅうたう)	오부치 게이조 (おぶち けいぞう)	모리 요시로 (もり よしう)	고이즈미 준이치로 (こいずみじゅんいちう)	아베 신조 (あべしんぞう)
사진					
재임기간	• 1996. 1. 11 ~1996. 11. 7 • 1996. 11. 7 ~1998. 7. 30	• 1998. 7. 30 ~2000. 4. 5	• 2000. 4. 5 ~2001. 4. 24	• 2001. 4. 24 ~2006. 9. 26	• 2006. 9. 26 ~2007. 9. 26
소속당	자유민주당	자유민주당	자유민주당	자유민주당	자유민주당
대	82, 83	84	85, 86	87, 88, 89	90

하는 경사생산방식을 채택하던 시기였다. 이 시기에는 생산회복에 의한 전후 부흥이 경제정책의 최우선적 과제였다. 이러한 경사생산의 결과 1948년에는 일본의 경제가 재건의 궤도에 진입했다.

두 번째 단계는 1949년부터 1952년에 걸친 '돗지 라인'의 시기이다. 대담한 긴축재정을 중심으로 한 전후 인플레이션의 억제와 1달러=360엔의 단일환율의 통제경제를 완화하고 국제경제로의 복귀로 방향전환을 시도한 시기였다. 이 시기에는 '안정'과 '국제경제로의 복귀'가 경제정책의 최우선과제였다.

세 번째 단계는 '돗지 라인' 이후에 발생하였던 한국전쟁으로 인한 특수(特需)로 투자경기와 소비경기가 급속도로 부양된 시기였다. 이 붐으로 인하여 일본경제의 부흥과 강화조약이 촉진되었다. 이와 같은 세 가지 단계를 거치면서 회복되어 간 미군점령기 일본경제의 특징도 역시 다음과 같은 세 가지로 요약할 수 있다.

첫 번째 기간은 일본경제가 전후 부흥으로부터의 고도성장으로 전개되는 과도기였다. 패전 당시의 대폭적인 경기침체 이후 경제성장률은 10% 정도를 유지하였는데 이는 초기에는 소비지출이, 후기에는 한국전쟁으로 인한 민간설비투자가 대폭적으로 확대된 결과였다.

두 번째 기간은 일본경제가 세계시장으로부터의 고립·봉쇄를 탈피하고 점차 개방체제를 이행하는 시기였다. 일본의 전시경제가 파괴된 것은 연합국이 군사적으로 원재료와 식료의 수입을 봉쇄하였기 때문인데, 이러한 봉쇄상태는 세계적인 물자부족상태 때문에 패전 후에도 계속되었다. 그러나 1949년 1달러=360엔의 단일환율이 설정된 것을 계기로 일본의 국제시장에의 복귀가 진전됨에 따라 일본의 무역의존도가 점차 상승되어 오늘날의 수출대국을 이룬 초석이 되었다.

세 번째 기간에 일본경제는 통제로부터 경쟁체제로 산업구조와 산업조직의 개편을 이룩하였다. 전시경제의 특징이었던 통제경제가 '돗지 라인'을 계기로 자금과 가격 등에 대한 정부통제로부터 철폐되었다. 한편으로 점령정책의 일환으로 재벌해체와 경제력 집중배제 등의 조치가 취해짐에 따라서 자유시장경제가 활성화되고, 그 결과 일본기업의 국제경쟁력이 제고되어 기업체질을 강화시키는 계기가 되었다.

2. 이와토(岩戸)경기 및 올림픽경기기(1958~1962년)

경기 호황으로 인해 일반 대출금리가 연 10~30% 상승을 계속하면서 전국의 지가지수도 10년간 지속적으로 상승하여 2배가 되었다. 이 기간은 경제의 고도 성장기였으며, 제조업, 특히 중화학공업의 설비투자가 증가함에 따라 경기가 회복되고 기업의 공장용지 구매도 상당히 증가하였다.

특히 1960년~1961년 기간의 지가는 1년간에 40% 이상으로 상승하였고, 2년씩 경기가 온탕과 냉탕을 오가는 시기였다.

3. 고도성장기[이자나기경기, 열도개조붐(1965~1975년)]

이 시기는 일본의 고도성장기로서 연간 10% 이상의 경제성장을 이룩한 기간이었다. 1971년의 닉슨 워터게이트 사건과 1973년 이후 제1차 오일쇼크 등 원자재가격의 상

그림 11.1 물가상승률과 경제성장률

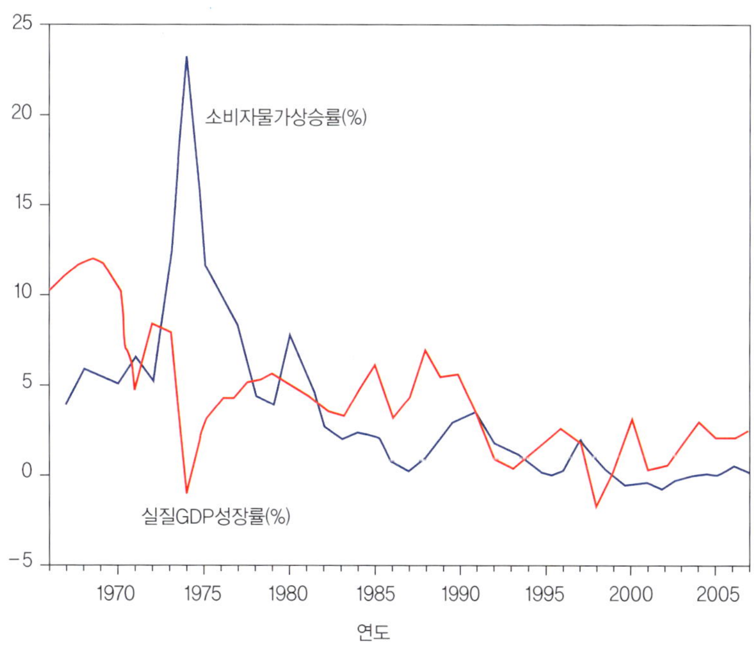

승요인이 발생하여 일본의 물가가 빠르게 상승하는 시기였다. 정부는 이러한 물가상승을 억제하기 위하여 공공투자를 억제하고, 공정환율도 인상하여 수입수요를 억제하였다. 그 결과 경제활동은 위축되었고, 1974년도 실질경제성장률은 −1.2%까지 떨어졌고, 대신 물가상승은 진정되었다.

그림 11.1에서 물가상승률은 소비자물가가 전년대비 어느 정도 상승하였느냐를 나타내고, 경제성장률은 실질 GDP가 전년대비 어느 정도 증가하였는지를 나타내고 있다. 붉은 선은 경제성장률을 나타내고, 파란 선은 소비자물가상승률을 나타낸다. 1차 오일쇼크에도 불구하고 일본정부의 정책은 빠르게 물가안정을 가져온 것을 알 수 있다.

또한 1차 오일쇼크에서 일본은 소규모 · 저전력 소비가 가능한 전자제품을 개발하여 수출함으로써 전화위복의 길을 모색하였다. 이 시기 일본정부는 경기악화를 우려해 정부지출을 확대하였고, 금융정책을 완화하는 정책을 실시함으로써 통화량이 증가(과잉유동성)하였지만, 엔화는 절상되었고, 경제는 급격히 성장하였다.

1972년 다나카 가쿠에이(田中角榮)의 '일본열도개조론'은 토지투기열을 높이는 결과가 되었다.

용어 **일본열도개조론**은 태평양 중심의 개발정책에서 벗어나 낙후지역을 개발함으로써 인구분산과 산업의 지방분산을 통해 국토의 균형적 발전을 모색한다는 전략이다.

4. 안정성장기(1975~1991년)

이 시기는 22개월의 수출경기 호조에도 불구하고, 1979년 제2차 오일쇼크가 있었던 시기이며, 엔고불황과 버블경기가 겹치면서 헤이세이 불황기로 접어들게 되었다. 그럼에도 불구하고 1979년 실질경제성장률은 5.5% 수준을 유지하였으며, 1979년 소비자물가상승률은 3.63%를 기록함으로써 대체로 안정적이었고, 1980년 7.85%로 높아지기는 하였으나, 81년부터 다시 4%대 미만으로 떨어졌다(그림 11.1 참조). 그러나 이 시기는 지가의 상승률에 비해 일반물가상승률이 높았고, 1984년부터 다시 도쿄 상업지의 지가가 현저히 상승하게 되었다. 도쿄에서 시작된 지가상승은 전국으로 파급되었고, 1990년의 지가수준은 1985년에 비해 1.5배로 뛰었다. 특히 대도시에서의 상승은 급등해 6대 도시의 지가는 같은 기간에 3배로 뛰었다(그림 11.4 일본전국 지가지수 추이 참조).

5. 제로 성장기(1991~1999년)

1991년 3.3%의 경제성장을 달성한 이후, 일본경제는 0% 수준의 소위 '제로성장'의 경제성장을 하게 된다. 즉 '0% 성장기'로 진입을 한 것이다. 또한 그림 11.4는 1985년의 지가지수를 100으로 하여 지가(地價)의 동향을 나타내고 있다. 그림 11.4에서 보는 바와 같이, 1990년대 제로성장기의 중앙에 있는 1996년과 대비하여 보면 지속적으로 지가가 하락하기 시작했음을 알 수 있다.

그 결과, 물가는 0%를 유지하게 되었다. 따라서 이 시기는 경제성장도 정체되고, 물가승상승률은 1995년 −0.9%로 떨어지고, 이후 1999년 이후 소비자물가수준은 2005년까지 지속적으로 떨어지는 현상이 나타났다. 동시에 지각하락 현상도 나타났다.

제 3 절 시장의 변화를 과소평가한 관료들의 경제정책

일본정부는 자국 내의 수요확대(내수확대)를 통해서 경기회복을 하려고 했다. 이는 자국 내 내수가 증가하면, 재화나 용역의 공급을 늘리기 위하여 기업은 생산을 많이 하게 된다고 믿었기 때문이다. 이러한 과정에서 자연스럽게 일자리가 창출되며, 이러한 일자리 창출은 소득의 증가를 가져오게 된다. 소득의 증가는 소비의 증가로 이어지고, 기업이 생산량을 늘리기 위하여 고용을 하는 과정에서 신규 일자리의 창출(고용증가)로 이어지는 선순환이 반복되면 경기가 되살아난다. 일본은 수요가 지속적으로 증가하면 수요증가를 통해서 물가가 상승하는 호황기에는 재정과 금융에서 긴축정책을 통해서 총수요를 줄임으로써 물가를 안정시켜 왔다.

또한 경기침체시기에는 대표적인 정책으로 재정확대정책을 실시하였고, 공공사업의 확대를 통해서 수요를 창출함으로써 소득의 증가를 가져왔다.

그림 11.2 일본 정부의 경제정책

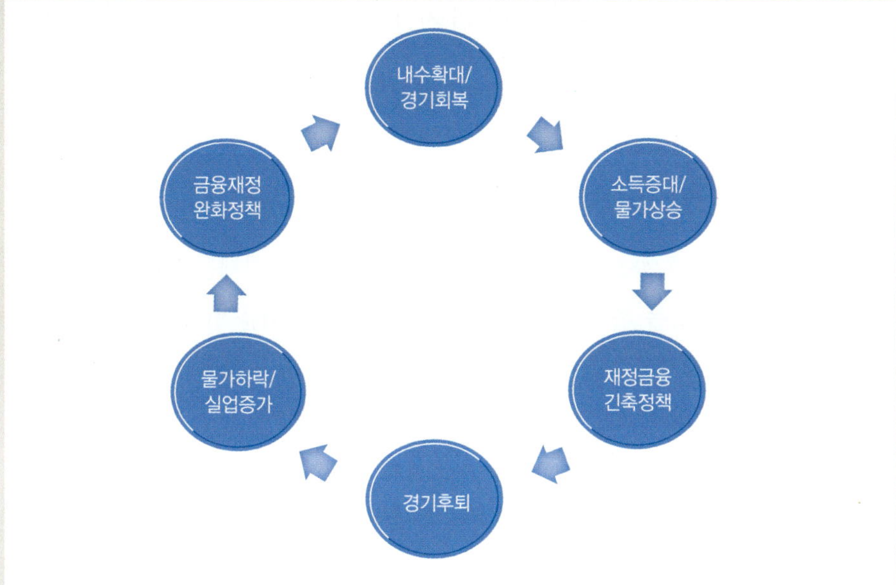

그림 11.2와 같이 공공사업을 뒷받침하기 위하여 우선 이자율을 낮게 하여 건설부문의 자금조달을 용이하게 하였다. 또한 일본정부도 필요한 자금을 저리로 조달할 수 있는 기회를 마련하였다. 경기가 활성화된다면, 정부의 재정수입도 증가할 것이므로 이는 재정적자도 해소될 것으로 생각한 정책이었다.

1. 관료자본주의와 일본의 고도성장

1950년에서 1970년 사이에 일본의 평균 경제성장률은 10%를 넘어섰으며, 1973년과 1979년에 있었던 1차, 2차 오일쇼크에도 불구하고, 일본경제는 엔고현상 덕분에 지속적으로 발전하였다.

오일쇼크로 인하여 생산비용이 급격하게 증가했음에도 불구하고, 1970년 초 6~7%의 금리를 1978년 3.4%로 인하하였으며, 대대적인 수출중심으로 경제시스템을 바꾸어 갔다.

이러한 일본의 빠른 성장의 배경에는 전후 일본 관료들의 시장개입을 통한 사회적 목표의 설정과 한국전쟁(1950.6.25~1953.7.27)과 베트남전쟁(1955.11.1~1975.4.30)을 배경으로 한국동란 때에는 연합군의 전쟁물자 정비 및 보급기지로서, 월남전에서는 미국에 전쟁물자의 보급과 정비하는 과정에서 경제회복의 기반을 굳건히 하였다.

물론 이러한 경제발전의 배경에는 첫째, 전쟁과 국지적 분쟁으로부터 벗어나 군사비에 대한 지출이 크지 않았고, 이는 군사비에 지출할 재원을 경제발전에 사용할 기회가 주어진 것이었으며, 둘째, 이를 토대로 마련된 자원을 가지고 국제적으로 무역자유화 분위기 아래에서 관료주도의 수출지향적 무역정책을 추진하였다. 그 결과, 수출이 증가함에 따라 무역수지의 흑자 구조를 이어 갈 수 있었으며, 셋째, 정부 주도하에 추진된 산업육성정책은 자동차, 전자, 조선산업의 육성을 통하여 경제발전을 할 수 있었다.

이러한 산업정책과 수출증가로 인하여 일본의 실질경제성장률을 보면 1960년에서 1970년까지 실질경제성장률이 10% 수준을 상회하였다. 이러한 정책효과의 증가는 정부에 대한 신뢰와 정치적으로 자민당에 대한 신뢰로 이어졌다. 관료 중심의 일본의 경제정책은 초기의 수출증가를 통해서 경제성장을 하다가 민간설비투자 → 재고투자 → 개인소비의 증가로 소비를 확대하는 정책을 실시하였다.

그러나 경기상승이 확대되고 물가가 상승하였기 때문에, 1973년 네 차례에 걸친 정책금리 인상과 함께 창구지도를 단행하였다. 1972년 7.0%의 정책금리를 1975년에는 9.1%로 인상하였다. 이러한 정책에 의해 당해 9월경에는 물가상승이 비로소 안정세를 보여 경기과열이 진정되는 듯하였다. 그러나 1차 오일쇼크(1973년 10월에 제4차 중동전쟁 발발)가 발생하자 유가는 급속히 상승하게 되고, 이러한 유가 상승으로 인하여 모든 상품의 물가가 다시 급속하게 높아지기 시작하였고, 정부와 일본 은행은 엄격한 긴축정책을 실시하여 물가를 떨어뜨릴 수밖에 없었다.

2. 관료형 개발정책의 한계

1970년대까지 일본의 경제발전은 재정정책 및 금융정책의 원활한 운용, 그리고 각 기업들의 혁신을 통하여 발전을 지속해 왔다. 이자나기경기는 기업의 혁신과 정부의 재정정책과 낮은 금리로 인하여 부동산 경기의 성장과 '열도개조붐' 등으로 인한 부동산 가격의 상승을 통해 일본의 건설경기를 촉진하였다. 그러나 1980년대 들어서 나타나기 시작한 일본경제의 변화는 이와는 조금 다른 양상을 보이기 시작하였다.

2.1 프라자 협정

다른 양상을 보이기 시작한 경제상황은 미국의 적자를 개선하기 위하여 1985년 9월 22일 뉴욕 프라자 호텔에서 G5에 의한 환율안정화조치로 대달러에 대한 엔화의 가치를 올리는 소위 '프라자 협정(Plaza Accord)'에 조인하게 된다. 즉, 프랑스, 서독, 일본, 미국, 영국 5개국이 외환시장에 개입함으로써 미국의 달러화를 일본의 엔화, 독일의 마르크화에 대하여 가치를 떨어뜨리기(평가절하)로 약속을 하였다. 이 협정의 주요내용은 시장개방을 확립하고, 규제를 완화하며, 일본이 수출주도형 경제로부터 내수주도형 경제로의 변화를 모색하고, 재정적자를 개선하는 것이었다.

위의 프라자 협정에 따라 달러의 가치는 일본의 엔화에 비해 1985년에서 1987년까지 51% 수준으로 떨어졌다. 이에 대해 일본은 마에카와 리포트를 제출하게 된다. 마에카와 리포트의 주요 내용은 일본은 국제기준을 지킬 것이고, 국민의 생활수준 향상에 노력하고, 고용확대정책을 통해 고용을 30만 명 이상으로 늘려 내수확대정책을 실시한다는 것이었다. 이러한 과정에서 일본은 향후 10년간 공공투자로 450조 엔을 투자하기로 하였다.

후속 조치로 정부가 주도한 도쿄만 횡단도로, 시코쿠 가교, 세이칸 터널, 댐 건설, 항만 정비 등으로 650조 엔의 공공투자를 하였다. 이 과정에서 시코쿠 4현의 인구 500만의 도시에 4조 엔을 투자했으며, 세이칸 터널에도 약 5조 8,000억 원(2008년 3월 환율대비)을 투자함으로 인해 일본의 재정은 적자 노선의 길을 걷게 되었다. 즉, 단기간의 높은 투자로 인하여 정부의 부채가 증가하였다.

2.2 엔고로 인한 무역구조의 변화

일본은 1973년에서 1975년 사이에 수입이 수출보다 많았고, 그 이후에도 1980년에 무역적자가 약 2.6조 엔을 기록하였다. 그리고 그 이후로 무역수지는 흑자기조를 유지함으로써 국내경기의 어려움에도 불구하고 무역부문에서는 흑자기조를 유지하고 있다.

일본 산업구조의 변화가 무역구조를 변화시키고, 또한 무역의 발전이 산업구조를

참고

세이칸(青函トンネル) 터널

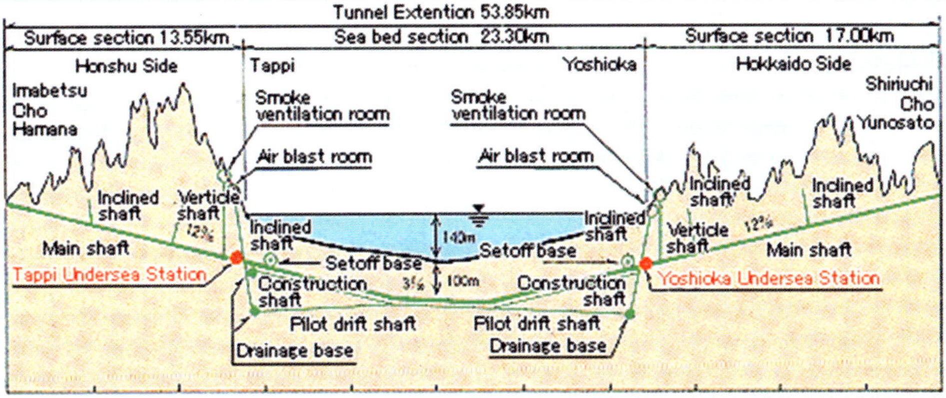

1954년 발족된 쓰가루 해협(津輕海峽) 연락터널기술조사위원회는 조사에 착수하여 몇 가지 난점은 있지만 터널 굴착은 가능하다는 결론을 내렸다. 이어서 일본철도건설공단의 세이칸 건설국이 1964년부터 조사갱의 굴착에 착수하여 1971년에 조사를 완료했다. 혼슈의 아오모리 현(靑森縣) 히가시쓰가루 군(東津輕郡) 이마베쓰 정(今別町) 하마나(浜名)와, 홋카이도의 가미이소 군(上磯郡) 시리우치 정(知内町) 유리(湯里) 사이를 잇는 총연장 53.85km(해저부분 23.3km)의 이 터널은 1971년 11월 14일(홋카이도)과 15일(혼슈)에 각각 기공되어 본격적인 굴착공사가 시작되었다. 해저부분의 시공은 수평 보링에 의해 전방의 시실상태를 확인하면서 길잡이용 갱과 작업갱을 먼저 전진시키고 그 작업갱의 뒤를 따라 본 갱을 파 가는 방식을 취했다. 해협의 최고 수심은 140m인데 터널은 여기서 100m 더 내려간 곳에 위치하고 있다. 1988년 3월에 개통되었으며, 횡단하는 데 약 43분이 소요된다. 건설에 막대한 기술적 · 재정적 노력을 들였으나 혼슈와 홋카이도 사이의 항공편이 더 빠른 데다 경비도 더 싸기 때문에 지금은 한정된 목적으로만 쓰인다.

변화시켜 왔다. 엔고와 무역마찰 등 대외환경의 변화는 일본기업의 국제화를 촉진시켰으며 일본의 무역구조를 수직형으로부터 수평형으로 변화시키는 데 큰 혁신을 가져왔다.

그림 11.3 수출액과 수입액

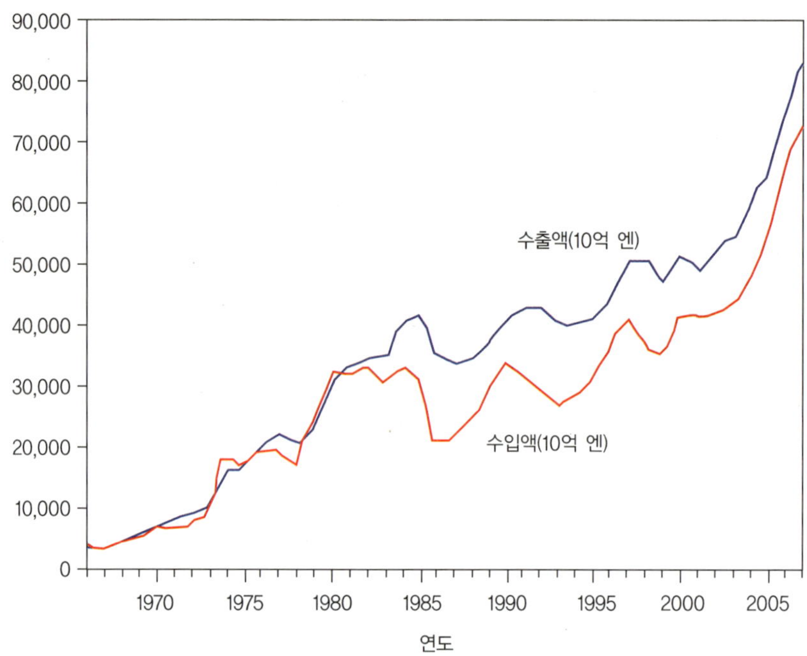

출처 : 일본관세협회
주 : 수출액과 수입액은 통관금액

제 4 절 무너지는 버블과 경제적 파급(1990년대 붕괴하기 시작한 거품)

1991년 3/4분기부터 일본에서는 가격이 하락하는 현상이 나타나기 시작하였다. 그리고 이러한 가격하락 현상은 2000년대까지 지속되고 있다.

그림 11.4는 일본 전국의 지가변동을 보여 주는 지가(地價)지수의 동향을 나타낸 것이다.

그림 11.4에서 보는 바와 같이 일본 지가의 하락은 경제적으로 파장이 크게 나타났다. 앞서 살펴본 공공시설, 토지 및 건물의 가격이 1980년대부터 지속적으로 상승하였다. 당시 그림 11.7의 중앙은행의 금리 동향에서 보는 바와 같이 낮은 금리정책으로 인하여, 낮은 금리로 대출을 받아 그림 11.4의 지가동향에서 보는 바와 같이 부동

그림 11.4 일본전국 지가지수 추이(지가지수 기준연도 2000=100)

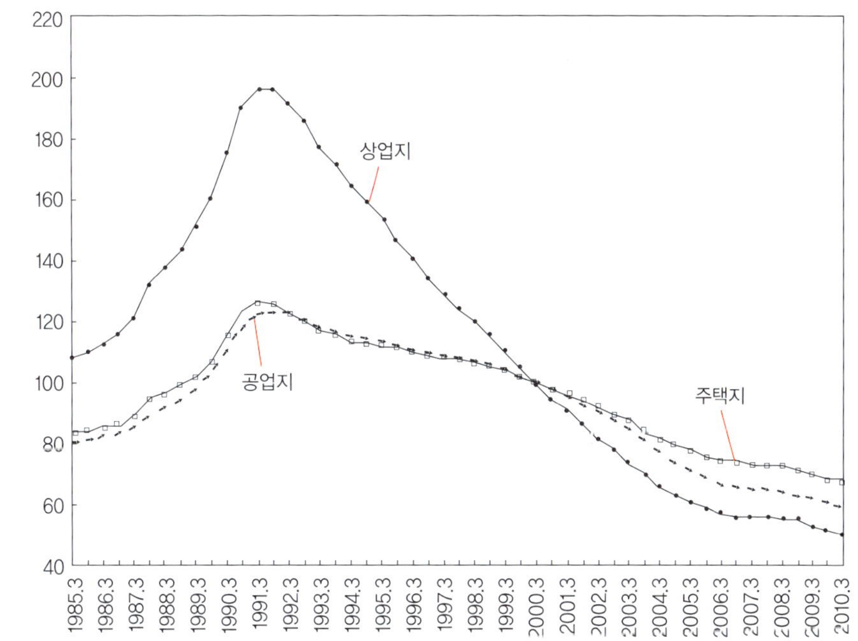

출처 : 日本不動産研究所 研究部 2010.11.15.

신에 투자를 하면 시가상승으로 인한 이득이 대출이자를 상환하고도 이득을 얻을 수 있는 상황이었다.

그러나 일본경제의 버블이 꺼지기 시작하면서 토지를 담보로 대출을 해 준 금융기관은 담보물인 토지가격의 하락으로 인하여 담보물의 가치가 대출금보다 낮은 상황이 발생하였다. 대출기관은 채권을 회수하기 어려운 상황이 발생하게 되었고, 그 결과 불량채권이 누적되고 있는 은행의 경영악화로 이어지게 되었다.

이 시기에, 그림 11.4에서 보는 바와 같이 버블이 붕괴되고 있는 상황에서 정권교체가 자주 발생하고 있어, 경제상황에 대처하기 어려운 정치적 상황이 전개되었다.

결코 하락하지 않을 것이라 생각했던 일본의 지가가 1991년부터 2005년까지 공시가격은 지속적으로 하락하게 되었다. 이로 인해 저리로 융자를 받아 주택을 구입한 사람들은 경제적 부담의 증가로 인하여 아파트 등을 매각하기 시작하였고, 매물이 많은 주택시장에서는 가격이 더욱 하락하기 시작하였다.

이러한 부동산 가격의 하락과 함께 연이어 홋카이도 타쿠쇼쿠 은행, 일본 장기신용은행, 일본 채권신용은행, 야마이치증권과 같은 금융기관이 1997년 11월 영업을 중지하기에 이르게 되었다. 금융기관의 파산으로 인하여 이러한 금융기관과 거래하던 기업들은 대출을 받지 못하는 상황에 이르게 되었다.

이러한 과정에서 그림 11.5에 나타낸 도산기업의 수는 1991년부터 지속적으로 증가하게 되었고, 1998년에는 도산기업의 수가 119,171개로서 고점에 도달하고 있는 것을 알 수 있다.

1988년에 공표된 BIS(자기자본비율) 규제는 1992년 말부터 금융기관에 적용되기 시작하면서, 금융기관의 부실대출 규모를 축소하게 만들었고, 기존의 대출금을 회수하기 시작하였다. 그 결과, 기업들은 대출받기 어려워지면서 자금난에 빠진 기업들은 도산하게 되었다(그림 11.5 참조). 이러한 현상은 일본의 경기침체와 추가적으로 주가가 하락하게 되는 결과를 초래하였다. 한 예로서 미츠비시의 경우, 해외 부동산인 록펠러 센터를 시가액보다 상대적으로 낮은 가격으로 판매하기까지에 이르게 된다.

그림 11.5 도산기업 수

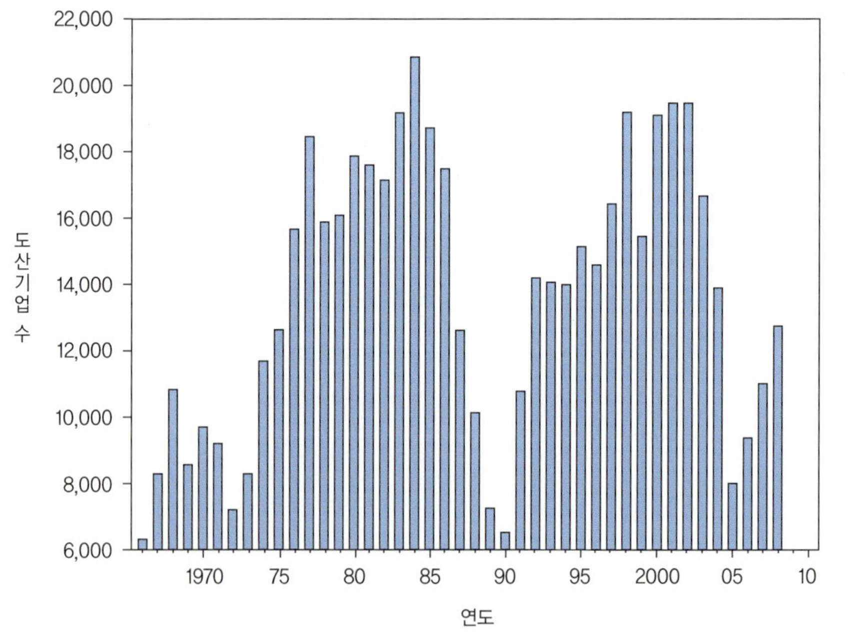

용어

BIS(Bank for International Settlement : **국제결제은행**)란 은행의 위험자산(부실채권) 대비 자기자본비율로 1988년 7월 은행의 건전성과 안정성 확보를 위해 최소 자기자본비율에 대한 국제적 기준을 마련하였다.

현실로 다가온 일본의 지가하락이 대부분 예상보다 상회하여 하락하고 있으며, 공업지가의 하락뿐만 아니라, 상업지역도 큰 폭으로 빠르게 하락하였다.

그 이후에도 지속적으로 일본의 지가는 하락하는 경향을 보이고 있다.

부동산 가격의 하락과 금융기관의 부도, 실업의 증가 등으로 인해 일본기업의 영업성과도 감소하였다. 이러한 기업성과의 변화는 주가로 반영되어 나타나는데 그림 11.6에 보이는 바와 같이, 1989년 동경증권지수 38,915, 그리고 니케이 평균주가 2,569엔을 정점으로 하여 1990년에 이후에는 지속적으로 하락하고 있는 모습을 볼 수 있다.

그림 11.6 동경증권지수와 니케이 평균주가

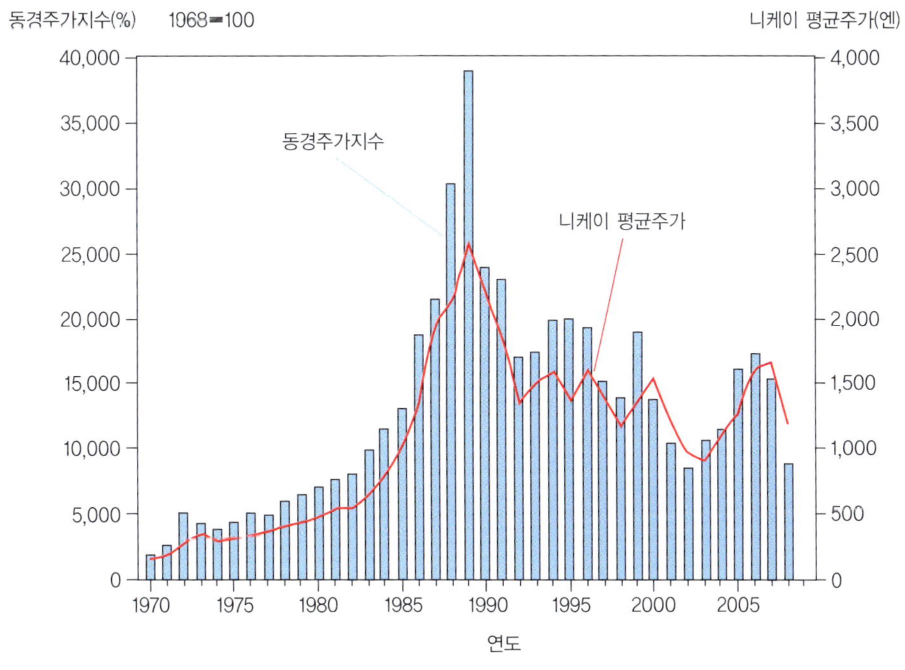

출처 : 동경증권지수(Tokyo Stock Exchange Inc), 니케이지수(일본경제신문사)

용어

니케이지수는 일본에서 1971년부터 발표되고 있는 도쿄증권거래소에 상장된 주식 중 유동성이 높은 225개 종목을 대상으로 니혼게이자이(日本經濟)신문사가 산출하여 발표하는 지수다. 일본의 경제신문사가 지수를 산출한다고 하여 '닛케이'라고 부르며, 닛케이지수를 구성하는 주식들은 도쿄증권거래소의 1부 시장에 상장된 주식들의 시가총액 중 약 60%를 차지하고 있다. 일정한 시점에서 일부 종목들의 주가를 평균한 수치를 숫자로만 나타내는 일반적인 지표들과 달리 일본의 통화단위인 엔(円)으로 표시한다. 1986년 9월 '닛케이225지수'를 대상으로 하는 주가지수선물이 싱가포르의 국제금융선물거래소(SIMEX)에 상장되었고, 1988년에는 오사카의 'S&P500지수'를 능가하는 세계 최대의 주가지수선물로 등극했다.

1. 저금리정책

전통적으로 일본의 중앙은행은 경제상황이 악화되면 금리를 인하하여 경기부양책을 추진해 왔다. 1985년 프라자 협정 이후 급격한 엔화의 가격 상승으로 인하여 수출 감소와 경기 불황을 막기 위해, 그리고 내수를 확대하기 위해 일본정부는 금리를 1985년 5%, 1986년 3%, 그리고 1987년에는 2.5%로 지속적으로 인하하였다.

이러한 지속적인 금리인하정책은 정부가 채권을 조달하는 데 용이하게 하였으며, 또한 낮은 금리를 유지함으로써 기업들이 필요로 하는 재원조달의 창구를 열어 놓았다. 그러나 이러한 금리인하는 수익성을 추구하는 자금을 다른 쪽으로 이탈하게 하였다. 이러한 부동자금은 이자율보다 수익성이 높은 부동산 시장으로 이동하게 되었고, 이러한 부동산 수요의 증가는 부동산의 가격을 끌어올리는 원인이 되었다(그림 11.4 '일본전국 지가지수 추이' 참고).

그러나 그림 11.7에서 보는 바와 같이, 1989년 금리가 4.25%, 그리고 1990년 6%, 1991년 4.5%로 금리가 상승함에 따라, 저리로 차입하여 고가의 아파트 및 부동산을 구매한 사람 및 투기자들에게 이자부담의 상승이라는 경제적 부담을 가중시켰다. 이로 인해 경제적 부담이 커진 사람들도 부동산을 매각하기 시작하면서 부동산의 가격은 하락하기 시작하였다.

2. 재정적자의 누적

일본 재정구조의 특징은 국가예산을 적자(55%가 세수입, 45%가 국채로 조달)재정

그림 11.7 중앙은행금리

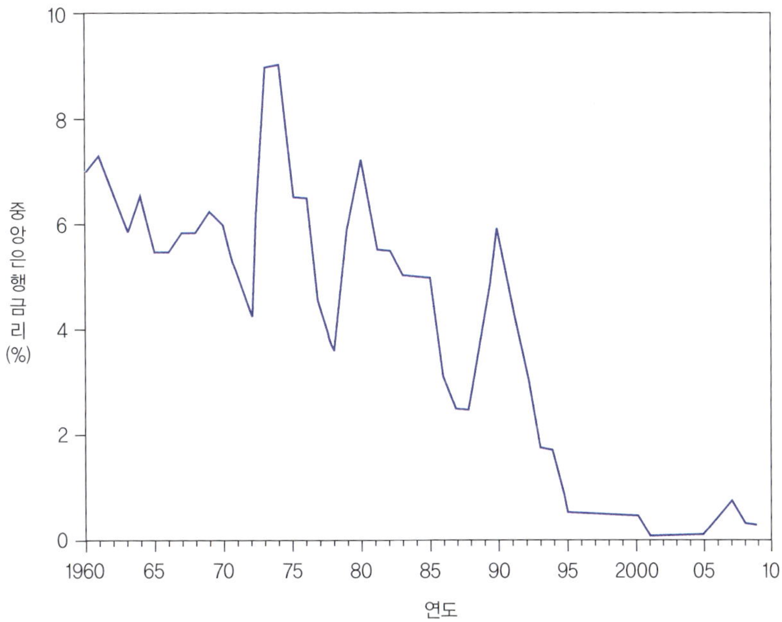

으로 유지하였다는 점이다. 일본정부는 부동산가격의 하락으로 인하여 부동산을 담보로 대출을 해 주었던 은행들의 재정적 어려움을 해소하기 위해 저금정책(제로금리)을 유지하여 불량채권의 자금조달을 해 왔다.

그러나 경기는 살아나지 않고 따라서 정부는 차입을 통한(내국채 발행) 경기부양정책을 실시하였다. 그러나 이러한 정책에도 불구하고 1990년대 들어와 경기부양에는 효과가 나타나지 않았다. 그럼에도 불구하고 일본정부는 지속적으로 정부채권의 발행을 통해 조달한 재원으로 경기부양책을 실시하게 됨에 따라 일본정부의 부채비중은 증가하기 시작하였다.

그림 11.8은 주요 국가들의 GDP대비 정부부채 규모를 나타내고 있다. 이는 각국의 채무변제능력 또는 정부의 재정적 여력을 나타낸다. 이 수치가 커지면 커질수록 부실한 재정이며, 정부가 차입을 통해 재정정책을 실시할 수 있는 여지가 줄어드는 것을 의미한다.

그림 11.8에서 일본의 경우, 정부부채 비중이 1993년에 50%를 넘어선 54.97%였

그림 11.8 주요 선진국의 정부부채의 규모(GDP대비)

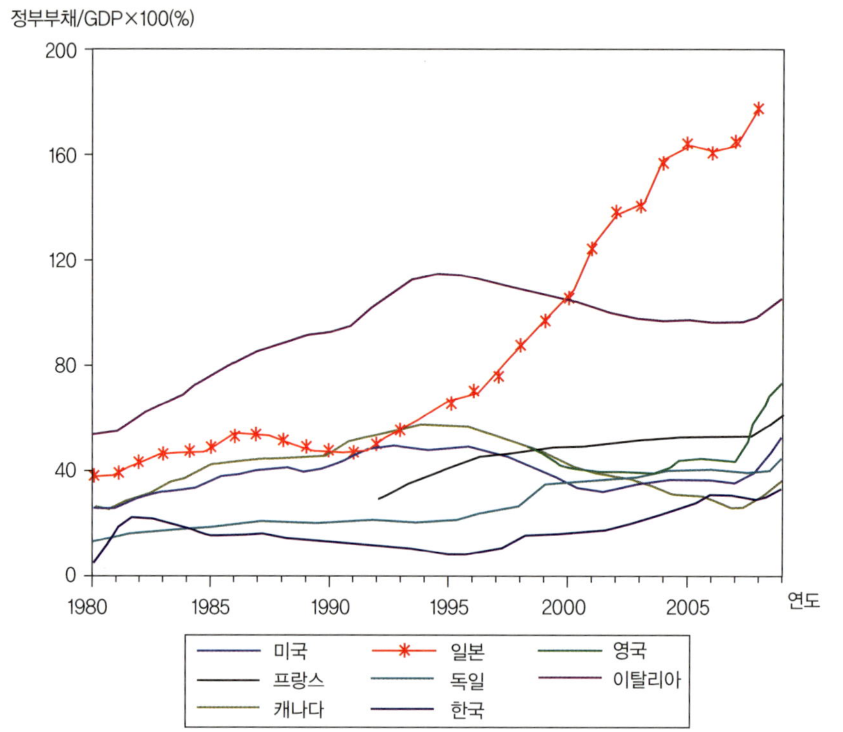

고, 이 비중은 점차 증가하여 2000년에는 106% 이상으로 급격하게 증가하였다.

3. 경제침체와 높은 실업률

제1차 오일쇼크가 있었던 1년 후인 1974년 일본경제는 실질경제성장률이 −1.23%로 하락한 이후, 최근 부동산의 버블이 꺼지면서 경기가 위축되고 실질경제성장률은 1992년 0% 수준을 유지하며, 동시에 실업률은 1994년 2.9%에서 1995년부터 3% 이상으로 증가하고, 1998년에는 4%를 넘었다.

일본정부는 1990년부터 일자리를 창출하기보다는 물가안정이라는 정책목표를 우선적으로 설정하였다. 그러나 정부의 세수감소와 재정구조 악화로 인하여 경제는 더욱 침체의 길을 걷게 되었다. 그리고 부동산 시장의 침체로 인해 토목 및 건설경기 진작을 통한 재정확대정책을 실시하기가 어려워지고, 또한 경제성장의 지연으로 실업은 지속적으로 증가하고 있다. 이러한 경제적 상황에서 최근 일본에서는 프리터(Freeter)족과 니트(NEET)족 등이 증가하는 추세를 보이고 있다.

> **용어**
>
> **프리터족**이란 영어(Free)와 독일어(arbeiter, 근로자)의 합성어로 정규직을 갖지 않고 여러 가지 일을 하는 젊은 층을 의미한다.
>
> **니트족**이란 국가에서 정한 의무교육을 마친 뒤에도 진학이나 취직을 하지 않으면서도, 직업훈련도 받지 않는 사람으로 'Not currently engaged in Education, Employment or Training'의 두문자를 나타낸 것이다.

또한 기업 내에서 노조집적도(전체노동자의 총임금 중에 노조원의 총임금이 차지하는 비중)로 살펴본 일본의 경우, 노조집적도는 지속적으로 감소하는 추세에 있으

그림 11.9 실업률과 경제성장률

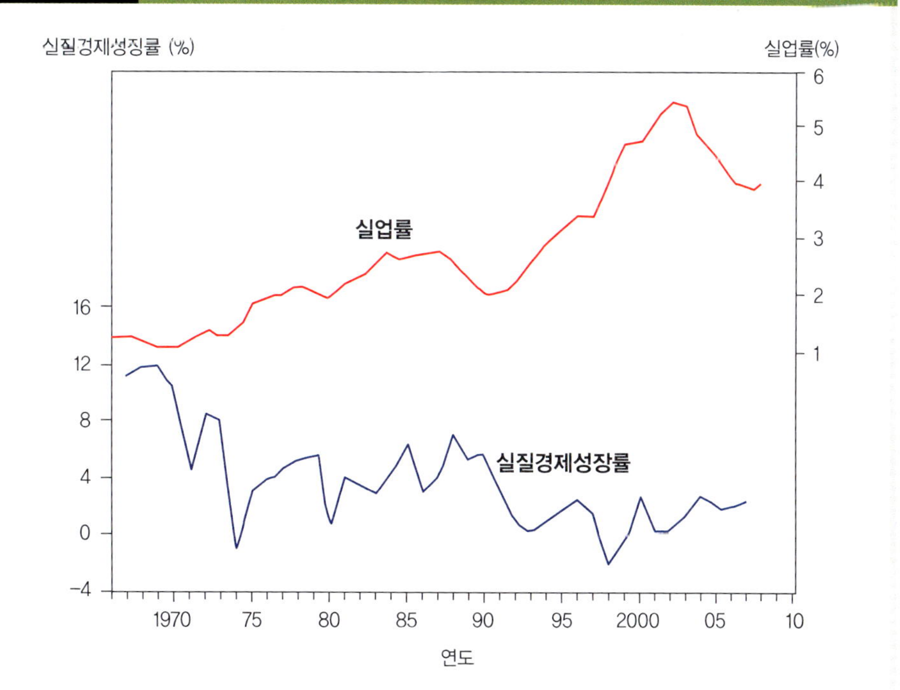

출처 : 일본통계청

용어

고용률(%) = (취업자 ÷ 15세 이상 인구) × 100
경제활동인구란 15세 이상 인구 중 수입이 있는 일에 종사하고 있거나 취업을 하기 위하여 구직활동 중에 있는 사람을 말하며 경제활동에 참여할 의사가 없는 사람은 비경제활동인구(가정주부, 학생, 구직단념자, 취업준비자 등)이다.
실업률은 노동력을 가진 인구에 대하여 실업자가 차지하는 비율로 '실업자/경제활동인구X 100(%)' 로 나타낸다.

며, 이는 일본에서 평생직장이라는 측면이 점차 희석되고 있는 대신 노동시장의 유연성이 높아지고 있다는 것을 보여 주는 한 예가 된다.

4. 초고령화 사회와 사회보장금

일본에서 국가의 많은 부담이 되는 것 중 하나가 국민의 고령화 현상이다.

그림 11.10 주요 선진국의 노조집적도

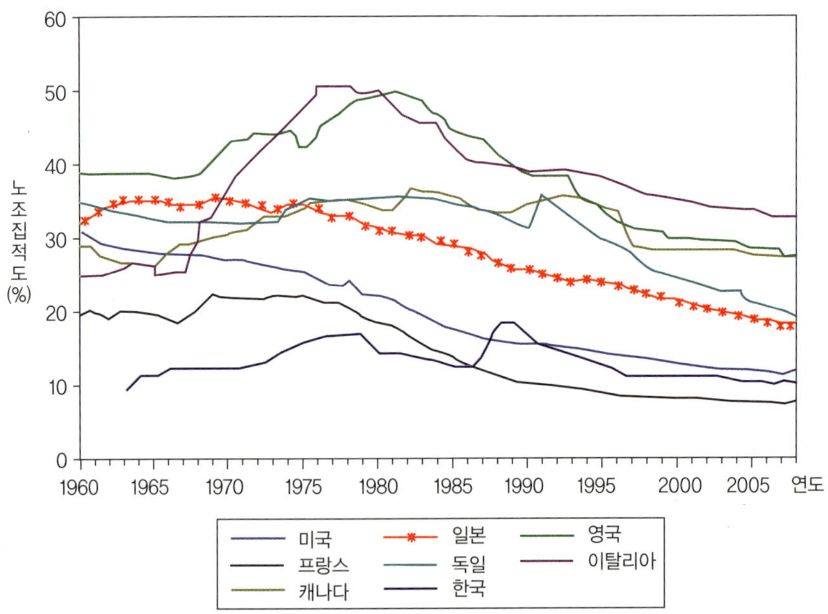

출처 : 일본통계청

고령화로 인한 경제적인 부담은 크게 두 가지로서 첫째, 노동인구의 감소로 인하여 자국의 생산능력이 감소하는 것이며, 둘째, 사회의 고령화는 사회 전체가 부양해야 할 인구가 증가하는 것이다.

고령화를 측정하는 방법으로 고령자의 수(65세 이상의 인구수)를 노동가능인구(15세~64세 인구)로 나눈 값을 활용할 수 있을 것이다. 이러한 방법에 의한 고령화율의 증가는 첫째, 의료기술의 발전으로 고령자 수가 증가하여 나타나고, 둘째, 출생률의 저하로 노동가능인구가 감소하기 때문인 것으로 나타난다.

일본의 경우는 이 두 가지가 동시에 나타나고 있어 고령화는 빠르게 증가하고 있다. 일반적으로 고령화 사회에 대한 정의는 노령인구의 비중이 7% 이상이면 고령화사회, 14% 이상이면 고령사회, 20%를 넘어서면 초고령사회라고 한다. 그림 11.11에서 보이는 바와 같이, 일본의 경우 고령화율이 1982년 14.2%로 고령사회로 들어섰으며, 1994년에는 20.2%로 초고령사회로 들어섰다.

그림 11.11 일본의 고령화율 및 사회보장부담률

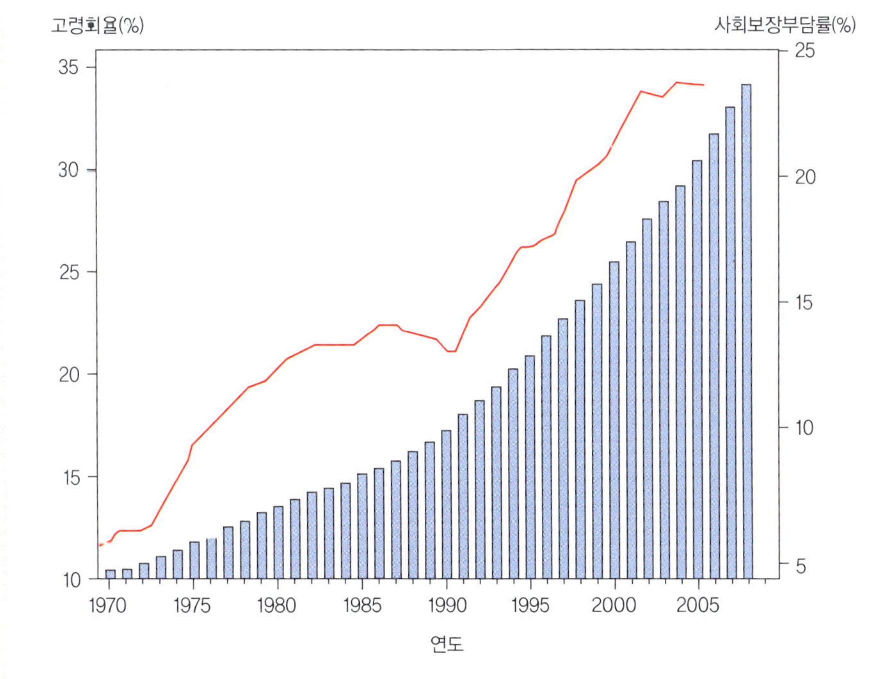

출처 : 노령인구지수－총무성(總務省), 사회보장부담비－국민사회보장 · 인구연구소

초고령사회로 인한 경제적 부담은 사회보장부담률을 통해 간접적으로 측정할 수 있다. 사회보장부담률은 국민소득(national income)에서 사회보장부담(social security benefits)이 차지하는 비중으로 측정한다. 일본은 1976년 이미 10.3% 수준을 넘어섰으며, 1993년 15.4% 수준으로 높아졌고, 1999년에는 20.6% 수준을 넘고 있다.

이는 고령화로 인한 경제적 부담을 자본주의 경제시스템 내에서 국가가 어떻게 해결해야 하느냐의 문제로 나타나고 있으며, 이는 일본에 있어서 경제적으로 국가적 부담으로 나타나고 있다.

제 5 절 '잃어버린 10년'

일본의 위기는 소위 '잃어버린 10년'을 통해서 알 수 있다.

잃어버린 10년의 특징으로는 첫째, 사회적 자본의 축적이 충분하지 못해 10년간 성장동력을 찾지 못했으며, 둘째, 고령인구의 증가 및 출산율 하락으로 인해 사회적 부담이 되고 있으며, 셋째, 낮은 경제성장으로 인하여 실업률이 증가하였고 이는 사회적 비용의 증가로 나타났고, 넷째, 신성장 동력산업이 부재하고, 생산에 있어서 고비용구조를 개편하기 어려웠으며 정치적인 신뢰도 개선되지 않았고, 다섯째, 엔화의 강세로 인하여 수출이 증가하지 못하고 감소하는 현상이 나타났다.

결과적으로 인위적인 재정정책 및 금융확대정책을 통해 경제개혁을 추구해 왔던 일본은 부동산 가격의 하락(부동산 버블의 하락)으로 인해 인위적인 정부의 재정확대정책과 저금리정책이 효과가 없게 되었다. 이러한 요인으로 인해 1990년대 경제성장률은 1990년대 기간 동안 거의 제로 수준으로 '잃어버린 10년'을 가져오게 되었다.

이러한 '잃어버린 10년'이 나타난 것은 일본의 경제시스템이 시장경제시스템에 맡겨진 것이 아니라 관료형 자본주의 형태로 주로 인위적인 정부의 시장개입을 통한 경제안정화정책을 추진했기 때문이다. 이는 결과적으로 경제성장률이 0%인 제로 성장경제를 가져오는 원인이 되었다고 본다.

앞서 살펴본 바와 같이 일본경제는 1980년대는 부동산 버블을 통한 경제성장이 주

표 11.3 '잃어버린 10년'의 주요요인

- 행정규제에 의한 경제시스템
- 정부의 인위적인 부동산 경기의 진작을 통한 수요 창출(열도개조붐)
- 국가주도의 경기부양정책
- 저금리정책
- 낮은 노동시장의 유연성
- 정치적인 신뢰의 하락
- 기업 조직의 폐쇄적인 기업문화, 수직적인 하청제도
- 보수적 사회, 종신고용제, 연공서열제 임금
- 초고령화 사회

도하였고, 이후 경제침체가 지속됨에 따라 인위적인 저금리정책은 부동산 버블을 가져왔고, 지속적인 건실경기를 통한 경제성장은 부동산 버블이 꺼짐에 따라 오히려 정부재정의 건전성만 악화시키는 것으로 나타났다. 인위적 정책으로 인한 정책실패

그림 11.12 부동산 버블과 경기

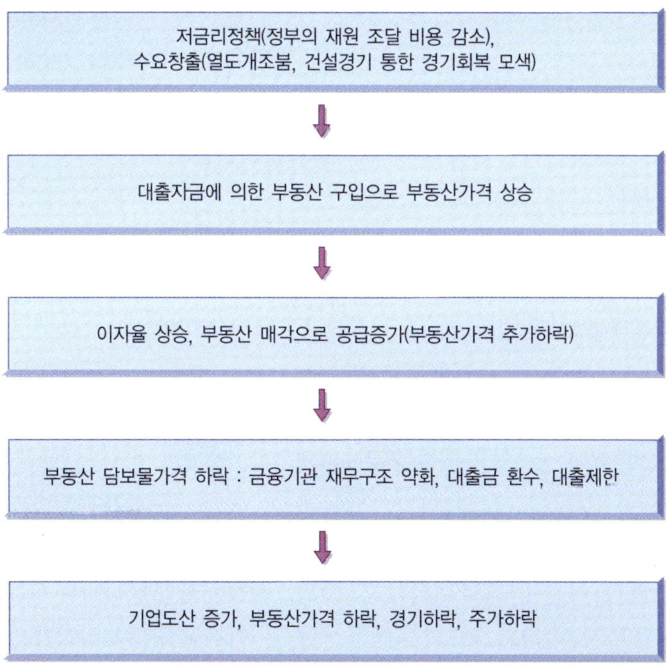

가 바로 관료형 자본주의 특징을 가진 일본의 장기적인 경제 부담으로 나타나고 있음을 보여 주고 있는 것이다. 이를 요약하면 그림 11.12와 같다.

읽을거리

'일본열도개조' 실패에서 배울 것

정부의 균형개발 정책과 땅값 상승을 지켜보면서 33년 전 일본을 휩쓸었던 '일본열도개조'를 생각해 본다. 이는 1972년 다나카 가쿠에이(田中角榮)가 권력을 장악하면서 야심차게 제시한 개발정책이다. 엘리트 중심의 일본 정치에서 대학 문턱에도 가 보지 못한 다나카가 총리 자리에 오른 것은 이변이었지만, 그의 정권은 역대 어느 총리보다 높은 62%의 국민적 지지와 기대를 모으면서 출범했다.

'결단과 실행'을 표방한 다나카가 제시한 정책은 두 가지였다. 하나는 대외정책으로 중화인민공화국과의 국교정상화였고, 다른 하나는 국내정책으로 '일본열도개조'였다. 중국과의 국교정상화는 성공했다. 다나카는 내각 발족 후 3개월 만에 30년 가까이 단절됐던 중국과의 관계를 정상화했다. 그의 정치적 입지는 더욱 확고해지는 듯했다.

그러나 국내정책은 참담한 실패로 끝났다. 다나카가 집념을 가지고 추진한 일본열도개조 정책은 그의 정치적 생명을 재촉했을 뿐만 아니라, 지가(地價) 상승으로 인한 거품경제의 물꼬를 텄다.

'일본열도개조론'은 태평양 벨트 지대에 집중된 개발을 후진지역으로 이전함으로써 인구와 산업의 지방분산과 국토의 균형적 이용을 이루어 낸다는 구상을 담은 것이었다. '개조론'은 일본이 성취한 고도경제성장이 인구와 산업의 도시집중을 통해 이루어졌고, 이는 결과적으로 도시와 농촌의 불균형을 심화시켰다고 진단했다. 그 결과 왜곡된 인구의 과밀·과소 현상을 불러왔고, 또한 심각한 공해·교통 혼잡·교육 집중 등 삶의 환경을 크게 악화시켰다는 것이다.

다나카가 제시한 정책대안의 골격은 네 가지로 집약됐다. 지역개발의 기폭제이고 주도력이라 할 수 있는 공업지역을 재배치한다. 도시집중의 인구를 분산하고 대도시의 주택난을 해결하기 위하여 지방에 도시적 기능을 수행할 수 있는 인구 25만~30만의 신도시를 건설한다. 지방과 도시의 격차를 제거하기 위한 효율적인 교통망을 건설한다. 그리고 개발에 필요한 자금은 개발이익흡수, 탄력적 세제(稅制) 기능 운영, 민간자금 동원 등을 통해 조달한다는 것이었다.

'컴퓨터 달린 불도저' 답게 다나카는 일본열도개조 정책을 밀어붙였다. 내각이 출범하면서 열도개조를 위한 조사회·간담회·실행위원회 등의 기구를 당과 내각에 신설하고 필요한 법안을 정비했다. 그러나 정부가 개발정책을 발표할 때마다 땅값이 치솟았고 토지투기가 요동쳤다. 금리가 싼 은행돈을 활용한 대기업뿐만 아니라 일반인들이 땅 사재기 대열에 참여하면서 땅값 급등을 불러왔다.

내각은 토지투기를 방지하고 땅값을 잡기 위하여 토지세제와 토지이용계획 등을 포함한 토지대책요강을 발표했다. 그러나 백약이 무효였다. 결국 일본열도개조는 공황상태 속에서 궤멸했고 다나카 지지율은 22%로 떨어졌다. 중국과의 국교정상화라는 업적을 이루었음에도 불구하고 자민당은 중의원과 참의원 선거에서 참패했다.

지금 우리 사회에는 개발바람을 타고 땅값이 가파르게 오르고 전 국토가 '투기광풍'에 휩싸이고 있다. 기업도시가 들어설 강원도의 한 지역은 참여정부 출범 전에 비하여 땅값이 11배나 올랐다고 한다. 정부가 강력한 투기억제책으로 토지공개념 도입을 검토하고 특정 지역을 토지거래허가지역으로 묶어도 지가 상승세는 가열되고 있다.

지금 한국은 30여 년 전 일본의 경우와는 상황이 많이 다르다. 그러나 개발과 지가 상승, 투기와 국가경제의 원리는 크게 차이가 없다고 생각된다. 부동산종합대책을 수립함에 있어서 일본의 경험에서 배울 것은 없는지 검토해 보기를 권하고 싶다.

출처 : 조선일보, 2005. 7. 25.

토론하기

■ 일본의 지난 '잃어버린 10년'이 한국경제에 주는 교훈과 시사점에 대해 토론해 보자.

평가하기

퀴즈 1〉 1980년대 경기침체기에 일본 정부 및 금융당국이 실시한 정책으로 적절하지 못한 것은 무엇인가?

① 금리인하 정책　② 프라자 협정의 이행
③ 엔화의 평가절상　④ 국내수요(내수) 확대정책

힌트　프라자 협정에 따라 일본의 엔화 가치를 인상시킴

퀴즈 2〉 '일본열도개조론'으로 태평양 중심에서 벗어나 낙후지역을 개발함으로써 인구분산과 산업의 지방분산을 하고자 했던 일본 수상은 누구인가?

① 다나카 가쿠에이(たなか かくえい)
② 미키 다케오(みき たけお)
③ 후쿠다 다케오(ふくだ たけお)
④ 오히라 마사요시(おおひら まさよし)

힌트 다나카 수상이 낙후지역 개발에 힘썼다.

퀴즈 3〉 1990년대 제로경제성장시기를 가져온 직접적인 원인으로 가장 적절한 것은 무엇인가?

① 저금리정책
② 재정확대정책으로 인한 부동산 개발
③ 부동산가격의 하락(버블 붕괴)
④ 주식가격의 급등

힌트 인위적 저금리정책은 일본경제의 침체를 가속화시키는 요인이 되었다.

정리하기

- 일본의 경기변동
  - 전후 부흥기(1945~1955년)
  - 이와토(岩戸)경기 및 올림픽경기기(1955~1965년)
  - 고도성장기(1965~1975년)
  - 안정성장기(1975~1991년)
  - 제로성장기(1991~1999년)
- 시장의 변화보다 앞선 관료들의 경제경책
- 관료자본주의와 일본의 고도성장
  - 정부주도하에 수출지향적 무역정책 추진
  - 정부주도하에 산업육성정책 추진
- 관료형 개발정책의 한계
  - 프라자 협정(Plaza Accord)
  - 엔고로 인한 수출 정체의 변화
  - 무너지는 버블과 경제적 파급(1990년대 붕괴하기 시작한 거품)
  - 저금리정책

- 재정적자의 누적
- 경제침체와 실업률
- 초고령화사회와 사회보장금

■ 잃어버린 10년

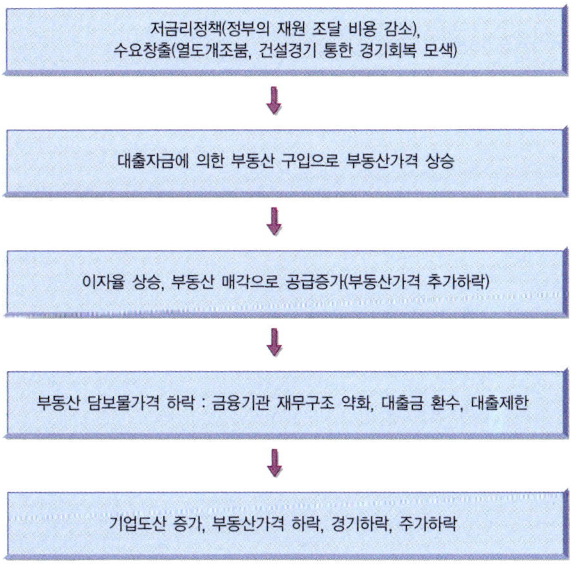

제 12 장

스웨덴 시장경제

학습목표

1_ 복지국가의 대표적 모델인 스웨덴의 경제시스템을 분석해 봄으로써 경제에서 중요한 목표인 효율과 형평의 문제를 어떻게 조화시켜 왔는지를 학습하는 것을 목표로 한다.

2_ 스웨덴 시장경제는 특별히 사회민주주의(사민주의) 모델로 칭하는데, 사민주의의 특징을 학습하는 것을 목표로 한다.

3_ 스웨덴 시장경제 모델이 특징인 복지정책의 문제점은 무엇인지를 살펴봄으로써 한국의 복지정책의 이론적 배경 및 정책적 시사점을 얻는 것을 목표로 한다.

학습내용

1_ 스웨덴 모델의 특징인 사민주의의 이념적 배경을 학습한다.

2_ 스웨덴 사민주의의 전개과정과 복지프로그램을 학습한다.

3_ 스웨덴 복지모델의 성과에 대해 학습한다.

4_ 스웨덴 복지모델의 문제점에 대해 학습한다.

키워드_ 사민주의, 효율과 형평, 재분배 정책, 적극적 노동시장 정책, 임금소득자 기금, 복지국가, 복지프로그램

제 1 절 들어가기

스웨덴은 유럽의 스칸디나비아 반도 노르웨이와 핀란드의 중간에 위치하고 인구가 2009년 약 954만 명으로서 자본주의 국가임에도 불구하고, 1930년부터 '중도의 길(middle way)' 이라는 경제 · 복지정책을 실시한 대표적인 복지국가 중 하나다. 사회민주당을 중심으로 인권문제를 중요시하고, 모범적인 환경정책, 원활한 노사관계와 산업평화, 남녀 간 평등정책 등으로 스웨덴식 자본주의 시스템을 갖추고 있다.

선진복지국가의 전형으로 알려진 서유럽, 특히 스칸디나비아 국가들은 정치적으로는 의회민주주의를 유지하면서 경제적으로는 높은 수준의 경제성장과 경제적 평등을 위한 사회복지를 동시에 추구해 오고 있다. 이러한 나라들의 체제를 소위 '사회민주주의(Social Democracy, 이하 사민주의)' 라 부른다.

일반적으로 사민주의는 자본주의의 모순과 사회주의의 모순을 극복하는 제3의 정치경제체제(political economic system)로 인식되어 왔다.

정치적 차원에서의 사민주의는 선거절차와 입법 · 의회제도를 중심으로 하는 민주주의에 기초하며, 경제적 차원에서는 '자본과 노동의 대립' 이라는 자본주의의 구조적 모순을 극복하고 소득과 부(富)의 재분배정책을 통해 경제적 평등을 실현하는 체제라고 볼 수 있다.

그동안 경제학에서는 분배적 정의에 관한 문제는 가치판단의 문제이기 때문에 언급을 회피하거나 분석을 소홀히 한 반면, 주로 효율의 분석에 치중하였다. 그러나 이제 복지국가를 지향하는 우리로서는 어떠한 형태로든 분배적 정의의 문제를 적극적으로 다루지 않으면 안 되는 상황에 이르렀다.

이러한 시점에서 복지국가의 대표적 모델인 스웨덴의 사민주의 체제를 분석해 봄으로써 경제에서의 효율과 형평의 문제를 어떻게 조화시켜 왔으며 또한 문제점은 무엇인지를 살펴봄으로써 한국의 복지정책의 이론적 배경 및 정책적 시사점을 얻고자 한다.

사민주의의 이행은 각국의 역사적 상황에 따라 다양한 경로를 밟으면서 발전하여 왔다.

"고(高)복지는 성장을 저해하는가?" 등의 명제에 대해 스웨덴을 중심으로 경제학적 차원에서 사민주의적 자본주의를 살펴보도록 한다.

제 2 절 사회민주주의의 이념적 배경

사민주의의 현대적 개념과 특징을 이해하기 위해서는 먼저 역사적 과정에서 사민주의의 근원을 찾아볼 필요가 있다.

사민주의는 크게 기본가치, 정치, 그리고 경제의 세 영역에 이념적 가치를 기초로 하고 있다.

사회민주주의 이론에 의한 복지국가 발전을 설명한 것에 의하면 사회민주주의에 입각한 복지국가가 되기 위해서는 7가지 조건이 충족되어야 한다.

표 12.1	사회민주주의의 7가지 조건
	① 노동계급으로의 선거권 확대
	② 노동계급을 대변하는 사민당의 발전
	③ 강한 그리고 중앙집권화된 노동조합운동
	④ 우익보수정당의 약화
	⑤ 지속적인 사민당의 집권
	⑥ 지속적인 경제성장
	⑦ 노동자의 강한 계급의식

이러한 7가지 조건으로 사회민주주의를 설명할 때 가장 적합한 국가는 스웨덴을 비롯한 스칸디나비아 국가들이라 할 수 있다.

사회민주주의의 특징은 서구 복지국가의 발전을 설명하는 데 있어 경제적 변수에만 의존하는 것을 탈피하여 진보 정당, 강한 노동조합조직률 등의 정치적 변수들에 의해 설명할 수 있다는 점이다.

이는 사민주의 발전에 경제뿐만 아니라 정치이념도 중요한 역할을 하였으며, 스웨덴식 복지모델이 발전하게 된 배경이기도 하다.

첫째, 정치적 민주주의의 실현이다. 스웨덴에서 사민당은 정치적 민주주의의 실현을 사민주의의 최우선적 이념으로 추구했다. 의회민주주의와 복수정당제는 사민주의가 추구하는 기본적인 정치적 이념이다. 사민주의의 역사적 특징은 정치적 민주주의를 거쳐 복지국가 모델에 기초하는 사회적 민주주의로, 그리고 경제적 민주주의로 발전해 왔다는 점이다. 노동조합주의 전문가 코르피도 사민주의가 정치적 단계에서 사회적 단계로, 그리고 다시 경제적 단계로 계승 · 발전되었다고 보고 있다.

둘째, 사회와 국가의 '인민의 가정(forkhem)' 으로서의 개념이다. 즉, 사민주의는 가정의 개념을 사회와 국가로 확대하여 국민들의 복지 · 안정 · 평등을 실현하는 것을 주요이념으로 한다.

셋째, 평등과 효율은 서로 상충관계(trade-off)에 있는 것이 아니라, 양립할 수 있으며 또한 상호보완적이라는 이념이다. 즉, 보편적인 복지프로그램을 통해 실현된 평등은 경제의 효율을 저해하지 않는다는 입장이다.

넷째, '사회적으로 통제된 시장경제' 가 생산수단의 사회화를 대체할 수 있다. 즉 사민주의는 생산수단의 국유화보다는 오히려 '사회적으로 통제된 시장경제' 를 선호한다. 이러한 이념은 1970~1980년대에 고조되었던 생산수단의 공적 소유에 대한 논쟁을 수정하고, 소유를 국가기업보다는 독립적인 법인, 협동조합의 형식으로 변화시키는 계기가 되었다. 이는 사민주의적 가치들을 실현하는 데 있어 사적 소유가 유리하다면 이를 적극 수용해야 한다는 것을 의미한다.

다섯째, 공공부문의 적당한 확장은 오히려 개인 및 기업의 선택의 자유를 확대시킨다는 이념이다. 즉, 사회적으로 통제된 시장경제는 공공부문의 성장을 통해 민간부문의 성장과 자유를 제한하지 않는다는 것이다. 예를 들어 건강보험, 연금, 공공주택정책, 완전고용정책 등의 공공정책은 개인의 선택적 자유를 침해하지 않는다.

이러한 이념적 배경들이 서유럽에서 사민주의를 성공적으로 뿌리내리게 하는 중요한 요인이 되었다. 특히 스웨덴의 사민주의는 '사회주의라는 이데올로기를 자본주의 내에 개량'이라는 형식으로 정착시켜 성공한 대표적 체제라고 볼 수 있다.

제 3 절 스웨덴 사민주의의 전개과정과 복지프로그램

1. 스웨덴 사민주의의 전개과정

스웨덴은 노르웨이, 덴마크 등과 함께 세계에서 사회보장제도가 가장 잘되어 있는 복지국가 중의 하나로 평가받고 있다. 스웨덴이 거의 완벽에 가까운 복지국가를 실현하는 데는 이 나라의 사회민주주의세력, 즉 사회민주당(이하 사민당)과 노조연맹이 결정적 역할을 하였다고 볼 수 있다. 이 양대 기구는 각각 다른 조직이지만, 사민당의 주도하에 노조연맹이 결성되었다는 이유로 서로 밀접하게 협력하는 관계를 유지하였으며 이러한 협력관계가 1932년부터 1976년까지 44년간 장기간에 걸쳐 사민당이 단독 또는 연합으로 정권을 잡을 수 있었던 이유 중의 하나이다.

그러나 사민당이 장기적으로 정권을 유지할 수 있었던 것은 단순히 노동계급의 지원뿐만 아니라, 국민들의 광범위한 지지가 있었기 때문이다. 제12장에서는 먼저 스웨덴 복지모델의 역사적 발전과정을 개략해 보고 모델의 주요특징을 살펴보고자 한다.

1.1 스웨덴 사민주의의 역사적 고찰

현재 스웨덴 사민주의 복지모델은 1932년 정권을 잡은 사민당이 최초로 케인즈주의에 입각한 적자재정정책을 추진함으로써 확립되기 시작했다고 볼 수 있다. 이전까지 스웨덴의 재정정책의 특징은 균형예산주의에 입각한 정책이었다.

1932년 선거에서 사민당이 승리할 수 있었던 이유 중의 하나는 집권 여당이던 자유당이 당시 진행 중이던 세계적 대공황과 1920년대 스웨덴의 16%라는 높은 실업률

참고

사민주의의 특징

사민주의의 특징은 '정당' 차원에서 찾는 것이 일반적이다. 오늘날 사민주의 특징의 대부분이 사민주의적 정당(예 : 사민당, 사회당, 노동당 등)의 정책에 의해 만들어졌다고 볼 수 있다.

참고

비그포르스

1920년대 중반부터 1940년대 중반까지 사민당의 중요한 이론가로 활약하였으며 개량주의적 사회이론을 중심으로 자본주의체제에서 점진적 사회주의로의 이행가능성을 제시하였다.

이 있었음에도 불구하고, 이에 대한 정책대안을 제시하지 못했기 때문이다.

사민당의 경제정책은 당시 재무장관이던 비그포르스(E.Wigforss)에 의해 수립되었다고 볼 수 있다. 그는 케인즈이론을 기초로 하여 정부의 개입을 통한 완전고용과 반순환적 정책(anti-cyclical policy)을 추진하였다.

케인즈 혁명은 사민당에게 정부차원의 역할을 정당화하는 동시에 노동계급에게 유리한 분배정책의 이념적 중요성을 새롭게 인식시키는 동기가 되었다. 스웨덴의 사민주의 정책이 케인즈 사상의 응용이냐, 아니면 막스에서 빅셀을 통해 자율적으로 개발된 것이냐 하는 문제는 현재까지 논란거리로 남아 있다.

1933년부터 사민당은 노동자에게는 일자리를, 농민에게는 농업관세를 통한 농산물가격의 안정과 농업보조금의 지원을 각각 보장해 주는 상호호혜정책(quid-pro-qua)을 추진하였으며, 그 결과 1936년부터는 농민당과도 연정을 구성, 의회 내에서 과반수의 의석을 확보함으로써 장기집권의 틀을 마련하게 되었다.[1) 2) 3)]

사민당의 케인즈식 위기관리정책은 지속적으로 효과를 발휘하여, 1939년에는 실업률이 10% 이하로 떨어졌고, 경제는 급속히 회복세로 돌아서는 결과를 초래하였다.

제2차 세계대전 이후에도 스웨덴은 사민당의 주도 아래 지속적으로 복지지향적 경제정책을 추진하였다. 1976년 집권에 실패하기까지 사민당의 경제정책을 요약하

---

1) G. Esping-Andersen, Politics against Markets: The Social Democratic Road to Power, Princeton, 1985, pp. 227-228.

2) 일반적으로 농민층은 사민당의 노동자 중심의 복지정책에 배타적인 성향을 보여 왔다. 그러나 사민당이 농업보조정책을 추진함에 따라 농민층의 지지를 받게 되어 노동자-농민의 지지를 받는 적녹내각이 가능하게 되었다. 스웨덴에서는 1936~40년, 1951~57년 기간에 적녹내각이 구성되었다.

3) 스웨덴 사민당은 1932년 집권 이후 1976년까지 44년을 연속해서 집권했다.

그림 12.1 사민주의의 발전과정

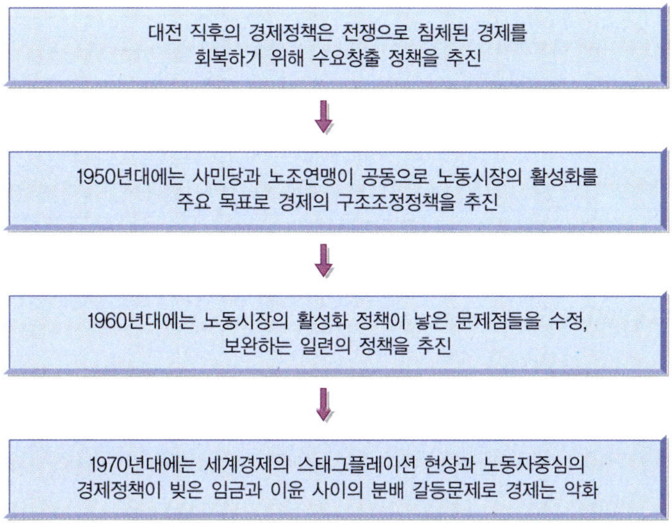

면 그림 12.1과 같다.[4)]

이후 1981년 재집권에 성공한 사민당은 공공지출을 감축하는 영국식 대처리즘(Thatcherism)을 거부하고, 또한 총수요관리중심인 케인즈식 처방도 사용하지 않고, 오히려 생산 · 투자 및 고용을 촉진하는 고유의 사민주의적 정책을 추진하여 성과를 거두었다. 그러나 1991년 마이너스 경제성장이라는 최악의 경제는 총선에서 사민당이 실패하는 결과를 초래했다. 집권에 성공한 보수연립내각은 그동안 사민당에 의해 추진된 사회복지프로그램의 대폭적인 감축을 통해 정부지출을 줄이고 기업의 투자를 유인하는 활성화정책을 추진하였다. 이러한 보수연합내각의 반(反)사민주의적 정책은 스웨덴 모델의 한계를 경고하고, 스웨덴 모델의 새로운 출발의 필요성을 야기하는 계기가 되었다. 그러나 보수연립내각의 보수주의정책은 성공을 거두지 못하고 1994년 총선에서 패함으로써 사민당이 다시 집권하여 정책적 기조를 유지하였다.

그러나 2006년 사민당은 총선에서 중도우파에게 정권을 내주면서, 정책의 변화가

4) Esping-Andersen, 1985, pp. 227~228.

표 12.2 스웨덴 사민주의의 전개과정

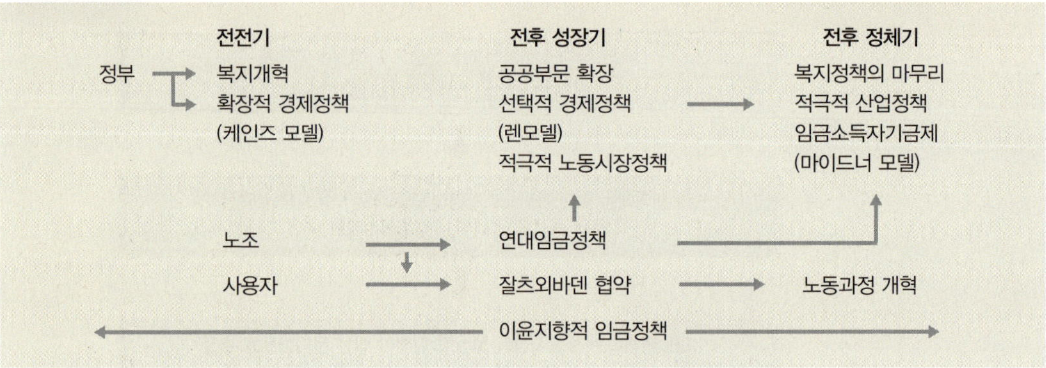

민주주의 발전단계	1단계 정치적 민주주의 보통선거권	2단계 사회적 민주주의 분배의 개혁	3단계 산업 경제민주주의 공동결정과 집단소유에 의한 노동자들의 영향

나타나고 있다. 중도우파는 스웨덴에 최초로 실시된 '부유세'의 폐지와 '실업수당' 축소 등의 정책을 실시하였으며, 2010년 중도우파의 재집권으로 정책적 변화가 나타나고 있는데 이는 복지부문의 정책변화로 지속되고 있다.

그림 12.2 스웨덴 및 미국의 GDP대비 총조세 비율

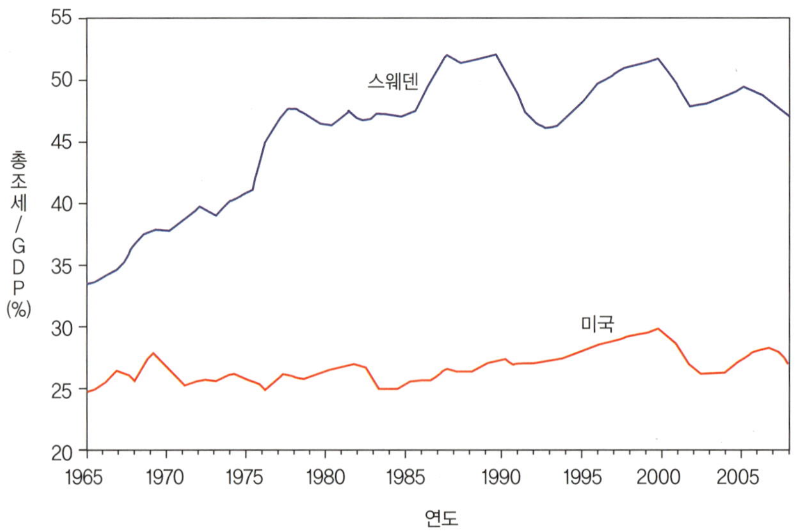

2. 정부재정의 재분배 정책

스웨덴의 거시경제적 특징 중 하나는 GDP(국내총생산)에 대한 총조세액이 높다는 점이다. 스웨덴의 경우 그림 12.2에서 보는 바와 같이 GDP에서 차지하는 총조세비율은 1965년 스웨덴은 33.3%, 미국은 24.7%로 그 차이가 8.6%에 불과하였지만, 2008년 총조세비율은 스웨덴은 47.1%, 미국은 26.9%로 그 차이가 20.2%로 미국보다도 월등히 높은 수준으로 증가하였으며, 그림에서 보는 바와 같이 스웨덴은 총조세비율이 등락이 있기는 하지만, 지속적으로 40%대 수준을 유지하고 있음을 알 수 있다.

표 12.3에서 보는 바와 같이, 스웨덴의 사회보장지출은 약 30%를 유지하고 있다. 이는 OECD국가의 평균 수준보다 10% 이상의 차이를 보이고 있는 것이다. 따라서 스웨덴은 전반적으로 복지가 국가에 의하여 제공되고 있음을 알 수 있다.

표 12.3 GDP대비 사회보장지출 비중(%)

구분	1998	1999	2000	2001	2002	2003	2004	2005
스웨덴	30.4	29.8	28.5	28.9	29.5	30.4	29.9	29.4
OECD국가 전체	19.8	19.8	19.3	19.7	20.3	20.8	20.6	20.6

복지가 국가에 의해 상당부분이 제공되고 있는 스웨덴의 경우, 여타의 국가들에 비하여 실업률이 상대적으로 높은 것이 사실이다. 스웨덴은 2002년과 2003년, 2004년에는 실업률이 각각 5.3%, 5.8%, 6.8%로서 OECD국가의 평균실업률 7%에 비하여 상대적으로 낮은 국가였으나, 2005년에는 높은 실업률이 나타났다. 사민당 정권의 말기인 2005년에 점차 올라가던 실업률이 2006년 중도우파가 정권을 잡은 시기에도 감세정책 및 복지규모의 축소에도 불구하고 높은 실업률은 감소하지 않고 있다(표 12.4 참조).

스웨덴의 조세 구조를 살펴보면, 표 12.5에서 보는 바와 같이 전체 조세수입에 주요한 많은 비중을 차지하는 조세수입의 재원을 나타낸다. 주요 직접세 항목인 소득세, 영업이득세, 자본이득세(T1)와 간접세 항목인 상품 및 용역을 구매할 때 부과되

표 12.4 실업률

구분	2002	2003	2004	2005	2006	2007	2008	2009
한국	3.4	3.7	3.8	3.9	3.6	3.4	3.3	3.8
스웨덴	5.3	5.8	6.6	7.8	7.1	6.2	6.2	8.5
영국	5.1	4.9	4.7	4.7	5.4	5.3	5.4	7.8
미국	5.9	6.1	5.6	5.1	4.7	4.7	5.8	9.4
OECD전체	7.0	7.1	7.0	6.8	6.2	5.8	6.1	8.3

표 12.5 주요 조세수입의 세원

변수	내 용
T1	소득세, 영업이득세, 자본이득세(Taxes on income, profits and capital gains)
T2	사회보장세(Social security contributions)
T3	근로소득세(Taxes on payroll and workforce)
T4	재산세(Taxes on property)
T5	상품 및 용역(Taxes on goods and services)

는 세금(T5)과 사회보장에 필요한 재원을 마련하기 위한 사회보장세(T2)로 나누어 볼 수 있다.

전체 조세수입 중에서 각 조세항목이 차지하는 비중을 그림 12.3이 나타내고 있다. 이 조세에서 차지하는 비중의 변화를 살펴보면, T1의 비중은 전체적으로 감소하는 추세를 보이고 있다. 이는 지속적인 세율인하에 기인하고, 특히 2006년에 두드러지게 감소하는 모습을 보이는데, 이것은 중도보수 정권의 세율인하 정책의 결과라고 볼 수 있다. 그렇지만 상품과 용역을 구매할 때 부과하는 세금(T5)의 경우 2006년 이후 증가하는 모습은 직접세에서 간접세로 세제개편을 반영하고 있다.

재산세(T4)의 감소는 시민주의 정권에서 보여 주었던 '부유세'를 2006년에 프레드리크 레인펠트 총리가 폐지한 것과 재산에 대하여 부과하였던 재산세율을 낮춤으로써 나타나는 것이다.

그림 12.3 전체 조세수입에서 각종 세금이 차지하는 비중

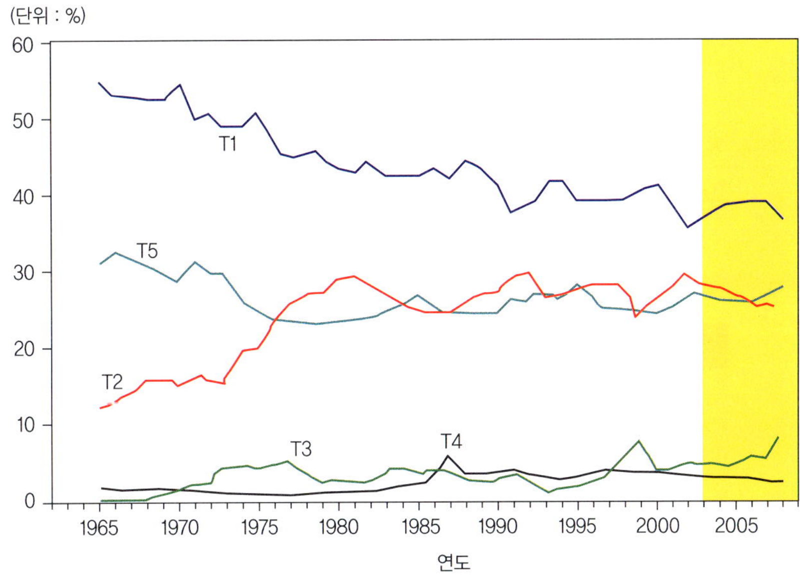

3. 사민당의 성공적인 계급동맹

스웨덴 사민주의의 특징 중 하나는 무엇보다도 계급 간 폭넓게 정치적 동맹체제를 유지했다는 점이다. 즉 스웨덴에서 복지국가의 실현은 계급타협의 결과물인 동시에 그것을 유지시킨 핵심적 지렛대라고 볼 수 있다.

스웨덴 사민당은 이미 1920년대에 농민들과의 이른바 '적녹동맹(red-green alliance)' 을 결성하여 농민과의 성공적인 계급동맹을 통해서 집권을 할 수 있었다.[5] 그리고 1930년대 이후부터 사민당은 육체노동자인 블루칼라의 지지를 얻어 냄으로써 장기집권의 틀을 마련하였다.

막스는 자본주의는 자본과 노동 간의 갈등을 내재적으로 갖고 있는 계급갈등의 체제이며, 이 계급갈등의 모순을 극복하지 못함으로써 사회주의로 전환된다고 보았다.[6] 그러나 스웨덴에서는 계급간의 투쟁을 계급연대화하는 데 성공함으로써 자본

5) 사민당은 1920년대에 이미 짧지만 세 번의 집권기회(1920년, 1921~23년, 1924~26년)를 가졌다.

6) K. Marx/F. Engels, Das Kommunist Manifesto

주의의 모순과 사회주의의 모순을 동시에 극복하는 '제3의 길(the third way)' 혹은 '중간의 길(the middle way)'[7]로 평가되고 있다. 스웨덴 사민주의는 자본주의적 민주주의에서 노동계급의 정치를 가장 성공적으로 실현시킨 체제라고 볼 수 있다.[8]

스웨덴은 세계에서 가장 높은 노조조직률[9]과 노조가입률을 기록하고 있는데 이 중 노조가입률을 보면 1940년에는 50%, 1960년에는 67%, 1970년에는 81%, 그리고 1990년에는 92%, 2005년에는 85%를 각각 기록하고 있다.[10]

스웨덴은 직종에 따라 크게 다음과 같은 3개의 노동조합이 있다.

표 12.6 스웨덴의 노동조합

① 블루칼라 중심의 노동조합인 LO
② 화이트칼라 중심의 노동조합인 TCO
③ 전문직 종사자를 중심으로 하는 SACO

이 가운데 가장 규모가 큰 조직은 현재 약 160만 명의 노동자를 조합원으로 가진 LO이다. 이것은 스웨덴인 5명당 1명, 혹은 매 가정마다 평균 1명이 LO의 조합원이라는 것을 의미한다.[11]

이 LO는 사민당의 주도하에 조직되었다는 이유로 서로 밀접하게 협력하는 관계를 유지해 왔다. LO 구성원의 상당수가 사민당의 당원으로 활동하고 있으며, 이는 스웨덴 사민주의의 특징 중 하나인 노동조합의 정치활동을 보장하고 이러한 노조의 정치활동이 선거를 통해 집권을 꾀하는 사민당과 긴밀하게 연결되어 있음을 의미한다. 이러한 LO의 지지가 사민당이 장기적으로 정권을 유지할 수 있었던 가장 중요한 이

7) '제3의 길' 이라는 개념이 최초로 등장한 것은 1936년 출판된 M. Childs의 『스웨덴 : 중간의 길(Sweden : The Middle Way)』이다. 이 책에서 M. Childs는 스웨덴이 정치적으로는 극좌파 공산주의와 극우파 나치즘(파시즘) 어느 쪽도 아닌 중립을 지키고, 경제적으로는 볼셰비키식 중앙집권적 계획경제도, 자유방임적 자본주의 시장경제도 아닌 '제3의 길'을 추구한다고 언급하였다.

8) G. Esping-Andersen, op.cit. p. 3.

9) 현재 약 90%의 노조조직률을 기록하고 있으며, LO 조합원의 60~80% 정도가 사민당에 투표하고 있다(김효명, 현대경제정책, 박영사, 1992, p. 658).

10) 박호성, 평등론, 창작과 비평사, 1995, p. 285.

11) LO는 1898년에 창설되었으며, 당시 32개의 서로 다른 단체들이 통합된 조직이다.

그림 12.4 스웨덴과 미국의 노조가입률(1961~2008년)

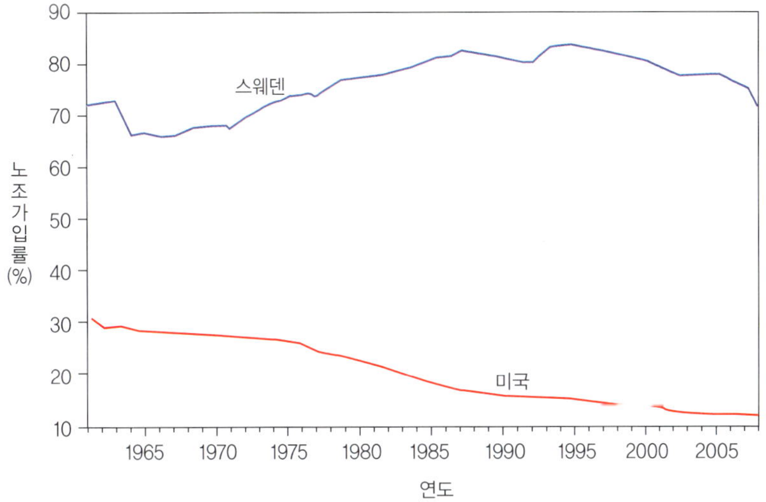

유 중의 하나이다.

1950년대에 들어와서는 사회계급적 구성이 변화하면서 사회당의 정치적 동맹의 대상도 달라지게 된다. 블루칼라의 수가 점진적으로 줄어들고 새로운 중간계급인 화이트칼라가 중요한 계급으로 부각되었다. 1950년 전체 노조가입 노동자의 82%를 차지했던 블루칼라 노조인 LO의 비중은 점차 줄어들어 1980년에는 그 숫자가 60%로 감소하였다. 반면에 화이트칼라 노조인 TCO는 급성장하여 1950년 17%에서 1980년 32%로 증가하였다. 또한 전문직 종사자 노조인 SACO도 같은 기간에 1% 미만에서 7%로 증가하였다.[12] 이에 따라 사민당은 화이트칼라와 블루칼라의 연합을 형성할 수 있는 새로운 정책개발이 요구되었다. 사민당 정권하에서 LO는 경제성장을 위해 임금인상 요구를 자제하였고, 그 대신 완전고용과 노동복지를 보장받았다.[13] 스웨덴의 2010년 노조가입률은 여전히 70% 수준을 유지하고 있나(그림 12.4 참조).

12) 박호성, 평등론, 창작과 비평사, 1995, pp. 286~287.

13) 1938년에 LO와 기업주연맹(SAF) 사이에 체결된 잘츠요바덴(Saltsjobaden) 협정이 그 한 예이다.

4. 적극적인 노동시장 정책 : 완전고용의 실현

스웨덴 사민주의의 가장 큰 성과는 완전고용을 달성하였다는 점이다. 스웨덴에서 완전고용을 최우선적인 사회보장정책으로 선택한 이유 중의 하나는 완전고용정책이 복지정책과 상관관계가 있기 때문이다. 즉 국가 복지프로그램들은 소득원을 갖는 취업자의 조세로부터 재원이 조달되기 때문에, 완전고용은 복지국가를 유지하기 위한 중요한 경제적 기반이 된다.

1970년 경제가 침체되기 전까지 스웨덴의 완전고용은 주로 노동시장위원회(Labour Market Board)[14]를 중심으로 사민당 정부의 역순환 투자정책(anti-cyclical investment policy)과 적극적인 노동시장정책에 의해 추진되었다.

참고

분배정책 : Rehn-Meidner 모델

최초의 마이드너 모델은 자본가 측이 기업이윤의 20%를 임금노동자 기금으로 제공하고, 노동자 측은 임금인상을 자제하는, 즉 양측의 양보와 절충을 전제로 한 것이었다. 그러나 1983년에 수정, 통과된 최종안은 모든 기업이 아니라 '평균 이상의 이윤을 낳은 기업' 으로 한정시켰다.

제 4 절 스웨덴의 복지프로그램

1. 스웨덴 복지프로그램의 연혁

현재 스웨덴 사민주의 복지모델은 1932년 정권을 잡은 사민당이 최초로 케인즈주의에 입각한 적자재정정책을 추진함으로써 확립되기 시작했다. 이전까지 스웨덴의 재정정책의 특징은 균형예산주의에 입각한 고전학파정책이었다. 사민주의의 특징은

14) 노동시장위원회는 공식적으로 정부와 사용자 조직 및 노동자 조직의 대표로 구성된 3자단체이다. 그러나 사실상의 주요 파트너는 사용자 조직과 노동자 조직이다.

'정당' 차원에서 찾는 것이 일반적이다. 오늘날 사민주의 특징의 대부분이 사민주의적 정당의 정책에 의해 만들어졌다고 볼 수 있다.

1932년 선거에서 사민당이 승리할 수 있었던 이유 중의 하나는 집권 여당이던 자유당이 당시 진행된 세계적 대공황과 대량실업문제(1920년대 스웨덴은 높은 인플레이션율과 연평균 16%에 달하는 실업률을 기록했다)에 대한 아무런 정책대안을 제시하지 못했다는 데 있다. 사민당의 경제정책은 당시 재무장관이던 비그포르스(E. Wigforss, 비그포르스는 1920년대 중반부터 1940년대 중반까지 사민당의 중요한 이론가로 활약하였으며 개량주의적 사회이론을 중심으로 자본주의체제에서 점진적 사회주의로의 이행가능성을 제시하였다)에 의해 수립되었다고 볼 수 있는데, 그는 케인즈이론을 기초로 하여 정부의 개입을 통한 완전고용과 반순환적 정책(anti-cyclical policy)을 추진하였다.

케인즈혁명은 사민당에게 정부차원의 역할을 정당화시켜 준 동시에, 노동계급에게 유리한 분배정책의 이념적 중요성을 새롭게 인식시키는 동기가 되었다. 그러나 스웨덴의 사민주의정책이 케인즈 사상의 응용이냐, 아니면 막스에서 빅셀을 통해 자율적으로 개발된 것이냐 하는 문제는 현재까지 논란거리로 남아 있다.

1933년부터 사민당은 노동자에게 일자리를, 농민에게는 농업관세를 통한 농산물 가격의 안정과 농업보조금의 지원을 각각 보장해 주는 상호호혜정책(quid-pro-qua)을 추진하였으며, 그 결과 1936년부터는 농민당과 연정을 구성하여, 의회 내에서 과반수의 의석을 확보함으로써 장기집권의 틀을 마련하게 되었다.

사민당의 케인즈식 위기관리정책은 지속적으로 효과를 발휘하여, 1939년에는 실업률이 10% 이하로 떨어지는 성과를 보였으며, 경제는 급속히 회복세에 돌아서는 결과를 초래하였다.

제2차 세계대전 이후에도 스웨덴은 사민당의 주도 아래, 지속적으로 복지지향적 경제정책을 추진하였다. 1976년 집권에 실패(사민당은 1932년 집권 이후 1976년 총선에서 패배하기까지 44년을 연속해서 집권했다)하기까지 사민당의 사민주의 발전과정을 요약하면 다음과 같다.

① 제2차 세계대전 직후의 경제정책은 전쟁으로 침체된 경제를 회복하기 위해 케인즈식 총수요관리정책을 추진하였다.

② 1950년대에는 사민당과 노조연맹이 공동으로 노동시장의 활성화를 주요목표로 하는 경제의 구조조정정책을 추진하였다.

③ 1960년대에는 노동시장의 활성화정책이 낳은 문제점들을 수정 · 보완하는 일련의 정책을 추진하였다.

④ 그러나 1970년대는 세계경제의 스태그플레이션 현상과 노동자중심의 경제정책이 빚은 임금과 이윤 사이의 분배갈등문제로 스웨덴 경제는 악화되기에 이르렀다. 그 결과 사민당은 1976년 선거에서 패배하였다.

사민주의 정당이 실시한 정책은 정책의 일관성을 가지고 실시되었다. 그러나 2000년대에 들어와 실업 증가를 막지 못한 사민당은 '중도우파' 에 정권을 내주게 되었으며, 이때부터 정책변화가 '실업보험의 축소' 와 '부유세 폐지' 등으로 나타났으며, 2010년 선거를 통한 정권 재창출이 가능하게 됨에 따라 이러한 정책은 더욱더 탄력을 받을 것으로 예상된다. 2006년 취임한 프레드리크 레인펠트 총리하는 2010년 선거를 승리로 이끌면서, 정통적인 사민주의 복지정책에 있어서 변화는 불가피할 것

표 12.7 스웨덴의 총리(1986~2010년)

주요정당	기간	총리	주요 내용
사회민주당	• 1986~1991 • 1994~1996 예스타 잉바르 칼손 (Göta Ingvar Carlsson)		스웨덴 사회민주노동당의 당수 및 총리가 되어 사회복지정책 실시
사회민주당	• 1996~2006 예란 페르손 (Göan Persson)		- 유럽연합에도 더욱 적극적으로 참여하는 정책을 실시 - 2001년 5년 EU순번제의장국 - 대내적으로 실업 문제 해결에 난항 - 2003년 유로화 도입 투표에서 사회 분열 초래
중도우파	• 2006. 9~ 프레드리크 레인펠트 (Fredrik Reinfeldt)		- 스웨덴에서 처음 시작된 부유세를 폐지 - 실업수당의 축소 - 국영기업의 민영화를 시도

으로 보인다(표 12.7 참조).

2. 스웨덴의 복지프로그램

스웨덴이 거의 완벽에 가까운 복지국가를 실현하는 데는 이 나라의 사민주의세력, 즉 사민당과 노조연맹이 결정적 역할을 하였다. 이 양대기구는 기능상 각각 다른 조직이지만, 사민당의 주도하에 노조연맹이 결성되었다는 이유로 서로 긴밀하게 협력하는 관계를 유지하였으며, 이러한 협력관계가 1932년부터 1976년까지 44년간 장기간에 걸쳐 사민당이 단독 또는 연합으로 정권을 잡을 수 있었던 이유 중의 하나이다.

그러나 사민당이 장기적으로 정권을 유지할 수 있었던 것은 단순히 노동계급의 지원뿐만 아니라, 국민들의 광범위한 지지가 있었기 때문이다.

스웨덴의 복지제도는 독일 등의 '비스마르크' 형이 아닌 이른바 '비버리지' 형을 채택하고 있다는 특징이 있다. 이는 독일 등 여타 국가에 비해 스웨덴이 사회보험에서 개인의 갹출금이 차지하는 비율 정도가 낮으며, 일반적으로 일정률의 갹출금을 적용하여 모든 사람에게 특히 저소득층의 최저소득수준을 보장해 주고 있다. 스웨덴의 경우 복지정책의 재원은 피보험자에 대한 부담은 거의 없고 대부분을 정부와 고용주로부터 조달하고 있다. 정부재정은 거의 국민의 세금으로 충당하고 고용주로부터는 사회보장부담금의 명목으로 재원을 확보하고 있다. 대표적인 실업보험의 변화도 나타나고 있다. 1935년부터 실시되고 있는 추이는 실업보험에 있어서 정부부문의 부담이 지속적으로 증가하고 있으나, 2007년에 새롭게 도입된 시스템에서 정부부문의 부담률이 70%로 감소하였다. 이는 2006년부터 실업급여를 줄여 노동자의 노동시장

표 12.8 실업보험의 정부부담 추이

기간	주요내용
1935년~1960년 초	실업급여 비용의 1/3은 정부가, 2/3는 노조의 실업보험기금에서 지원
1960년대 중반	실업보험의 2/3를 정부가 부담
1980년대 초~2006년	총비용의 90%를 정부가 부담
2007년 1월~2010년	실업보험의 재원조달 시스템이 새롭게 도입 : 70% 부담

표 12.9 스웨덴 사회보장제도의 주요내용

<table>
<tr><th>구분</th><th>제도 및 정책</th><th>실시 연도</th><th>주요내용</th></tr>
<tr><td rowspan="2">사회 보험 제도</td><td>국민건강보험
– 의료보험
– 질병보상
– 부모보험</td><td>
1931
1891
1891</td><td>
– 치료, 입원치료 : 무료
– 첫 3일 65%, 4~90일 80%, 이후 90%
– 산후휴가 및 월급여의 90%</td></tr>
<tr><td>국민연금
– 기본연금
– 추가연금
– 부분연금
– 각종연금추가수당
– 실업보험</td><td>
1913
1959
1976
1934</td><td>
– 일률적으로 적용되는 기초적 보장제도
– 노후연금, 장애자연금, 유족연금 등
– 연금수급개시 이전에 부분적으로 지급되는 연금
– 장애자수당, 아동간호수당, 주택보조비, 부인 수당, 특별연금, 추가수당 등
– 노조회원이 자동가입한 실업보험단체의 실업수당</td></tr>
<tr><td>공적 부조</td><td>사회구제</td><td>1918</td><td>– 생활능력이 없거나 불충분한 자
– 국가로부터의 실업수당</td></tr>
<tr><td rowspan="4">사회 복지 서비스</td><td rowspan="2">유아, 가족복지</td><td>1891
(출산수당)</td><td>– 출산대책 : 산모보호관리(지역모자센터)
– 산전산후휴가(약 15개월, 부모 모두 해당)</td></tr>
<tr><td>1948
(자녀수당)</td><td>– 가정대책 : 아동간호휴가
– 자녀수당 : 16세 이하 아동
– 주택보조비</td></tr>
<tr><td>노인복지</td><td>1913
(노후연금)</td><td>– 연금
– 주택대책
– 사회적 대책</td></tr>
<tr><td>장애자복지</td><td>1913
(장애자연금)</td><td>– 장애자연금 및 장애자수당
– 특별장애자아동 부양수당
– 직업훈련 및 취업알선
– 주택대책, 일상생활지원 보조기구 개발</td></tr>
</table>

으로 복귀를 시도하는 정책과도 연관되어 있다.

현재의 스웨덴 사회보장제도는 크게 국민건강보험, 국민연금, 상해보험과 실업보험을 포함한 사회보험제도와 노인복지, 아동 · 가정복지, 장애인복지 등 사회복지서비스로 대별될 수 있다. 이 가운데 국민건강보험과 국민연금제도는 스웨덴 복지제도의 핵심을 이루고 있다.

이러한 스웨덴의 보편주의적 복지프로그램을 정리 · 요약하면 표 12.9와 같다.

제 5 절 스웨덴 사민주의의 성과

1. 적극적인 재분배정책을 통한 형평성 제고

스웨덴의 거시경제적 특징 중 하나는 GDP(국내총생산)에 대한 총조세액 및 사회보장세의 비율이 서유럽국가 중 가장 높다는 점이다. 이는 스웨덴이 조세수입을 재원으로 하여 적극적인 재분배정책을 추진하고 있음을 의미한다. 스웨덴의 경우 '스웨덴 및 미국의 GDP대비 총조세 비율' 에서 보는 바와 같이 GDP에서 차지하는 총조세 비율은 1990년 55.6%, GDP에 대한 사회보장세의 비율은 15.1%에 달해, 비교한 영국이나 미국보나노 월등히 높은 최고수준에 있었음을 알 수 있다. 그러나 1991년부터는 그 비율이 점차 소폭으로 감소하는 추세를 보이고 있는데, 이는 총조세 및 사회보장세가 감소하였다기보다는, 스웨덴 경제의 침체로 상대적으로 GDP가 감소하였기 때문인 것으로 추정된다. 2000년에는 51.8%로 총조세가 GDP에서 차지하는 비율이 증가하였다. 그리고 2006년까지 총조세비중이 49%대 초를 유지하다가 2007년에 48.3%, 그리고 2008년 47.1%로 감소하기는 했으나, 총조세의 비중은 여전히 47% 이상을 차지하고 있다.

스웨덴의 경우 시간이 경과함에 따라 GDP대비 총조세 및 사회보장세 비율이 상당히 큰 폭으로 증가하고 있다. 이는 정부지출 중 사회보장비의 지출이 크게 증가한 데 기인한다고 볼 수 있는데, 스웨덴의 GDP대비 사회보장비 지출은 50년대에는 OECD국의 평균치에 가까웠으나, 60년대부터는 크게 증가하기 시작하여 70년대 중반 이후로는 가장 높은 비중을 차지하고 있다.

조세정책에 의한 소득재분배효과가 큰 성과를 거두고 있음을 알 수 있다. 예를 들어 1980년에 소득분포 최상위 10%에 속하는 사람의 경우에는 41.5%를 조세로 납부한 데 비해, 최하위 10%에 속하는 사람의 경우에는 10.5%만을 납부함으로써 누진적인 세제를 실효성 있게 운영하고 있음을 알 수 있다.

사민당정권하에서 가장 규모가 큰 노동조합인 LO는 경제성장을 위해 임금인상의 요구를 자제하였고, 그 대신 완전고용과 노동복지를 보장받았다. 1938년 LO와 기업주연맹(SAF) 사이에 체결된 살트셰바덴(Saltsjobaden) 협정이 그 한 예이다. 동 협정

> 용어
> **살트셰바덴 협약(Saltsjobaden Agreement)**은 1938년 스웨덴경영자연합(SAF)과 스웨덴노동조합(LO)이 살트셰바덴에서 행한 노사 간 협약으로 기업 지배권을 인정받은 경영자연합이 회사 이익금의 85%를 법인세로 납부하기로 한 협약이다.

에서 LO와 SAF 양측의 권리와 의무가 명문화되었다.

1970년 중반 경제가 침체되기 전까지 스웨덴의 완전고용 전략은 주로 노동시장위원회(Labour Market Board)를 중심으로 사민당 정부의 반(反)순환투자정책과 적극적인 노동시장정책의 결합에 의해 추진되었다. 반(反)순환투자정책은 일련의 유인과 통제를 통하여 기업들이 경기후퇴기에 이윤 중의 일부분을 투자하도록 함으로써 경제성장을 촉진시키며, 적극적인 노동시장정책은 일련의 수단을 통하여 노동의 직업 간, 산업부문 간, 지역 간의 이동을 보장함으로써 완전고용을 유지하는 데 있다. 적극적 노동시장정책은 노동시장청(swedish labour market board)에 의해 추진되었는데, 노동시장청은 해당 노동자들을 지역노동시장위원회와 고용센터를 통해 재훈련, 교육, 고용교환, 고용보장 및 직장전환의 의사가 없거나 능력이 없는 노동자에 대한 지역직장알선 등을 통해 완전고용을 달성시킨다. 다시 말해 적극적 노동시장정책은 고용창출과 유지, 노동력공급과 질의 향상, 그리고 노동의 이동성(labor mobility)을 증진시키는 것을 주요목적으로 하는 정책이다. 이 중 특히 두드러졌던 정책의 주요 내용들은 다음과 같다.

첫째, 노동시장정책은 노동의 이동을 촉진시키는 수단에서 실업이 발생하는 지역에 대체고용을 제공하는 수단으로 확대되었다.

둘째, 정부는 기업에 보조금을 지급하였는데, 이는 기업으로 하여금 생산을 유지하게 함으로써, 실업을 피하도록 하기 위한 목적이다. 이러한 정부의 기업보조금은 1970년대 중반에는 1970년대 초반과 비교할 때 무려 5배로 증가하였다.

셋째, 공공부문의 고용을 확대하였다. 이 외에도 조기퇴직과 같은 대책이 실행되었다.

스웨덴에 있어 적극적 노동시장정책은 사민당뿐만 아니라 보수주의정당들도 동시에 지지하는 중요한 정책으로 평가되고 있다. 예를 들면 1990년대 반(反)사민 보수연립내각에서도 다른 복지프로그램은 축소하는 반면, 노동시장정책은 확대되는 추세를 보였다. 1992년 '청소년 직업훈련제도(youth training program)' 와 1993년 '임시발전제도(temporary development program)' 가 그 예이다. 청소년 직업훈련제도는 노동시장에 배출된 젊은 노동인력이 정규직업을 구할 때까지 직업훈련을 시키는 제도이고, 임시발전제도는 장기적으로 실직상태에 있는 사람을 대상으로 직업을 알선해 주는 제도이다. 1993년 적극적 노동시장정책에 의해 직업훈련이나 재취업을 위해 재교육을 받은 사람은 총 277,000명으로 이는 당시 스웨덴 노동인구의 6%를 점하는 비율이다. 이 중 청소년 직업훈련제도는 훈련기간 중 약 20% 정도가 정규직업을 갖게 되는 성과를 보였다.

적극적 노동시장정책을 수행하기 위한 재정은 초과이윤이 발생하는 기업에서 세금으로 흡수하여 적립한 일반 보충연금(ATP)에서 충당된다. 적극적 노동시장정책은 완전고용을 통해 노동자들에게 안정된 생계수단을 보장함으로써 정부의 복지재원을 높이고, 노동력의 공급확대로 노동시장에서 임금인상을 억제시키는 효과도 가진다. 특히 적극적 노동시장정책을 통해 신체장애노동자들에게 국가차원에서의 재훈련과 취업을 알선하였다.

이러한 적극적 노동시장정책은 스웨덴 경제의 안정화(stabilization)와 완전고용을 달성하는 데 크게 기여하였다는 점에서 스웨덴 사민주의정책의 대표적 성과물로 평가되고 있다.

2. 연대의식적 임금정책(solidarity wage policy)을 통한 노사화합

스웨덴 사민주의의 또 다른 성과는 1930년대 사민당집권 이후, 그동안 갈등구조를 보여 왔던 노동과 자본의 타협이 잘 이루어졌다는 점이다. 스웨덴의 대표적 노동자 조직이 LO라면, 대표적인 자본가 조직은 SAF(Sveriges Arbetsgiberforbund : 스웨덴경영자연맹)이다. LO와 SAF로 대표되는 스웨덴의 노사교섭단체는 대부분의 노조원이나 경영인이 산하단체의 구성원으로 되어 있기 때문에 산하단체나 노조원들을 잘 통제할 수 있나는 공동점을 가시고 있다. 이러한 중앙집중적이고 수직적인 LO와 SAF 구조는 스웨덴에서 노동과 자본의 타협을 가능하게 하는 중요한 배경이 되었으며, 스웨덴 분배모델의 기본적 토대가 되었다.

사민당의 적극적 개입을 통해 자본과 노동의 타협, 그리고 생산에서의 효율성과 분배에서의 형평성을 동시에 달성하려고 제시된 것이 1950년대의 렌모델(Rehn

Model)이다.

30년대에는 LO와 사민당 간의 긴밀한 협조를 통해 경제정책을 순조롭게 추진할 수 있었으나, 제2차 세계대전 후 사민당의 경제정책에 대해 LO는 비판적 입장이었다. 이는 사민당이 전후 인플레이션을 억제하기 위해 1949~1950년 2년 동안 임금을 동결하였기 때문이다. 이러한 문제를 극복하고자 LO가 중심이 되어 제안한 렌모델은 노조의 연대 임금협상, 적극적인 노동시장정책, 제한적인 재정정책이 결합되어 완전고용과 인플레이션 억제를 동시에 해결하는 이른바 스웨덴식 케인즈주의를 의미한다.

연대임금정책은 렌모델의 핵심적 정책이라고 볼 수 있으며, 노동과 임금의 관계에 있어서 중요한 역할을 했다. 연대임금정책은 LO와 SAF 간의 임금협상을 토대로 하여 노동자 간의 평등한 소득분배를 실현하기 위한 단일임금정책이다. 이 정책에 따르면 임금인상은 연대임금(solidarity wages)에 근거해야 하며, 다양한 산업과 기업 간의 이윤차이에도 불구하고 임금은 동일하게 증가해야 한다. 이는 산업 간, 지역 간의 임금을 균등화시켜 노동자들의 소득분배의 불평등을 완화시킬 수 있다. 연대임금정책의 도입으로 산업 · 기업 · 지역 간 임금격차는 점차 줄어들었다.

연대임금정책을 추진한 또 다른 목적은 기업의 효율성을 제고시켜 경제성장에 기여할 수 있다는 점이다. 즉 연대임금정책으로 동일노동에 동일임금이 지불되면 생산성이 낮고, 이윤율이 낮은 기업은 경쟁에서 탈락하거나 경쟁력을 갖기 위해서 합리화와 기술개발을 추진하게 된다. 이는 효율적인 기업만이 존재하게 되고 결과적으로 경제전체의 생산성의 향상을 가져온다는 것이다.

이때 문제가 되는 것이 노동자들의 고용불안정인데, 이 문제는 정부의 적극적 노동시장정책에 의해 해결된다.

연대임금은 LO와 SAF가 보통 1년 또는 2년에 한 번씩 정기적으로 임금과 기타 고용조건에 대한 협상을 함으로써 결정되며, LO와 SAF 간의 노사협상은 다음과 같은 세 단계를 거쳐 이루어진다.

먼저 중앙에서 LO와 SAF 간에 임금교섭 시 전체적인 틀에 관한 합의를 도출하기 위해 협상을 한다. 임금협상은 일반적으로 국민소득증가에 대한 추정치를 근거로 하고 있다. 만약 협상이 결렬될 위기에 처하면 정부가 중재자 1명을 임명하여 중재를 시도한다.

두 번째 단계에서는 중앙에서 동의된 협정을 어떻게 고용자들 간에 배분해야 되는가를 명시하기 위해 LO와 SAF 간에 그리고 국가 및 지방정부의 협상상대와 협정을 체결한다. 협상은 산업별로 실시되는데, 산업별 단체 간의 협상에서는 중앙에서 체결된 기본적인 협약내용을 실제에 있어서 어떻게 적용하느냐 하는 문제를 다룬다. 예를 들면 임금인상률을 각 그룹에 어떻게 배분하는가 등의 문제이다.

마지막으로 여기서 합의가 이루어지면 최종적으로 지역별로 한 기업체 내의 노동자대표와 경영자대표가 협상을 하는데, 이 경우 중앙협상에서 책정된 임금인상의 전체 총액이 노동자 개개인에게 얼마만큼 배분되는가를 계산하여 지방의 노조지부와 교섭한다. 지역별 협상이 결렬되면 협상은 산업별 노조단체로 되돌아가 다시 이루어진다.

이상과 같은 중앙집중식 임금교섭방식은 먼저 노사 간 사회계약적 임금교섭을 전제로 하고 있다. 사회 · 경제적 임금이 최초로 이루어진 것은 1973~1974년에 영국 노동당 정권하에서이다. 이때 노동조합은 각 기업이 물가상승을 억제하는 조건으로, 임금인상을 소폭으로 요구하였다. 스웨덴에서는 1973년에 공적 연금의 사회보험료 중 노동자 측의 부담을 기업이 대납하는 조건으로 임금인상을 억제하였으며, 1974년에는 임금인상에서 건강보험의 사회보험료 중 노동자 측 부담을 기업이 대납하는 조건으로 노동자 측은 소폭의 임금인상에 합의하였다.

그러나 이와 같은 사회계약적 임금인상방식은 1980년대에 들어와 점차 그 기능을 상실하기 시작하였다. 1984년 사민당정부는 경영자 측과 합의하지 않은 채, 노동자 측이 강력히 요구한 임금소득자기금제를 도입함으로써 사회계약적 임금협상방식을 변경하게 되었다. 또한 1990년 임금교섭 시 정부는 1991년까지 노동자에 대한 소득세를 경감해 주는 세제개혁과 함께 물가 및 임금동결, 파업정지를 제안하였지만 합의되지 않았다. 그 결과 사민당 내각은 사임하게 되었다. 결국 1990년 임금이 10% 이상 상승함으로써 1990~1991년의 인플레의 주요인이 되었다.

렌모델의 성과는 연대임금정책을 통해 노동자들 간의 소득불평등을 완화시켰다는 점이다. 즉 연대임금정책은 블루칼라와 화이트칼라 간, 산업 간, 지역 간, 남녀 간의 임금격차를 축소시킴으로써 노동자들 사이의 불평등을 완화시켜 주는 역할을 하였다. 노조 간 임금격차의 축소가 성공적일 수 있었던 것은 연대임금정책이 저임금 노동자를 지원하여 임금을 인상시키는 방향으로 임금의 평준화를 추진하였기 때문이다.

결과적으로 1950~1960년대 연대임금정책은 기업의 생산성향상, 수출경쟁력 강화, 지속적인 경제성장과 실질임금의 상승, 임금격차의 축소를 통해 형평과 효율성이라는 두 가지 경제목표를 동시에 달성시킨 스웨덴 경제체제의 기초를 형성하였다고 볼 수 있다.

3. 임금소득자기금(wage earner funds)

연대임금정책은 1950년대와 1960년대 스웨덴 복지정책의 정책기조로서 경제적, 사회적으로 큰 성과를 거두었다. 즉 지속적인 산업평화를 유지하면서 자본주의가 안고 있는 실업과 경제적 불평등의 문제를 해결하였다. 이러한 스웨덴모델의 성과가 최고로 나타났다고 볼 수 있는 1960년대 중반, 스웨덴은 1.5~2.5%의 완전고용실업수준, 3%의 낮은 물가상승률, 국제수지의 균형, 복지증진을 위한 공공부문의 급속한 성장 및 4%의 경제성장률을 기록했다.

그러나 1970년대 초 연대임금정책의 문제점이 노정되면서 임금소득자기금제가 본격적으로 논의되기 시작했다. 연대임금정책을 통해 노동자들 간의 임금격차는 축소되었지만, 노사 간의 소득격차는 더욱 확대되었다, 즉 동일한 노동에 대해 기업의 이윤에 관계없이 동일한 임금을 지불하는 연대임금정책은 고이윤기업의 초과이윤이 자본가에게 돌아가도록 함으로써, 노사 간의 소득격차를 확대시켰다는 문제점을 가지고 있었다. 뿐만 아니라 연대임금정책은 효율성이 높은 기업에게 임금인상의 억제를 통해 고이윤을 보장함으로써 자본의 집중을 야기하였다. 즉 생산성이 높아 많은 이윤을 남기는 기업도 동일한 임금을 지불함으로써 보다 많은 이윤을 남기게 되었고, 이것을 바탕으로 자본의 집중과 집적현상이 심화되었다.

임금소득자기금제를 추진한 또 하나의 원인은 국제경제 환경의 변화이다. 70년대에 들어 2차에 걸친 오일쇼크와 수출중심의 신흥공업국의 대두 등은 대외의존적이고 수출지향적인 스웨덴 경제에 큰 걸림돌로 작용하였다.

이러한 문제점이 1975년 LO위원회에서 마이드너(R. Meidner)에 의해 본격적으로 거론되었으며, 그 대안으로 제시된 것이 임금소득자기금제이다. 임금소득자기금제를 그의 이름을 따 '마이드너 모델' 이라고도 한다. 임금소득자기금제는 자본가는 기업이윤의 20%를 기금으로 제공하고, 노동자는 자본형성과 투자에 대한 결정에 참여함으로써 연대임금정책이 낳은 문제점을 해결하는 데 그 목표를 두었다. 즉 임금소득자기금제는 기업의 이윤과 노동자임금의 일부분을 기금으로 조성하여, 이를 노동조합(혹은 피고용자)이 주관하여 경기침체 시 투자기금으로 사용하는 제도이다. 이러한 임금소득자기금제는 1976년 LO전국회의에서 LO의 공식입장으로 채택되었다.

1976년 제안된 최초의 마이드너안은 그 목표를 ① '초과이윤'을 활용하여 연대임금정책을 지지하고, ② 자본의 집중과 불평등분배를 시정하고, ③ 경제전반에 대한 노동자의 영향력을 증대시키는 데 두었다. 그러나 최종안은 ① 자본의 집중과 불평등분배보다는 '저축과 자본투자'를 우선적으로 중시하며, ② 대상기업을 크게 한정시켰고, 대상기업의 규모가 초안에서는 50인 혹은 100인 이상의 기업을 대상으로 하였으나 78년 1차 수정안에서는 500인 이상의 기업으로 변화했고, 최종안에서는 500인 이상의 기업 중에서도 총급여 6% 이상의 이윤을 낳는 기업만을 대상으로 변경되었다. ③ 중앙집권적 제도보다는 지방분권화를 더욱 중시하였다. 즉 원래의 안은 생산수단의 소유구조를 변화시킴으로써 노동자 중심의 스웨덴 사민주의를 확립하는 것이었으나, 오히려 생산과 고용증대를 위한 자본투자의 중요성이 강조되었다.

최종안의 특징을 구체적으로 정리해 보면 다음과 같다.

첫째, 최종안은 노동과 자본의 절충형이라는 특징을 지닌다. 자본의 집중과 불평등분배에 대한 개선보다 자본형성을 통한 투자활성화에 중점을 두었다.

둘째, 임금소득기금의 재원을 자본가의 이윤과 노동자의 임금에서 충당하는 이중체제를 갖추었다. 즉 초과이윤을 낳는 대기업의 총이윤 중 20%가 기금화되며, 동시에 노동자 임금의 0.2%가 세금으로 부과되어 기금으로 전환되었다.

셋째, 소유형태와 재정관리는 일원적인 중앙집권적 체계에서 다원적인 지방분권적 체계로 바뀌었다. 즉 임금소득자기금은 5개의 지역단위기금제로 분산되었고, 각 지역기금은 주식형태로 전환되어 기업 전체 주식의 8%를 초과하지 못하고, 최소한 3% 이상의 투자수익을 올리도록 되어 있다.

넷째, 기금의 조성과 관리과정은 직접적이라기보다는 간접적인 형태를 취하고 있다. 즉 기업이윤의 20%와 임금의 0.2%에 부과된 세금은 먼저 보충연금(ATP)으로 기금화되고, 다음으로 일련의 임금노동자기금형식으로 배분된다.

연대임금정책의 문제점을 보완하기 위해 도입된 임금소득자기금제도가 원래 의도했던 목표를 달성했는지 그 성과를 평가하기는 쉽지 않다.

기금도입 초기에는 임금인상억제, 기업의 이윤증가, 이를 통한 투자의 증가 등 성과가 큰 것으로 나타났다. 기금도입 3년 동안 실업률은 3%에서 1.7%로 하락하였고, 인플레이션도 1983년 9%에서 1986년 3%로 하락하였다. 뿐만 아니라 무역수지도 흑자로 전환하였다. 유럽의 여타 국가와는 달리 인플레이션과 실업의 문제를 동시에 극복한 것이다.

그러나 1989년 이후 스웨덴 경제는 침체하기 시작하였고, 이에 따른 임금소득자기금제에 대한 문제점들이 지적되었다. 예를 들면 6년 동안 조성된 기금의 총액이 매우 미미하여 스웨덴 경제에 큰 영향을 미치지 못하였다는 점, 그리고 노동자의 주식보유의 상한선이 존재하여 제도적으로 극히 제한적이었다는 점, 게다가 1989년 말 스웨덴 주식시장의 폭락으로 기금액이 현저히 줄어들었다는 점 등을 들 수 있다. 그럼에도 불구하고 임금소득자기금은 노동자들이 집단적으로 주식을 소유하여 기업의 의사결정에 참여함으로써 경제민주주의를 실현하였다는 점에 그 의의가 있다.

제 6 절 스웨덴 사민주의의 문제점

제2차 세계대전 후부터 1970년대까지 복지국가로서의 황금기를 보내던 스웨덴 사민주의체제는 1980년대에 접어들면서 심각한 도전에 직면하게 되었다. 그동안의 고도성장이 마감되고 오일쇼크를 계기로 나타나기 시작한 스태그플레이션 현상과 비대해진 복지지출에 의한 재정적자의 심화 등이 스웨덴 사민주의의 문제점으로 지적되기 시작했다. 그동안 자본주의가 낳은 문제점들의 해결사로 평가받던 사민주의체제가 자본주의시장경제체제의 위기의 근원으로 인식되기 시작한 것이다.[15)]

이에 일부 사민주의 국가들은 시장의 자율성을 강화하고, 효율성을 강조하는 자유주의적 경제정책으로 그 분배양식을 전환하였다. 이의 대표적 국가가 영국이라 할 수 있다. 영국은 1970년대 전까지 다양한 복지프로그램을 통해 복지선진국으로 평가

15) G. M. Olsson, Social Policy and Welfare State in Sweden, Lund, 1990, p. 249.

되었다. 그러나 1970년대 경제위기 이후에는 소위 '대처리즘(Thatcherism)'으로 표방되는 자유주의경제정책을 펴 나감으로써 사민주의적 복지프로그램을 축소하기 시작했다.

스웨덴에서 사회복지제도에 대한 비판은 특히 사민당의 1976년 선거패배 후, 집권한 보수정부에 의해 심각하게 제기되었다. 이렇게 제기된 문제들은 대체로 구조적인 것으로 크게 두 가지의 측면, 즉 외적인 조건변화와 내적인 조건변화에서 그 원인을 찾을 수 있다. 여기서 외적인 조건변화란 대외경제 환경의 변화를 의미하고, 내적인 조건변화란 스웨덴 내부의 구조적인 문제를 의미한다.

이러한 내외적 조건변화에 따른 스웨덴 사민주의의 문제점으로는 경제침체, 과도한 복지지출에 따른 재정적자의 심화, 공공부문의 이상비대화, 소위 '복지병'이라 일컬어지는 높은 조세부담과 이에 따른 근로의욕의 감퇴 등을 지적할 수 있다.

1. 경제침체

스웨덴 경제는 1990년대 초부터 다른 서유럽 국가들과 마찬가지로 1930년대 이후 최대의 경기침체현상을 보이고 있다. 이러한 경기침체의 주된 원인 중의 하나로 지나치게 확대된 사회보장지출이 지적되고 있다.

스웨덴의 실질GDP성장률은 그림 12.6에서 보는 바와 같이, 1990년부터 둔화되기 시작하여, 1991~1993년 기간의 3년 동안 마이너스를 기록하였으며, 1994년에 가서야 2.2%의 성장을 달성하였다. 산업생산성지수를 보면 1990년 이후 3년 동안 산업생산도 감소한 것으로 나타났다. 전 산업의 생산성증가율은 1988년 이후 1%에도 못 미쳤고, 경기침체가 본격화된 1990년대에는 −0.6%를 기록하는 등 저조한 형편이었다. 이러한 낮은 생산성증가율에도 불구하고 단위노동비용이 1988~1990년 기간 중 크게 상승하여 물가상승을 부추기는 요인이 되었다. 1988~1990년 기간 중 임금은 연평균 8.0~9.9%의 상승률을 기록했나. 경기침체에 따라 실업률도 1991년부터 점차 증가하여 1993년 8.2%, 1994년 8.0% 그리고 1995년에는 7.6%를 기록하였다(실업증가는 민간부문에서뿐만 아니라 공공부문에서도 동시에 발생하였다). 이는 스웨덴 사민주의의 대표적 특징인 완전고용이 달성되고 있지 못함을 의미한다. 그리고 2007년과 2008년에는 전년대비 실질GDP성장률이 −0.48%, −5.14%로 각각 감소

그림 12.5 실질GDP성장률과 물가상승률

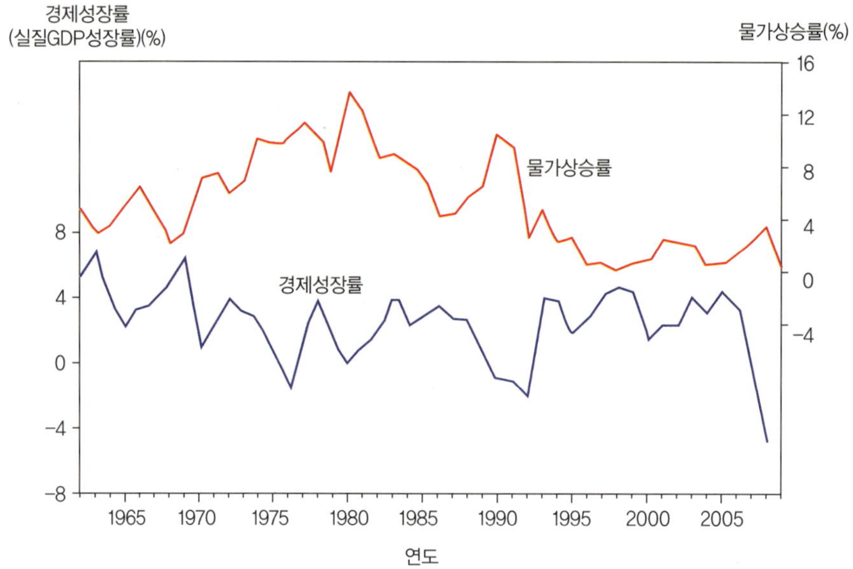

그림 12.6 경제성장률과 실질GDP(기준연도 = 2005)

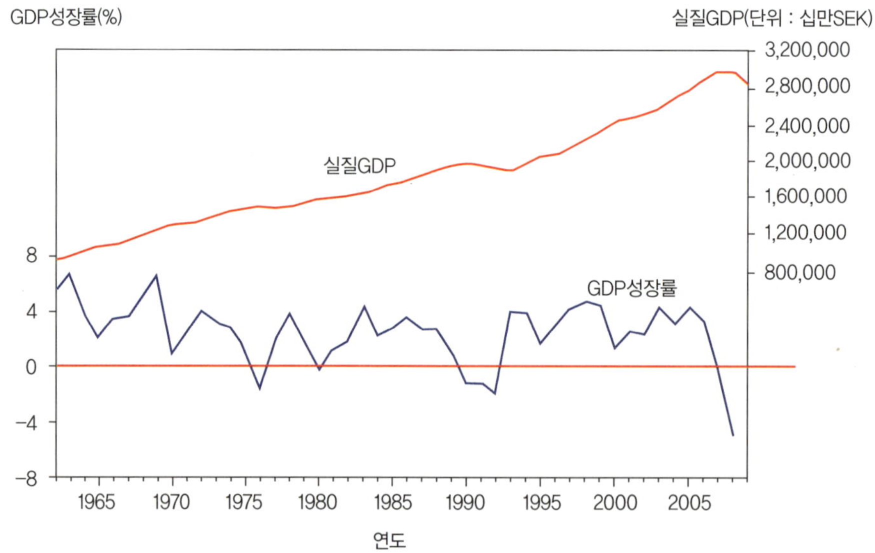

하였다(그림 12.5 참조).

또한 스웨덴은 최근 다른 유럽 국가들에 비해 높은 인플레를 경험하였는데, 1990년의 경우, 인플레이션율이 10.5%에 달했다. 이는 정부가 낮은 실업률을 유지하기 위해 확대재정정책을 추진하였기 때문이다. 그 결과 가격경쟁력이 약화되고 이윤이 감소하여 경기침체를 가속화시켰다.

결국 스웨덴은 내수감소에 의한 불황과 인플레이션이 병존하는 소위 스태그플레이션현상을 보였다.

대외교역현황을 살펴보면 실질 GDP성장률이 마이너스를 기록하기 시작한 1991년 이후 수출입증가율도 전년대비 마이너스를 기록했다. 이는 첫째 최근 지속되고 있는 높은 물가상승으로 스웨덴 산업의 국제경쟁력이 약화되어 수출부진을 초래했고, 둘째 국내 GDP가 감소하여 수입수요가 줄어들었기 때문으로 분석된다.

2. 재정적자의 심화

스웨덴 복지모델의 또 다른 문제점은 경기침체에도 불구하고 서유럽에서 가장 높은 사회복지지출을 유지함에 따라 1990년부터 재정적자가 크게 증가하고 있다는 점이다. 1970년과 1993년 사이에 GDP대비 공공이전지출이 29%에 달했다. 그 결과 1993년의 경우 재정적자는 2,000억 크로나에 달했으며 이는 GDP의 13.5%에 해당하는 규모이다. 이러한 스웨덴의 재정적자는 경제성장의 둔화와 소득감소에 따른 세수입감소에도 불구하고 지속되어 온 사회복지지출증가에 기인한다. 스웨덴은 경제의 어려움에도 불구하고 사회복지지출을 매년 증가시켜 왔다. 사회보험, 사회복지지출 등의 전년대비 증가율이나 기업들의 사회보험부담금이 GDP에서 차지하고 있는 비중이 1986년부터 계속 증가하여 1990년의 경우 14~15% 수준까지 이르고 있다.

스웨덴 정부는 이러한 재정적자를 충당하기 위해 공공부채를 계속 증가시켜 왔다. 이러한 추세는 OECD국가들도 마찬가지이나 스웨덴의 경우, 1990년 이후 그 증가율이 매우 높아 1993년 GDP대비 공공부채비율이 83.0%에 달해 최고수준을 기록하고 있다.

3. 공공부문의 비대화

스웨덴은 공공부문의 비중이 OECD국가 중 가장 높은 수준이다. 이러한 공공부문은 1970년대에 들어와 급속한 증가를 보이는데, 공공지출 대 GDP 비율을 보면 1970년 44.2%, 1975년 49.7%, 1980년 62.6% 등 10년간 약 20% 포인트에 가까운 현저한 증가를 보였고, 1993년의 경우 74.3%에 달해 주요선진국들에 비해 매우 높은 수준을 기록했다. 이는 공공부문의 비대화와 사회보장관련지출이 대폭적으로 증가했기 때문이다. 특히 지방정부의 지출이 복지, 교육, 의료 등의 공공서비스의 확대로 인해 급증했다.

스웨덴 산업구조의 변화를 취업구조 면에서 살펴보더라도, 민간부문의 비율은 감소하고 공공부문의 비율은 크게 증가하고 있다. 그 결과 공무원의 비율이 60년대 초반 20%에 머물렀으나, 70년대 중반에는 30%, 80년대 초반에는 40%에 달하는 추세를 보였으며, 1992년 현재 42%를 기록하고 있다. 이러한 공공부문의 비대화는 스웨덴에서 관료주의의 팽배와 '주인-대리인문제(principal-agent problem)' 라는 정부실패를 야기하여 경제의 비효율성을 증대시키는 결과를 초래했다. 정부의 사회복지업무가 크게 증가함에 따라 집권적 관료기구는 점차 비대화되었으며, 전문지식의 독점과 기술관료주의가 팽배해져 경제의 비효율성을 심화시키는 결과를 초래했다.

또한 국민의 복지를 향상시키는 것을 목적으로 정당화되는 정부의 강력한 권한의 집중 및 이에 따른 관료제도의 비대화는 인간의 자유나 존엄에 대한 커다란 위협을 줄 뿐만 아니라, 민간의 자유로운 경제활동을 저해하여 경제성장의 둔화를 가져왔다.

4. 높은 조세부담과 근로의욕감퇴

일반적으로 복지국가의 가장 큰 문제점 중의 하나는 높은 조세부담과 이로 인한 기업과 노동자들의 근로의욕감퇴이다. 소위 '복지병' 이라 불리는 이러한 문제는 스웨덴의 경우, 여타 서유럽국가보다 더 심각하게 나타났다. 스웨덴의 경우 일주일 이내의 병가라면 의사의 진단서 없이 급여의 90% 상당액이 사회보장부문에서 지급되는 제도가 있어, 월요일과 금요일에는 병을 핑계로 고의로 결근하는 경우가 많다. 피고용

표 12.10 주요국의 법인세 및 소득세율(2009)

국가	법인세	개인소득세	근로소득세	부가가치세
스웨덴	26.3%	28.89~59.09%	31.42%	25%, 12%, 6%
한국	13/25%	9~21.375%+36%		10%
영국	21~28%	0~50%	23.8%	17.5% 표준 5% 감세
미국	15~39%(연방) 0~12% (주세)	0~35%(연방) 0~10.55%(주세)	15.3%	0~10.25%(주세)

자수 중에서 결근노동자의 비중은 1970년대 이래 계속 증가하는 추세를 보이고 있는데, 1970년 12.5%였던 결근비율이 1985년 16.3%, 1991년에는 17.6%로 증가하였다. 이러한 '복지병'은 1970년대 이후 스웨덴의 해외투자는 꾸준히 증가하고 있음에도 불구하고, 외국기업의 대(對)스웨덴 투자는 1980년대 말까지 매우 저조한 실적을 보이는 주요한 요인이 되었다.

또한 높은 조세부담은 개인 및 기업에 있어 근로 및 투자의욕을 크게 떨어뜨리는 주요인이 되고 있다. 스웨덴의 경우 기업에 부과하는 법인세는 각종 세제상의 우대조치가 실시되고 있어 비교적 낮은 수준이나 사회보장비가 별도로 과징되고 있어 실제로는 높은 조세부담을 하고 있다. 비용부담의 측면에서 사회보장비의 부담이 초기에는 대부분 정부 몫이었으나, 현재는 상당부분을 기업이 담당하고 있다. 이러한 높은 조세부담은 기업의 이윤을 저하시키는 한편, 기업의 투자활동을 위축시키는 요인이 되고 있다. 개인소득세율도 여타 선진국에 비해 높을 뿐만 아니라, 소득 증가에 따른 누진폭도 매우 크다. 이러한 높은 소득세율은 개인의 근로의욕을 크게 저하시키는 주요인이 되고 있다.

제 7 절 맺음말

서유럽에서 1973년 오일쇼크와 더불어 스태그플레이션현상이 지속됨에 따라, 사민주의체제에 대한 회의가 일기 시작했다. 이러한 '사민주의퇴조' 명제는 제2차 세계대전 후 사민주의가 급속히 발전하여 1960~1970년대 초에 그 최고점에 도달한 후,

1973년 석유파동 이후 현재까지 하강곡선을 그리고 있다는 것이다. 즉 사민주의는 역U자형으로 전개되고 있음을 의미한다, 이러한 '사민주의퇴조' 명제에 대해 제12장에서는 사민주의체제가 사회주의의 모순과 자본주의의 모순을 동시에 극복할 수 있는 대안적인 모델이 될 수 있는가를 검토하기 위해 사민주의의 대표적 국가인 스웨덴을 중심으로 분석했다.

스웨덴에서 성공적인 복지모델이 가능했던 것은 사민당의 경제정책과 거의 완벽에 가까운 복지제도에 기인한다고 보는 것이 일반적인 분석이다. 그러나 스웨덴은 성장기에 환경적으로 유리한 조건을 많이 갖고 있었다. 이러한 조건들 중 몇 가지 예를 든다면 높은 단일인종구성비, 이미 1840년대에 도입된 의무교육제도, 공통적인 종교적 배경, 대삼림과 광물 및 수력자원 등이 풍부한 자연적 조건, 그리고 150년 동안 유럽대륙에서 일어났던 모든 전쟁기간 중 중립정책을 유지할 수 있을 정도로 적당히 떨어져 있었던 지리적 조건 등을 들 수 있다. 따라서 스웨덴의 독특한 환경적 요인을 배제한 채, 스웨덴 경제모델을 폭넓게 적용할 수 있다는 논리에는 문제가 있다.

다른 한편, 스웨덴을 비롯하여 서유럽의 사민주의가 경제의 위기에 직면하여 퇴조되는 경향을 보이는 것은 사실이다. 최근 스웨덴을 비롯해서 많은 서유럽국가들이 사회복지축소를 단행하고 있다. 국가별로 차이는 있으나 그동안 사민주의의 장점으로 부각되던 의료 · 교육 · 노후보장이라는 사회보장제도가 수정되고 있다. 또한 서유럽의 경우, 199년 유럽단일통화출범과 관련하여 재정적자를 GDP의 3%선 이하로 줄여야 할 의무가 있어 사회보장제도의 축소가 가속화될 가능성이 높다.

그러나 장기적 관점에서 모든 체제가 추구하는 가장 중요한 목표가 구성원의 '삶의 질' 의 향상에 있다면, 사민주의는 자기수정과정을 거쳐 어떠한 형태로든 계속해서 사회주의와 자본주의의 대안체제인 '제3의 길' 로서 발전할 것이다. 이러한 관점에서 사민주의가 체제의 이념적 가치인 효율과 형평의 조화를 추구하며 환경 · 소비자문제 등을 새로운 가치로 추구하면서 신축성 있게 현실에 대응할 때, 그 전망은 밝다고 본다. 더욱이 2007년 현재 사회보장지출이 GDP대비 7.5%에 불과한 복지후진국인 우리나라의 경우 스웨덴의 복지모델로부터 배울 만한 유용한 것들은 충분히 있다고 사료된다. 기존의 스웨덴 사민주의가 초래했던 고과세 → 고복지 → 고재정적자라는 '3고 구조' 의 모순을 피하면서 적극적 소득재분배정책과 효율적인 사회보장제도를 신축성 있게 운영한다면 스웨덴이 경험한 사민주의의 문제점을 최소화하면서

'한국적 복지모델'의 개발이 가능하다고 본다. 여기서 효율적 사회보장제도란 복지를 정부가 전적으로 책임지는 거시적 접근이 아니라, 가계와 기업도 부분적으로 복지를 책임지는 미시적 접근을 의미한다.

그리고 2006년부터 레인펠트 총리의 중도우파 연정은 복지국가의 틀을 훼손하지 않으면서 제한적 감세를 통해 경제에 활력을 불어넣었으며, 세계경제 및 금융위기 상황에서도 국내총생산(GDP)의 2.3%에 해당하는 700억 크로네(미화 약 99억 달러) 규모의 소득세를 줄이면서도 사민당의 복지체계인 양육보조금, 교육, 건강보험, 실업급여 등의 복지체제는 그대로 유지하고 있으며, 2010년에도 재집권하여 스웨덴의 새로운 정책실험의 결과가 기대된다.

읽을거리

독일 월드컵과 복지

먼저 해이해진 노동자들의 시민의식을 통해 사회적 책임성을 높이고, 국가의 복지부담금을 최소화할 필요가 있음을 갈파하고 있는 것이다. 세계에서 가장 높은 장단기병가로 인한 노동결손일수, 조기퇴직 등을 통한 노동력부족의 문제는 상당부분 노동자의 시민의식의 결여가 복지부담금의 증가로 연결되고 있다고 인식하고 있는 것이다.

예를 들어 독일월드컵이 있었던 한 달 동안 스웨덴 노동자의 병가일수가 급격히 증가했다는 점은 후한 병가수당이 없었다면 절대 불가능했을 것이라는 인식이 팽배하다.

또한 스웨덴 경제의 지구화 편입과 EU 가입 이후의 값싼 노동력을 제공하는 동구시장으로의 중소기업 이전 등의 경제공동화 현상을 어떻게 극복하는가는 또 다른 과제이다. 앞에서도 지적한 바와 같이 복지제도를 유지하기 위해서는 안정적인 세입원이 전제되어야 하는데 지금까지 해 왔던 세 가지 세입원, 즉 높은 임금세금과 주세, 유류세, 흡연세 등 각종 간접세, 그리고 고용주세 등에 의존하고 있기 때문에 무엇보다도 임금세금과 고용주세가 차지하는 비율로 인해 생산과 고용이 안정을 잃고 스웨덴 복지제도를 떠받는 경제가 해외로 대탈출을 시도한다면 사민당도 함께 와해해 버릴 것이라는 위기의식이 팽배하다. 이의 해결을 위해 친기업적인 정책도 배제할 수 없는 상황을 모나살린은 잘 인식하고 있다. 즉 좌와 우의 스펙트럼 모두를 아우르는 사회경제정책이 필요할 것이라는 점이다.

출처 : http://www.scips.se/Evaluation

토론하기

■ 스웨덴의 복지모델이 한국에 주는 교훈과 시사점에 관해 토론해 보자.

평가하기

퀴즈 1〉 1938년 스웨덴에서 극심한 노사분규를 해결하기 위하여 노 · 사 · 정 간 기업 지배권을 인정받은 경영자연합이 회사 이익금의 85%를 법인세로 납부하는 데 동의한 것은 무엇인가?

① 마스트리히트 협약
② 바젤 협약
③ 알벤스레벤 협약
④ 살트셰바덴 협약

힌트 LO와 기업주 연맹(SAF) 사이에 소위 살트셰바덴 협정이 체결되었다.

퀴즈 2〉 다음 중 사민주의의 7가지 조건에 해당하는 것으로만 묶인 것으로 무엇인가?

㉮ 노동계급으로의 선거권 확대
㉯ 물가안정과 중앙은행의 독립
㉰ 강한 그리고 중앙집권화된 노동조합운동
㉱ 노동자의 강한 계급의식
㉲ 지속적인 경제성장

① ㉮, ㉯, ㉰, ㉱
② ㉮, ㉰, ㉱, ㉲
③ ㉮, ㉯, ㉱, ㉲
④ ㉮, ㉯, ㉰, ㉲

힌트 렌모델은 '물가안정'을 강조

퀴즈 3〉 렌모델의 성과로 가장 적절한 것은 무엇인가?

① 노동자들 간의 소득불평등을 완화시켰다.
② 여성에게 선거권을 부여하였다.
③ 노동조합의 역할을 강화하였다.
④ 노동자의 책임과 권한을 강화하였다.

힌트 렌모델의 성과는 연대임금정책을 통해 노동자들 간의 소득불평등을 완화시켰다는 점이다. 즉 연대임금정책은 블루칼라와 화이트칼라 간, 산업 간, 지역 간, 남녀 간의 임금 격차를 축소시킴으로써 노동자들 사이의 불평등을 완화시켜 주는 역할을 하였다

정리하기

■ 스웨덴 사민주의의 전개과정

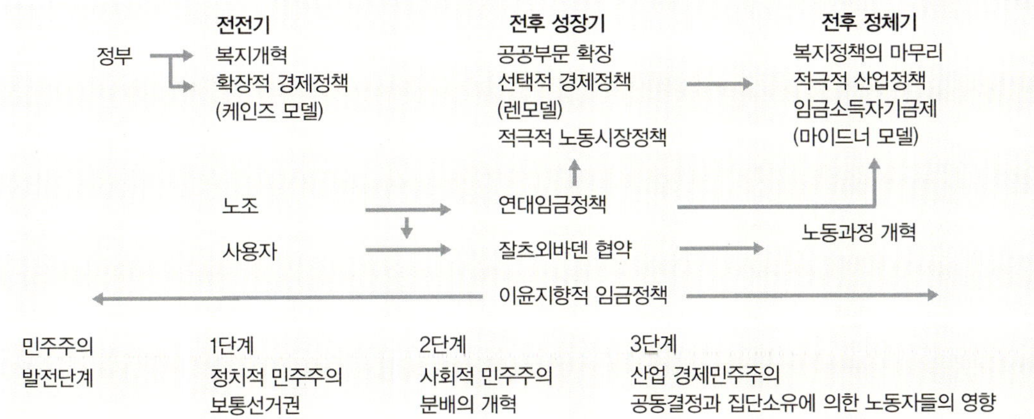

■ 스웨덴의 복지프로그램

구분	제도 및 정책	실시 연도	주요내용
사회보험제도	국민건강보험		
	– 의료보험	1931	– 치료, 입원치료 : 무료
	– 질병보상	1891	– 첫 3일 65%, 4~90일 80%, 이후 90%
	– 부모보험	1891	– 산후휴가 및 월급여의 90%
	국민연금		
	– 기본연금	1913	– 일률적으로 적용되는 기초적 보장제도
	– 추가연금	1959	– 노후연금, 장애자연금, 유족연금 등
	– 부분연금	1976	– 연금수급개시 이전에 부분적으로 지급되는 연금
	– 각종연금추가수당	1934	– 장애자수당, 아동간호수당, 주택보조비, 부인 수당, 특별연금, 추가수당 등
	– 실업보험		– 노조회원이 자동가입한 실업보험단체의 실업수당
공적부조	사회구제	1918	– 생활능력이 없거나 불충분한 자 – 국가로부터의 실업수당
사회복지서비스	유아, 가족복지	1891 (출산수당)	– 출산대책 : 산모보호관리(지역모자센터) – 산전산후휴가(약 15개월, 부모 모두 해당)
		1948 (자녀수당)	– 가정대책 : 아동간호휴가 – 자녀수당 : 16세 이하 아동 – 주택보조비
	노인복지	1913 (노후연금)	– 연금 – 주택대책 – 사회적 대책
	장애자복지	1913 (장애자연금)	– 장애자연금 및 장애자수당 – 특별장애자아동 부양수당 – 직업훈련 및 취업알선 – 주택대책, 일상생활지원 보조기구 개발

■ 스웨덴 사민주의의 성과

- 적극적인 재분배정책을 통한 형평성 제고
- 사민당의 성공적인 계급동맹
- 연대의식적 임금정책(solidarity wage policy)을 통한 노사화합
- 임금소득자기금(wage earner funds) 확보

■ 스웨덴 사민주의의 문제점

- 경제침체 극복에 실패
- 재정적자의 심화
- 공공부문의 비대화를 초래
- 높은 조세부담과 근로의욕감퇴

제 13 장

창조적 자본주의

학습목표

1_ 산업혁명 이후 발전하고 있는 자본주의 시스템은 20세기 말 사회주의 시스템의 붕괴로 객관적으로 대안이 없는 우월한 경제체제로 평가받고 있다. 그럼에도 불구하고 현대 자본주의는 부의 양극화, 또는 분배의 불평등이라는 문제점을 가지고 있는데, 이러한 문제점을 극복할 수 있는 자본주의 모델로 '창조적 자본주의'가 제시되고 있다. 이 장에서는 '창조적 자본주의'가 무엇인가에 대하여 학습한다.

2_ '창조적 자본주의'와 관련된 다양한 스펙트럼을 조명하고, 그 핵심적 요소인 기업의 목적 및 '창조적 자본주의'에서 기업의 주요한 활동들은 무엇인지에 대해 공부하는 것을 목표로 한다.

학습내용

1_ '창조적 자본주의'의 개념과 태동 배경에 관해 학습한다.

2_ '창조적 자본주의'의 핵심인 기업의 발전과 사회적 혜택에 관해 학습한다.

3_ 기업의 창조적 활동을 위한 인센티브에 관해 학습한다.

4_ 최근 기업의 사회적 기여에 대해 학습한다.

키워드_ 창조적 자본주의, 기술혁신, 사회적 공헌, 부의 분배, 기업윤리, 주주 이익, 사회적 가치, 사회적 책임, 5% 클럽, 미소금융, 공익 마케팅

제 1 절 들어가는 말

지난 수십 년 동안 세상은 빠르게 변하고 발전하였다. 그럼에도 불구하고 아직도 수억 명이 1달러 미만으로 살고 있으며, 우리가 쉽게 마시고 있는 깨끗한 물을 수억 명이 마실 수 없는 상황이다. 눈부신 자본주의 발전 과정에서 혜택을 받지 못하는 사람들을 어떻게 할 것인가?

자본주의의 장단점과 각국의 자본주의를 앞서의 장들에서 살펴보았다. 그렇다면 자본주의 시장경제에 맡겨 놓는다면, 빈부의 문제, 소득불평등의 문제, 교육문제, 전지구적 문제인 남북의 문제, 인간소외의 문제 등을 자본주의 틀 안에서 해결할 수는 없는 것일까? 제13장에서는 이러한 문제에 관하여 대안으로 제시되고 있는 창조적 자본주의(creative capitalism)에 대하여 알아보도록 한다.

제 2 절 창조적 자본주의란?

자본주의는 그동안 수많은 사람의 삶을 개선시켜 왔다. 그렇지만 사람들은 불확실한 미래에 여전히 노출되어 있는 것이 현실이다. 그들은 아직도 많은 도움의 손길을 필요로 하고 있다. 그렇지만 그들은 시장중심의 자본주의 경제시스템 내에서 도움의 손길을 내밀 수가 없다. 시장경제중심의 자본주의 시스템은 그들을 충분히 도울 수 있는 제도가 국가마다 차이가 있긴 하지만, 매우 제한되어 있기 때문이다. 그래서 많은 사람들이 빈곤에 허덕이고 있으며, 최소한의 빈곤을 극복할 만한 보호장치도 없어, 현재의 삶의 개선을 위해 스스로 노력하지 않으면 안 되는 상황에 처해 있다.

정부 및 비영리 기관(Non Profit Organization : NPO)의 힘만으로는 이러한 빈곤의 문제를 바꿔 놓을 수 없다. 설령 그렇게 할 수 있다고 하더라도 여기에는 많은 시간을 필요로 한다. 그러나 기술을 갖고 있는 주요기업들이 가난한 사람들을 위한 기술적인 혁신(technological innovation)을 통해 이들을 도울 수 있는 방법을 활용할 수가 있다. 가난한 사람들에게 많은 기술을 학습하게 하는 기회를 제공하고, 기술혁신을 통해 창조된 이윤을 사회에 환원함으로써 이러한 문제들을 해결할 수 있다.

바로 이러한 문제를 해결하기 위하여 제시된 것이 창조적 자본주의이다. 창조적 자본주의는 시장의 힘을 확장시킴으로써 사람들을 더욱더 잘 살게 하여, 이를 확대하여 세계를 보다 풍요롭게 만드는 것이다.

이러한 아이디어는 많은 부문에서 가능하다. 이러한 관점에서 창조적 자본주의라는 것은 이미 존재하고 있었다. 지난날의 사례에서 몇몇 기업들은 휴대전화와 같은 기술을 보급함으로써 가난한 사람들의 삶을 변화시키고 있다. 때때로 다른 사람들은 사람들에게 작은 관심과 자극으로 새로운 변화를 이끌어 내고 있다.

RED 캠페인을 그 예로 들 수 있다. Gap, Hallmark, 그리고 Dell과 같은 회사는 RED 브랜드의 상품을 판매하고 있다. 그리고 그 판매로 인한 일정부문의 수입을 에이즈(AIDS) 퇴치 사업에 사용하고 있다. 마이크로소프트사도 여기에 동참하ㄱ 있다. 이러한 행동은 최소한의 지원이기는 하지만, 이러한 노력을 기울이는 과정에서 회사는 달라지고 있으며, 소비자들은 이러한 좋은 의도에 동참하고 있다. 더욱더 중요한 것은 이러한 기업과 소비자의 사회적 활동이 수많은 사람의 생명을 구한다는 것이다. 지난 수년 동안 RED 캠페인은 1억 달러의 기금을 조성하여 에이즈, 결핵, 말라리아와 같은 질병을 퇴치하고 있다. 그렇게 함으로써 빈곤국가의 거의 800만 명의 생명을 구하고 있으며, 160만 명의 사람들이 HIV 테스트를 하도록 도와주고 있다. 이것이 바로 작동하고 있는 창조적 자본주의의 한 예이다.

이러한 관점에서 창조적 자본주의는 새로운 자본주의 모형이거나 이론이 아니다. 그리고 이것이 자본주의 문제를 완전히 해결하는 것도 아니다. 이것은 하나의 실질적인 문제로부터 출발하고 있다. 어떻게 자본주의의 이득과 자본주의로 인한 삶의 개선을 소외된 사람들에게까지 확산시킬 수 있을까?

창조적 자본주의는 이와 같은 실질적 문제에서 출발하고 있다.

용어

RED (PRODUCT)RED란 나이키, 아메리칸 익스프레스, 애플, 스타벅스, Gap, Emporio Armani 등과 길은 회사에서 사용하는 브랜드로 2006년도에 설립되어 이 브랜드를 사용하고 이윤 중의 일정 부분을 글로벌 펀드로 조성한다.

글로벌 펀드(Global Fund)는 2002년에 에이즈, 결핵, 말라리아를 퇴치하기 위한 대규모 기금을 말한다.

제 3 절 세계는 발전하고 있는가?

현재의 자본주의 시스템에서는 시장에 의해 가격이 결정되고, 수요와 공급이 자율적으로 조정되는 상황에서, 그리고 물가불안과 경제적으로 불확실한 상황에서 창조적 자본주의를 언급하는 것이 이상하게 들릴지 모른다. 그러나 오늘날 당면하고 있는 여러 가지 경제문제가 실제적 상황이라는 것은 의심할 여지가 없다. 사람들은 그것을 잘 알고 있고, 이러한 변화에 즉각적으로 반응하고 있다.

창조적 자본주의는 이러한 경제적 상황의 부침에 대한 답을 하고 있지는 않다. 창조적 자본주의는 많은 사람들이 역사적으로 그리고 오랜 기간 개선되고 있는 삶의 질에 있어서 놓치고 있는 것을 다루고 있다. 많은 국가들에서 기대수명이 지난 100년 동안 급격하게 상승하고 있다. 대다수의 사람들이 자신들의 견해를 투표를 통해서 표출하고 있으며, 역사적으로 과거의 어느 시기보다 많은 경제적 자유와 풍요를 누리고 있다.

그러나 문제는 이러한 것들이 충분할 정도로 빠르게 개선되고 있는 상황이 아니며, 모든 사람이 잘살게 되는 상황도 아니라는 것이다. 아직도 지구상에는 1억 명 정도의 사람이 하루에 1달러 이하로 살고 있다. 그들은 영양가도 없는 식사로 연명을 하고 있으며 깨끗한 물, 심지어 전기조차도 사용할 수 없는 환경에서 살고 있다. 생물학에서 백신이 발명되고, 컴퓨터에 새로운 마이크로 프로세서 칩이 만들어져 적용되고, 인터넷 및 통신기술의 발달로 원거리에서 필요한 정보를 실시간 찾을 수 있어 많은 사람을 행복하게 하는 놀랄 만한 혁신이 지속되고 있음에도 불구하고, 아직도 많은 사람이 이러한 눈부신 기술발전의 혜택을 받지 못하고 있다.

본질적으로 기업이 더 많이 관여한다고 한다면, 보다 많은 좋은 결과를 얻을 수 있을 것이다. 이것이 창조적 자본주의의 본질이다. 이것은 기업이 박애주의적이거나 기업이 더욱더 덕행을 행해야 하는 것을 의미하지는 않는다. 그것은 기업이 다른 경영철학이나 방식으로 기업을 운영함으로써 보다 더 실질적인 인센티브가 생기도록 하는 것이다. 소비자들에게 보다 많은 것을 남겨 줌으로써 보다 많은 수익을 낳게 하는 것이다. 이것은 통상 두 가지 방식으로 이루어질 수 있다. 첫째는 기업은 기업 자체 또는 정부가 이러한 기회를 스스로 찾을 수 있도록 하는 것이다. 둘째는 비록 비영리적인 일이지만, 그들은 현재 존재하는 곳에서 이러한 기회를 비영리적 활동을 통해 가질 수 있게 한다.

1. 기업의 성장과 사회적 공헌

1799년 로버트 오웬(Welshman Rovert Owen)은 스코틀랜드의 뉴 레너크(New Lanark)에서 면화공장을 매입하였다. 그는 병든 노동자를 위한 기금을 조성하고, 10살 이하의 어린이에게는 일을 시키지 않는 등 개혁을 시도하였다. 투자자들은 이러한 시도가 비용증가를 초래할 것이라고 우려하였지만, 오웬은 자본에 대한 수익률이 5%는 충분하다고 생각하였다. 그는 노동자의 복리를 고려할 수 있는 몇 가지 아이디어를 가지고 거래할 수 있는 새로운 사업파트너를 찾았다.

당시 오웬은 새로운 공장을 인수하여 유토피아적 생각을 현실로 바꿔 가고 있었다. 다른 공장의 노동자들은 하루에 19시간의 노동을 하였지만, 오웬이 경영하는 공장의 노동자들은 자신의 공장에서 11시간의 노동을 하도록 하였다. 앞서 말한 아동의 노동을 폐지하고, 아이들을 학교에 보내 교육을 시켰다. 그리고 노동자의 숙박시설을 공장 옆에 신설하였다. 이는 1815년 뉴 레네크 운동으로 발전하였다.

1816년에서 1820년에 발생한 과잉생산으로 인한 불황상황에서 빈곤퇴치를 위한 위원회에서 오웬은 800~1,200명으로 구성된 협동마을의 건설을 제안하였지만, 받아들여지지 않았다. 그러나 이러한 생각은 이스라엘의 집단공동체인 키부츠와 코뮌 같은 것이었다. 영국에서 미국으로 이주하여 인디애나 주 '뉴하모니' 라는 공동체를 건설하였지만, 내분으로 실패하였다. 그렇지만 그의 생각은 영국의 생산자조합, 노동자조합으로 발전하였다. 이는 기업가가 자본의 이득을 노동자와 같이하는 창조적 자본주의의 시발점이라고 볼 수 있다.

오웬 사진 및 기본 업적

Robert Owen(14 May 1771~17 November 1858) was a Welsh social reformer and one of the founders of socialism and the cooperative movement.

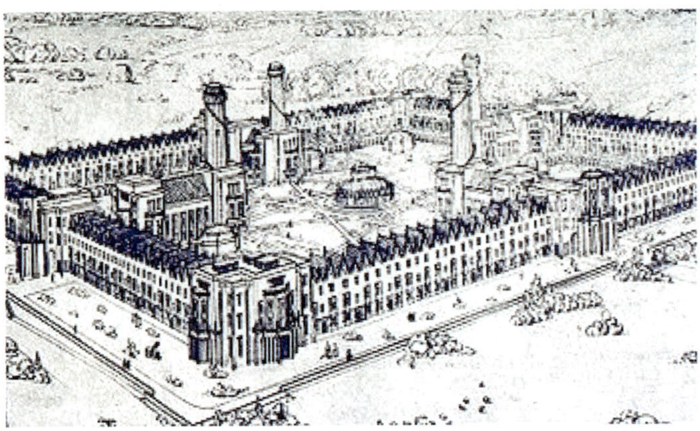

New Moral World, Owen's envisioned successor of New Harmony. Owenites fired bricks to build it, but construction never took place.

2. 기업의 발전과 부의 분배

1831년 존 캐드버리(John Cadbury)는 영국의 퀘이커(Quaker) 교도이며, 온건한 사회당의 멤버였다. 그는 영국 버밍햄의 부유한 포목상 리차드 태퍼 캐드버리(Richard Tapper Cadbury) 가문에서 태어났다. 그는 술 대신 마실 수 있는 초콜릿을 만들어 판매하였다. 1830년대 영국의 삶이 매우 비참하다고 생각한 그의 아들 조지

캐드버리 사진 및 기본업적

John Cadbury (12 August 1801~11 May 1889) was proprietor of a small chocolate business in Birmingham, England, that later became part of Cadbury plc, one of the world's largest chocolate producers.

박애주의자 조지 캐드버리

(George, 1839~1922)는 공장노동자에게 집을 제공하기 위하여 토지를 구매하였다. 공장노동자에게 오두막 같은 집이었지만, 교육을 받은 계층으로 수영장도 갖추고 있었다. 이러한 온정주의적 진보주의는 빅토리아 여왕의 시기에 기업이 많이 밀집해 있는 지역에서 발견할 수 있다.

3. 재산축적과 사회로의 환원

1889년 제철왕 앤드류 카네기(Andrew Carnegie, 1835~1919)는 1800년 말 철강업으로 Empire of Steel(1885~1900), U.S. Steel(1901)을 설립하여 많은 부를 축적하

카네기가 기증한 도서관과 대학

시러큐스대학교 카네기 도서관

카네기멜론대학교

출처 : Wikipedia, the free encyclopedia Jump to: navigation, search

였으며, 당시에 가장 큰 부자였다. 또한 "The Gospel of Wealth"라는 에세이를 쓰기도 하였다. 그는 가난한 사람들의 후견인이 되는 길을 찾았다. 그는 많은 부를 축적한 이후에 자신의 재산을 도서관, 공원, 대학교(Carnegie Corporation of New York, Carnegie Endowment for International Peace, Carnegie Institution of Washington, Carnegie Mellon University and the Carnegie Museums of Pittsburgh)와 같은 공공 기관을 세우는 데 사용함으로써 자본주의를 더욱더 살찌웠다. 무엇보다 대단한 것은 사망 이전에 그의 재산의 90%를 사용하여 2,509개의 도서관을 세워 사회에 환원한 것이다.

4. 기업윤리와 도덕성

1914년 헨리 포드(Henry Ford, 1863~1947)는 당시 노동자에게 하루에 일당으로 5불씩 지불하였다. 이것은 당시 제조업 노동자 평균 임금의 2배가 되는 금액이었다. 그는 노동자를 고객으로 대우를 한 것이었지만, 당시 세상으로부터 많은 비난을 받기도 하였다.

당시 ≪뉴욕타임즈(The New York Times)≫는 "독특한 유토피아적 발상이며 실패할 운명"이라고 비판하였다. ≪월스트리트저널(Wall Street Journal)≫에서는 "범죄는 아니지만 경제적인 기업가로서의 실수"이며, "그들이 할 수 없는 도덕성(spiritual principles)을 표방하고" 있다고 비난하였다.

그렇지만 2010년이 된 지금도 포드 자동차는 투명성, 공정성, 책임성을 강조하며 세계적 기업으로서 자동차를 생산하고 있다.

헨리 포드

회사 작업공정(1913)

출처 : http://en.wikipedia.org/wiki/Henry_Ford

5. 주주의 이익과 사회적 가치

1931년 아돌프 벌리(Adolf Berle)와 메릭 도드(Merrick Dodd) 두 사람은 법학교수로 하버드 ≪법학 리뷰(Harvard Law Review)≫에서 기업의 목적에 관하여 논쟁을 벌였다. 수년이 지난 지금도 이 주제는 여전히 논쟁거리이다.

벌리는 미국의 기업 생산수단이 상위 200개 대기업에 집중되어 있으며, 대기업 내

아돌프 벌리

메릭 도드

출처 : 왼쪽－http://en.wikipedia.org/wiki/Adolf_Berle; 오른쪽－http://law.wlu.edu/faculty/history/dodd-em.asp

경영진에 의하여 기업이 운영되고 있다는 것을 밝히고, 기업의 책임자는 무엇보다도 주주(shareholder)의 이익을 우선시해야 한다고 주장하였다.

반면에 1888년 로드 아일랜드에서 태어난 메릭 도드는 1910년 하버드대학교에 입학하고 졸업 후 동 대학에서 교편을 잡았다. 그는 '노동자, 고객 그리고 사회' 와 같은 그룹을 책임질 여지는 존재한다고 주장하였다. 즉, 자유방임을 통한 경쟁도 중요하지만 사회적 가치에 대한 고려도 중요하다고 주장하였다(Merrick Dodd Zechariah Chafee, Jr., Harvard Law Review, Vol. 65, No. 3(Jan., 1952), pp. 379-387).

6. 기업의 이익과 사회의 공헌

1960년 HP 데이브 패커드(Dave packard)는 경영－훈련 세션에서 다음과 같이 말하고 있다.

"많은 사람은 기업이 단순히 돈을 벌기 위해 존재하는 것으로 생각하고 있다. 그러나 이것은 잘못 생각하고 있는 것이다. 이윤은 기업이 존재하는 중요한 이유이지만, 우리가 존재하는 실제 이유를 깊게 통찰해야 합니다… 사람들은 함께 존재하는 것으로… 기업은 중요한 가치를 기업 활동과 분리하지 않고 함께 달성해야 합니다. 그래서 모두가 사회에 공헌을 하는 것입니다."

데이비드 록펠러

출처 : http://en.wikipedia.org/wiki/David_Rockefeller

7. 기업과 사회적 책임

데이비드 록펠러는 1936년 하버드대학교에서 경제학을 전공하고, 이듬해에 London School of Economics를 졸업하였다. 그는 1962년 체이스맨하탄은행(Chase Manhattan Bank)의 대표가 되었다. 그는 APS(American Philosophical Society)의 연설에서 "기업의 소유자가 그들의 재산을 이윤극대화에 사용할 권리를 갖는다는 것은 구시대의 사고(思考)이며, 현재는 소유권을 사회적 책임을 다하는 데 사용하는 것으로 변하였다. 오늘날 기업경영자는 기업의 소유자뿐만 아니라 노동자에 대한 후견인으로 봉사하며, 더욱더 나아가 사회전체를 위하여 봉사해야 한다"고 연설하였다.

그러나 이에 대하여 경제학자인 밀턴 프리드먼(Milton Friedman)은 부분적으로 "기업의 사회적 책임은 기업의 이윤을 끌어올린다"고 기술하고 있으며, 그는 기업의 의무는 주주들의 이익을 극대화하는 것이며, 이윤을 추구하는 생각에 대하여 부끄러워할 필요 없이 기업경영진에 대하여 신뢰를 두어야 한다"고 주장하였다.

8. 기업의 활동과 공익적 감시

1970년 3천여 명의 사람들이 주주로서 GM의 주주총회에서 기업의 사회적 책임을 수행하기 위한 위원회를 설립하고, 위원회에 공익대표를 선출하는 데 서명한 미국 변호사인 랄프 네이더(Ralph Nader)에 찬성표를 던졌다.

여전히 네이더(Nader)는 기업의 공익대표들이 노력하는 그룹을 출범시켰다. 1966년 ≪뉴욕타임즈≫는 GM이 사설탐정을 고용하여 그를 감시하고, 그의 명예를 실추시키려 했다고 보도했다. 그는 사생활 침해라고 뉴욕법정에서 소송하여 280,400달러의 배상을 받기도 하였다. 그는 무엇보다 끊임없이 공익적 차원에서 기업을 감시해야 한다는 의견을 피력했다.

9. '5% 클럽' 과 사회적 책임

1976년 23개의 회사가 모여 소위 '5% 클럽(The 5% Club)' 을 만들었다. 현재는 Minnesta Keystone Program을 운영하고 있다. 이 프로그램은 기업이 세전소득의 일부를 기부금으로 내도록 권고하는 것이다. 현재 220개 기업의 회원들은 그들의 세전소득의 2% 또는 5%를 기부금으로 내고 있다. 이러한 대표적 기업으로 General Mills, Target, Medtronic, Cargill, Northwest Airlines, Comcast and KPMG 등을 들 수 있다.

10. 미소금융

방글라데시의 무하마드 유너스(Muhammad Yunus)는 시골의 가난한 사람들에게 돈을 대부해 주는 일을 시작하였다. 그의 그래민 은행(Grameen Bank)은 특히 가난한 여성에게 돈을 빌려 주는 미소금융(microfinance)을 세계적으로 전파했다. 그렇다고 신용이 매우 나쁜 사람에게 돈을 빌려 주는 것은 아니고, 적어도 수익성을 창출할 것으로 보이는 수요자들에게 대부해 주고 있다.

11. 자유의 여신상과 공익마케팅

1984년 아메리칸 익스프레스(American Express)는 '특별한 대의명분(大義名分)을 내세운 마케팅(cause-related marketing)' 을 실시하고 있다. 소비자가 상품을 살

때마다 그들이 원하는 특정 목적에 기부할 것을 약속하여 소비자로 하여금 상품구매를 유혹하는 마케팅이다. 이 캠페인은 자유의 여신상(Statue of Liberty)의 보수공사에 필요한 기금을 마련한 대표적인 예이다.

12. 로빈 훗 헤지 펀드

1998년 헤지 펀드 매니저인 폴 터더 존스(Paul Tudor Jones)는 뉴욕 시의 빈곤을 해소하기 위해서 로빈 훗 재단(Robin Hood Foundations)을 설립하였다. 이는 기부하려는 노력의 일환으로서 박애주의적인 벤처투자가 시작된 것이었다. 이로 인하여 세계적인 사업체로부터 조달된 돈의 규모도 증가하고 있다. 로빈 훗에서는 수익-비용 분석을 통해 어느 정도 기부했는지를 평가한다. 그러나 이 프로그램을 통한 투자금으로 빈곤한 사람들을 상당히 줄이는 것은 부족하였다.

제 4 절 기업의 발전과 사회적 혜택

프라헬러드(C. K. Prahalad)는 그의 책 『The Fortune at the Bottom of the Pyramid』에서 전 세계시장에서 기업이 놓치고 있는 것이 있다고 했다. 전 세계 가난한 인구 3분의 2가 가지고 있는 구매력(purchasing power)이 5조 달러에 이른다고 한다. 개도국은 이에 대한 연구가 없기 때문에 시장을 활성화시키는 데 활용하지 못하고 있다고 할 수 있다. 그는 마이크로소프트사에서 새로운 것을 발견하였다. 수년동안 마이크로소프트사는 어떤 방법으로도 기술발전 혜택을 받을 수 없는 사람들에게 기업의 인류애를 보여 주었다. 마이크로소프트사는 그와 같은 사람들에게 현금으로 30억 이상을 기증하였으며, 이렇게 디지털 산업발전의 혜택을 받지 못하는 사람들에게 다리를 놓아 주었다. 이러한 사업을 진행하는 데도 문제가 있을 뿐만 아니라 인류애를 실천하기 위한 명분에도 문제가 있다고 전문가들은 지적하고 있다. 그 이유는 글자를 읽지 못하거나, 글자를 잘 못 읽는 사람들이 컴퓨터를 사용하기에 문제가 있다고 지적하고 있다. 그래서 그들은 문맹자라도 사용할 수 있도록 그림을 활용한 인터페이스를 제공함으로써 최소한의 훈련으로 문맹자 또는 반문맹자도 컴퓨터를 사용할 수 있도록 하는 사업을 진행하고 있다고 한다.

또 하나의 프로젝트는 모든 교실에 적어도 1대의 컴퓨터를 사용할 수 있게 하는 것이라고 한다. 1대의 컴퓨터를 50여 명의 학생들이 동시에 마우스를 사용하여 사용할 수 있도록 하는 시스템을 구축하고 있다고 한다. 이것은 컴퓨터가 부족한 학교에서 진일보한 것이라고 할 수 있다.

휴대전화도 또 하나의 예가 될 수 있다. 발전도상국에서의 휴대전화 시장은 상당히 빠르게 성장하고 있지만, 역사적으로 기업들은 이러한 변화를 과소평가하고 있다. 2000년 보다폰(Vodafone)은 케냐에 휴대전화를 보급하는 데 상당한 업적을 이룩했다. 그것은 케냐에서 휴대전화 사용자를 40만 명으로 끌어올리는 데 획기적인 기여를 하였다. 그것은 기업이 창조적인 방법을 통해 저소득 국가인 케냐에 도움을 준 것이다.

요즈음 통신회사 사파리콤(Safaricom)은 일천 만 명 이상의 고객을 확보하고 있다. 이 회사는 저소득국가인 케냐 사람들에게 창조적인 방법으로 통신서비스를 제공할 방법을 모색하고 있다. 그들은 고객들에게 분단위로 사용료를 내게 하기보다는, 초단위로 사용료를 내게 함으로써 비용을 절약하였다. 사파리콤은 이러한 변화로 이윤을 창출하고 있다. 농부들은 근처에서 가장 좋은 가격을 받기 위해서 휴대전화를 사용하고 있다. 휴대전화를 사용함으로써 수많은 혁신이 이루어지고 있다.

많은 케냐의 사람들은 휴대전화를 사용하여 예금(일종의 전자화폐)을 하고 있으며, 돈을 송금하기도 한다. 실제로 돈을 예금하려고 하면 상당히 원거리를 이동해야 하는데, 이러한 혁신은 케냐에서 많은 차이를 낳게 되었다. 사람들은 현금을 가지고 있음으로써 강도들에게 돈을 강탈당할 가능성도 낮아졌다. 이러한 창조적 혁신이 자본주의를 변화시키고 있으며 이것이 창조적 자본주의의 주된 내용이다.

이것은 사람들이 놓치고 있는 기회를 발견함으로써 편익을 사회로 가져올 수 있다

참고

Safaricom

Safaricom은 케냐의 휴대폰 통신의 선도기업으로 1997년에 설립되었고, 2000년 영국의 보다폰 그룹이 주식의 40%를 소유하고 있다.

는 것을 보여 준다. 그러나 창조적 자본주의에 관하여 언급하면, 이에 대하여 그러한 시장이 과연 있는지에 대하여 회의적인 사람들도 있다. 만약 이러한 기회가 존재한다고 한다면, 그러한 것에 대하여 말을 하라고 한다. 이에 대하여 동의할 수 없다는 것이다. 사업이라는 것은 그들의 상품을 판매할 수 있는 가능한 모든 경우에 대하여 분석한다. 그들의 태도는 거리를 같이 걷던 경제학자에 관한 생각이 들게 한다.

경제학자는 땅에 떨어진 10달러를 밟았다. 그 친구는 경제학에게 왜 돈을 줍지 않느냐고 물었다. "만약 거기에 그러한 가능성이 있다면, 누군가가 아마도 돈을 집어 들었을 것"이라고 말하고 있다. 몇몇 회사도 동일한 실수를 하고 있다. 그들은 이미 10달러의 지폐를 집어 갔을 것이라고 생각하고 있다.

만약 우리가 그러한 기회를 놓쳤다면, 그것은 창피한 일이다. 왜냐하면 그것은 커다란 차이를 가져올 수 있었기 때문이다. 만약 기업에서 연구자 또는 전략자들이 주기적으로 그러한 사람들의 요구에 관하여 연구를 한다고 한다면, 여기에서 최고로 새롭게 응용할 수 있는 것들을 발견할 수 있을 것이다.

새로운 시장을 발견하고 새로운 상품을 개발하는 것 이상으로 기업은 가난한 사람에게 그들의 상품을 매우 저렴하게 제공함으로써 이득을 얻을 수 있다. 소프트웨어 산업 그리고 제약산업처럼 생산비용이 매우 낮을 경우, 그래서 비싸게 팔 수 있는 시장에 판매함으로써 많은 이윤을 올렸다면, 싸게 팔 수밖에 없는 시장에 싸게 팔아 작지만 이윤을 얻을 수 있을 것이다. 다른 산업에서 이러한 가격정책을 실시할 수 없을지 모르겠지만, 적어도 그들은 대중들에게 기업을 인식하게 하고, 돈을 지불할 수 없는 사람들에게 봉사함으로써 좋은 평판을 얻을 수 있다. RED캠페인에 참여하는 기업들은 좋은 대의명분을 가지고 새로운 고객들을 이끌어 낼 수 있다. 이것은 입소문을 통해 상품을 알리는 효과가 있다고 할 수 있다.

또 하나 좋은 일을 함으로써 기업에 더욱더 이득이 되게 하는 것들이 있다. 세상의 대부분의 젊은이는 좋은 인상을 주는 기업에서 일을 하고자 한다. 기업이 가난한 사람들에게 좋은 일을 하다는 인상을 심어 주면, 종업원들은 보나 너 열심히 그들의 맡은 임무를 헌신적으로 수행할 것이다.

제 5 절 기업의 창조적 활동을 위한 인센티브는 무엇이 있을까?

앞서 살펴본 내용을 기초로 하여 어떻게 기업이 창조적으로 생각하고, 창조적인 사업을 해낼 수 있을까? 시장에 어떠한 인센티브도 없는데 그렇게 하리라고 보는 것은 쉬운 일이 아니다.

말라리아의 경우가 그 예가 될 수 있을 것이다. 많은 사람들이 신약, 즉 백신을 기다리고 있으며 동시에 대가를 지불하고자 하지만 이윤이 적어 신약이 만들어지지 않고 있다. 이러한 경우, 정부가 이윤은 없지만 새로운 인센티브를 제공해 신약개발을 도와줄 수 있다. 이것은 차선책으로 창조적 자본주의에 날개를 달아 주는 일이 된다. 정부가 공개적으로 특정 기업이 가난한 사람을 위하여 신약을 개발하고 있다고 칭찬을 하는 방법이다. 네덜란드의 비영리 조직인 'Access to Medicine Foundation'은 어떤 제약회사가 발전도상국의 국가를 위하여 신약을 개발하고 있는지 보고서를 찍어 내기 시작했다. 제약회사에 관하여 말할 때, 어떤 회사가 좋은 일을 하고 있는지 아닌지를 이야기할 것이고 이것은 하나의 공개적인 인센티브가 될 것이다.

대중에게 공개하는 것은 매우 중요하고 가치가 있는 일이지만, 실제로 그렇게 녹녹하지는 않다. 미국과 같은 경우 FDA(the Food and Drug Administration)로부터 허가를 받기 위해서는 많은 비용과 시간이 필요하다. 이렇게 말라리아나 콜레라를 치료할 수 있는 신약은 국가가 1년 정도 일찍 시장에 출시할 수 있도록 방법을 제시하는 것도 커다란 인센티브가 될 것이다.

또한 발전도상국의 정부가 창조적 자본주의를 육성하는 것이다. 이것은 사람들을 풍족하게 할 수 있으며, 경제적 성과를 높이기 위한 시장에 관련된 법안을 만들고 시행하는 것이다. 실제로 창조적 자본주의라고 말할 때, "자본주의가 그렇게 창조적일 필요가 없으며, 정부도 시장에 개입하는 것을 막아야 한다"고 말하는 사람들이 있다. 많은 국가들이 자국 내에서 투자를 촉진하고, 외국에서 자국으로 투자를 촉진하기 위해 노력하고 있다. 그래서 많은 국가가 재산권을 더욱더 보장하고, 투자촉진을 위해 노력하고 있으나 이러한 변화는 더디게 나타나고 있다. 한 사업가로서 정치경제적 상황이 이상적이지 못한다고 할지라도 시장의 힘에 기대해야 한다. 그리고 박애주의자로서 기업인은 사람들을 돕는 일에 박차를 가할 필요가 있다.

제 6 절 최근 기업의 사회적 기여

빌 게이츠 재단(Bill & Melinda Gates Foundation)에서 정치지도자가 어떻게 정부로 하여금 빈곤국가를 지원하도록 유도할 것인가, 창조적 자본주의를 통해서 보다 효과적으로 새로운 파트너를 모색할 것인가에 대한 언급이 있었다.

빌 게이츠는 다른 기업의 CEO들도 그렇게 할 수 있다고 설득하였다. 그것의 하나는 혁신을 주도하는 사람들이 시간의 일부를 발전의 혜택으로부터 소외된 사람들에 대한 문제제기에 할애하도록 하는 것이다. 이것은 일종의 기부금으로 브레인 파워의 에너지를 대중들의 이득을 위해 사용하도록 하는 것이다. 메릭(Merck)과 글락소 스미스 클라인(Glaxo Smith Kline)과 같은 제약회사는 이러한 일에 동참하고 있다.

일본의 스미토모(Sumitomo) 화학회사는 기술을 탄자니아의 섬유업체와 공유하여 수백만 개의 침대용 모기장을 만들고 있다. 이것을 말라리아 병을 퇴치하기 위한 중요한 도구로 제공한 것이다. 다른 회사들로는 휴대전화 회사와 은행들을 들 수 있다.

이러한 현상은 창조적 자본주의는 시작되고 있다는 것을 보여 주는 하나의 예이다. 그러나 더욱더 많은 일을 해야 한다. 정부는 더욱 많은 FDA 같은 곳에서 많은 인센티브를 주어야 하고, 기업의 공익성에 대하여 순위를 정하여 발표를 해야 할 것이다. 소비자들은 그러한 기업의 물건을 구매하여 더욱더 그러한 기업이 활성화되어 기업활동을 하게 해야 할 것이다.

만약 보다 많은 기업이 이러한 창조적인 조직을 만들고 이러한 활동에 참여한다면, 세계의 중요한 문제로 고통받고 있는 사람들에게 커다란 긍정적인 영향을 줄 것이다.

30년 전 폴 알랜(Paul Allen)과 빌 게이츠는 마이크로소프트사를 만들었다. 그들은 컴퓨터를 모든 책상에 그리고 모든 가정에 놓는 것을 목표로 하였다. 10년 전부터 멜린다(Melinda)와 빌게이츠(Bill Gates)는 재단을 만들어 하루에 1달러로 생계를 유지하는 사람이 없게 하고, 우리가 치료방법을 알고 있는 모든 질병으로부터 사람들이 죽어 가지 않게 하려 한다고 생각하였다.

창조적 자본주의란 이러한 일을 가능하게 하는 것이다. 빌 게이츠는 이러한 대의

명분을 갖고 동참하기를 바라고 있다.

제 7 절 맺음말

창조적 자본주의란 단순히 기업이 사회적 책임에 머물지 않고, 자본주의의 혜택을 받지 못하는 빈민층에게 적극적으로 혜택을 주는 것을 말한다. 즉, 구호물품 등의 단순히 물질을 제공하던 기존의 사회적 기여 방식에서 벗어나, 기업이 직접적으로 자선활동 자체를 사업화하고, 초일류기업과 각국 정부와 연대하여 자본주의의 이득을 공유할 수 있는 장을 마련함으로써 전 세계의 빈곤을 퇴출하려는 노력을 의미한다.

한국의 기업들도 이러한 창조적 자본주의를 구축하는 데 적극적 참여와 역량을 발휘하는 것도 앞서 보아 온 두 가지의 이득, 기업의 브랜드 이미지를 개선하고, 좋은 일을 하는 기업과 일하는 노동자들의 추가적인 생산성 증가를 기할 수 있다.

읽을거리

게이츠 재단, 빈민저축 장려 5억 불 지원

멜린다 게이츠는 이날 시애틀에서 열린 국제 저축관련 포럼에 참석해 이 같은 재단 계획을 발표했다.

이는 게이츠 재단이 당초 전 세계의 빈민들이 미래에 대비한 재정계획 수립을 위해 비료에서부터 학교 수업료, 교복 등 모든 물품과 비용을 절약해 저축하도록 돕는 사업에 지원키로 했던 액수보다 2배나 많은 것이다.

게이츠 재단은 5억 달러 지원사업의 일환으로 4천만 달러 상당의 신규 보조금 사업 6개를 추진할 방침이라고 밝혔다.

이 보조금 사업은 휴대전화 금융거래(모바일 뱅킹)를 지원하거나 시장이나 우체국에 은행 코너를 설치하는 방안 등 빈민들의 예금계좌 설립 지원을 위한 활동들을 확대하도록 지원하기 위한 것이다.

멜린다 게이츠

앞서 게이츠 재단은 작년 9월 아프리카, 아시아, 중남미 지역에서 빈민을 위한 저축 계좌를 개설해 주고 있는 단체 '얼라이언스 포 파이낸셜 인클루전(AFI)' 에 3,500만 달러를 기부한다고 발표했다.

게이츠 재단은 빈민의 사업자금 마련을 돕기 위한 소액대출인 마이크로크레디트 등 다른 금융 서비스를 지원하는 데 지금까지 총 3억 5천만 달러를 투자해 왔다.

출처 : 연합뉴스, 2011. 11. 17.

토론하기

- 한국에서 '창조적 자본주의'를 실현하기 위해 필요한 것은 무엇인지 토론해 보자.
- 【읽을거리】 '기업인은 무엇을 하여야 하는가'를 생각해 보고, '한국과 미국의 문화적 차이'가 있는지를 토론해 보자.

평가하기

퀴즈 1〉 다음의 기업활동은 사회적 혜택으로 이어진 예를 나타내고 있다. 잘못 짝지어진 것은 무엇인가?

① 사파리콤(Safaricom) – 전자예금

② 사파리콤(Safaricom) – 농민들의 소득증가

③ 스미토모(Sumitomo) – 말라리아로부터 사람보호

④ 오웬(Owen) – 도서관 건립

힌트 사파리콤은 케냐 사람들에게 휴대전화를 통해 전자예금이 가능하도록 하였다.

퀴즈 2〉 RED 브랜드를 사용하는 기업은 사업으로 인한 이득의 일부를 공익을 위하여 사용하고 있다. 다음 중 이 사업에 참여하지 않는 기업은 어느 곳인가?

① 나이키　　② 스타벅스

③ 애플　　④ GM자동차

힌트 대표적으로 나이키, 스타벅스, 애플사 등이 RED 캠페인에 참여하고 있다.

퀴즈 3〉 창조적 기업의 사회기여 활동으로 인하여 나타나는 이득으로 가장 적절하지 못한 것은 무엇인가?

① 기업의 대외적 이미지를 개선시킨다.
② 기업 조직 내에 종업원들의 생산성을 높일 수 있다.
③ 자본주의 발전의 이득을 사회에 확산시킨다.
④ 기업활동 비용을 증가시킨다.

힌트 창조적 자본주의를 만들어 가는 기업들에 나타나는 특징으로는 기업의 대외적 이미지 개선, 기업의 생산성 향상, 이윤의 일부를 사회에 환원하는 것을 들 수 있다.

정리하기

- 창조적 자본주의(creative capitalism) 개념
  - 기업의 사회적 역할을 확대함으로써 자본주의의 문제점을 해결하려는 시스템
- 기업의 성장과 사회적 공헌 – 로버트 오웬
- 기업의 발전과 부의 분배 – 존 캐드버리
- 재산축적과 사회로의 환원 – 앤드류 카네기
- 기업윤리와 도덕성 – 헨리 포드
- 주주의 이익과 사회적 가치 – 아돌프 벌리와 메릭 도드
- 기업이 이익과 사회의 공헌 – 데이브 패커드
- 기업과 사회적 책임 – 데이비드 록펠러
- 기업의 활동과 공익적 감시 – GM 사례
- 5% 클럽과 사회적 책임 – 1976년 23개 회사가 모여 결성
- 미소금융 – 무하마드 유너스의 그래민 은행
- 자유의 여신상과 공익마케팅 – 아메리칸 익스프레스
- 로빈 훗 헤지 펀드 – 폴 터더 존스
- 최근 기업의 사회적 기여
  - 빌 게이츠 재단과 마이크로소프트사
  - 메릭과 글라소 스미스 클라인 제약회사
  - 스미토모 화학회사

제 14 장

바람직한 한국경제 시스템

학습목표

1_ 1960년대 초 세계에서 가장 가난한 나라였던 대한민국이 G-20의 의장국이 될 정도로 세계경제의 중심에 우뚝 선 경제발전의 스토리를 정권별로 나누어 학습하는 것을 목표로 한다.

2_ 동시에 각 정권별로 어떠한 경제적 이념이 중심이 되어 경제발전을 이루는 데 어떠한 역할을 했는지를 비교하여 학습하는 것을 목표로 한다.

3_ 이러한 학습을 통해 21세기 바람직한 한국의 경제시스템은 무엇이며, 이를 뒷받침하는 이상적인 경제이념은 무엇인지를 학습하는 것을 목표로 한다.

학습내용

1_ 한국의 경제발전과 경제이념의 변화를 역대 대통령을 중심으로 기간별로 나누어 비교, 평가한다.

2_ 역대 정부의 경제이념을 시장-정부, 효율-형평을 기준으로 분석하고 평가한다.

3_ 역대 정권별 경제적 성과를 평가한다.

4_ 바람직한 한국경제 시스템을 제시한다.

키워드_ 성장제일주의, 외환위기, 시장, 정부, 효율, 형평, 분배, 개입주의, 경제 민주화, 사회민주주의, 신자유주의, IMF

제 1 절 들어가는 말

지난 반세기 한국경제를 회고해 보면 '한강의 기적' 이라 불릴 만큼 양적으로 눈부신 발전을 하였다.

1960년대 초반만 하더라도 한국은 1인당 국민소득이 100달러 미만으로서 세계에서 제일 가난한 국가 중 하나였다. 1961년 군사혁명을 통해 정권을 잡은 박정희 대통령은 '보릿고개' 라는 절대빈곤의 악순환을 극복하기 위해 공업화의 기치를 내 걸고 성장제일주의 패러다임으로 한국경제를 운용하였다. 그 이후 한국경제는 1995년 1인당 국민소득이 10,000달러를 돌파하면서 세계에서도 유래를 찾아볼 수 없는 고도의 경제성장을 달성하였다. 1997년 외환위기를 경험하기 전까지만 해도 한국의 연평균 경제성장률은 8% 이상을 기록하였다.

그러나 1997년 외환위기를 겪으면서 1998년 한국의 1인당 국민소득은 6,500달러대로 크게 후퇴하였고, 이후 2002년 1인당 국민소득이 다시 10,000달러 이상을 회복하기는 하였으나, 한국경제의 성장속도는 이전보다 현저히 낮아졌다. 더욱이 2008년에 촉발된 미국발 금융위기는 한국경제의 성장을 더욱 어렵게 하고 있다.

한국경제의 희비가 교차하는 지난 반세기 발전과정을 고찰해 보면 한국의 경제발전을 유도하고 결정하는 것은 경제변수 외에도 사상적 관점에서 경제이념도 매우 중요한 요인으로 작용해 왔다고 볼 수 있다. 지난 반세기 한국경제가 발전하면서 경제에 대한 국민의 가치관과 의식구조에 커다란 변화가 생겼으며 이는 경제이념을 형성하는 데 결정적 역할을 하였다.

한국의 경제발전 과정에 나타난 경제이념들은 정권별로 추구하는 경제목표에 따라 어느 정도의 차이를 나타내면서 다양성을 보이고 있다는 특징을 가지고 있다. 정권별로 나타난 경제이념의 특징을 살펴보면 ① 1960년대의 절대빈곤을 타파하기 위한 성장제일주의 이념에서부터, ② 1980년대 후반 정치적 민주화 물결과 더불어 일기 시작한 경제에서의 형평성 요구, ③ 1990년대 경제의 자율성을 강조하면서 나타나기 시작한 자유주의적 사조와 이에 기인하는 외환위기의 초래, ④ 이를 극복하기 위한 김대중 정부의 신자유주의적 경제정책과 ⑤ 노무현 정부의 사회민주주의적 아젠다와 신자유주의적 정책 결합에 따른 이념적 혼란 등 여러 형태의 경제철학과 경제이념들이 나타났다. 또한 이러한 경제이념은 시대별로 보수와 진보 간의 이념적 갈등을 초래함으로써 많은 사회적 비용을 지불하고 있음을 알 수 있다.

이 장에서는 지난 반세기 동안 한국의 경제발전과정에서 나타난 주요한 경제이념들은 어떠한 것들이 있는지를 크게 다섯 가지로 유형화해 보고, 이를 비교 · 평가해 봄으로써 21세기 경쟁력 있는 한국경제를 위해 바람직한 대한민국의 경제시스템을 조망하고자 한다.

제 2 절 한국의 경제발전과 경제이념의 변화

1. 성장제일주의 : 박정희 패러다임

한국 경제발전의 근대사에서 우선적으로 확인할 수 있는 대표적 경제이념은 소위 박정희 패러다임이라 일컬어지는 성장제일주의라고 볼 수 있다. 성장제일주의는 효율성을 높이기 위해 정부가 경제를 주도하는 메커니즘이라는 이념적 특징이 있다. 이러한 성장제일주의가 지배적 경제이념이 된 배경은 무엇보다도 당시 한국경제가 시급히 해결해야 할 당면 과제로서 절대 빈곤의 늪에서 하루 빨리 벗어나는 것이었다. 이러한 문제를 해결하기 위해서는 경제성장 우선주의로 경제정책을 전개하는 것이 유일한 대안이었기 때문이다.

한국에서 본격적으로 경제발전이 추진된 원년은 1961년으로 볼 수 있다. 1961년은 부패한 정권의 개혁을 요구하는 군부의 5 · 16 쿠데타를 통해 정권이 바뀌는 정치적 격변기였다.

1961년 당시 한국경제는 1인당 국민소득이 80달러에 불과한, 세계에서 가장 가난한 국가 중 하나였다. 따라서 쿠데타를 통해 정권을 잡은 박정희 군사정부의 최대 목표는 '보릿고개' 라는 절대적 빈곤을 탈피하는 것이었다. 따라서 거시적 경제이념은 경제성장 제일주의가 될 수밖에 없었고, 그 수단으로 수출중심의 경제성장정책을 추진하면서 정부가 주도하는 경제발전 전략을 채택하였다.[1)]

1) 집권 당시 일시적으로 수입대체적인 산업화전략을 시도하였으나, 곧 수출지향적 산업화전략으로 전환하였다.

참고

5 · 16 군사정변은 1961년 5월 16일 새벽 3시, 제2군사령부 부사령관이던 소장 박정희를 비롯한 육군사관학교 출신 일부 장교들이 사회의 혼란을 명분으로 제6군단 포병대, 해병대, 제1공수특전단 등을 동원해 제2공화국을 무너뜨리고 정권을 장악한 군사정변이다.

출처 : http://ko.wikipedia.org/wiki/

박정희 군사정부는 국가가 직접 경제발전 과정을 주도하면서 경제과정에 대한 국가의 개입 폭을 크게 확대시키는 경제개발 5개년 계획을 지속적으로 추진하는 발전국가적 특징을 가지고 있다. 박정희 정권 시절 성장제일주의 경제이념은 경제발전을 위한 국가의 개입주의를 정당화시켰다고 볼 수 있다.

제1차 경제개발 5개년 계획은 1962년부터 1966년에 추진되었고, 이후 경제개발 5개년 계획은 제7차 경제개발 5개년(1992~1996년) 계획까지 지속적으로 실행되었다. 1962년부터 1996년까지 35년간 7차에 걸쳐 추진된 경제개발 5개년 계획 기간 중에 한국경제는 연평균 8.1%라는 고도성장을 기록하였다. 이러한 고도성장은 한국 사회에 절대적 빈곤을 타파하는 데 결정적으로 기여하였다.

초기 경제개발 계획에 나타난 내용 중에 "계획기간 중 경제의 체제는 되도록 민간인의 자유와 창의를 존중하는 자유 기업의 원칙을 토대로 하되 기간산업 부문과 그 밖의 중요 부문에 대해서는 정부가 직접적으로 참여하거나 간접적으로 유도정책을 쓰는 지도받는 자본주의체제로 한다"는 구절이 명시되어 있는데, 이는 바로 계획의 수립 및 집행이 밑에서 자유롭게 이루어지는 것이 아니라 위로부터 이루어지는 중앙집권적 개입주의의 특성을 가지고 있음을 의미한다.

이러한 당시 군사정부의 성격에 대해 사공일과 존스(1981)는 뮈르달의 연성국가(soft state)에 대비한 '경성국가(hard state)' 라는 개념으로 설명하고 있다.[2] 경성

2) 사공일 · 존스, 경제개발과 정부 및 기업가의 역할, 한국개발연구원, 1981.

국가란 개발계획의 성공을 위하여 모든 사회계층을 망라한 전 국민들에게 현재보다 더 많은 의무를 부여하며, 부여된 의무가 엄격히 수행되도록 선도하는 것으로 정의되고 있다. 이러한 경성국가적 군사정부는 경제발전 논리를 앞세워 정치에서의 독재성도 정당화하였다. 따라서 당시 박정희 군사정권은 정치, 경제를 비롯해 사회 전 분야에 걸쳐 정부의 역할과 통제가 강하게 작동하는 권위주의 시스템으로 한국경제를 운영하였다.

경제에서 성장제일주의 이념을 내세워 정치, 경제에 깊이 관여한 군사정권의 목표는 절대빈곤으로부터의 신속한 탈피와 남북이 대치하고 있는 상태에서 국력의 급속한 신장이었다고 볼 수 있다. 절대빈곤의 삶을 살고 있었던 대다수 국민들에게 '성장제일주의' 이념은 상당한 호소력을 가질 수 있었다 따라서 절대빈곤의 상황에 처한 당시 한국경제에서 성장제일주의 이데올로기는 정치적 독재, 반공 이데올로기 및 분배를 도외시하거나 부차적인 문제로 취급하는 데 있어 정당성을 확보할 수 있었다.

박정희 군사정권의 성장제일주의 경제이념은 1970년대와 1980년대 한국경제의 눈부신 발전을 가져왔고, 당시 한국을 홍콩, 대만, 싱가포르와 함께 '아시아의 4마리 용'으로 지칭하는 계기를 만들었다. 뿐만 아니라 한국을 비롯한 아시아 국가들의 고도성장은 또 다른 관점에서 '아시아적 가치(Asian value)'[3]라는 새로운 개념을 탄생시키는 계기가 되었다. 이는 한국을 비롯한 홍콩, 대만, 싱가포르 등 아시아 국가들에서만 찾아볼 수 있는 독특한 가치에 기초하여 경제가 발전하였다고 평가하는 데서 붙여진 이름이다. 당시 한국을 비롯한 아시아 국가들은 농경사회에서 공업사회로 급속히 발전하면서 경쟁과 효율성의 시장경제 원리가 정착되지 못한 상태에서, 아시아적 문화에 기반을 둔 공동체사회를 형성해 오는 과정에서 개인보다 가족, 기업체, 국가 등을 중시하고, 유교에서 강조하는 근면과 자기반성을 중시하는 사조가 경제발전의 주요한 이념으로 작용하였다는 것이다.

따라서 군사정부 시절 고도성장은 이와 같은 역사, 문화적 배경과 정부주도의 개

3) 아시아적 가치는 소위 개인주의와 합리주의로 대표되는 서구적 가치(Western value)에 대칭되는 개념으로서 사용된 것이다. 개인주의는 사유재산제 보호와 자유로운 영리추구를, 합리주의는 시장경제제도를 통한 효율성 중시를 대표하는 이념이라고 볼 수 있다.

발모델이 어우러진 결과라고 평가할 수 있다. 결과적으로 군사정부 시절, 한국경제는 유교적 전통에 근거하는 공동체 중심주의, 가족주의, 위계질서 중시 등의 문화적 요소와 권위주의 정부가 주도하는 성장제일주의 경제이념이 복합적으로 결합하여 고도성장이라는 결과를 낳았다고 평가할 수 있다.[4)]

그러나 결과적으로 경제적 효율성을 높이기 위해 유교문화와 융합한 정부가 주도하는 성장제일주의 이념은 눈부신 경제성장을 달성하기는 하였으나, 그것을 달성하는 과정에서 집단이기주의, 파당정치와 부패경제, 정경유착, 혈연 등의 연고주의에 기초한 비효율성, 투명성이 결여된 정실주의(crony capitalism), 정부주도의 잦은 규제라는 '정부 실패(government failure)' 를 초래하게 되었다.

2008년 노벨경제학상을 수상한 크루그먼(P. Krugman) 교수는 그의 논문 「아시아 성장의 신화」에서 지난 30년에 걸친 동아시아 지역의 경제성장은 권위주의적 정부에 의해 자본과 노동이라고 하는 생산요소의 투입량을 지속적으로 증대시켜 달성한 외연적 성장(extensive growth)일 뿐, 생산성의 증대에 기인한 내연적 성장(intensive growth)이 아니므로 장기적 관점에서 요소 투입량의 확대가 한계에 부딪히게 되면, 경제성장 속도는 크게 감퇴할 것이라고 주장하였고, 한국은 1997년 외환위기 이후 크루그먼 가설이 증명되는 소위 '잃어버린 10년' 의 뼈아픈 경험을 하게 된다.

2. 경제 민주화와 분배의 형평성 제기

한국경제는 1960년대 이후 박정희 패러다임에 기초한 성장제일주의 경제이념의 실현을 통해 처음으로 1980년대 10% 이상의 경제성장률을 기록하면서 드디어 1995년에 1인당 국민소득이 10,000달러를 넘어서는 눈부신 경제발전을 달성하였다.

앞서 설명한 바와 같이 한국경제의 '보릿고개' 의 탈피는 1961년 5 · 16 군사혁명 이후 1987년 제5공화국이 끝날 때까지 거의 30여 년간 군사정권에 의해 진행된 정치적 통제와 성장제일주의 정책에 기인하였다고 볼 수 있다. 이 시기 한국경제의 기본

4) 하버드대학의 투 웨이밍 교수, 에즈라 보겔 교수는 동아시아의 경제발전의 핵심적 가치를 '유교적 문화' 에 두고, 이러한 자본주의를 '유교자본주의(confucian capitalism)' 라 칭하였다.

적 가치는 '잘 먹고 잘 사는 것' 이었다. 따라서 성장제일주의 경제이념은 별다른 갈등이나 문제를 야기하지 않았고, 한국 경제발전의 대표적 경제이념으로 자리매김할 수 있었다.

그러나 1960년대 이후 추진된 정부의 고도성장 내용을 살펴보면 중소기업보다는 대기업 중심으로, 내수산업보다는 수출산업에, 그리고 농업보다는 공업부문에 조세, 금융 등의 부문에서 특혜를 제공하는 형태로 경제발전을 이룩하였다는 특징이 있다. 그 결과 한국경제는 관치경제, 불균형적 경제성장 및 대외지향적 공업화전략이라는 결과를 초래하게 되었고, 급속한 양적 경제성장은 달성하였으나 경제의 질적인 측면에서 소득과 부의 분배의 불평등 및 경제력 집중 등 여러 가지 문제점을 초래하는 결과를 낳았다.

경제는 효율과 형평의 가치를 조화롭게 추구해야 바람직하다. 그러나 그동안 한국경제는 절대빈곤을 타파하기 위해 효율만을 중시하였고, 형평의 문제는 도외시하거나 간과해 왔다고 볼 수 있다. 이는 절대빈곤의 시기에 기본과제는 어떻게 백성들을 굶지 않도록 하는가였기 때문에 형평성은 문제되지 않았다. 그러나 경제가 성장하고 절대빈곤 문제가 해결되어 감에 따라 경제가 지향하는 이념적 성향도 변화하게 되었다. 국민들의 욕구는 끼니를 때우려는 생존욕구에서 사회적으로 삶의 질을 추구하려는 시민의식으로 확대되기 시작하였고, 따라서 국민들의 기본적 불만은 절대적 빈곤에서 상대적 빈곤으로 변화하게 되었다.

제6공화국 출범은 한국경제에서 이러한 문제를 해결하기 위한 새로운 경제이념이 필요한 전기를 맞이하게 되었다. 그것은 바로 경제에서 성장뿐만 아니라 분배도 매우 중요하다는 공평인식이 확대되는 것을 의미한다. 특히, 분배에 있어 형평의 문제가 크게 대두되었다는 것이다. 이러한 한국경제에서 분배의 형평성 요구는 1987년 노태우 정권의 6.29 민주화선언 이후 노조활동이 활성화되는 시기와 더불어 강하게 대두되었다. 노태우 정권은 초기에 과거 군사정권의 연속선상에 있다는 이미지를 불식시키기 위해 정치적 민주화를 선언하게 되었고, 또한 집권 초기에는 경제에서 '형평과 균형' 을 내세운 경제민주화 정책(금융실명제, 토지공개념, 재벌규제정책 등)과 분배정책을 추진하였다.

과거 군사정권 시절 억압된 노동환경에 대한 문제점과 그 당시 재벌의 경제력 집중도 사회적 불평등의 원인으로 인식되었기 때문에 노태우 정부는 경제분야에서 민주적인 개혁을 중요한 아젠다로 설정하였다. 따라서 노태우 정부는 경제민주화를 위해 재벌의 규제를 강화하였으며, 경제에서의 형평성 제고를 강화하려고 노력하였다. 따라서 노태우 정부는 재벌을 지원하는 성격이 강했던 정책들을 축소했으며, 경제안정과 분배정책을 강화하려는 시도를 하였다. 그러나 이러한 정책은 1990년부터 수출부진과 노사관계의 악화, 제조업의 이익률 하락 등 경제가 하락세에 접어들면서 흔들리게 되었다.

노태우 정부 시절 1987년 이후 전개된 노동자들의 임금인상 요구는 그동안의 성장중심의 경제이념에서 분배도 중시해야 한다는 자연스러운 경제이념의 변화라고 볼 수 있다.

당시 성장제일주의 이념을 지지하는 보수적 시각에서는 이러한 노동자들의 임금인상 요구가 민주화에 편승한 집단이기주의 현상으로 비추어지기도 하였다. 그러나 이는 그동안 한국경제의 성장제일주의 패러다임에서 나타난 노동자들의 상대적 박탈감의 당연한 발로이자 경제에서 형평성도 효율성 못지않게 중요한 또 하나의 기준이 된다는 이념적 시각에서 새롭게 그 의미를 찾을 수 있다.

그동안 한국 경제발전의 원동력은 노동자들의 저임금을 기반으로 하는 수출산업에서의 가격경쟁력에 기반을 두었다고 볼 수 있다. 그러나 1987년 이후 나타난 노동자들의 임금인상 요구는 결국 수출주도형 경제성장제일주의를 추진한 한국경제에서 형평과 효율을 어떻게 조화시켜야 하는가의 새로운 문제를 제기하는 계기가 되었다.

지난 30여 년간 고도성장과정에서 노동자들의 생활수준이 과거와 비교해 볼 때, 평균적으로 향상되었다는 점은 부정할 수 없을 것이다. 그러나 문제는 노동자들의 생활수준이 다른 계층과 집단에 비해 어떻게 변화했는가 하는 것이다.

소득분배에 있어서 1960년대에는 평준화가 진전되는 경향을 보였으나 1970년대에는 점차 악화되어 지니계수가 1970년의 0.322에서 1978년에는 0.399로 크게 증가하였다. 1980년대에 와서 지니계수가 다소 낮아지는 추세를 보였으나 가구의 월평균 지출이 전체 도시가구 평균지출의 60% 이하인 사회적 빈곤계층은 오히려 증가하여 1981년에는 전체가구의 20.9%였던 것이 1988년에는 22%로 증가하였다. 이는 결과적으로 경제가 성장하는 과정에서 성장의 파이가 구성원에게 골고루 분배되지 않는 분배의 불평등이 심화되었다는 것을 보여 준다. 이러한 결과가 바로 한국경제에 분배의 중요성이 새롭게 인식되는 계기가 되었다.

그러나 1990년대 초 소위 '3고 현상'[5]으로 인한 경제 환경의 변화는 한국경제의 위기론을 초래했으며, 이러한 경제위기의 원인으로 정부의 재벌정책과 분배중심의 지나친 노사분쟁이 제기되면서 노태우 정권 초기에 추진하려고 했던 토지공개념도입과 금융실명제는 유보되고, 재벌을 중심으로 한 경제민주화 정책들도 후퇴하게 되었다. 뿐만 아니라, 4 · 4 경제종합대책을 통해 노동자들의 임금인상을 억제함으로써 분배정책도 실효를 거두지 못하고 다시금 과거 성장을 우선시하는 효율중심의 경제정책으로 전면 선회하는 결과를 낳았다.

3. 효율성 제고를 위한 자유주의

1992년 12월 대통령에 당선된 김영삼 정부는 '신경제 5개년 계획'을 수립하고 추진하였다.[6] 이는 노태우 정권 후반에 발생한 경제침체로 노태우 정부가 추진해 온 경제민주화의 한계를 인식하였기 때문이다. 김영삼 정부의 '신경제 5개년 계획'은 그동안 군사정부가 추진해 온 제6차 계획까지의 성과를 비판적으로 평가하며 민간의 자율적인 참여를 유도하는 새로운 경제시스템을 구축하고자 하였다. 이는 군사정부의 중앙집권적 관리경제의 경제운영이 더 이상 한국경제 발전에 도움이 되지 못할 뿐만 아니라 오히려 장애요인으로 작용하고 있다고 평가하는 데 있다. 따라서 김영삼 정부에서는 경제의 효율성을 높이기 위한 분권화, 자율화, 개방화, 세계화를 주요 목표로 설정하였다.

과거 박정희 정부 시절 경제이념이 정부의 주도에 위한 효율성 추구였다면, 김영삼 정부에서는 자유주의에 기초한 시장중심의 효율성 추구라고 볼 수 있다.

이러한 관점에서 볼 때, 김영삼 정부 시절 나타난 한국 경제발전의 새로운 경제이념은 시장에서의 효율성을 제고하려는 자유주의라고 규정할 수 있다. 따라서 자유주의는 박정희 패러다임의 특징인 국가주도의 개입주의에 대한 반작용으로 나타난 한국경제의 새로운 경제이념이라고 평가할 수 있다.

---

5) 임금인상, 원화절상, 석유를 중심으로 한 국제원자재 가격 상승을 의미한다.

6) 1992년 3월 노태우 정부는 제7차 경제사회발전 5개년 계획(1992~1996년)을 발표하였으나, 김영삼 정부는 이를 '신경제 5개년 계획'으로 대체하여 집행하였다. 신경제 5개년 계획의 상당부분이 제7차 계획과 중복되는 것은 사실이지만 제7차 계획과 신경제 계획은 그 성격과 목표에서 큰 차이를 보이고 있다.

자유주의는 원래 중세 절대왕정이나 국가가 권력과 부를 확장하기 위해 국내외 경제를 규제하던 중상주의에 대한 반작용으로 나타난 사상이다. 경제에서 자유주의는 국가의 부는 국가로부터 간섭받지 않고 경제주체 간의 자유로운 교환을 최대한 보장함으로써 달성될 수 있다는 시장에 대한 전폭적인 신뢰의 전제에서 출발하였다. 이러한 자유주의는 서구에서 아담 스미스, 데이비드 리카도 및 존 스튜어트 밀 등의 고전적 자유주의의 전통에 뿌리를 두고 발전하였다(Smith, 1776; Ricardo, 1817; Mill, 1848). 고전적 자유주의는 자본주의가 발전하는 과정에서 여러 형태의 자유주의로 나타나고 있으나, 개인의 자유와 권리 보장, 자유로운 시장, 정부 개입의 최소화라는 기본원리에는 변함이 없다고 볼 수 있다. 이러한 이론적 고찰에서 볼 때, 박정희식 국가 개입주의를 비판하고 시장개방과 세계화를 표방한 김영삼 정부는 자유주의 이데올로기에 기초한 경제정책을 추진한 최초의 정권으로 규정할 수 있을 것이다.

그러나 김영삼 정부의 자유주의 경제이념은 정부의 경제정책에 있어서뿐만 아니라 기업경영에 있어서도 혼란을 야기했다고 볼 수 있다. 왜냐하면 김영삼 정부가 과거 국가가 주도하는 권위주의 타성에서 완전히 벗어나지 못한 현실에서 자유주의에 기초한 서구의 정책과 패러다임을 그대로 받아들여 한국사회에 적용시키려 하였기 때문이다.

당시 김영삼 정부는 재벌위주의 경제성장으로 인한 중소기업의 부실과 재벌의 부패, 지나친 정부간섭으로 인한 경제활동의 위축과 효율성 감소, 빈부격차의 심화 등 한국경제가 안고 있는 문제점들을 해소하고 국가경쟁력을 높이는 방법은 서구 선진국과 동일한 기준과 환경에서 경쟁해야 하기 때문에 서구의 자유주의 이념을 그대로 수용하는 것으로 인식하였다. 그러나 문제는 서구의 자유주의 이념이 당시 한국경제 상황에 적절한 패러다임인지를 고려하지 않은 채 서구의 자유주의 이념을 여과 없이 수용하였고, 이러한 자유주의에 기초하여 추진된 정책들이 결과적으로 권위주의적 정부의 관성을 떨치지 못한 당시 현실에서 성공적으로 추진되지 못하였다.

이러한 사례의 하나로 김영삼 정부의 OECD의 가입 추진과 이를 위한 금융자유화 정책을 들 수 있다. 왜냐하면 OECD에 가입하기 위해서는 가입기준에 맞는 경제자유화가 요구되는데, 그중에 가장 중요한 부분이 금융자유화였기 때문이다. 1994년도의 경제호황은 김영삼 정부로 하여금 정권 초기부터 실행한 경제자유화정책에 대한 자신감과 OECD 가입을 적극적으로 추진하는 원인이 되었고, 그 결과로 나온 것이 '세계화' 구상이었다.

김영삼 정부 시절 자유주의를 주요한 경제이념으로 설정하게 된 동기는 구체적으로 크게 세 가지 관점에서 찾을 수 있다. 첫째, 노태우 정부 후반의 경기침체를 경험하면서 경제성장을 중요한 국정과제로 인식했다는 점이다. 그 당시 경제를 부양하기 위하여 어떤 정책을 추진해야 하는가의 논의에서 경제자유화가 그 중심에 있었기 때문이다. 둘째, 김영삼 정부는 과거 군사정부와 차별화하기 위해 스스로를 '문민정부'라 칭하면서 자유민주주의를 심화해야 한다는 의지가 강했고, 이것이 경제 분야에서 경제적 자유주의로 표출되었다고 볼 수 있다. 셋째, 김영삼 정부가 추진한 세계화를 성공적으로 달성하기 위해서는 경제적 자유주의가 유일한 패러다임이었다는 점이다. 김영삼 정부는 시장개방이라는 세계경제의 변화를 적극적으로 수용하려고 하였고, 이러한 의지는 OECD 가입으로 나타났다.

김영삼 정부의 OECD 가입은 외국의 개방 압력도 있었지만, 미국의 금융산업 개방 요구를 수용하는 과정에서 나왔다고 할 수 있다. 김영삼 정부의 OECD 가입은 경제논리뿐만 아니라, OECD 가입을 일종의 업적으로 인식하려는 정치논리도 크게 작용했던 것으로 이해된다. 이는 김영삼 정부가 1993년 12월까지 국제 간 서비스 및 자본거래 자유화 의무를 규정한 자본이동 및 경상무역외거래 규약에 대한 항목별 자유화 또는 유보계획을 수립할 것이며, 1993년 9월까지 OECD 제 규범에 대한 내용분석을 토대로 항목별 수락 여부를 결정하고 1994~1996년 기간 중 자유화 추진을 위한 국내법령 정비를 계획하고 있었다는 데서 쉽게 확인할 수 있다.

김영삼 정부의 의욕적인 계획에도 불구하고, 자유주의에 기초한 신경제정책은 계획 목표 중 어느 것 하나도 달성하지 못한 것으로 평가할 수 있다. 계획기간 동안 경제성장률은 지속적으로 하락하였으며, 물가는 상승하였고, 국제수지는 적자 확대일로의 길을 걸었다. 이에 따라 총외채가 급속히 증가하여 1992년 총외채는 428억 달러로 국민총생산 대비 14%였으나 1997년에는 1,544억 달러로 증가하여 국민총생산 대비 35%로 급증하였다. 결국에는 김영삼 정부 말기인 1997년 11월 외환위기를 초래하여 한국경제의 IMF 체제라는 치욕스러운 경험을 하게 되었다.

결과적으로 자유주의 이념에 기초한 김영삼 정부의 경제정책이 실패한 이유는 자유주의에 대한 경험과 구체적 철학이 정립되지 않은 상태에서 과거 중앙집권적 관리체제의 관료주의 타성에 젖은 정부 관리들의 낙관주의와 시장 환경에 적절히 대응하지 못해 적기에 적절한 정책을 추진하지 못했기 때문인 것으로 분석할 수 있다. 이의 대표적인 예로 자본수지 관리능력의 부재를 들 수 있다. 경상수지 적자가 크게 누적되고 단기외채가 쌓여 가는데도 정부 관리들은 자유주의 경제이념에 집착하여 개방화시대의 시장원리만을 강조함으로써 이에 대한 적절한 대책을 마련하지 않았던 것으로 보인다. 당시 IMF 구제금융을 요청하던 경제부총리 이하 정책책임자들은 "경제의 근본(fundamental)은 문제가 없으며, 단지 외환수급상의 불균형으로 야기된 문제일 뿐"이라는 생각을 갖고 소극적으로 대처했던 것으로 평가된다. 또한 대기업들의 부도사태에 대해서도 강도 높은 기업구조조정 대책을 강구하기보다는 부도유예와 같은 정책을 추진한 결과, 결국 IMF 경제체제를 맞이하게 되었다.

김영삼 정부의 경제 개혁은 중앙집권적 관리경제의 틀을 벗어나 시장경제를 활성화시키고, 이를 통해 경제의 효율성 향상과 함께 형평성도 제고하고자 하는 자유주의 본래의 이념을 실천하는 데 실패했다고 평가할 수 있다. 이는 김영삼 정부가 과거의 권위주의 이데올로기에서 완전히 탈피하지도 못하고 자본주의 시장논리에 대한 충분한 환경조성도 하지 못한 상태에서 무분별하게 서구의 자유주의 경제이념을 수용하였기 때문이다.

4. 외환위기와 신자유주의

김영삼 정부의 자유주의 실험 실패는 1997년 11월 한국경제에 외환위기를 초래하는 결과를 낳았고, 이는 그동안 성장제일주의 이념에 의해 달성된 1인당 국민소득 10,000달러 이상의 시대를 마치고, 1인당 국민소득이 10,000달러 이하로 직하강하는 결과를 초래하는 원인을 제공하였다. 그 결과 1998년에는 1인당 국민소득이 6,500달러대로 크게 감소하여 1990년대 초반의 소득수준으로 퇴보하였다.

한국의 외환위기는 구조적인 차원에서 정경유착, 족벌경영, 정실자본주의(crony capitalism)라는 정치와 경제의 시스템 실패라고 볼 수 있으나, 단기적으로는 재벌의 과잉중복투자와 OECD 가입을 통해 가능해진 해외 단기자본의 지나친 차입으로 인한 것이라고 볼 수 있다.

다시 말해 외환위기는 지나치게 외부차입에 의존하는 국내 재벌기업들이 김영삼 정부의 '자유방임주의'에 기초한 세계화 정책에 의해 방만하고 무모한 투자와 경영

부실로 경쟁력이 약화되고, 헤지펀드를 비롯한 해외 금융시장에 무방비 상태로 노출되어 발생하였다. 1997년 기아사태는 김영삼 정부가 추진한 자유방임의 자유주의적 정책의 실패를 보여 주는 단적인 예가 될 것이며, 또한 단기 투기자본의 자유로운 철수가 가능해진 것도 자유주의의 실패라고 볼 수 있다.

1997년 김영삼 정부 시절 초래된 외환위기는 1998년 출범한 김대중 정부로 하여금 과거 한국경제에서 경험해 보지 못한 광범위한 구조조정과 경제개혁을 강요하게 하는 계기가 되었다. 외환위기에 정권을 잡은 김대중 정부는 '민주주의와 시장경제'라는 슬로건을 내걸고 정치에서의 민주주의와 경제에서의 자유로운 시장을 병행·발전하는 것을 목표로 삼았다.

이러한 김대중 정부의 국정목표는 여러 가지 측면에서 그 자체로 중요한 의의를 갖는다.

첫째는 당시 아시아 경제위기와 관련하여 재론되었던 '아시아적 가치' 논쟁에 있어서 아시아의 경제위기를 초래한 주요한 원인이 시장 자유주의에 기인하기 때문에 다시금 정부의 역할이 중요하다고 강조되는 상황에서, 김대중 정부의 시장경제중심의 운용 철학은 외환위기를 맞은 여타 아시아 국가들과는 다른 이념을 제시하였다는 점에서 그렇다.

둘째, 경제위기에 대한 처방으로 신자유주의적 시장경제를 표방함으로써 대내외 투자가들로부터 한국경제에 대한 신뢰도를 높이는 데 기여하였다는 점이다.

당시 김대중 대통령은 그의 저서 『대중참여경제론』에서 자신의 경제이념이 영미식의 신자유주의라기보다는 독일식의 질서자유주의에 기초하고 있다고 밝히고 있으나, 필자의 견해로는 김대중 정부의 경제이념은 영미식의 신자유주의에 더 가깝다고 볼 수 있다. 이렇게 김대중 정부의 경제이념을 신자유주의로 규정하는 이유는 독일의 질서자유주의(Ordo-Liberalism)는 시장경제의 질서를 유지하기 위하여 정부의 역할이 매우 중요하다고 보는 반면, 김대중 정부가 외환위기를 극복하기 위해 추진한 구조개혁정책은 그 내용과 방법이 대표적 신자유주의정책으로 규정되는 대처리즘(Thatcherism)[7]과 거의 유사하기 때문이다.

김대중 정부는 신자유주의자들이 강조하는 자유시장과 시장의 경쟁을 수용하는

---

7) 대처리즘은 국가의 경제개입을 줄이고, 시장지향적으로 개혁을 추진하는 특징을 가지고 있다.

형태의 경제개혁을 단행하였다. 김대중 정부는 중복투자 산업에서 경쟁력이 없는 기업을 퇴출시키고 기업의 상호출자를 제한하여 공정한 경쟁을 증대시키고자 하였다. 김대중 정부가 추진한 기업구조조정은 시장의 경쟁원리를 강화하려고 했다는 점에서 신자유주의적 원리를 도입하려는 시도라고 평가할 수 있다.

그러나 김대중 정부 시절 지배적인 경제이념을 신자유주의적인 성격만을 갖고 있는 것으로 규정하기에는 한계가 있다. 왜냐하면 김대중 정부는 정부의 재정을 확대하고 재벌기업의 구조조정에 개입하는 한편, 노사 간 타협을 위한 노사정위원회를 설립하기도 하였다. 또한 노동자의 대량실업에 대한 대책으로 고용보험의 적용대상과 급여기간을 연장하였다. 2000년 10월 국민기초생활제도를 도입함으로써 모든 국민이 기본권으로서 최저생활을 보장받을 수 있는 공공부조장치를 마련하기도 하였다. 이러한 정책은 케인즈주의와 복지국가정책과 유사하고, 일부 복지정책은 사회민주주의적 이념의 성격도 가지고 있다고 볼 수 있다.

이러한 관점에서 볼 때, 김대중 정부의 경제이념이 지향하는 가치는 크게 '경제에서의 자유주의(신자유주의)' 와 부분적으로 '사회적 연대' 가 서로 혼합되어 나타났다고 평가할 수 있다.

5. 참여정부의 사회민주주의 실험과 이념적 혼란

김대중 정부와 비교할 때, 노무현 정부의 출범은 크게 두 가지 관점에서 주목할 필요가 있다. 첫째는 진보 정당이 정권을 재창출하였다는 점이고, 둘째는 탈(脫)IMF 경제위기의 상황에서 시작했다는 점이다. 따라서 노무현 정부는 기본적으로 김대중 정부의 경제이념을 계승하였지만, 김대중 정부의 신자유주의 경제개혁으로 인한 사회적 불평등의 문제를 해결해야 하는 과제를 안고 있었다. 따라서 노무현 정부가 추진한 노동자 기본권 보장이나 사회복지의 확충, 경제적 불평등 문제 해소 등의 정책은 이러한 과제를 해결하는 대안으로 나온 것으로 평가할 수 있다.

2003년 2월에 출범한 노무현 정부는 김대중 정부의 복지중시 기조를 이어받아 초기에 노사 간 힘의 균형과 보편적 복지를 추구하는 소위 사회민주주의 이념의 분배중심의 정책을 추진하려고 하였다. 앞서의 정권들과 비교하여 설명한다면, 노무현 정부는 선(先)분배－후(後)성장의 정책을 지향했다고 볼 수 있다. 이러한 이념적 변화에 따라 노무현 정부에서는 성장과 분배의 우선순위, 또는 성장과 분배의 조화에 관한 논쟁이 역대 어느 정권보다 뜨거웠다.

경제에서 성장과 분배의 우선순위 논쟁은 경제학의 이론적 측면에서뿐만 아니라, 1987년 민주화 이후 한국경제 발전과정에서 역대 정부들의 경제정책 추진과정에서 나타난 단골 메뉴이기도 하다. 특히 경제의 양극화가 심화되는 시기에 정권을 잡은 노무현 정부에서는 과거 어느 정권보다 분배와 성장의 우선순위 논쟁이 주요한 이슈가 되었다. 이러한 성장-분배 논쟁은 노무현 정권 초기에 발생한 경기침체와 외환위기 이후 심화되는 양극화문제를 동시에 해결해야 하는 딜레마로 인해 더욱 심화되었다. 외환위기 이후 한국경제는 산업, 기업, 노동시장, 소득분배 등 여러 차원에서 양극화가 심화되었고 노무현 정부에 들어와서는 소득양극화를 비롯한 경제양극화가 심화되는 현상을 초래하였다.

노무현 정부는 어떻게든 이에 대한 대책을 시급히 마련해야 하는 과제를 안고 있었다. 이러한 시급한 과제 해결과 진보정당의 정책이념이 자연스럽게 어우러져 노무현 정부로 하여금 분배 우선의 정책을 추진하게 하는 동기가 되었다.

그러나 문제는 노무현 정부가 분배중심의 정책을 펼쳐 나가는 시점에 경제침체 국면을 맞았다는 것이다. 경제침체를 해결하기 위해 노무현 정부는 새로운 경제계획을 발표[8)]하게 되었고 이후 성장과 분배논쟁은 계층 간 갈등을 증폭시키며 더욱 심화되기 시작했다.

효율성을 높이고자 새로운 경제계획에 포함시킨 노동시장의 유연화 문제는 더욱더 불평등을 심화시킬 것이라고 기존에 노무현 정부를 지지했던 노동자들과 진보 그룹의 반발을 사게 되었다.[9)] 한편, 형평성을 제고하는 측면에서 수립된 국토균형성장 전략에 따라 추진된 신행정수도 건설 등의 계획에 대해서는 보수진영에서 과거 박정희식 개발주의 행정, 지역주의 조장, 부동산 투기 유발 등의 이유로 비판하였다. 이러한 진보와 보수의 갈등과 비판은 노무현 대통령의 탄핵 사태로까지 이어지게 되었고, 헌법재판소에서 탄핵을 부결시킨 이후에도 노무현 정부는 경제이념 면에서 지속

8) 이는 당시 노무현 정부가 출간한 『역동과 기회의 한국』(2004)에서 그 내용을 확인할 수 있다.

9) 이러한 문제를 해결하기 위해 당시 노무현 정부의 정책기획위원장이었던 이정우 교수는 한국이 '네덜란드 모델'을 검토해야 한다고 제기했다. 이는 1999년 이후 작동이 안 되는 노사정위원회를 정상화시키고 기업과 노조의 타협을 추구하기 위하여 네덜란드와 같은 노사정 타협 모델이 필요하다고 보았기 때문이다.

적으로 혼란을 거듭해 왔다고 볼 수 있다.

본래 노무현 정부는 분배와 평등을 국정원리로 내세워 분배프로그램에 정책적 역량을 집중하려고 하였다. 참여정부 초기 이러한 분배중심의 경제정책을 추진한 이면에는 분배와 성장의 선순환구조를 만들어 가는 북유럽의 사회민주주의 이념이 유효하다고 판단했기 때문이다. 그동안 이념적 갈등 가운데서도 참여정부는 고용보험의 외연 확대, 적극적 실업정책, 사회보험의 전 국민 확대 등 사회보장지출비가 10%를 넘어서는 복지지향적 정책을 추진하였다.

그러나 한편, 참여정부는 경제이념 면에서 자유주의적 기조를 견지하기도 하였다. 왜냐하면 노무현 정부는 시장경제라는 국민경제의 기본질서를 확고히 하려고 노력했고, 한-칠레 자유무역협정을 비준했으며, 한미 FTA를 체결하는 등 자유무역 확대에도 적극성을 보여 주었기 때문이다. 또한 참여정부 후반에는 분배보다 성장에 비중을 둔 정책을 추진하였다고 볼 수 있다. 이는 참여정부 기간 내내 경기침체가 지속되었고 이는 복지를 확대발전하는 사회민주주의 이념 실현에 장애요인으로 작용하였기 때문이다. 특히 사회적 복지에 대해 비교적 부정적인 입장을 취하는 한국사회에서 경제의 침체는 분배정책에 대한 중산층과 상류층의 관용수준을 낮춘다. 왜냐하면 경기침체가 계속되는 상황에서 이들이 분배개선을 위한 정부의 증세정책을 선호할 이유가 없다고 판단했기 때문이다.

결론적으로 노무현 정부의 경제이념은 신자유주의와 사회민주주의 사이에서 절충을 찾으려고 했던 것으로 평가된다. 노무현 정부에 대해 여론이 비판적이었던 이유 중의 하나도 노무현 정부가 초기의 사회민주주의 경제정책 이념과 신자유주의 이념 사이에서 중심을 잡지 못하고 왔다 갔다 하는 이념적 혼란을 거듭했기 때문으로 해석할 수 있다.[10)]

이상의 연구에서 1960년대 한국경제의 절대빈곤을 극복하기 위해 출발한 성장제일주의 경제이념은 그동안 역대 정부의 경제발전 전략을 위한 경제정책 수립과 추진 과정에서 다른 여러 형태의 경제이념으로 변화되어 한국 경제발전의 지배이념으로 작동해 왔음을 알 수 있다. 한국 경제발전 과정에서 나타난 경제이념들을 요약적으

10) 노무현 정부 시절 장관을 역임한 유시민은 참여정부의 경제이념을 '사회적 자유주의(social liberalism)'로 규정하였다.

표 14.1 한국 경제발전에 나타난 경제이념의 제(諸) 유형

경제이념	시 기		효율 vs. 형평	주요 특징	문제점
성장제일주의	• 박정희, 전두환 정부 (1961~1987년)	 	• 효율 중시 (정부주도)	• 개입주의 (간접주의) • 권위주의 • 발전국가 • 유교자본주의	• 정부실패 • 정치의 비민주화
분배(형평) 문제 대두	• 노태우 정부 (1987~1991년)		• 형평 중요성 인식 → 효율 중시로 회귀	• 경제 민주화 • 분배적 정의 • 이슈화	• 노사분규 심화
자유주의	• 김영삼 정부 (1992~1997년)		• 효율 중시	• 시장개방 • OECD 가입 • 세계하 • 금융실명제	• IMF 위기 극복 • 신자유주의
신자유주의	• 김대중 정부 (1998~2002년)		• 효율 중시	• IMF 위기 극복 • 신자유주의 개혁 정책	• 양극화
사회민주주의와 자유주의의 혼재	• 노무현 정부 (2003~2007년)		• 형평 중시	• 분배정책 중시 • 신자유주의 정책 가미	• 양극화 심화 • 보수-진보 간 이념적 갈등

로 정리해 보면 표 14.1과 같다.

다른 한편, 역대정부의 경제이념을 정부와 시장, 효율(성장)과 형평(분배)이라는 기준에서 평가해 보면 다음 그림 14.1과 같이 나타내 볼 수 있다.

그림 14.1 역대정부 경제이념의 평가 : 정부-시장, 형평-효율을 중심으로

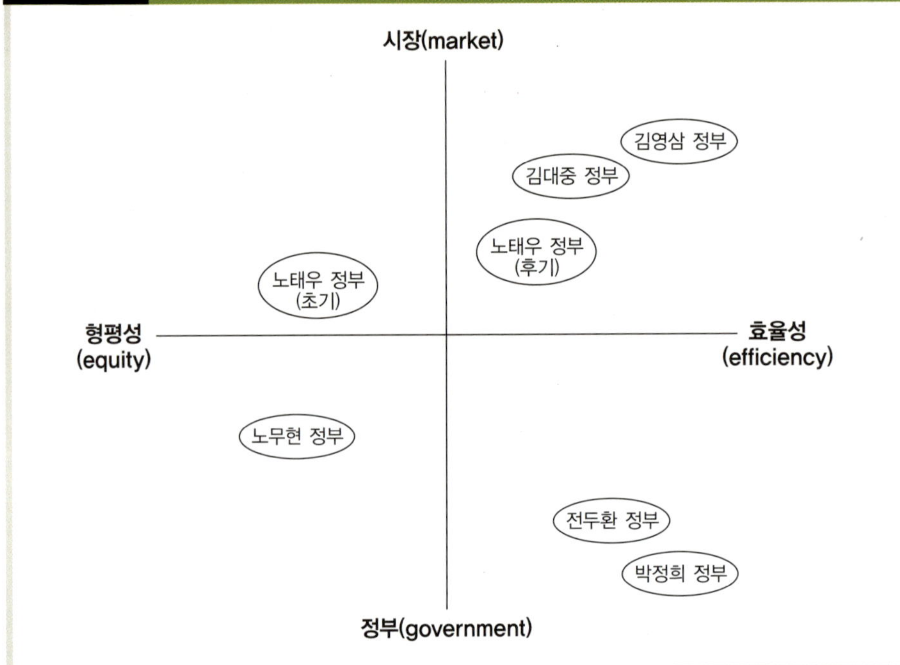

표 14.2 역대 정권별 경제성과의 비교 (단위 : %)

정권	경제 성장률	실업률	인플레이션율	경상수지/명목GDP	개인순 저축률	설비 투자율	실질회사채 수익률
박정희 (1965~1979)	9.0	4.7	14.2	−5.1	14.0	11.5	10.9
전두환 (1981~1987)	8.7	4.0	6.1	−0.3	14.0	12.7	9.6
노태우 (1988~1992)	8.0	2.5	7.4	1.1	22.5	14.0	8.8
김영삼 (1993~1997)	6.9	2.4	5.0	−1.6	17.6	13.3	7.9
김대중 (1999~2002)	7.2	4.5	2.5	2.6	11.9	11.9	5.9
노무현 (2003~2007)	4.5	3.4	2.9	1.8	4.3	9.2	2.0

출처 : 최광, 자본주의 시장경제와 정부, 율곡출판사, 2009, 88쪽

주 : 1. 1975~1979년 평균, 2. 1970~1979년 평균, 3. '국민의 정부'의 경우 외환위기로 마이너스 성장을 한 1998년도를 제외한 수치임, 4. 회사채수익률 계산에 사용된 소비자물가지수는 노태우 정부부터는 2005년 기준분을 이용함

제 3 절 21세기 한국의 바람직한 경제이념 : '인본적 자유주의'

최근 미국발 글로벌금융위기로 촉발된 세계 실물경제의 침체는 상당 기간 지속될 것으로 전망된다. 더 본질적인 문제는 세계 경제위기의 파장이 미국을 비롯한 선진국들의 경우보다 한국에서 더 심각할 것이라는 점이다.[11]

이러한 저성장은 외환위기 이후 심화되고 있는 경제 및 소득의 양극화와 함께 한국경제를 심각한 위기상황으로 몰고 갈 수 있다. 더욱이 보수와 진보로 대비되는 이념적 혼란은 한국경제가 당면한 경제적 위기를 극복하고 21세기 새로운 도약을 위해 시급히 극복해야 할 과제이다. 이를 극복하기 위한 경제정책의 수립은 물론, 이에 걸맞는 바람직한 경제이념 설정이 필요하다. 그것은 다름 아닌 한국경제에서 자유주의 시장경제 운용에 관한 이념적 기초를 확실히 하는 것이다.

그동안 한국의 경제발전 속에서, 특히 김대중 정부 이후 IMF 체제를 극복하기 위해 도입되고 현재 한국경제를 비롯해 세계경제의 지배적 이데올로기로 자리매김하고 있는 신자유주의 경제이념은 21세기 한국경제를 위한 적절한 이념이 될 수 없다고 본다. 더욱이 최근 발생한 글로벌금융위기는 신자유주의 이데올로기가 더 이상 한국경제발전의 지배적 경제이념이 될 수 없다는 것을 단적으로 보여 주는 증거이다. 그렇다고 해서 이것이 과거 정부주도의 개입주의나 간섭주의가 바람직한 경제이념이라는 의미는 결코 아니다.

21세기 한국경제의 경제이념은 기본적으로 개인의 창의성과 자유로운 경제활동을 보장하는 자유주의에 기초해야 함은 당연하다. 여기서 근본적인 문제는 어떠한 형태의 자유주의를 상생의 경제이념으로 정립할 것인가 하는 것이다. 18세기 후반 중상주의의 반작용으로 등장한 자유주의는 그동안 자본주의 시스템을 공고히 하는 지배적 이념으로 발전해 오면서 여러 유형의 자유주의 모습으로 발현되고 있다.[12]

---

11) 왜냐하면 서구의 국가들은 오랜 세월 복지체제와 적극적 노동시장정책 및 기업의 사회적 책임 등 상대적으로 제도가 잘 정비되어 왔기 때문에 경제위기를 대처하는 이념적, 물적 토대가 우리보다 견고하다. 그러나 한국은 복지를 비롯한 사회적 안정망을 위한 제도의 미비와 경제에서의 양극화 심화, 진보와 보수의 이념적 갈등 등 경제위기를 극복할 토대가 마련되어 있지 못하기 때문이다.

12) 보다 상세한 내용은 윤건차, 「현대한국의 사상흐름」(2000)과 황준성, 「독일형 질서자유주의와 영미형 신자

이러한 관점에서 최근 금융위기를 극복하고 21세기 지속적인 한국 경제발전을 위해 필요한 자유주의로 필자는 '인본적 자유주의(human liberalism)'를 제안하고자 한다. 여기서 필자가 말하는 '인본적 자유주의'는 '시장지향적 자유주의(market-orient liberalism)'와 구별하고자 하는 다른 형태의 자유주의 개념이다.

지난날 한국경제에서 김영삼 정부 시절 주요 경제이념이었던 자유방임형 자유주의나 김대중 정부의 신자유주의는 필자가 언급하는 '시장지향적 자유주의' 범주에 속한다. '시장지향적 자유주의'는 개인주의적 자유주의 성격을 띠며, 경제의 목표를 단지 효율성 극대화에 두는 시장 중심의 자유주의라고 규정할 수 있다.

필자가 새로운 경제이념으로 제시하고자 하는 '인본적 자유주의'는 시장중심의 효율과 분배중심의 형평이 갈등을 야기하지 않으면서 동시에 추구되는 소위 성장과 분배의 선순환 구조가 가능한 자유주의를 말한다. 다시 말해 '인본적 자유주의'는 시장경제에 바탕을 두되 민주적인 합의와 참여를 통해 사람중심의 공동체 이익이 동시에 달성되는 자유주의를 말한다. 여기서 말하는 공동체라는 개념은 시장경제의 틀 속에서 자유롭게 거래하는 모든 경제주체들 간의 사회적 연대성(social solidarity)을 포괄하는 넓은 개념이다. 따라서 공동체를 고려하여 시장이라는 개념을 올바른 방향에서 정립하는 것이 '인본적 자유주의'에서 매우 중요한 과제이다.

'인본적 자유주의'는 성격 면에서 최근 뉴라이트운동에서 한국 시장경제의 이념으로 제시하고 있는 '공동체 자유주의(communitarian liberalism)'의 개념과도 일맥상통한다고 볼 수 있다. 뉴라이트운동에서 규정하고 있는 '공동체 자유주의'는 개인의 존엄과 자유를 최고의 가치로 보는 자유주의를 공동체적 보완을 통해 발전시키자는 자유주의 개념이다.

필자는 이 장에서 21세기 한국 경제발전을 위해 바람직한 이념으로 제시한 '인본적 자유주의'를 한국사회에 어떻게 실현시킬 수 있는지에 관해 다음과 같은 네 가지의 실천과제를 구체적으로 제안해 보고자 한다.

유주의의 비교」(경상논총 24집, 2001) 및 황준성, 「한국 시장경제는 어떤 유형의 자유주의에 기초할 것인가 : 하이에키안 자유주의와 오이케니안 자유주의의 비교를 중심으로」(경상논총 32집, 2005)를 참조.

1. '인본적 자유주의'는 효율과 형평을 동일한 가치로 평가한다

경제적 위기를 극복하기 현재 한국경제가 새롭게 정립해야 할 경제이념은 성장이 우선이냐, 분배가 우선이냐의 지나간 시대의 효율과 형평의 우선순위 논쟁이 아니다. 무엇보다 중요하고 필요한 것은 우리 모두가 '한국호(號)라는 한 배에 타고 있다'는 공동체 의식을 갖는 것이다. 여기에는 진보와 보수의 이념적 갈등도 성장이 우선이냐 분배가 우선이냐는 논쟁도 별 의미가 없다. 효율과 형평 혹은 성장과 분배의 우선순위 논쟁은 더 이상 21세기 한국경제 발전을 위한 경제이념이 될 수 없다고 생각된다.

지난 시절 한국경제의 주요 이념적 논쟁의 화두가 되었던 성장과 분배 중 어느 것을 우선으로 할 것인가라는 문제는 경제에서 효율과 형평이라는 두 가지 문제를 동시에 달성할 수 없다는 일종의 상충(trade-off)현상이 존재한다는 논리에 근거하고 있다. 특히, 글로벌 금융위기 이후 심화되고 있는 경제성장의 정체성과 계층 간 양극화 현상의 심화는 우리 사회에 성장을 중시하는 효율과 분배를 우선시하는 형평이 더 이상 대체관계가 아니라, 서로 같이 조화를 이루어야 하는 보완관계라는 인식의 전환을 요구하고 있다. 경제성장의 혜택이 모든 계층에 골고루 돌아갈 수 있어야 지속적인 경제성장이 가능하다. 이러한 개념을 안국신 교수는 '형평 있는 효율(efficiency with equity)'이라는 용어로 사용하고 있다.

성장과 분배는 한국호(號)라는 배를 저어 가는 두 개의 노와도 같다. 즉, 똑같이 균형감 있게 노를 젓지 않으면, 한국호(號)라는 배는 목표를 향해 똑바로 나아갈 수 없게 된다. 이러한 의미에서 성장과 분배에 대한 인식전환을 위한 새로운 경제이념을 시급히 모색할 필요가 있다. 이는 또한 한국 사회에서 가진 자와 못 가진 자, 강자와 약자, 보수와 진보 진영 모두가 공감하는 '상생의 이념' 정립이 필요하다는 것을 의미한다.

2. '인본적 자유주의'는 사회정책을 필요로 한다

현재 우리 사회는 고용이 양적으로 충분히 보장되어 있지 않을 뿐만 아니라, 고용의 질이 악화되면서 근로 빈곤층이 증가하고 있고, 상대적 빈곤이 악화되면서 양극화와 계층 간 불평등이 심화되고 있는 상황이다. 이에 따라 사회적 갈등과 분열은 더 심화되고 있고 이러한 문제를 해결하기 위한 사회적 비용은 성장을 통해 얻고자 하는 경제적 편익을 초과하고 있다. 이러한 문제들은 경제성장이나 효율 중심의 시장논리만으로는 해결할 수 없는 효과적인 사회정책이 필요함을 의미한다. 따라서 21세기 한국경제는 사회정책[13] 없이 경제성장 우선주의로 고용과 경제안정의 문제를 해결하려던 과거의 패러다임을 과감히 버려야 한다.

일견 사회정책은 사회민주주의 이념의 주요한 정책으로서 자유주의 이념과는 상충하는 정책으로 평가할 수 있다. 따라서 사회정책은 자유주의 이념에는 적합하지 않은 정책이라는 비판이 있을 수 있다. 그러나 21세기 한국사회의 새로운 경제이념으로서 필자가 제기하는 '인본적 자유주의' 개념에서 사회정책은 자유주의 이념과 양립할 수 있는 정책으로 제안하고자 한다.

사회정책을 통한 분배개선이 성장을 촉진하는 메커니즘이며, 동시에 한국경제의 지속적 발전을 위한 필수정책이라는 인식전환이 필요하다. 사회정책에 필요한 비용은 성장을 방해하고 도덕적 해이를 유발하는 비생산적 비용이 아니라, 공동체의 번영과 한국경제의 장기적 발전을 위해 필요한 투자라는 인식이 필요하다. 사회정책은 자본주의 경제시스템이 초래한 사회적 약자와 탈락자들을 노동시장 내로 통합함으로써 성장과 번영을 공유하고 사회적 정의를 실현시키는 매우 중요한 의미가 있는 정책이다. 이러한 점에서 사회정책은 바로 '인본적 자유주의'를 실현하는 데 필요한 정책이 될 것이며, 이는 '인본적 자유주의'를 실현시키기 위해 정부가 담당해야 하는 중요한 역할 중 하나이다.

3. '인본적 자유주의'는 사회적 자본을 필요로 한다

'인본적 자유주의'는 신뢰라는 사회적 자본이 충분할 때만 실현가능하다고 본다. 후쿠야마라는 경제학자는 그의 저서 『신뢰(Trust)』에서 지속적인 경제발전을 달성하고 있는 국가는 구성원들로 하여금 서로 협동할 수 있도록 하는 '신뢰'라는 사회적

---

13) 사회정책은 넓은 의미에서 사회적 영역에서의 공공정책을 의미하나, 여기서는 좁은 의미에서 주로 고용 및 복지영역에서의 공공정책을 의미한다.

자본이 풍부한 국가들이라고 규정하고 있다(Fukuyama, 1995). 또한 한국의 경제위기는 바로 사회적 자본인 '신뢰'가 부족해 발생하였다고 지적하고 있다. 한국경제의 구조적 문제로 지적되고 있는 노사분규, 기업의 분식회계 등 기업경영의 불투명성, 신용불량의 문제 등도 신뢰라는 사회적 자본의 부족에서 발생한 경제문제들이다. 거시적 측면에서도 정부 경제정책의 실패, 경제정책의 비일관성으로 초래되는 정책의 불확실성도 시장에서 경제주체들로 하여금 정부에 대한 신뢰를 갖지 못하게 하고 있다. 이러한 정부에 대한 불신은 한국 경제발전을 더디게 하는 중요한 원인이 된다. 따라서 한국경제에서 구조적 문제점을 해결하고 지속적인 경제발전을 달성하기 위한 이념으로서 '인본적 자유주의'를 실현시키기 위해서는 그 무엇보다 공동체 구성원들 간에 서로 믿는 '신뢰'라는 사회적 자본의 축적이 필요하다.

4. '인본적 자유주의'는 공동체 자본주의를 전제로 한다

경제에서 효율 중심의 성장논리를 앞세울 때, 우리는 종종 '누구를 위한, 무엇을 위한 성장인가'라는 문제를 제기한다. 이는 건강한 자본주의 확립을 위해서는 자유주의 원리와 휴머니즘에 입각한 공동체원리를 두 축으로 하는 시스템이 제대로 작동해야만 한다는 것을 의미한다. 즉, 이는 최대 다수의 최대 행복을 보장하는 벤담식 공리주의의 실현을 의미하기도 한다. 한국의 전통적 가치체계는 개인주의 중심과 물질주의적 성향보다는 공동체 지향적 집단주의 문화의 특성과 내면적, 정신적 가치를 더 중시하는 문화적 특성을 가지고 있다. 따라서 한국의 경제는 경쟁을 중시하는 시장 중심의 자유주의 이념 속에서도 사람을 중시하는 공동체 중심의 자유주의라는 이념적 특성을 가져야 한다.

자유로운 시장경제의 기본 틀을 유지한다는 것과 공동체 이익을 추구한다는 것은 일견 상충되는 것처럼 보일 수 있다. 또한 공동체의 이익추구가 글로벌 추세에 역행하는 논리로 비추어질 수도 있다. 그러나 21세기 한국경제는 공동체에 대한 참여의식 없이는 개인이나 기업의 창의적 노력이 극대화될 수 없으며, 효율성의 추구나 경쟁력 강화도 불가능할 것이라는 점을 고려하면 결코 두 개념은 상충되는 개념들이 아니다. 노사분규나 집단이기주의 등으로 한국경제의 성장을 둔화시키는 일은 바로 공동체의식이 결여되었기 때문에 나타난 현상들이다. 그러므로 21세기 새롭게 실천과제로 삼아야 할 한국의 경제이념은 '더불어 사는 공동체'를 지향하는 것이어야 한다. 무엇보다 시급한 것은 서로 대립하고 있는 계층 간, 집단 간의 갈등을 해소하고, 서로 소통함으로써 사회적 통합을 이룩해야 한다. 이를 위해 정부는 '더불어 산다'는 공동체적 가치에 근거를 둔 새로운 정책철학을 제시할 필요가 있다.

또한 공동체 자본주의의 실현을 위해 우리 사회에 '가진 자'와 '힘 있는 자'가 먼저 솔선수범하여 '못 가진 자'와 '힘이 없는 약자'를 배려하고 돕는 새로운 도덕적 문화를 창출할 필요도 있다. 최근 증가하는 추세에 있는 사회적 기업(social enterprise)도 공동체 자본주의를 만들어 가는 하나의 좋은 예가 될 것이다.

제 4 절 맺음말

지난 반세기 한국 경제발전과정에 나타난 경제이념의 논쟁 축은 크게 국가(정부) 對 시장 그리고 효율 對 형평으로 대별해 볼 수 있다. 이러한 이념적 논쟁은 한국경제에서 1990년대 이후 자유주의(liberalism)라는 큰 경제이념의 틀 속에 내재되어 새롭게 이념적 논쟁을 거듭해 왔다고 볼 수 있다. 다시 말하면 1980년대 후반 이후 한국경제는 국가 對 시장이라는 양축에서 시장중심의 단일 축으로 재편되면서 시장 안에서의 효율과 형평의 우선순위 논쟁으로 제한되어 이루어져 왔다.

최근 글로벌 금융위기는 그동안 세계자본주의의 지배적 경제이념이었던 신자유주의(neo-liberalism)가 한계와 문제점을 가지고 있음을 보여 준다. 이의 대안으로 1930년대 세계 대공황 극복을 위해 제시되었던 케인즈주의(Keynesianism) 경제이념이 새롭게 부상하면서, 다시금 정부가 주도하는 이념과 시장주도적 이념 간의 논쟁이 새로운 국면을 맞이하고 있다.

그럼에도 불구하고 필자의 견해로는 시장 중심의 자유주의 이념은 기본적으로 21세기에도 한국경제는 물론 세계경제의 주류(main-stream)이념으로 계속 자리매김할 것이다. 경제에 대한 케인즈주의도 시장을 부정하는 것이 아니라, 시장의 실패를 보완하는 정부의 역할을 강조한다는 점에서 어디까지나 자유주의와 맥을 같이한다. 따라서 케인즈주의를 개혁적(개량적) 자유주의로 규정하여 부르기도 하는 것이다.

앞서도 언급하였지만, 자유주의에는 고전적 자유주의에 기초를 둔 다양한 자유주의가 자본주의 발전과정에서 형성되어 왔다. 이러한 관점에서 21세기 한국경제를 위한 바람직한 경제이념은 자유주의에 기초하되, 개인을 위한 자유주의가 아니라 건강한 공동체 자본주의를 만들기 위한 자유주의여야 하며, 이것이 필자가 제시하고자 하는 '인본적 자유주의' 의 주된 개념이 될 것이다.

다른 한편, 노무현 정부 이후 한국사회에 심화되고 있는 보수와 진보 간의 갈등과 대립에 대해서는 새로운 시각을 갖는 인식의 전환이 필요하다. 다시 말해, 보수와 진보의 대립은 반대편을 압도하고, 반대편을 타도하기 위한 투쟁이 아니라는 사실을 인식하는 것이다.

민주주의의 특징은 다양성을 인정하는 것이고, 다양성이 절차상 '다수결의 원리' 에 의해 정리되고 집행되는 것일 뿐이다. 따라서 21세기 한국경제의 발전과 선진국 진입이라는 동일한 목표를 달성하는 데 있어서도 접근하는 방법과 생각(이념)이 다를 수 있다. 이러한 이념의 차이들이 '보수' 혹은 '진보' 라는 이름으로 표출되는 것일 뿐이다. 여기서 중요한 것은 진보나 보수 모두 궁극적으로 추구하는 '공동의 선' 은 같다고 본다. 다만 차이가 있다면 어떻게 공동의 선을 달성하느냐의 접근방법과 우선순위 결정에 따라 생각과 의견을 달리할 뿐이다. 오늘날 한국사회에 극단의 주장과 이념은 존재하지 않는다고 본다. 어느 쪽에 비중을 많이 두느냐 하는 상대적 차이가 있을 뿐이다. 보수나 진보의 서로 다른 이념도 21세기 한국경제의 발전을 위해 가져야 할 가치 있는 요소들을 양자 모두 가지고 있다는 생각을 가지고 '상생(相生)의 이념' 정립을 위해 서로 대화하고 소통하는 노력이 절실히 필요한 때이다.

읽을거리 1

경제정책 전반에 대한 재검토 필요하다

1980년대 말 이후 우리나라의 거의 모든 사회 지표는 악화되어 오고 있다. 지난 2월 경제학 공동학술회의에서 곽승영 교수가 발표한 자료에 따르면 최하위소득자 10%가 전체소득에서 차지하는 비중은 2%에 머물러 있는 반면 최상위소득자 5%가 전체소득에서 차지하는 비중은 1995년의 32%에서 2006년 41%로 늘어났다. 인구 10만 명당 범죄 발생은 1989년의 2,540건에서 2009년 4,356건으로, 자살은 1985년의 10명에서 2005년 25명으로 늘어났다. 같은 기간 선진국들의 자살률은 전반적으로 줄어들었다. 미국의 자살률은 12명에서 10명으로, 영국은 8명에서 6명으로, 독일은 18명에서 10명으로, 스웨덴은 17명에서 11명으로 줄어들었다. 지난 15년간 우리나라는 경제협력개발기구(OECD) 국가 중 자살률이 최고인 나라가 되었다. 특히 55세 이후의 자살률은 다른 나라들과 비교가 되지 않을 정도로 높다. 반면 출산율은 지속적으로 떨어져 세계 최하위를 기록하고 있다. 아이를 낳기가 두렵고, 자살률이 제일 높은 나라, 이것이 행복한 나라인가? 이것이 우리가 지향하는 선진화인가?

우리 사회는 이 문제에 대해 심각한 주의를 기울여야 한다. 우리 국민이 아이를 적게 낳고 자살을 많이 하는 DNA를 타고난 것은 아니다. 정책의 소산이다. 지난 수십 년간 우리 사회가 취해 온 경제·사회정책과 우리나라의 각종 제도를 전반적으로 재검토하고 이의 방향 전환을 모색해야 할 때다. 우리는 지금도 1960~1970년대 성장 위주의 사고방식에 갇혀 경제정책을 추진해 오고 있다. 경제성장률, 수출증가율, 경상수지흑자 등이 정부의 최고 경제업적으로 인식되고 있다. 상대적으로 소득격차의 확대, 빈자들의 처지의 곤궁함에 대한 주의는 소홀했다. 과거 우리 국민 모두가 못 살고, 소득과 부가 상대적으로 균등하게 분배되어 있었으며 친척·이웃 간 상부상조의 문화가 지배했던 시대에는 이러한 정책방향이 타당했다. 그러나 이제는 그렇지 않다. 경제성장률과 1인당 국민소득은 평균의 개념이지 국민생활 전반의 사정을 말해 주는 지표는 아니다.

과거에는 성장이 곧 고용의 증가를 의미했으나 세계화와 더불어 이 둘의 상관성은 크게 줄어들었다. 우리나라 제조업에 있어 10억 원의 실질생산 증가가 1990년에는 40.8명의 일자리를 창출했으나 2008년에는 5.5명의 일자리만을 창출했다. 미국의 경우 지난 30년간 성장의 과실이 거의 대부분 최상위소득자 1%, 특히 0.01%에 귀착되었으며 이들의 소득과 저축 증가는 미국 내 투자와 고용증대로 연결되지 않았다는 연구결과는 오늘날 성장위주의 정책이, 그리고 우리나라가 도입해 온 경제제도와 정책이 가져오는 장기적 결과에 대해 되돌아보게 한다.

성장뿐 아니라 고용을 극대화하기 위한 정책적 배려가 필요하다. 원래 거시경제학에서 추구하는 정책목표도 성장이 아닌 고용의 극대화다. 또한 고용의 내용 개선에도 더 많은 주의를 기울여야 한다. 대기업과 중소기업, 정규직과 비정규직 근로자의 임금 격차가 1980년대 말 이후 지속적으로 확대되어 왔다. 2008년 현재 중소기업 근로자는 대기업 근로자 임금의 약 42%, 비정규직 근로자는 정규직 근로자 임금의 절반을 받고 있다.

세계화와 더불어 대부분의 나라들이 소득격차의 확대를 겪고 있는 것이 사실이다. 특히 영미계통의 국가들에서 이는 두드러진다. 그러나 이들 사회가 우리 사회만큼 각박하고 불안정한 사회가 되지는 않았다. 그만큼 사회안전망이 잘 정비돼 있고, 조세와 재정지출에 의한 소득재분배 효과가 높기 때문이다.

성장이 중요하지 않다는 말이 아니다. 그러나 지금과 같은 우리 사회지표의 추세가 지속된다면 장기적으로 성장도, 시장경제도 지켜내기 어렵게 될지 모른다. 단순히 시혜적 복지를 늘리는 수준이 아니라 우리나라의 조세와 재정지출의 구조, 거시경제정책의 목표, 공정경쟁질서와 시장구조, 고용제도에 대한 전반적인 재구성을 검토해야 한다. 이는 통일 후 한국사회를 대비하기 위해서도 필요하다. 민주화 이후 우리나라의 정책은 선거용 · 민심용으로 제조되고 기득권의 영향에 압도되면서 이들이 20~30년 후 가져올 궁극적 결과에 대한 고려는 소홀했다. 이제 또 다른 선거용이 아닌 장기적 시각을 가지고 국민적 토론을 통해 새로운 정치 · 경제질서에 대해 모색해 볼 때다.

출처 : 중앙일보, 2011. 3. 12.

읽을거리 2

보수, 공정을 위해 죽어야 산다

많이 아는 얘기지만 미국 아이들은 싸움을 할 때도 페어(fair · 공정)하냐 언페어(unfair · 불공정)하냐를 중심잣대로 다툰다. "It's unfair"가 가장 무섭고 치명적인 심판이다. 페어한 게임의 결과에 대해서는 군말하는 게 언페어하다.

미국 아이들처럼 미국이라는 초강대국이 세계를 상대하는 데 있어서 어느 나라에나 공정한지는 의문이다. 국익이 부딪히는 문제에서 모든 나라가 수긍할 수 있는 공정성(fairness)을 도출하는 것이 가능한지도 모르겠다.

일본의 어머니들은 "자식이 커서 어떤 사람이 되기를 바라느냐"는 질문에 "남에게 폐를 끼치지 않는 사람이 됐으면 좋겠다"고 거의 정해진 문구처럼 답한다. 자신이 노력하지 않거나 주변과 불화(不和)해 잘못 살면서 '세상이 불공평하다' 하고, 분배를 더 해 달라고 요구하는 것은 남에게 폐 끼치는 일이요 공정하지 못한 태도다.

한국 외교부 장관이 딸을 불공정하게 특채한 일로 사퇴하자 중국 누리꾼들은 "한국의 건강한 정치 메커니즘을 보여 준 것"이라며 부러워했다. 그러나 대한민국은 김태호 총리 후보자가 낙마했을 때 "정치엘리트가 얼마나 비윤리적으로 행동해 왔는지 보여 준다"고 지적한 ≪뉴욕타임즈≫의 잣대로 공정을 따져야 할 단계에 이르렀다.

체제의 수혜자들이 솔선해야

영국 보수당의 연정 파트너로 사상 처음 정권에 참여한 좌파 자유민주당의 닉크렉 당수(부총리)는 8월 25일 ≪파이낸셜타임스≫ 기고문을 통해 "공정이란 모든 아이들에게 태어난 배경과 상관없이 마땅히 가져야 할 기회를 갖게 하는 것"이라고 정의했다. ≪파이낸셜타임스≫는 "다시 찾아온 공정"이라는 8월 27일 자 사설에서 "크렉의 핵심 주장은 국민이 스스로 사회적 사다리를 올라가도록 하겠다는 것"이라고 요약하고 "가장 좋은 방향은 친(親)성장 정책을 통해 장기적으로 계층 이동이 활발하게 일어나게 하는 것"이라는 의견을 덧붙였다.

크렉과 ≪파이낸셜타임스≫의 견해는 한국 정부도 경청할 만하다. 다급한 나머지 유럽에서 실패로 판명된 '보편적 복지 포퓰리즘'에 빠지지 말아야 한다는 경고와도 같다.

2003~2005년 독일의 게르하르트 슈뢰더 총리는 '어젠다 2010'이라는 개혁 비전을 실행했다. 임금이 싼 동유럽으로 독일 공장들이 옮겨 가지 않도록 노조원 임금인상을 억제하고 노동시간은 늘렸으며 고용(채용과 해고)의 유연성을 높이는 정책을 폈다. 그 결과 슈뢰더는 인기가 폭락해 정권을 잃었지만 '쓴 약'의 효과는 바로 2010년 지금 나타나고 있다. 한때 유럽의 환자로 추락했던 독일이 통독 20년 만의 최고 성장과 고무적인 실업률 하락 속에서 유럽의 성장엔진으로 되살아난 것이다.

공정 담론과 관련해 경제사회적 기득층이 더 심각하게 원려(遠慮)해야 할 부분이 있다. 작년 12월 파리경제학대학의 클로디아 세닉 교수는 경제협력개발기구(OECD)에 제출한 "수입 분배와 주관적 행복" 연구 보고서를 통해 "자신이 사는 사회에서 기회와 결과가 공정하지 않다고 믿는 사람이 많을수록 재분배 정책에 대한 요구가 거세진다"고 밝혔다.

이런 요구가 포퓰리즘 정치와 맞물려 경제사회를 병들게 할 우려가 커진다. 이른바 기득층의 특권과 반칙이 판치면 사태는 더 악순환할 것이고, 체제와 제도마저 위협받을 것이다. 그렇게 되면 권력과 부를 가진 쪽이 부담해야 할 비용이 급증할 수 있다.

이명박 대통령이 광복절에 '공정한 사회'를 선창했다. 대통령의 성공 여부와는 별개로 이 나라 정치경제사회는 공정에 대한 성찰과 자기수정(修正)의 행동을 통해 거듭날 필요가 있다. 공정 어젠다가 사회 곳곳에 넓고 깊게 뿌리내린다면 이는 어느 야당 의원의 말대로 '이 대통령의 최대 업적'이 될지도 모른다.

공정한 사회로의 업그레이드가 확실해지려면 권력 핵심부터 칼날 같은 공정 잣대로 자신들을 먼저 다스려야 한다. 대통령 친인척과 최측근부터 부메랑을 피하지 않고 '사즉생(死則生)'의 행동을 보인다면 공정의 가치는 물 흐르듯 사회 전반에 스며들 것이다.

부메랑 다 맞고 거듭날 때다

그러나 실제 상황에서 '자신에게 가장 냉정하고도 공정하게' 결단하기는 쉽지 않다. 대통령 앞에도 갈림길이 여러 번 나타날 것이다. 국민은 대통령이 가는 길과 가지 않는 길을 지켜볼 것이다. 정권이 자신들의 문제는 빼놓고 심판자가 되겠다고 한다면 전두환 시대의 '정의사회 구현'을 닮게 될 것이다.

대한민국을 자랑스럽게 생각하고, 대한민국 헌법 가치를 존중하며, 자유 민주 통일을 지향하는 대다수 국민이 공정의 눈금을 최대한 잘 맞춘다면 세계의 존경을 받는 고급국가를 만들 수 있다. 보수와 진보를 가릴 일은 아니지만 특히 낡은 보수가 공정의 부메랑을 가차 없이 맞아야 대한민국의 정체성을 지킬 보수가 살고 나라가 살 것이다.

출처 : 동아일보, 2010. 9. 9.

토론하기

■ 21세기 한국 자본주의에서 바람직한 경제이념은 무엇인지에 관해 토론해 보자.

평가하기

퀴즈 1〉 대한민국은 역사의 흐름 속에 여러 경제이념을 실험해 왔다고 할 수 있다. 다음의 예 중에서 연결이 적절하지 못한 것은 무엇인가?

① 성장제일주의 – 박정희 정부

② 자유방임적 자유주의 – 노태우 정부

③ 자유주의 – 김영삼 정부

④ 신자유주의 – 김대중 정부

힌트 노태우 정부에서 분배 및 형평성 문제가 사회적 이슈로 표출됨.

퀴즈 2〉 다음 중 효율성과 정부의 역할을 동시에 강조한 정부로 가장 잘 구성된 것은 무엇인가?

㉮ 박정희 정부　㉱ 김영삼 정부
㉯ 전두환 정부　㉲ 김대중 정부
㉰ 노태우 정부　㉳ 노무현 정부

① ㉮　② ㉮, ㉯

③ ㉮, ㉯, ㉰　④ ㉮, ㉳

힌트 박정희, 전두환 정부에서 대체로 정부의 역할이 강조되면서도 효율을 중시하는 경제정책을 추진하였다고 볼 수 있다.

정리하기

■ 한국 경제발전에 나타난 경제이념의 제 유형과 특징

경제이념	시 기		효율 vs 형평	주요 특징	문제점
성장제일주의	• 박정희, 전두환 정부 (1961~1987년)	 	• 효율 중시 (정부주도)	• 개입주의 (간접주의) • 권위주의 • 발전국가 • 유교자본주의	• 정부실패 • 정치의 비민주화
분배(형평) 문제 대두	• 노태우 정부 (1987~1991년)		• 형평 중요성 인식 → 효율 중시로 회귀	• 경제 민주화 • 분배적 정의 • 이슈화	• 노사분규심화
자유주의	• 김영삼 정부 (1992~1997년)		• 효율 중시	• 시장개방 • OECD 가입 • 세계화 • 금융실명제	• IMF 위기 극복 • 신자유주의
신자유주의	• 김대중 정부 (1998~2002년)		• 효율 중시	• IMF 위기 극복 • 신자유주의 개혁 정책	• 양극화
사회민주주의와 자유주의 혼재	• 노무현 정부 (2003~2007년)		• 형평 중시	• 분배정책 중시 • 신자유주의 정책 가미	• 양극화 심화 • 보수-진보 간 이념적 갈등

■ 역대 정권별 경제성과의 비교

(단위 : %)

정권	경제 성장률	실업률	인플레 이션율	경상수지/ 명목GDP	개인순 저축률	설비 투자율	실질회사채 수익률
박정희 (1965~1979)	9.0	4.7	14.2	−5.1			10.9
전두환 (1981~1987)	8.7	4.0	6.1	−0.3	14.0	12.7	9.6
노태우 (1988~1992)	8.0	2.5	7.4	1.1	22.5	14.0	8.8
김영삼 (1993~1997)	6.9	2.4	5.0	−1.6	17.6	13.3	7.9
김대중 (1999~2002)	7.2	4.5	2.5	2.6	11.9	11.9	5.9
노무현 (2003~2007)	4.5	3.4	2.9	1.8	4.3	9.2	2.0

■ 21세기 바람직한 자본주의의 경제이념

- '인본적 자유주의' 는 효율과 형평을 동일한 가치로 평가
- '인본적 자유주의' 는 사회정책을 전제
- '인본적 자유주의' 는 사회적 자본을 필요
- '인본적 자유주의' 는 공동체 자본주의를 전제

찾아보기

주제

| ㄱ |

가격결정자 151
가격순응자 150
가격통제 161
가계선택의 자유 116
가정복지 322
감세정책 246, 313
갑작스런 중단 217
값싼 정부 263
강화 211
개발이익흡수 300
개방화 369
개인순 저축률 378
결과의 평등 251
겸업(兼業) 245
경기변동 109
경기순응적 레버리지 200, 211
경기순응적 행위 212
경기의 변동 271
경기정책 264
경성국가 364
경쟁정책 266
경쟁제한방지법 266
경쟁질서 256, 262
경제 2
경제개발 5개년 364
경제개입주의 34
경제 국수주의 63
경제문제 17
경제성장 72, 84, 86, 98, 99, 270
경제성장률 85, 378
경제성장 촉진법 270
경제의 근본 372
경제자유도 183
경제적 세계화 31
경제적 안전 111
경제적 안정 109
경제적 안정성 72, 98
경제적 자유 72, 98, 116
경제적 자유도 117
경제적 풍요 73, 86
경제적 풍요도 72, 98
경제적 효율 5
경제적 효율성 7, 254
경제정책 일관성의 원칙 257, 260

경제주체 11
경제체제 4, 9
경제체제의 형태 5
경제협력개발기구 120
경제활동인구 296
경제후생지표 75
경합성 4, 156
계약금 203
계약의 자유 259
계약자유의 원칙 257, 258
계획 20
계획기구 11
계획형 사회주의 4
고대 노예체제 18
고령인구 298
고령자의 수 297
고령화사회 297
고스플란 9
고스플랜 13
고용 14
고용률 179, 180, 192, 296
고용정책 264
고정하는 환율 35
곡물법 131
공공재 90, 156
공급 146
공급인플레이션 110
공동체 자유주의 380
공산당 선언 134
공유권 14
공유지의 비극 14
공정거래위원회 271
공정성 349, 387
공정한 분배 102
공정환율도 282
과고용 110
과정정책 255, 263, 269
관료자본주의 284
관료형 자본주의 276
관세 35
구매력 353
구매력 지수 78
구자유주의 263
구제기금 160
국가자본주의 137
국민건강보험 322
국민경제 5, 11
국민소득 298
국민소득계정체제 74
국민연금 322
국수주의 64
국제경제조직 32
국제노동기구 44
국제생산체제 45
국제적 청산동맹 222
국제통화기금 222
국제화 31
권위주의적 46
규모의 경제 90, 149
규제 161
균등한 분배 103
근대 자본주의체제 19
근로소득세 314
글로벌 펀드 343
금융실명제 367
금융자본 54
금융자본주의 시대 198
금융적 취약성 202
기술 8
기술의 세계화 31
기술적인 혁신 342
기업가 정신 177
기업의 자유 116
기업주연맹 317
기여의 원칙 11, 26
기초(基礎)자산 199
기축통화 39
기회 균등 103
기회비용 3
기회의 평등 251

| ㄴ |

나베소코불황 277
나이키 343
낙관주의 371
남북문제 150
남북전쟁 134, 135
남용금지 원칙 265
낮은 고용률 179
낮은 세율 179
내생성 16
내연적 성장 366
노동 8

노동시장위원회 318, 324
노동시장 유연화정책 246
노동시장청 324
노동의 이동성 324
노령인구지수 297
노르딕 모델 181
노르웨이 309
노멘클라투라 106, 107
노인복지 322
노조밀집도 243
노조조직률 243
높은 앵글로색슨 모델 176
누진적 조세 160
뉴 레네크 운동 345
뉴욕타임즈 349
뉴하모니 345
니케이지수 292
니트족 295
니케이 평균주가 291
니혼게이자이(日本經濟) 209

ㄷ

다국적 기업 44
다나카 가쿠에이 282, 300
다우존스 21
다자간 섬유협정 37
대공황 136
대공황 이후의 자본주의 144
대륙 모델 177
대륙식 자본주의 186, 188, 191, 196
대처리즘 138, 248, 331
대출채권담보부증권 206
덴마크 309
도덕적 질서 225
도미노 효과 13
도쿄 라운드 37
도쿄만 286
독점규제 257, 261
돗지 라인 280
동경증권지수 291
동조화 208
동태적(動態的) 효율성 27, 87

ㄹ

런민르바오(人民日報) 209
레버리지 비율 211
레이거너믹스 138
렉서스와 올리브 나무 31
렌모델 325
로렌츠 곡선 104
로마조약 37, 67

ㅁ

마이드너 모델 328
마케팅 352
마샬플랜 43
명령경제 13
모기지대출 207
모기지론 40
모기지론 리스크 38, 140
몽펠랑협회 256
무역적 연계 215
무임승차자 156
문화적 세계화 31
물가안정정책 246
물질적 균형방식 13, 26
미국 312, 313, 356
미국 S&P 500 215
미국의 대공황 20, 21
미소금융 352
미 헤리티지 117
민영학 244
민영화정책 246
민유성 163

ㅂ

반독점 135
반불공정거래법 265
반순환적 정책 310, 319
발전도상국 356
배분적 효율 15
배분적(配分的) 효율성 27
배제가능성 156
배제불가능성 156
배제성 4
버블 288
법인세 335
베트남 11
베트남전쟁 285
벤담식 공리주의 383
보다폰 354
보릿고개 363, 366

보수 385
보수주의적 조합주의 복지국가 186
보이지 않는 손 12, 33, 262
보충성의 원리 187
보편주의 원리 181
복지국가론 60
복지규모 313
복지병 335
복지서비스 111
복합빈곤지수 92
부동산 버블 299
부외거래 213
부외활동 224
부유세 320
부익부 빈익빈 52
부채흐름 201
북미자유무역협정 68
북유럽 모델 176, 177
북유럽 자본주의 182
북유럽형 자본주의 181, 191, 196
북한 11
분권화 369
분배 375
분배의 형평성 367
분배적 불평등성 162
불안정성 198
브레튼우즈 38
브레튼우드 체제 35, 37
비경합성 156
비동조화 208
비버리지 321
비버리지 중심 237
비스마르크 321
비영리 기관 342
비우량 주택담보대출 210
비잔틴 2

| ㅅ |

사멸 31
사민당 307, 319
사민주의 306, 312, 319
사민주의 복지모델 309
사민주의퇴조 336
사유재산의 원칙 257, 258
사적 이득 33
사적재 156
사적 한계비용 158
사파리콤 354
사회계약적 임금인상방식 327
사회민주당 309
사회민주주의 306, 307
사회민주주의 복지국가 111
사회민주주의적 자본주의 181
사회보장부담 298
사회보장세 314
사회보장제도 271
사회보장지출 169
사회보험 111, 376
사회복지서비스 322
사회의 고령화 297
사회적 기업 384
사회적 연대성 380
사회적 편익의 내부화 158
사회적 한계비용 158
사회적 형평 254
사회주의 10, 17
사회주의 경제체제 19
사회주의 계획경제 11
사회주의 시장경제 11
산업인프라 34
산업자본 54
산업자본주의 19, 126, 130, 143
살트셰바덴 협약 324
상업은행의 영업수입 213
상충관계 308
상품 314
상해보험 322
상호보완적 308
상호호혜정책 310, 319
생산가능곡선 87
생산요소 8
생산자 잉여 153
생애행복기간 81
생태발자국 79
서구적 가치 365
서브프라임 205, 206
서브프라임 모기지 63, 193
서브프라임 모기지 충격 209
서브프라임 위험 207
석유수출국기구 35

선수 225
선(善) 순환과정 174
선택 3
설비 투자율 378
성과평가기준 72
성장 31, 375
성장제일주의 377
세계개발경제연구소 64
세계대공황 34
세계자본주의 32
세계적 발전금융보고서 218
세계적 불균형 200
세계화 30, 31, 32, 369, 370
세계화의 개념 32
세율인하 246
세이칸 287
세이칸 터널 286
소득보전 160
소득분배 14, 72, 98, 102, 261, 368
소득분배의 개선 257
소득 불평등 정도 272
소득세 314
소득세율 335
소득재분배 386
소득재분배효과 323
소련 136
소련개혁 20
소매물가 249
소비자 배급제 116
소비자 선택의 자유 116
소비자 잉여 152
수요 146
수요견인인플레이션 110
수요곡선 152
수자원 이니셔티브 61
순경제후생 75
순수임금정책 267
스웨덴 309, 312, 313
스웨덴 경제의 안정화 325
스웨덴경영자연맹 325
스웨덴 모델 311
스칸디나비아 307
스타벅스 343
스태그플레이션 34, 138
시장경제 10, 254
시장 실패 90, 159
시장을 위한 제도 구축 24
시장의 실패 90
시장지향적 자유주의 380
시장친화적 분배(分配)정책 245
시코쿠 가교 286
신고전학파 67
신고전학파 이론 33
신기술의 증진 27
신뢰 382
신자유주의 33, 67, 138, 377, 384
신자유주의적 362
신자유주의적 자본주의 138, 144
실업률 115, 173, 296, 378
실업률 추이 186
실업보험 320, 322
실업보호 프로그램 184
실질회사채 수익률 378
실효성(實效性)이 있는 선택 116
실효환율 56

ㅇ

아동 322
아메리칸 익스프레스 343
아시아적 가치 365
아틀라스 77
알트-A 205, 206
애플 343
앵글로색슨 모델 177
앵글로색슨형 177
앵글로색슨형 자본주의 191, 196
야경국가 262, 263
야경국가론 60
얼라이언스 포 파이낸셜 인클루전 359
역순환 투자정책 318
연대의식적 임금정책 325
연대임금 326
연성국가 364
열도개조붐 285
열린 시장의 원칙 257
영국식 대처리즘 311

영업이득세 314
영지(領地)주의 127
예종에의 길 240
오르도 256
오브리법 188
오이케니안 자유주의 380
오일쇼크 37
온정주의적 진보주의 347
올림픽경기 277
올림픽경기기 281
완전경쟁시장 91, 150
완전고용 319, 325
완전민주주의 47
완전불평등선 105
완전불평등한 사회 105
완전평등한 사회 105
외부경제효과 158
외부불경제효과 158
외부효과 90, 158
외부효과의 수정 257
외연적 성장 366
외환위기 36
요람에서 무덤까지 232
용역 2, 3, 6, 314
원시 공산체제 18
월가의 탐욕 225
월스트리트저널 349
유교자본주의 366
유도계획 9
유연화 184
이데올로기의 세계화 31
이스털린의 역설 94
이와토(岩戸) 281
이와토(岩戸)경기 277
이윤 20
이자나기경기 277, 281
이타이 이타이 병 58
익스프레스 352
인민의 가정 308
인본적 자유주의 380
인플레이션 110, 234, 271
인플레이션율 378
일반금지 원칙 265
일반적 금지 266
일반협정 35
일본부동산연구소연구부 289
일본열도개조 300
일본열도개조론 282, 300
일본열도개조붐 277
잃어버린 10년 298
잃어버린 10년의 뼈아픈 경험 366
잃어버린 10년의 주요요인 299
임금상승률 235, 236
임금소득자기금 328
임시발전제도 324

| ㅈ |

자기자본비율 290
자기책임의 원칙 259
자본 8
자본스톡 86
자본시장의 자유화 246
자본이득세 314
자본－자산 비율 224
자본자유화 36
자본재 6
자본주의 10, 14, 17
자본주의 계획경제 11
자본주의 시장경제 11
자산유동화 203
자산유동화 기법 200
자산유동화증권 207
자산효과 272
자생식물 263
자연독점 149
자원 14
자원배분 13
자유기업주의 19
자유로운 시장 256
자유방임 34, 138
자유방임적 경제시스템 26
자유주의 373, 377, 384
자율화 369
자중손실 154
작지만 강한 정부 256
잘츠요바덴 협정 317
장려금 20
장애인복지 322
재배식물 263
재벌규제정책 367
재산권 14
재산세 314

재정위기 38, 193
재정적자 292
재화 2, 3, 6, 14
저금리정책 292
저금정책 293
적극적 실업정책 376
적극적인 노동시장정책 318
적녹동맹 315
전형기불황 277
정경유착 372
징부 342
정부가 무한지원을 할 수 있는 민간기업 225
정부당국의 계획 9
정부 실패 366
정실자본주의 372
정실주의 366
정책효과 272
정치경제학의 원리 134
정치적 세계화 31
정태적 효율 87
정태적 효율점 89
제로 성장기 283
제1차 오일쇼크 138, 140, 281, 285
제2차 오일쇼크 233
제3의 정치경제체제 306
조기퇴직 프로그램 184
조세율 180
조세정책 271
족벌경영 372
주거용 모기지 문제 194
주요 중개인 212
주인–대리인문제 334
주택담보물 41
주택분양가 상한제도 161
주택저당증권 215
중간의 길 316
중국 11
중농주의 130
중도의 길 306
중상주의 26, 128
중상주의적 자본주의 126, 143
중세 봉건체제 18
증권화 202
지가(地價)지수 288
지니계수 48, 105, 106, 169, 175, 272
지중해 모델 177
지중해식 자본주의 188, 191, 196
지중해 연안 자본주의 189
지하경제 74
직업선택의 자유 116
진무(神武)경기 277
진보 385
질서자유주의 373
질서정책 255, 263, 264

ㅊ

차입 레버리지 200
창조적 자본주의 342
창조적 파괴 178
채권담보부증권 215
채무변제능력 293
책임성 349
책임의 원칙 257
청소년 직업훈련제도 324
체이스맨하탄은행 351
초고령사회 297
초국적 기업 44
총조세 비율 313, 323
총편익(總便益) 15
최대산출극소비용 5
최소국가론 60
최소비용극대산출량 5
최저임금제 261
최저임금제에 의한 근로자 보호 257
최적화행위 102
취업자 296

ㅋ

카르텔법 266
카미오카 광산 57
케인즈주의 34, 138, 384
쿠바 11

ㅌ

탄력적 세제 300
탄소이산화물 59
탈규제정책 246
태환(兌換)정책 35

토지공개념 367
통제경제 10
통화정책 우위의 원칙 257
통화주의 138
투기광풍 301
투명성 349
투자 14
특별인출권 222
특별한 대의명분 352

| ㅍ |

파급효과 55
파니매 225
파레토 효율성 159
파생적 외부성 161
파시즘 136
파트타임 52
평균수입 152
포괄성 223
포기 3
폰지 게임 199
프라임 205, 206
프라임 모기지 203
프라자 협정 286
프레디맥 225
프로이센 131
프리터족 295
플란테이션 시스템 126
필립스곡선 111
필요의 원칙 11, 26

| ㅎ |

하이에키안 자유주의 380
한강의 기적 362
한계비용 151
한계수입곡선 151
한국전쟁 285
핫머니 56
항해조례 131
행복지구지수 80
행복한 나라 121
혁신 16, 46
형평성 5, 7, 102
혼합경제체제 20, 21
화학회사 357
효율성 7, 27, 72, 98
후기의 장원 127
흑묘백묘 21
흑사병 128

| 기타 |

1인당 사회적 지출 172
1차 모기지 시장 204
2차 모기지 시장 204
20대 80 52
3고 현상 369
5 · 16 쿠데타 363
5% 클럽 352
6개의 구성적 원칙 257
G7국가의 실업률 235
GDP 대비 정부재정지출 185
X－비(非)효율성 16, 17
X－효율 16
X－효율성 15, 27

인명

| ㄱ |

가이후 도시키 279
게르하르트 슈뢰더 388
고든 게코 164
고이즈미 준이치로 279
김대중 374, 377, 379, 390, 391
김영삼 369, 371, 377, 390, 391
김용구 260
김용범 56
김적교 261, 262

| ㄴ |

노무현 362, 374, 375, 376, 377, 390, 391
노태우 367, 368, 371, 377, 390, 391
닉크렉 387

| ㄷ |

다나카 가쿠에이 282, 300
대처 240
데이비드 록펠러 351
데이비드 리카도 370

| ㄹ |

레인펠트 337
레인하트 216

로널드 94

ㅁ

마이클 더글라스 164
마틴 셀리그먼 94
막스 134, 310
모리 요시로 279
무라야마 도미이치 279
문우식 222
뮈르달 364
미야자와 기이치 279

ㅂ

박정희 369, 377, 390, 391
박호성 317
벌리 349
비스마르크 321
빅셀 310
빌 게이츠 121

ㅅ

서익진 199, 221
셀리그먼 94
소냐 류보미르스키 95
슘페터 62

ㅇ

아담 스미스 370
아베 신조 279
악셀 베버 193
안두순 267
앨런 그린스펀 205
에드 디너 94
에이브러햄 링컨 134
에즈라 보겔 366
엔디 글로브 62
엥겔스 134
오부치 게이조 279
오웬 346
오이켄 256, 258, 262
워렌 버핏 버크셔해서웨이 120
윤긴치 379
이강국 201

ㅈ

장클로드 트리셰 193
전두환 377, 390, 391
제임스 캘러헌 240
제프리 케이츠 56
존스 364
존 스튜어트 370

ㅋ

카민스키 216
케인즈 223, 384

ㅌ

투 웨이밍 366
티메 267

ㅍ

폰 하이에크 33, 34
프레드리크 레인펠트 314
프리드먼 62
필립 해먼드 248

ㅎ

하랄드 슈만 52
하시모토 류타로 279
하타 쓰토무 279
한스 267
한스 피터 마르틴 52
헤럴드 일스 240
호소카와 모리히로 279
황준성 379

A

A. Borrmann 266
Abba P. Lerner 20
Abdallah, S. 83
Adam Smith 33, 131, 262
Adolf Berle 349
Adrian 211
Alfred Mueller−Armack
255, 259, 264

B

Balaam, D.N. 45
Baroness Thatcher 239
Bill Gates 357
Bordo 220
Brunetti 24
Brunnermeier 200

| C |

Charles K. 198
Charles Taze Russell 30
Christian Morrison 108
Crotty 221, 224

| D |

D. N. Balaam 45
D. Radke 270
David Ricardo 131

| E |

E. Wigforss 310, 319
Easterly 22
Eichengreen 223
Epstein 221, 224
Evsei Liberman 20

| F |

F. Boehm 256
Folkerts-landau 202
Frankel 216
Fredrik Reinfeldt 320
Frenkel 218
Friedrich von Hayek 33, 138
Fukuyama 383

| G |

G. Esping-Andersen 310, 316
Garber 202
Garrett 14
Gidins, A. 60
Glaxo Smith Kline 357
Goldstein 202
Gowan 212, 213
Gregory 91
Grundlagen 259
Grundsaetze 257
Gwartney, J. D. 14
Göan Persson 320
Göta Ingvar Carlsson 320

| H |

Hardin 14
Harvey Leibenstein 16
Hayek, F.A. 15
Heilbroner 24
Henry Ford 349
Herman E. Daly 31, 75
Hyman Minsky 198

| I |

Issac le Marie 127

| J |

J. A. Schumpeter 16, 27
J. Kremer 264
J. M. Clark 263
J. Paetzold 255, 263
J. Stuart Mill 134
J. Tobin 75, 223
James Callaghan 239
James Watt 132
Jaroslav Vanek 20
John B. Cobb 75
John Cadbury 346

| K |

Kaminsky 216, 217, 218
Karl Heinrich Marx 24, 315
Karl Marx 19, 126

| L |

L. Miksch 261
L. v. Mieses 269
Lange 15
Lardy 202

| M |

M. Childs 316
Margaret Hilda Thatcher 239
Marks, N. 83
Marshall 43
Melinda 357
Merck 357
Merrick Dodd 349, 350
Mill 370
Milton Friedman 33, 138, 351

| N |

Nader 352

Nicholas Kaldor 23

O

O. Schlecht 259, 260
Obstfeld 219
Ocampo 218, 223
Oskar R. Lange 15, 20

P

P. Krugman 366
Paul A. Samuelson 75
Paul Allen 357
Paul Tudor Jones 353
Prasad 218

R

R. Meidner 328
Ralph Nader 352
Reinhart 216, 217, 218, 219
Ricardo 370
Richard Tapper Cadbury 346
Robert Emerson Lucas 22
Rogoff 219

S

Samolyk 213
Schmukler 216
Shin 211
Smith 370
Stroup, R. 14
Stuart 91

T

Taylor 219
Thomas L. Friedman 30
Thompson, S. 83
Tobin 223
Tom J. Palmer 30
Torress, R. 48
Triffin 222

V

Van Rijckeghem 216
Vegh 217
Von Mises, L. 15

W

W. Eucken 257, 262, 263, 264
W. Klein 267
W. Nordhaus 75
Weder 216
Welshman Rovert Owen 345
William 22
William Arthur Lewis 23
William Easterly 22
William Phillips 111
Wolf, C. Jr. 16, 27
Wolfson 218
Wyplosz 223

영문

A

ABCPs 224
aber starker staat 256
Ablaufspolitik 263, 269
ABS 203, 207
allocative efficiency 15
Alternative-A 205, 206
American Express 352
American Philosophical Society 351
An Inquiry into the Nature and Causes of the Wealth 12
Anglo-Saxon Capitalism 196
Annecy 42
Anti Trust 135
anti-cyclical investment policy 318
anti-cyclical policy 319
APS 351
arbeiter 295
ArcelorMittal 45
Asian value 365
Asset Backed Securities 203
Asset Securitization 203
Atlas method 77

B

bailout 160

Bank for International Settlement 291
Barlohnpolitik 267
benefit 20
Beschaeftigungspolitik 264
BIS 290, 291
Black Death 128
Bretton Woods system 35
bureaucratic capitalism 276
business fluctuations 109

| C |

capital stock 86
capitalism 10, 19
carbon dioxide 59
Cargill 352
Cato Institute 30
cause-related marketing 352
CDO 203, 204, 207, 215
CDOs 224
Code of Canon Law 2
Collateralized Debt Obligations 203
colonialism 18
Comcast 352
command economy 13
communal right 14
communitarian liberalism 380
Community Reinvestment Act 203
comprehensiveness 223
confucian capitalism 366
conservative-corporatist regimes 187
Continental Capitalism 186, 196
Corn law 131
Counter-cyclical capital-asset ratio 224
counter-cyclicality 223
coupling 208
CRA 203
creative capitalism 342
creative destruction 178
criteria 10
crony capitalism 366, 372

| D |

deadweight loss 154
debt flows 201
decoupling 208
demand-pull inflation 110
Dillon Round 42
domino effect 13
DotCom 38
downpayment 203
dynamic efficiency 87

| E |

E.On 45
Easterlin's paradox 94
ecological foot print 79
economic efficiency 5, 254
economic freedom 72, 116
economic growth 72, 84
Economic Nationalism 63
economic plenty 72, 73
economic security 111
economic stability 72, 109
economic system 4, 9
economy 2
economy of scale 90, 149
effective choice 116
efficiency 7, 72
Employment Rate 192
employment-population ratio 179
Entrepreneurship 177
equal distribution 103
equality of opportunity 103
equity 7, 102
ESCWA 30
excludability 156
extensive growth 366
external diseconomy 74
external effect 90
ExxonMobil 45

| F |

fair distribution 102
Fannie Mae 205

Fasism 136
FDA 356
feed-back 211
feudalism 18
financial capital 54
financial fragility 202
forkhem 308
Fraser Institute 24
Freddie Mac 205
Free 295
freedom of choice of job 116
freedom of consumer choice 116
freedom of enterprise 116
freedom of household choice 116
freier Markt 256
Friedrich Hayek 138
full democracy 47

G

GDP 74
GDP deflator 114
General Agreement on Tariffs and Trade 35
General Electric 45
General Mills 352
Geneva 42
Gesets gegen Wettbewerbsbeschraenkungen 266
Gesetz zur Foerderung der Stabilitaet und des Wachstums der Wirtschaft 270
Gini 169
Gini index 48, 105
Gini ratio 105
Global Development Finance Report 218
global imbalance 200
globalization 31
GNI 76, 77, 172
GNP 73
goods 6
Gosplan 9, 13
government failure 366
Great Depression 20, 34, 136
Gross Domestic Product 74
Gross National Income 76
Gross National Product 73
grow-or-die 31
GWB 266

H

Haftung 257
happy life years 81
Happy Planet Index 80, 92
hard state 364
heritage 117
HLY 81
hot money 56
HPI 80, 81, 92
human liberalism 380

I

ICU 222
IEA 240
IMF 222
income distribution 72, 102
Index of Economic Freedom 117
indicative planning 9
industrial capital 54
industrial capitalism 126, 130
infrastructure 34
innovation 16, 46
Inquiry into the Nature and Causes of the Wealth of Nations 33
Institute of Economic Affairs 240
intensive growth 366
internalities 16
internalization 158
International Clearing Union 222
International Labour Organization 44
International Production System 45

internationalization 31
invisible hand 12, 33, 262
ISEW 75
IT 39

| K |

Kamioka mine 57
Kartellgesetz 266
Kennedy Round 42
key currency 39
Keynesianism 138, 384
kleiner 256
Konjunkturpolitik 264
Konstanz der Wirtschaftspolitik 257
konstituierende Prinzipien 257
KPMG 352
Kultur Pflanze 263

| L |

labor mobility 324
Labour Market Board 318, 324
laissez-faire 34, 138
leveraged buyout 200
liberalism 384
LO 316, 326
Lorenz Curve 104

| M |

main-stream 384
manorialism 127
Marginal Cost 157
market economy 10
market failure 90
market mechanism 10
market-orient liberalism 380
Marshall plan 43
Material Product System 76
mathod of meterial balance 13
MBS 203, 215, 224
Mediterranean Capitalism 188, 196
Medtronic 352
mer cantilism 128
merchant capitalism 126
MEW 75
microfinance 352
middle way 306
Minimal State 60
Minnesta Keystone Program 352
mixed economic system 20
monetarism 138
Mortgage Backed Securities 203
mortgage loan 40
mortgage loan risk 140
MPS 76
Multi Fibre Arrangement 68
multinational corporation 44

| N |

NAFTA 37, 68
national economy 5
national income 298
Natur Pflanze 263
natural monopoly 149
Navigation act 131
NEET 295
NEF 92
neo-classical 33, 67
neo-liberal capitalism 138
neo-liberalism 33, 67, 138
Net Economic Welfare 75
NEW 75
New Economics Foundation 92
NIEs 40
Night-Watch State 60, 262
nomenklatura 107
Non Profit Organization 342
non-excludability 156
non-rivalry 156
Nordic Capitalism 181, 196
Nordic model 181

Northwest Airlines 352
Not currently engaged in Education, Employment or Training 295
NPO 342

| O |

OECD 370
Oeconomus 2
off-balance-sheet activities 224
offene Maerkte 257
OPEC 35
opportunity 3
Ordnungspolitik 255, 263, 264
ORDO 256
Ordo-Liberalism 373
Organization of Petroleum Exporting Countries 35
originate and dis tribute 200
overemployment 110

| P |

Paleoliberalismus 263
Pareto Efficiency 159
pegged exchange rate 35
Perestroika 47
perfect competitive markets 150
performance criteria 72
physiocracy 130
PIIGS 38, 41, 190
Pimat der Waehrung spolitik 257
Plan 20
plan-or control economy 10
plan-or control mechanism 10
plantation system 126
Plaza Accord 286
political economic system 306
ponzi game 199
price control 161
price-taker 150
primary mortgage market 204
prime 205, 206
primitive community 18
principal-agent problem 334
principle of subsidarity 187
prisms 20
private goods 156
Privateigentum 257
pro-cyclical action 212
pro-cyclical leverage 200, 211
pro-cyclical wealth effects 218
production possibility curve 87
profits and capital gains 314
progressive tax 160
Prussia 131
public goods 90, 156
purchasing power 353
Purchasing Power Parity 77, 78

| Q |

quid-pro-qua 310, 319

| R |

rationing system 116
Reaganomics 138
RED 343, 355
red-green alliance 315
Rehn Model 325
repressed inflation 110
Robin Hood Foundations 353
Royal Dutch Shell 45

| S |

SACO 316
SAF 317, 326
Safaricom 354
Saltsjobaden 317
Saltsjobaden Agreement 324
SDRs 222

secondary mortgage market 204
securitization 202
self-interest 33
Service 3, 6
SNA 76
Social Democracy 306
Social-democratic Capitalism 181
social enterprise 384
social equity 254
social insurances 111
social security benefits 298
Social security contributions 314
social solidarity 380
socialism 10, 19
soft state 364
solidarity wage policy 325
solidarity wages 326
Soziale Marktwirtschaft 254
spill-over effect 55
spiritual principles 349
stagflation 34, 138
state capitalism 137
strengthen 211
subprime 205, 206
subprime mortgage 202
subsidy 160
sudden stop 217
supply inflation 110
Sveriges Arbetsgiberforbund 325
swedish labour market board 324
System of National Accounts 74, 76

| T |

T4 314
Target 352
Taxes on goods and services 314
Taxes on income 314
Taxes on payroll and workforce 314
Taxes on property 314
TCO 316
technological innovation 342
temporary development program 325
Thatcherism 138, 331
The 5% Club 352
the Food and Drug Administration 356
The New York Times 349
The Road to Serfdom 240
Tokyo Round 42
Torquay 42
Total 45
Toyota Motor 45
trade-off 5, 308
Tragedy of Commons 14
transnational corpo ration 44
Trust 382

| U |

UBS 204
underground economy 74
union density 243
United Nations Economic and Social Commission for Western Asia 30
University of Kharkov 20
univesalist principles 181
UNU-WIDER 64
Uruguay Round 42
USSR 136

| V |

VaR 214
Vertragsfreiheit 257
villa 127
Vodafone 354
Vodafone Group 45
Volcker 37

| W |

wage earner funds 328
Walll Street 164
Wall Street Journal 349

welfare services 111
Welfare State 60, 111
Western value 365
Wettbewerbsordnung 256, 262
Wettbewerbspolitik 266
World Development Report 24
World Trade Organization 38
WTO 38

Y

youth training program 324

저자 소개

황준성(黃俊性)

숭실대학교 경제학과 졸업
독일 베를린자유대학교(Freie Universität Berlin) 대학원 경제학 박사
삼성경제연구소 선임연구원, 한독경상학회 회장 역임
통일원 정책자문위원
독일 프라이부르크대학교(Albert-Ludwigs-Universität Freiburg) 초빙교수
풀브라이트 교환교수
현재 숭실대학교 경제통상대학 경제학과 교수

저서 및 주요 논문

- 『독일의 공기업 민영화』(한국경제연구원, 1995)
- 『비교경제체제론』(공저, 박영사, 1998)
- 『21세기 한국사회의 통합과 정책이념의 방향』(공저, 한국사회정책연구원, 2009)
- 『EU의 사회정책』(공역, 시그마프레스, 2011)
- "글로벌 금융위기에 관한 정치경제학적 분석" (경상논총, 한독경상학회, 2009) 외 다수

강달원(姜達遠)

숭실대학교 경제학과 졸업
숭실대학교 대학원 경제학 박사
관동대학교 겸임교수, 인천발전연구원 초빙연구위원 역임
현재 숭실대학교 경제통상대학 경제학과 조교수

저서 및 주요 논문

- 『인천지역 제조업의 구조변화배경 및 대응방안』(공저, 인천발전연구원, 2003)
- 『윈도우 시스템 이해, 활용 & 한글』(공저, 도서출판 굿모닝, 2009)
- 『한글 2007』(도서출판 굿모닝, 2011)
- 『EU의 사회정책』(공역, 시그마프레스, 2011)
- "OECD국가들의 인구구조의 변화에 따른 노인복지지출의 수렴현상에 관한 분석" (공저, 사회보장연구, 2010)
- "인구 고령화에 따른 사회복지지출에 관한 한일간 비교분석" (공저, 아시아연구, 2010)
- "企業家活動이 生産性에 미치는 效果" (공저, 경제학연구, 2008)